林屋礼二　石井紫郎　青山善充　編

明治前期の法と裁判

横浜吉田橋通繁昌之図並本町通弁天通外国館遠景　神奈川県立歴史博物館所蔵
（明治３年　一曜斎国輝）

信山社

はしがき

さきに、判決原本を一時保管中の国立大学の研究者の皆さんからのご協力をえて、『図説　判決原本の遺産』を編集しましたところ、幸いに、これによって、国会議員の方々からも、判決原本の重要性が認識され、平成十一年には、亀谷博昭参議院議員のリードの下で、「国立公文書館法」が制定され、民事判決原本は、国立公文書館に収められることになりました。

その間、私たちは、民事判決原本の研究価値をしめす目的で、文部省科学研究費や民事紛争処理研究基金からの援助をえて、判決原本を素材とする研究をぶつけ合う研究会を開いてきましたが、その成果も積み重ねられてきましたので、このたび、本書を出版することにしました。つづいて第二集の刊行も予定されておりますが、貴重な判決原本が無事保存できることになったので、今後もこれが多くの研究者に活用されて、日本の近代法史研究のうえで価値ある研究がさらに生まれることを祈っております。

『図説　判決原本の遺産』につづいて、本書の出版についても積極的な援助を惜しまれなかった信山社の村岡侖衛氏に心からの謝意を表します。

平成十四年三月

林屋　礼二
石井　紫郎
青山　善充

謝辞

国立十大学に一時保管中の民事判決原本が国立公文書館で保存できるようになりましたことは、偏に、亀谷博昭氏が参議院議員ご在職中に、「国立公文書館法」の制定に向けて大変なご尽力をいただいた賜物であり、ここに深く御礼を申し上げます。

平成四年に最高裁判所が廃棄を決めた裁判所の民事判決原本は、明治初年から昭和に至る日本の社会と法制度の近代化の過程を如実に物語っており、この貴重な文化遺産が無事保存できたことで、本書のような『明治前期の法と裁判』に関する研究をはじめ、今後、法律・歴史面での研究をすすめる道が確保されました。

この文化保存への貴殿の多大な貢献を思い、「判決原本の会」を代表して、また、本書執筆者一同とともに、本書の巻頭を借りて、心より感謝の意を表明いたします。

平成十四年三月

林屋 礼二
石井 紫郎
青山 善充

亀谷 博昭 殿

亀谷博昭前参議院議員は、病気療養中のところ、平成十五年二月十九日に逝去されました。ご生前に本書をお届けできなかったことは大変残念に存じますが、ここに謹んでご冥福をお祈りいたします。

（平成十五年二月二十日）

もくじ

第一部　判決原本の保存

蒸気車出発時刻賃金附
（明治５年、三代歌川広重）

神奈川県立歴史博物館所蔵

民事判決原本の永久保存

——廃棄からの蘇生——

青山善充

私は見た。国立公文書館つくば分館の書庫に整然と保存された明治初期から昭和一八年までの下級裁判所の民事判決原本、その数千冊に及ぶ簿冊の配列を。それらの判決原本は、日本の開国から富国強兵政策、大正デモクラシーの時代を経て、やがて突入した太平洋戦争の敗戦前夜までの、庶民の生活を写した近代史の生き証人たちである。また、その配列は、最高裁判所により一度は廃棄するものと決定されながら、「判決原本の会」を初めとする多くの人々の保存運動によって、奇しくも死の淵から蘇った姿でもあった。

本稿は、最高裁判所による判決原本の廃棄決定から国立公文書館つくば分館への収納に至る経緯を振り返り（**一**ないし**六**）、併せて同館における保存の現状（平成一五年一月現在）を報告するものである（**七**）。(＊)

（＊）本稿のうち**一**から**六**までは、私の『新堂幸司先生古稀祝賀・民事訴訟法理論の新たな構築 上巻』（平成一三年一〇月・有斐閣）一頁以下の論文をほぼそのまま収録したものであり、**七**は書き下ろした部分である。前者の部分を本書に再録することにつき、新堂幸司先生、筆者以外の同書の編者各位および出版社の快諾が得られたことに感謝したい。

一　はじめに

最高裁判所によって廃棄と決定された民事判決原本が、国立一〇大学法学部の一部保管によって辛うじて生き永らえ、国立公文書館法の制定を経て、この度、国立公文書館で永久保存される運びとなった。

書いてしまえばたったこれだけのことである。しかし、廃棄決定から蘇生に至るまでには様々な紆余曲折があり、最高裁判所──→国立大学──→国会──→国立公文書館と展開するドラマがあった。保存されることになった判決原本の今後のためにも、初期の段階から判決原本保存運動に関与してきた者の一人として(1)、その一部始終を記録しておきたい。これが本稿の意図である。

なお、私は、これまでにもこの問題に関していくつかの文章に公にしてきた。(2) そこで、重複する部分はなるべく簡略にし、これまで明らかにしなかった事実やその後の展開に重点を置きたいと思う。

（1） 唄孝一教授によって「学者の文化実践運動」（次注書物の書評、ジュリ一一五四号（一九九九年）一四三頁）と評された判決原本保存運動に、私は、最近一〇年近く携わってきた。本稿は、私の知りえた限りでの保存運動の全経緯であり、記憶に頼った部分も多い。もし書き落としや誤解があったら、関係者からのご叱正を賜りたい。

（2） 判決原本の保存に関する文献は、林屋礼二＝石井紫郎＝青山善充編『図説　判決原本の遺産』（信山社、一九九八年）一〇〇頁——本稿では『遺産』として引用する——に整理されている。私が公にした文章のうち、主要なものは、次の二つである。以下では、①論文、②論文として引用する。

①「民事判決原本の保存と利用」ジュリ一〇七八号（一九九五年）五頁。これは、「判決原本保存利用研究会」（後述）企画によるジュリストの特集「判決原本の保存・利用とプライバシー」に寄せたものである。

②「民事判決原本をいかに保存すべきか」学士会会報八一五号（一九九七年）三九頁。これは、その後、右『遺産』九二頁に再録されている。本稿での引用は、後者の頁数による。

二　最高裁判所による廃棄決定

1　発　端

最高裁判所は、平成四年一月二三日、「事件記録等保存規程」（昭和三九年最高裁判所規程八号）を改正して、これまで永久保存とされてきた民事判決原本につき、保存期間を確定から五〇年とし、それを過ぎたものは順次廃棄する、と決定した（平成四年最高裁判所規程一号）。(3) その理由は、①裁判所としては、もはや現用を終えた「史料」であり、保存の必要がなくなった、②とくに重要な判決は、特別保存——後述——すればよい、③各地の裁判所の記録庫が満杯である、④保存のためには費用・手数がかかる、⑤ほとんど利用されていない、というものであった。廃棄の方法は、従来から焼却または細断である。最初の廃棄の時期は、平成六年一月一日以降とされた。(4)

2　特別保存制度の整備

この決定に引き続いて、最高裁は、同年二月七日、「事件記録等保存規程の運用について（依命通達）」（最高裁総三第八号）を発し、特別保存の基準を明確にした。(5)

特別保存とは、右規程九条に、「①〔事件〕記録又は事件書類で特別の事由により保存の必要があるものは、保存期間満了の後も、その事由のある間保存しなければならない。」「②〔事件〕記録又は事件書類で史料又は参考資料となるべきものは、保存期間満了の後も保存しなければならない。」とある制度をいう。前者が一項特別保存、後者が二項特別保存である。通達は、各項の特別保存の例として、次のように示した。

（一項特別保存）

「ア　財産管財人の選任事件等で財産管理事務が現に継続しているもの

イ　保存期間満了後に当該債務名義に係る債務の履行期が到来する事件

ウ　再審又は和解無効確認等の事件が現に係属し、又は係属することが予想される事件

エ　関連する事件が現に係属し、又は係属することが予想される事件」

（二項特別保存）

「ア　重要な憲法判断が示された事件

イ　重要な判例となった裁判がされた事件など法令の解釈運用上特に参考となる判断が示された事件

ウ　訴訟運営上特に参考となる審理方法により処理された事件

エ　世相を反映した事件で史料的価値の高いもの

オ　全国的に社会の耳目を集めた事件又は当該地方における特殊な意義を有する事件で特に重要なもの
カ　民事又は家事の紛争、少年非行等に関する調査研究の重要な参考資料になる事件」。

要するに、最高裁は、判決原本の永久保存を廃止しても、この特別保存によって重要な判決はなお保存されるから問題はない、と判断したわけである。かねて訴訟記録保存立法について提言を行っていた日本弁護士連合会も、この通達を評価した(6)。

しかし、この特別保存という制度は、それを有効に機能させるための制度的手当を欠いていた。すなわち、最高裁の前記通達は、特別保存要望書の書式まで定めて、一項特別保存については事件当事者等から、二項特別保存については弁護士会、学術研究者等から、「事件および保存の理由を明示して保存の要望があったときは、その要望を十分に参酌する」としていた。裏返していえば、このような要望がない限り、廃棄するということである。しかし、前記特別保存の理由に当たるか否かを正確に判断しようとすれば、組織的に一件ずつ点検することが必要であり、それは気の遠くなるような膨大な作業である。要望書の提出を期待された弁護士会においても、学術研究者においても、そのような組織的点検をしようという機運は起こらなかった。結局、特別保存制度は、誰かが偶然覚えていた著名事件の判決を廃棄から救う程度の機能しか持ちえないものであった。

3　廃棄決定の波紋

この最高裁の方針によって、平成五年一二月三一日までに確定から五〇年を経過した判決書、すなわち明治初めから昭和一八年末まで約七〇年間に言い渡され確定した民事判決原本(7)は、特別保存されるものを除き、平成六年から一斉に廃棄されることになり、その後も確定から五〇年を経過するごとに順次廃棄されることになった。

しかし、この期間は日本の「近代」と呼ばれる時代であり、明治維新後の日本が、法や裁判を初めとするあらゆる面で急速に西洋文明を取り入れ、近代国家として骨格を固め、日清・日露両戦争、第一次世界大戦を経て列強と肩を並べ、やがて無謀な太平洋戦争に突入した激動の時期である。その時期の民事判決原本は、法律、政治、経済、産業、金融、社会、文化、生活、風俗、郷土等々、様々な出来事を反映した第一級の学術史料である(8)。

当然のことながら、最高裁の廃棄方針に反対する声が全国に起こった。法制史学会、日本学術会議、各地の地方史研究会、各地の公文書館その他多くの団体が、平成四年から五年にかけて最高裁に対してその決定の再考を求め、多くの声明や陳情の文書を関係機関に提出した。一部マスコミもこの動きを報じた。特別保存制度を一旦は評価した日本弁護士連合会も、やがてこの動きに同調するようになった。

しかし、最高裁の態度は硬く、一旦決定された方針を変えさせることはできなかった。

4　「判決原本の会」

最高裁の廃棄決定の翌年、平成五年春、事態を憂慮した国立大学法学部の民事法、法制史関係の教授・助教授を中心として「判決原本の会」が結成された。結成を呼びかけ、会の代表を務められたのは、東北大学法学部の林屋礼二教授（当時）である(9)。

「判決原本の会」は、初めから判決原本の保存運動をするために結成されたわけではない。むしろ初めは、世間で騒がれているこの問題に最も専門に近い法学研究者として無関心でいてよいのか、という程度のことから始まった。しかし、二、三度会合を重ね、メンバー各自が裁判所の記録庫の見学等をしているうちに、メンバー全体として、いかにこの判決原本が日本の近代史の証人として貴重なものであるかという認識と、このまま放置して廃棄されたら取り返しのつかない事態になるとの危機意識を共有するようになった。

5　関係諸機関との折衝

この危機意識に促されて、「判決原本の会」は、多くの関係機関と直接または間接に折衝ないし接触して、保存のための方途を探った。最高裁判所、国立公文書館、国立国会図書館、法務省、日本弁護士連合会、文部省、東京大学法学部附属近代日本法政史料センター、国際日本文化研究センター、日本学術会議、マスコミ関係等であった。以下、私が関係した範囲で、その折衝・接触の概要を述べる(10)。

最高裁判所とは、平成五年から七年にかけて数回の折衝を行った。当初、私たち——林屋礼二、河野正憲両東北大学教授（当時）と私（東京大学教授（当時））——は、平成四年一月に打ち出された廃棄方針の撤回を強く求めた。最高裁事務総局総務局と私たちとの議論は、時に、最高裁判所の果たすべき役割論にまで及んだが、最高裁の基本的態度は、冒頭に記したように、現用を終えた判決原本は、他の司法資料と同様に、もはや裁判所として保存の必要はなく、したがって特別保存するものを除き、すべて廃棄する、というものであり、この態度は終始変わることがなかった。ただし、数度の折衝を経て私たちが得た感触は、最高裁は廃棄を急いで断行する積もりはないらしいこと、廃棄の方針は変更しないものの、それに代えてきちんと責任をもって保存する体制が整えられるならば必ずしも現実の廃棄にこだわるものではないらしいこと、であった。

最高裁の態度がこのようなものであれば、きちんとした保存場所を他に見つける必要がある。保存場所としてまず念頭に浮かんだのは、国立公文書館であり、国立国会図書館であったが、両機関との折衝の結果は、いずれも事態を進展させるものではなかった。国立公文書館との折衝では、判決原本の歴史的価値については十分な理解が得られたが、当時の同館の根拠法令である総理府本府組織令二〇条二項に「国立公文書館は、国の行政に関する公文書その他の記録を保存し、閲覧に供する……」とあることが、最後までネックとなった。右の「行政に関する」は「その他の記録」にも掛かり、そうであれば、判決原本がこれに該当しないことは明らかであったからである。ただ、国立公文書館は、当時、筑波研究学園都市につくば分館を建設する構想が進行中であり、これが実現すれば、収納スペースについては問題ない、というのが私たちの得た情報であった（つくば分館は、平成一〇年一〇月に開館した）。この時の感触が、次の段階での国立公文書館の所掌事務の拡大という立法活動に繋がるのである。

国立国会図書館との接触でも、やはり「国立国会図書館は、図書および図書館資料を蒐集し、国会議員の職務の遂行に資する……」という設立目的（国立国会図書館法二条）が制約であった、判決原本は図書ではなく、またその蒐集が国会議員の職務の遂行に資するともいえないからであった。ただ、私たちが接触した担当官は、判決原本の価値を十分に理解しており、個人的な見解だがと前置きしたうえで、このような国家的事業は、司法権の長である最高裁長官が立法権の長である衆参両議院の議長に対して、保管依頼をし、両議長がこれを受けて国立国会図書館長に保管を命ずる、ということができないでしょうか、それならば同館としては一も二もなくこれに応ずるということになるのですが、という感想を述べられた。しかし、私たちは、この話を最高裁に持ち込むことを遂にしなかった。これまでの折衝で、最高裁が今さら立法府に対してそのような依頼をすることは考えられなかったからである。

法務省・検察庁は、当時、新庁舎が完成したばかりであり、警視庁と向かい合った赤煉瓦の旧庁舎は改装して博物館として転用されることが予定されていた。私たちは、これに注目し、内部を見せてもらった。場所としては最適であるし、検察庁が現在、刑事判決原本を保存していることから、将来、法務省が民事刑事両方の判決原本を保存するということになれば、それは一つの行き方だと考えたのである。しかし、「司法権を司る最高裁がもはや不要として廃棄するものを、行政庁たる法務省が必要であるとして保存することはいかがか」というのが、三ケ月章法務大臣（当時）が林屋教授と私に示された判断であり、私たちの目論見はあえなく潰えた。

日本弁護士連合会は、やはり当時、新会館を建設中であった。人を介して新会館のどこかに判決原本を収納するような場所はないかと恐る恐る聞いてみたところ、まったくそのようなスペースはないことが分かった。しかし、日弁連司法制度調査会第三部会は、この問題にきわめて熱心で、次のステップたる国立公文書館法の制定や、国立大学から国立公文書館への移管のスキームを作る際に私たちと共同歩調をとることになった。

文部省（当時）に話を持ち込んだのは、かくなるうえは学術資料として大学で一括して受け入れることはどうか、そのためにはこの話が建物や人員等の概算要求に乗るかどうか、を検討してもらうためであった。文部省の担当官の回答は、判決原本を国立大学が一括して受け入れることが大学の教育研究の見地から必要かという根本的疑問を示しつつも、もし必要だというなら、どこかの大学の既存の関連施設——その例として、私の所属(当時)する東京大学法学部附属の近代日本法政史料センターが挙げられた——を利用する、ということはどうか、ただし、そのための新たな定員やランニングコストは出せないので、現在の定員・予算の枠内で処理してほしい、というものであった。また、その際、現物でなくマイクロフィルム等で残すという方法はどうか、それなら文部省の科学研究費の対象になるのではないか、との示唆があった。前者の示唆については、東京大学法学部で検討したところ、定員の補充なしに東京大学法学部がこの膨大な資料を恒久的に受け入れることは到底不可能だという結論になった。後者のサジェスチョンは、国際日本文化研究センターにおける判決原本のデータベース化という事業に繋がった。

国際日本文化研究センターには、「判決原本の会」の有力メンバーの石井紫郎教授が所属(当時)しておられた。同センターでも、現物を一括して受け入れることに関しては、事情は東京大学法学部の近代日本法政史料センターと同じであった。ただ、ここで先の文部省のサジェスチョンが役に立った。国際日本文化研究センターは、日本文化に関する様々な資料のデータベースを作成する事業に取り組んでいることから、判決原本に関しても、古いものから順次画像情報として入力し、これにインデックスを付ける、というプロジェクトがセンター内で了承され、平成九年度以降、科学研究費補助金が与えられることとなったのである。この作業は現在も進んでいる。(11)

日本学術会議は、平成五年八月二日に、会長名で最高裁長官に対して判決原本の当分の間の廃棄の中止を要望するなど、第一五期以来、この問題に熱心であった。第一六期会員であった林屋教授は、学術会議会員としての立場からも、次のステップである国立公文書館法の立法に与って大いに力があった。私自身も、第一七期の第五常置委員会(学術基盤情報常置委員会)でヒアリングを受け、判決原本保存とその国立公文書館への収納の必要性を訴えたことがある（平成一〇年四月二四日、梅本吉彦教授と同行）。

私たちは、マスコミ関係者にも度々働きかけた。また各地でシンポジウムを開いた。これらは世論の形成のうえで大いに役立った。判決原本の行き場がないとのマスコミの報道が流れると、自分の土地を無償で提供したい、という善意の声も一再ならず私の許に寄せられた。こうした中で、都道府県や市の公文書館がそれぞれ地元の判決原本を受け入れて保管したらどうか、というアイデアがいくつかの公文書館関係者から寄せられた。しかし、すべての都道府県に公文書館が置かれているわけではなく、都道府県単位で分散してしまってよいか、という問題もあって、このアイデアは立ち消えになった。

（3）　決定の対象は、下級裁判所が永久保存してきた民事判決原本である。①大審院、最高裁判所の判決は、これまで通り永久保存である。②刑事事件の記録については、刑事確定訴訟記録法（昭和六二年法六四号）により法務省（検察庁）が保管し、民事については、事件記録等保存規程により裁判所が保存する、というのが、現在の建前である。この二元的体制は、恐らく司法省以来の沿革に基づくものであろう。③判決以外の事件記録、事件書類は、判決より短いそれぞれの保存期間の定めに従い、これまで順次廃棄されてきた（事件記録等保存規程四条別表第一、第二）。

ちなみに、判決原本は、右規程本則ではこれまでも保存期間五〇年であったが、その附則三項で「判決の原本の保存期間は、当分の間、従前のとおり〔永久保存〕とする。」とされていた。平成四年の規程改正は、この附則三項を削除したものである。

詳しくは、服部悟「民事判決原本の永久保存の廃止と民事事件記録等の特別保存について」自由と正義四三巻四号（一九九二年）一〇九頁参照。

（4）　この経緯については、林屋礼二「民事判決原本の保存について」ジュリ一〇四〇号（一九九四年）六三頁、および、青山・前出注（2）「①論文」ジュリ一〇七八号五頁が詳しい。林屋論文は、後に、前出注（2）『遺産』七二頁に再録されているが、本稿では、ジュリストの頁数で引用する。

（5）　特別保存に関する通達とその解説につき、服部・前出注（3）論文参照。

（6）　竹澤哲夫「民訴確定記録等の保存――基準の明確化にあたって――」自由と正義四三巻四号（一九九二年）一一六頁参照。

(7) その分量はどのくらいか。「判決原本の会」(後述)の求めに応じて最高裁が全国の保存裁判所に照会した結果、それは全国で本棚の長さにして――判決原本は、通常、数件から数十件を、厚紙の表紙をつけた冊子(簿冊)に綴じ合わせ、本棚に立てて保存される――約二二〇〇メートルということであった。

この数字を最高裁から示された時のショックを、私は今も忘れられない。その量に驚いたのではない。日本の近代史を刻んだ貴重な史料である判決原本が、件数や簿冊数でなく、単に本棚を占拠するそのメートル数で表示されたことについてである。実は、多くの保存裁判所自体が、保管の観点から「本棚の長さ」でしか把握してこなかったのである。

この分量のより正確な把握は、国立大学へ移管された後、「判決原本保存利用研究会」(後述)が最初に取り組んだ課題であった。これについては、ジュリ一〇七八号(一九九五年)一〇頁の、「一〇大学における判決原本の受入れ及び保管の現状――アンケート調査結果一覧(一九九五年九月一〇日現在)」参照。

(8) この時期の判決原本の史料的価値は、いくら強調しても強調しすぎることはないであろう。いわば、日本近代法制史学の宝庫である。その一端は、前出注(2)『遺産』で示したところである。

今後、これが一般の研究者に公開されることによって、研究の飛躍的進展が見込まれるし、現にその兆しが見え始めている。例えば、吉田正志教授の「明治初年のある代書・代言人の日誌――『出堺日誌・第三号』の紹介」服藤弘司先生傘寿記念『日本法制史論纂――紛争処理と統治システム――』(創文社、二〇〇〇年)四一九頁は、明治初期の代言人・増井源三郎の活動の優れた研究であるが、もし彼が関係した具体的な判決との関連が明らかになれば、研究はさらに彫りの深いものになるであろう、と予想させるものである。

その予想は、川口由彦編著『明治大正 町の法曹――但馬豊岡 弁護士馬袋鶴之助の日々――』(法政大学出版局、二〇〇一年)で現実のものとなった。本書は、明治大正期の弁護士・馬袋鶴之助の活動の実態を、様々な資料に基づいて余すところなく描き尽くした好書であるが、ここでは、馬袋が関係した、東京大学および大阪大学で保管中の判決原本――東京控訴院分一六件、神戸地裁豊岡支部・豊岡区裁分六九五件――が、馬袋の活動を解明する重要な素材として利用されている。

(9) 「判決原本の会」の活動については、林屋礼二「民事判決原本の保存について」ジュリ一〇四〇号(一九九四年)六三頁が詳しい。

「判決原本の会」のメンバーは、平成六年三月当時の所属・肩書きで、瀬川信久(北大教授・民法)、佐藤鉄男(北大助教授・民訴法)、林屋礼二(東北大教授・民訴法)、太田知行(同・民法)、小山貞夫(同・西洋法制史)、河野正憲(同・民訴法)、石井紫郎

（東大副学長・日本法制史）、青山善充（東大教授・民訴法）、伊藤眞（同）、竹下守夫（一橋大教授・民訴法）、加藤雅信（名大教授・民法）、徳田和幸（同・民訴法）、奥田昌道（京大教授・民法）、谷口安平（同・民訴法）、國井和郎（阪大教授・民法）、池田辰夫（同・民訴法）、鈴木正裕（神戸大学長・民訴法）、安永正昭（神戸大教授・民法）、福永有利（同・民訴法）、上村明広（岡山大教授・民訴法）、紺谷浩司（広島大教授・民訴法）、三谷忠之（香川大教授・民訴法）、吉村徳重（九大教授・民訴法）、植田信広（同・日本法制史）、山中至（熊本大教授・日本法制史）であった。メンバーは、それぞれの立場でこの会の活動に協力を惜しまなかったが、「判決原本の会」が大きな成果を挙げることができたのは、何といっても会をリードされた林屋教授のゆるぎない信念と情熱であった。私の役回りは、いってみれば、この会の事務局長の如きものであった。

(10)「判決原本の会」は、判決原本の保存運動団体としては必ずしも最先発組とはいえない。私たちの運動と前後して、各地の歴史研究者、地方史研究者の団体等が、廃棄反対の「声明書」を作って関係各方面にアピールした。例えば、司法資料の保存を考える会の日本学術会議第五常置委員会宛「司法資料の保存・利用に関する要望書」（平成五年四月）、法制史学会の最高裁宛要望書（同年五月二日）、大阪歴史学会の最高裁宛「民事判決原本の永久保存の廃止と民事事件記録等の特別保存について（要望）」（同年五月二一日）、法制史学会中部部会の名古屋地裁宛「要望書」（同年七月）、地方史研究協議会の日本学術会議第五常置委員会宛「司法資料の保存・利用に関する要望書」（同年七月一九日）、関西司法資料研究会の最高裁長官宛「司法資料保存に関する要望」（同年九月二四日）、全国歴史資料保存利用機関連絡協議会の内閣総理大臣宛「司法記録の保存及び利用に関する要望書」（同年一〇月一四日）、等がそれである。これらを受けて、日本学術会議は平成五年八月二日に最高裁長官宛「民事判決原本の保存について（要望）」で、当面の廃棄中止を、また、日本弁護士連合会も同年一〇月五日に、最高裁宛「要望書」を出し、廃棄の留保と学術諸団体の意見を聴くことを要望した。これらの動きについては、浅古弘＝岩谷十郎「司法資料保存利用問題」法制史研究四四巻（一九九四年）一九六頁に詳しい。

「判決原本の会」の登場は、当初、これら歴史研究者の団体から、強い警戒と反発をもって迎えられた。それは、「判決原本の会」が国立大学関係者だけで構成され、しかも最高裁と独自に着々と折衝を進めたことから、国立大学が貴重な史料の独り占めを画策しているのではないかとの誤解ややっかみに基づくものであった。そのため、私たちは、運動の初期の段階で、これらの団体が主催するシンポジウム等に出席して、「判決原本の会」の趣旨を説明することから始めなければならなかった。私がこれらの団体と初めて接触したのは、平成五年一一月二〇日に明治大学で開催された、司法資料の保存を考える会、全国歴史資料保存機関連絡協議会、地方史研究協議会、日本歴史学協会史料保存利用特別委員会および法制史学会の共催による「司法資料問題研究フォーラム」であった（そこでの私の発言は、学術体制小委員会『司法資料問題研究フォーラム』から（下）」地方史研究二四九号（一九九四年）五七頁に収録されている）。しかし、やがてこれらの団体の何人かの研究者が次に述べる「判決原本保存利用研究会」や『法と裁判』近代化研究会」のメンバーに加わることで、われわれの運動はその輪を大きく広げることができたのである。

「判決原本の会」の活動が、他の団体と異なっていた点は、「要望書」の類を作ってこれを関係各方面に送付するという手法ではなく、「足」を使って直接各方面に働きかけたことである。「判決原本の会」のメンバーは、前注の顔ぶれからも分かるように、最高裁、法務省、日弁連、文部省等と様々な繋がりをもっており、それがこうした行動様式で運動を進めていくことを可能にした。以下に述べる各方面との折衝は、私自身が——多くの場合、林屋教授や他のメンバーとともに——直接または間接に関係した限りのものである。

(11) 国際日本文化研究センターでのデータベース化については、石井紫郎『捨てる神』と『拾う神』——判決原本移管を受けた大学の窮状について——」法の支配一〇一号（一九九六年）一三頁参照。この論文も、前出注(2)『遺産』八二頁に再録されている（本稿での引用は、『遺産』の頁数による）。データベース化のその後の進捗状況については、国際日本文化研究センターが、二〇〇〇年二月から刊行している「判決原本データベース化ニュースレター」に詳しい。

三　国立大学による一時保管

1　国立大学法学部による受入れ

このような経緯を経て、廃棄のタイムリミット（平成五年一二月末）を間近に控えた平成五年秋、窮余の策として浮上したのが、全国八高裁所在地の国立大学法学部で、その高裁管内の判決原本を受け入れて一時的に保管するという案であった。最高裁にこの案を打診したところ、前向きの感触が得られた。そこで、早速「判決原本の会」の代表者名で、高裁所在地およびその近辺の国立大学法学部に対して、それぞれの大学ごとに対象となる判決原本の分量を示して、当分の間（三、四年）の保管が可能かどうかの照会を行った。幸いにも、各大学の法学部は事柄の重要性・

緊急性を十分に認識され、多くの大学から一時保管に応ずる用意があるとの回答が寄せられた。最終的には、次の一〇大学法学部が受入れ大学と決定された。北海道大学（札幌高裁管内分）、東北大学（仙台高裁管内分）、東京大学（東京高裁管内分）、名古屋大学（名古屋高裁管内分）、大阪大学（大阪高裁管内分）、広島大学（広島高裁管内分。ただし、岡山、鳥取両地裁管内分を除く）、岡山大学（岡山、鳥取両地裁管内分）、香川大学（高松高裁管内分）、九州大学（福岡高裁管内分。ただし、熊本、鹿児島両地裁管内分を除く）、熊本大学（熊本、鹿児島両地裁管内分）。

これを受けて「判決原本の会」がこの具体案を示して再度、廃棄の中止を求めたところ、最高裁はこれを容れ、平成五年一二月、先の方針を撤回して、国立大学への移管を決定したのであった。この結果は、同年一二月一五日の朝日新聞夕刊――地域によっては一六日朝刊――に大きく報ぜられた。この折衝の席上、併せて、①平成六年一月以降に保存期間が満了する判決原本は、今回の移管の対象としないが、当分の間、廃棄を留保すること、②移管の時期は、平成七年六月三〇日までの間において、裁判所と受入れ大学が協議して決めること、が両者間で合意された。

2　「民事判決原本の移管・受入れに関する合意書」

こうして、「判決原本の会」の橋渡しにより、全国の民事判決原本の保存裁判所から地元の国立大学法学部への移管の大筋は決まったものの、実際の移管までに詰めておかなければならない問題がなお多く残っていた。①移管の性質（原始取得か承継取得か）、②移管費用（当初の見積もりで一〇〇〇万円）の負担者、③移管の方法と日程、④移管を受けた後の国立大学の義務、等がそれである。しかし、これらについて最高裁と協議するのは、「判決原本の会」のような任意団体でなく、移管を受ける国立大学を代表する正式機関でなければならない。そこで、平成六年二月、急遽、東京大学の西尾勝法学部長（当時）と東北大学の小山貞夫法学部長（同）の呼びかけによって、一〇大学に京都大学を加えた一一大学法学部長で構成する「判決原本の一時保管に関する連絡会議」が結成された。そして、この連絡会議自体は動きにくいことから、その下に、各大学一名ずつの幹事によって、「判決原本の一時保管に関する連絡会議幹事会」が設けられ、幹事会で選ばれた三名の代表――河野正憲東北大学教授（当時）、國井和郎大阪大学教授と私（東京大学教授（当時））――が最高裁との折衝にあたることになった。

幹事会代表と最高裁との折衝は数回に及んだが、最終的に平成六年七月に、最高裁事務総局総務局長と一〇大学のそれぞれの法学部長との間で、「民事判決原本の移管・受入れに関する合意書」が取り交わされた。〔**資料1**〕は、東京大学法学部長との間で取り交わされた合意書である。この合意書本体は一〇大学共通で、（別紙**1**）及び（別紙**2**）がそれぞれの大学ごとに異なっている。

この合意書により、前述した問題点は、どう解決されたのか。①移管の性質については、形式的には、裁判所は各簿冊に今回「史料」と朱記することにより「廃棄」に代わる扱いとすることにこだわったが、実質的には、国の機関相互間の物品の管理換えにほかならなかった。合意書第二項や〔了解事項〕第二項は、そのことを端的に示している。②移管費用（最終的には全国で七〇〇万円であった）については、裁判所と国立大学が折半ということで合意ができた。〔了解事項〕第一項および（別紙**2**）の費用の分担は、その具体的適用である。国立大学負担部分については、文部省と交渉して特別に支出してもらった。③移管の方法は、合意書とは別の協定により、すべての簿冊を郵便局の「ゆうパックL型」の段ボール箱に詰めることに統一し、それを、分量と距離により運送業者または郵便局を使って運搬することになった。作業日程は、各高裁事務当局と各国立大学が協議して決めることになった。④移管を受けた国立大学の義務としては、責任保管と最高裁への連絡（合意書第二項）、学術的利用以外に利用しないことおよびプライバシーの保護（第三項）、事件関係者の閲覧複写希望に応ずること（了解事項第二項）、が謳われた。

かくして、一旦は廃棄必至と見られた判決原本は、平成六年秋から平成七年夏までの間に、全国の裁判所から一〇大学法学部に搬送され、そこでの管理が始まったのであった。

〔**資料1**〕

民事判決原本の移管・受入れに関する合意書

平成６年７月21日

東京都千代田区隼町４番２号
最高裁判所事務総局
総務局長　　涌　井　紀　夫　　公印

東京都文京区本郷７丁目３番１号
東京大学
法学部長　　三　谷　太　一　郎　　公印

最高裁判所（以下「裁判所」という。）と東京大学法学部（以下「大学」という。）は，別紙１記載の判決原本（以下「判決原本」という。）の移管及び受入れについて，下記のとおり合意する。

記

1　裁判所は，判決原本を大学に移管し，大学は，これを受け入れる。
2　大学は，責任をもって判決原本を保管する。これを他の機関に譲渡し又は廃棄する必要が生じたときは，あらかじめ裁判所に連絡する。
3　大学は，判決原本の整理終了後，これを学術的な調査研究のための利用に供し，他の用途に供しない。これを閲覧又は複写させる場合には，事件関係者のプライバシーの保護に十分に配慮する。

〔了解事項〕
1　上記１の移管及び受入れに要する費用は，別紙２記載のとおりとする。
2　判決原本に係る事件の当事者又は利害関係人が希望する場合には，大学は，上記３に準じて，判決原本の保管事務に支障がない限り，当該判決原本の閲覧又は複写を認める。

（別紙**1**）

平成５年12月31日の経過により事件記録保存規程（昭和39年最高裁判所規程第８号）別表第一及び別表第二に規定する保存期間が満了した判決の原本（人身保護事件を除く。）のうち，東京高等裁判所並びに同裁判所管内の地方裁判所及び簡易裁判所が保存するもの

（別紙２）

1　梱包用段ボール箱の購入費用は，裁判所の負担とする。

2　判決原本の運搬費用の分担は，下表のとおりとする。

判決原本の保存裁判所	運搬費の分担
東京高裁	大学
東京地裁	大学
横浜地裁	大学
横須賀支部	裁判所
小田原支部	大学
浦和地裁	大学
越谷支部	裁判所
川越支部	裁判所
熊谷支部	裁判所
秩父支部	裁判所
千葉地裁	大学
松戸支部	裁判所
木更津支部	裁判所
木更津簡裁	裁判所
八日市場支部	大学
佐倉支部	裁判所
佐原支部	裁判所
館山支部	裁判所
水戸地裁	大学
土浦支部	大学
下妻支部	裁判所
下妻簡裁	裁判所
龍ヶ崎簡裁	裁判所
麻生簡裁	裁判所
宇都宮地裁	大学
栃木支部	大学
栃木簡裁	大学
真岡簡裁	裁判所
大田原簡裁	裁判所
足利簡裁	裁判所

判決原本の保存裁判所	運搬費の分担
前橋地裁	大学
高崎支部	大学
沼田支部	裁判所
太田簡裁	裁判所
静岡地裁	—
下田簡裁	裁判所
富士簡裁	裁判所
掛川簡裁	裁判所
甲府地裁	大学
都留支部	大学
鰍沢簡裁	裁判所
長野地裁	大学
上田支部	大学
松本支部	大学
諏訪支部	裁判所
佐久簡裁	裁判所
伊那簡裁	裁判所
大町簡裁	裁判所
新潟地裁	大学
三条支部	裁判所
新発田支部	大学
長岡支部	裁判所
高田支部	大学
佐渡支部	裁判所

3　国立大学による現況調査および整理

移管を受けた国立大学では、平成七年夏から秋にかけて、受け入れた判決原本の現況（保存状態）調査のための大作業が始まった。何しろ全国の裁判所から六五〇〇個を超える段ボール箱が一〇大学に到着したのである（東京大学には一七八七個）。各大学では、保存裁判所から送られてきた管理換え通知書と現物とを照合する作業だけでなく、「判決原本の一時保管に関する連絡会議幹事会」の申し合わせにより、保管中の紛失や劣化を防ぐために簿冊を一冊ずつ特定し、保存状態を調べる作業を行った。具体的には簿冊ごとに一枚の調査票（全国統一）を用いて、簿冊を特定するデータと劣化損傷の種類・箇所・程度を記入した。[13]

この作業のお陰で、どの裁判所がいつ頃言い渡した、どういう関係の判決かというだけで、その判決原本を探し出すことが比較的容易となった。[14]しかし、段ボール箱に入れたまま書架に積んでおく状態では、到底、研究者が自由に利用できる状態とはいえなかった。

4　「判決原本保存利用研究会」と「『法と裁判』近代化研究会」

国立大学が判決原本の移管を受けたのは、繰り返し述べるように、このままでは廃棄必至の状況における窮余の一策であり、初めから緊急避難的な一時保管であった。私たち「判決原本の会」が各大学に保管の可能性を打診する際に「当分の間（三、四年）」という期間を明示したのは、その程度ならば各大学も保管を引き受けてくれるのではないか、という思惑と、その位の時間的余裕があれば恒久的施設への再移管の目処がつくのではないか、という目論見の産物であった。第一の思惑は当たった。今度は第二の目論見を実現させることが「判決原本の会」の新たな任務となった。つまり、「廃棄の阻止」のために始まった運動が「恒久保存の実現」へとステージを変えたのであった。

しかし、当初、私たちは、この種の史料の恒久的施設について確たる見解を持っていたわけではない。断片的な知識や情報は得ていたものの、やはり自分たちで、例えば諸外国はこの種の史料をどのように扱っているか（廃棄するのか、どこでどのように保存するのか）、今後利用する場合にプライバシーの保護をどうするか、民事判決原本に限らず、日本における司法関係史料を恒久的に保存する体制なり施設はいかにあるべきか、等の問題を体系的に調査研究する必要があった。

そこで、平成六年度から三年計画で、私が申請代表者となり文部省科学研究費の助成を受けて、「判決原本保存利用研究会」を組織した。メンバーは、「判決原本の会」の主要メンバーのほか、各地の大学（国立に限らない）や研究機関に所属する民法、民事訴訟法、法制史、外国法研究者および資料管理学研究者等であり、この中には一〇大学法学部の判決原本受入れ担当者がほとんどすべて含まれていた。研究会は、五つの分科会に分かれ、各二名の座長の下で、次のような課題に取り組んだ（括弧内は座長名、所属は当時）。①保存対策分科会（紺谷浩司（広島大）、吉田正志（東北大））：史料の現状の調査および当面の劣化防止のための対策の検討、②プライバシー分科会（太田知行（東北大）、國井和郎（阪大））：判決原本を研究等に利用できる体制が整った場合に、事件関係者のプライバシー保護のために講ずべき措置（方法・基準）の検討、③データベース分科会（梅本吉彦（専修大）、加藤雅信（名大））：データベース化する場合にそのシステム、入力項目等の検討、④外国法制分科会（小島武司（中央大）、河野正憲（東北大））：諸外国における司法資料に関する法令、その保存や利用の体制・実状の調査、⑤恒久計画分科会（林屋礼二（東北大）、青山善充（東大））：恒久施設の問題を含め、あるべき司法史料の保存利用のあり方の提言。この研究会は、法学者が分野横断的かつ組織的に資料保存問題に取り組んだ初めての試みであり、大きな成果を挙げることができた(15)。

三年計画の「判決原本保存利用研究会」が終わると、私たちは、引き続き、これも私が申請代表者になって文部省科学研究費の助成を得て、平成九年度から三年計画の「『法と裁判』近代化研究会」を組織した。この研究会は、判決原本を実際に利用することによって、明治前半期にどのようにして裁判制度や手続法が定着していったか、民法施行前に裁判の基準になった「生きた実体法」（身分法や財産法）はどのようなものであったか、を研究することを主目的としていた[16]。この研究会は、純粋に研究を目的とし、判決原本の保存運動をする場合には、「判決原本の会」の名において行った。

『法と裁判』近代化研究会」の成果の一つは、林屋、石井両教授と私が編集した『図説　判決原本の遺産』（信山社、一九九八年）であった。これは、判決原本の学問的価値を広く訴える意図から、廃棄される運命にあった四〇件余りの判決原本に簡単な解説を付けた一〇〇頁の冊子であるが、本づくりのプロ、信山社の村岡侖衛氏の手にかかって全頁にふんだんに挿入されたカラー写真によって、見る人にアピールする美装本となり、判決原本の恒久的施設を作ろうという運動にとって強力な助っ人となった。

5　「国立司法公文書館（仮称）」設立の模索

このような調査研究を経て、私たちの意見は、日本でも諸外国のようにこの種の史料を国の機関できちんと保存すべきであり、その際、立法関係文書は国立国会図書館で、行政関係文書は国立公文書館でそれぞれ保存する体制がすでに整っていることからすれば、「国立司法公文書館」とでもいうべき機関を設立して、そこで司法関係史料を計画的に保存すべきである、ということに収斂していった[17]。

このような考えに従って、私は、またいくつかの官庁を訪ねた。一〇万人を超える会員に配布される『学士会会報』で国立司法公文書館の提唱を訴えたのもその頃である[18]。しかし、バブル経済崩壊後、日本経済は、長い低迷にあえぎ、国として新たな機関を作る雰囲気ではなかった。また、五年ごとの公務員定員削減計画が進行中で、新しい機関に必要な定員を確保することは、不可能に近いことも分かった。最も好意的に対応してくれた文部省首脳級の判断も、司法関係文書をなぜ文部省が恒久的に保管する必要性があるか、というそもそも論のほか、仮にその必要性があるとしても、現実問題としてできることは、大学が用意する土地の上に建物を建て、必要な設備を整える予算を認めること位で、独自の定員や運営費はつけられない、というものであった。かくして、国立司法公文書館の構想は、陽の目を見ることなく終わった。

(12) 国立大学への移管の対象となった判決原本の保存裁判所については、「一〇大学における判決原本の受入れ及び保管の現状――アンケート調査結果一覧」ジュリ一〇七八号（一九九五年）一四頁参照。

(13) この作業および調査票については、青山・前出注(2)「①論文」ジュリ一〇七八号七頁参照。石井・前出注(2)『遺産』八二頁に紹介されている担当教授の「俺の夏休みを返してくれ！」というエピソードも、各地の大学で繰り広げられたこの作業の中で生まれた。

(14) この作業の結果、東京大学では、毎年数件寄せられる、具体的事件についての判決原本の照会や閲覧複写の申込みに対応できるようになった。照会や申込みは、事件関係者や弁護士、県史や市史の編集室、研究者、マスコミ関係者が多いが、裁判所からの照会もないわけではない。事件の種類としては、婚姻・養子縁組、家督相続、戸籍、境界確定、不動産登記など様々である。対応は、和仁陽助教授や新田一郎助教授がしている。「裁判所からの照会があった」という報告を受ける度に、私は、改めて最高裁の廃棄方針が誤りではなかったか、と思うのであった。

(15) 「判決原本保存利用研究会」の研究成果は、ジュリ一〇七八号の特集「判決原本の保存・利用とプライバシー」に詳しい。

この特集の内容を本文に記した分科会に即していえば、①保存対策分科会のメンバーが中心になってまとめたのが「一〇大学における判決原本の受入れ及び保管の現状――アンケート調査結果一覧」であり、そこには、各大学ごとに受け入れた判決原本の分量と特徴、保管状態が報告されている。調査担当者は、北大：高見進、東北大：吉田正志、東大：新田一郎、名大：徳田和幸・神保文夫、阪大：池田辰夫、岡山大：田頭章一、広島大：紺谷浩司・田辺誠、香川大：三谷忠之、九大：植田信広、熊本大：江藤孝・山中至の各教授であった。②プライバシー分科会、③データベース分科会の成果は、國井和郎「判決原本利用とプライバシー保護」、梅本吉彦「判決原本の保管・利用とデータベース化」にまとめられている。④外国法制分科会の調査研究としては、アメリカ：浅古弘（早大）、ドイツ：和仁陽（東大）、フランス：瀬川信久（北大）・山本和彦（東北大）、イタリア：飯塚重男（上智大）、オーストラリア：金祥洙（名大）、韓国：李鎬元（韓国判事）、北欧：萩原金美（神奈川大）、パナマ：マルタ・アチューラ（香川大大学院）・三谷忠之〔訳〕（香川大）、および、浅香吉幹「アメリカにおける裁判所記録の保存・利用」ジュリ一〇八〇号（一九九五年）一〇一頁がある。⑤恒久計画分科会に属する私が国立司法公文書館への方向性を示したのが、「民事判決原本の保存と利用」であった（すでに

①論文として引用)。

(16) 『法と裁判』近代化研究会」の成果は、次に述べる『図説　判決原本の遺産』(信山社、一九九八年)のほか、『明治前期の法と裁判』(信山社)が近く刊行予定である(本書)。

(17) もっとも、林屋教授は、早くから「法制博物館」構想をあたためてこられたので(林屋礼二「民事判決原本の保存について」ジュリ一〇四〇号(一九九四年)六七頁)、公文書館か博物館かという路線の違いはあった。しかし、私としては、国による保存体制を実現させることが先決で、その方法については、こだわる必要はないと考えた。

(18) 青山・前出注(2)「②論文」。

四　国立公文書館法の制定

1　マスコミへの働きかけ

話は多少前後するが、私たちは、日本の近代化の歴史の証人ともいうべき判決原本を後世に残すためには、世論の力を借りる以外にない、と当初から考えていた。そのため、機会がある度にマスコミ関係者に現物を披露し、実状を説明し、研究会やシンポジウムに招き、懇談会を開くなど、世論に働きかける努力をした。その結果、各種新聞やNHKは、判決原本の一時保管の状況を何度か——他にニュースがない場合に——取り上げてくれた[19]。

読売新聞が平成八年八月九日の社説「国の責任で判決原本の保存を」で、この問題が縦割り行政の中で見過ごされてきたことを指摘し、「とりあえず最高裁、法務省、日本弁護士連合会の三者に学者を交えた協議会を設けて保存のあるべき方向を議論してはどうか」と提言し、朝日新聞が平成八年八月二〇日の社説「判決原本は国民の文化遺産だ」の中で、「青山教授たちのささやかな声に、法曹関係者はもちろん、行政も国会議員もぜひ、耳を傾けてもらいたい。貴重な文化遺産を次の時代に引き継ぐために」と説いたのはその典型であった。

2　国立公文書館法の制定

こうした私たちの働きかけや世論は、やがて政治の力を動かすことになった。その先頭に立たれたのは、林屋礼二教授の地元の、宮城県選出の参議院議員（自由民主党）、亀谷博昭氏であった[20]。亀谷議員は、初め、「民事判決原本保存法」というような議員立法を考え、平成八年九月に参議院自民党政策審議会にそのような提案をされた[21]。私たちは、それを有り難いことと思いながら、事は判決原本だけではなく、司法関係資料全体であることを、諸外国の例などを紹介しながら、訴えた[22]。亀谷氏も私たちの主張を理解され、理想としては国立司法公文書館の新設だが、それが不可能とすれば、さてどうするか、という問題になった。

ここまでくれば、誰が考えても、既存の国立公文書館の所掌範囲――国の「行政に関する」公文書その他の記録の保存（総理府本府組織令二〇条一項）――を拡大し、「司法に関する」公文書も、保存できるようにするという道しかない。亀谷議員は、その間の事情を次のように書いておられる[23]。

「転機が訪れたのは平成一〇年二月。国立公文書館からのヒアリング後であった。参議院法制局との協議の結果『現行の公文書館法は基本法であり、公文書館法の下に、〈国立公文書館法〉を作って行政・立法・司法に関する公文書を一括して保存することにしたらどうか』との認識で一致したのである。法案成立に向けて確かな手応えを感じた。提案からすでに一年半が過ぎていた」。

国立公文書館で保存するという案は、私たちの保存運動の当初から存在し、ただ権限の問題で行き詰まっていた（前出二**5**参照）ものを、それならその権限を法律で拡大しようというものであり、いわば一周して出発点に戻った案であった。私たちは、これに賛成するとともに[24]、前記「『法と裁判』近代化研究会」で、法制史研究者を中心に議論し、いくつかの注文を出した。

こうして基本的方向は定まったものの、法律の制定までには、さらに時間がかかった。その理由は、第一に、総理府が所管する国立公文書館が立法や司法に関する公文書をスムーズに引き取るシステムをどう作るかについて関係各機関の協議に時間がかかったこと、第二に、――その詳細を私は知らないが――参議院提出の議員立法として法案を提出するまでに様々な党内手続、国会内手続を要したこと[25]、第三に、当時、制定の準備が進んでいた「行政機関の保有する情報の公開に関する法律」――いわゆる行政情報公開法――や、国立公文書館を独立行政法人にする動きとの絡みで、国立公文書館法をそれらと切り離して立法することに対する慎重論が存在していたこと、であった。

結局、国立公文書館法案は、第一四五回国会において参議院に先に提出され、平成一一年四月二七日の総務委員会の議を経て、翌日の参議院本会議に上程され、全会一致をもって可決された。この本会議における可決は、行政情報公開法案（第一四二国会内閣提出、第一四五国会衆議院送付）の可決成立に引き続いて行われた。次いで衆議院でも、同年六月一五日の内閣委員会の議を経て、本会議で可決され、法律として成立し、平成一一年六月二三日の官報で公布された[26]。

法律の施行は、同法附則一項により「公布の日から起算して二年を超えない範囲内において政令で定める日」とされ、平成一二年政令二三九号[27]により、平成一二年一〇月一日から施行されることとされた。また、附則二条により、総理府設置法の施設等機関として「本府に、国立公文書館を置く。２　国立公文書館の組織及び所掌事務については、国立公文書館法の定めるところによる。」（八条の二）が挿入された。

再び、亀谷議員の所懐を引用する。「議員立法として提案してから二年一〇ケ月。民事判決原本の保存をはかることを意図した法案が形を変え『国立公文書館法』として成立した。結果的に民事判決のみならず、行政・立法・司法三権の公文書を一括管理する仕組みが出来あがった。他国では当然とされているシステムが、わが国に取り入れられた意義は大きい[28]」。

3　国立公文書館法の改正

ところが、国立公文書館法は、制定から六ケ月後、その施行前に、国立公文書館の独立行政法人への移行のため、および、中央省庁の再編への対応のための改正を受けた。[29] 改正のポイントは、総理府の施設等機関であった国立公文書館（国立公文書館法旧三条）を「独立行政法人国立公文書館」と称する法人として中央省庁から独立させ（新三条）、これに伴い法人の目的、組織、業務等に関する一連の規定を付加した（三条―一四条）ものである。主務大臣・主務省は、内閣総理大臣・内閣府とされた（一三条）。これに関連して他の条文にもいくつか細かな字句の修正があるものの、改正前の法律の目的やスキームはそのまま維持されている。[30] 改正法は、右の主務大臣・主務省に関する部分が平成一三年一月六日から、その他の部分は四月一日から施行されることとなった。[31]

4　国立公文書館法制定の意義

判決原本保存運動は、こうして国立公文書館法の制定に行き着いた。[32] これは、前述のように、平成五年当時、私たちが国立公文書館を訪ねて判決原本の保管を打診した際の最大のネックであった所掌問題を立法的に解決したものである。しかし、国立公文書館法が制定されたことの意義は、それにとどまるものではない。

その最大の意義は、これによって日本の公文書保存体制が先進諸外国のレベルに一歩近づいたということであろう。諸外国に比べて一世紀遅れているといわれてきた日本の公文書保存のあり方は、これからさらに改善すべき多くの問題を抱えているが、国立公文書館法の制定は、それに向けた一歩の前進といえるであろう。[33] 国立公文書館法の条文（改正後）に即していえば、具体的には、次の通りである。

まず、国立公文書館の地位の強化が挙げられる。国立公文書館は、昭和四六年に設置された施設であるが、その地位は、総理府本府組織令という「政令」に基づく総理府の一施設でしかなかった。この度、国立公文書館法という「法律」が根拠法令となり（一条）、かつ、独立行政法人として政府から一人立ちした（三条）。しかも、国立公文書館は、一般法として存在する「公文書館法」(昭和六二年法律一一五号)に基づく国レベルでの公文書館として位置づけられた(一条)。見方を変えれば、公文書館法という法律が、国立公文書館法によって、ようやく内実を得たということでもある。

次に、所掌する「公文書」の範囲の拡大である。繰り返し述べてきた「行政に関する」との限定がはずされ、「公文書等」とは、「公文書その他の記録(国の機関において現用のものを除く。)をいう。」と、包括的に定義された(二条)。当然、立法関係・司法関係の公文書もここに入る。民事判決原本は、司法公文書のほんの一部に過ぎない。

第三に、権限の明確化である。国立公文書館は、国の機関等から移管を受けた「歴史資料として重要な公文書等を保存し、及び一般の利用に供する」だけでなく、国の機関等の保管中の「歴史資料として重要な公文書等の保存及び利用に関する情報の収集、整理及び提供を行うこと」、および、これらに関する「専門的技術的な助言」、「調査研究」、「研修」その他の附帯業務を行うこととされた(四条・一一条)。この中で、とくに重要なのは、専門的技術的な助言、調査研究および研修である。国立公文書館が三権にわたる国レベルでの唯一の公文書館として、諸外国の公文書館に比肩しうる機能を発揮していくためには、今後優秀なアーキビストを育成していくことが急務であるが、この条文はその手掛かりを与えるものであるからである。

第四に、歴史資料として重要な公文書等について、国の各機関の保存義務およびその国立公文書館への移管に関する規定(一五条)については、評価が分かれるところである。このような保存、移管の筋道ができたことをもって一歩前進と評価することもできるが、反面、重要な公文書は必ず後世に残すべきであるとの観点からいえば、諸外国のように国立公文書館の権限をもっと強固なものにして、現用段階から、保存と将来の移管を各機関に指示できるようにしなければ、都合の悪いものは各官庁が秘匿したり、廃棄したりすることになりかねない。私としては、とりあえず内閣総理大臣と国の機関との「協議」(一五条一項)によりどのような定めができるか、またその定めに基づきどのように「合意」（二項）が運用されるか、を注視したい。

第五に、公文書等の原則公開と合理的理由に基づく閲覧制限（一六条）が定められた意義も大きい。これは、いうまでもなく、行政情報公開法と同じ精神に立脚するものである。これに基づき、国立公文書館利用規則（昭和四七年四月二五日総理府告示一〇号）が改正された。すなわち、一般公開の原則とその制限を概括的に定めていた従来の三条が改正され、利用の制限について詳細な基準を定める三条の二が挿入された（平成一一年九月二九日総理府告示五一号）。[34]私としては、この運用についても注目を払いたい。

(19) マスコミの報道につき、前出注(2)『遺産』一〇一頁参照。

(20) 参議院の自民党議員は、昭和六二年に一般法としての「公文書館法」（昭和六二年法律一一五号）を議員立法として成立させた実績がある。今回の国立公文書館法は、その一般法の具体化という側面を持っていたから、自民党の議員はとくに熱心であった。しかし、自民党以外の議員にも、とくに日弁連の働きかけで、この問題に強い関心を持たれた議員が何人かおられた。その一人、佐々木秀典衆議院議員（民主党）は、平成九年五月二八日の衆議院法務委員会における司法関係資料の保存に関する質問で、国会図書館や公文書館とは別に、法務省や裁判所が責任を持つ国の施設が必要ではないか、という問題を提起された（第百四十回国会衆議院法務委員会議録九号九頁）。

(21) 亀谷博昭「民事判決原本の保存を」自由新報（自由民主党機関誌）平成九年一月二一・二八日合併号。

(22) 参議院の自民党議員数名が、東京大学法学部を来訪され、一時保管している判決原本の実状を視察して行かれたのも、大阪大学の國井法学部長と当時東京大学法学部長であった私が参議院自民党政策審議会に招かれて保存の必要性を訴えたのも、この頃であった。

(23) 亀谷博昭「国立公文書館法の成立と今後の課題」アーカイブズ創刊号（一九九九年）二頁。

(24) 前出注(2)『遺産』あとがき（青山善充）。

(25) 亀谷・前出注(23)論文アーカイブズ創刊号三頁参照。

(26) 平成一一年四月二七日の参議院総務委員会では、海老原義彦議員から趣旨説明があり、江田五月議員から、①法案五条の、（国立公文書館を所管する）内閣総理大臣と（公文書を所持する）国の機関との「協議」「合意」につき、それが適切に運用されて、各機関が自分のところに資料をしまい込んで出さない、ということのないようにしてほしい、そのためにアーキビストの養成が必要ではないか、②情報公開法との関係で、行政庁が保管しているときは原則公開だが、国立公文書館に移されるとたちまち秘密文書になるということはない、と理解しているがそれでよいか、③国立公文書館の閲覧制度について、諾否の判断が恣意に流れないような制度なり手続が必要ではないか、との質問が出され、内閣官房長官から、おおむねこれを肯定する答弁がなされた（第百四十五回国会参議院総務委員会会議録七号二頁、五頁）。四月二八日の参議院本会議では、総務委員長（竹村泰子議員）から委員会報告と趣旨説明がなされた後、情報公開法に引き続き裁決に付され、全会一致をもって可決された（官報平成一一年四月二八日号外一九頁）。

衆議院では、六月一五日午前の内閣委員会で、参議院とほぼ同様な若干の確認的質疑があった後、全会一致で原案通り可決され（第百四十五回国会衆議院内閣委員会議録八号一頁）、同日午後の本会議で可決されて、法律として成立した（官報平成一一年六月一五日号外九頁）。

法律の公布は、平成一一年六月二三日、法律第七九号としてなされた（同日付けの官報号外一一八号八頁）。

ここに、**〔資料2〕**として国立公文書館法の条文（制定当時）を掲げる。

〔資料2〕

国立公文書館法（平成一一年法律七九号）

（目的）

第一条　この法律は、公文書館法（昭和六十二年法律第百十五号）の精神にのっとり、国立公文書館の組織、公文書等の保存のために必要な措置等を定めることにより、歴史資料として重要な公文書等の適切な保存及び利用に資することを目的とする。

（定義）

第二条　この法律において「公文書等」とは、国が保管する公文書その他の記録（現用のものを除く。）をいう。

（国立公文書館）

第三条　総理府に、国立公文書館を置く。

第四条　国立公文書館は、歴史資料として重要な公文書等を保存し、閲覧に供するとともに、歴史資料として重要な公文書等の保存及び利用に関する情報の収集、整理及び提供、専門的技術的な助言、調査研究並びに研修その他の事業を行い、あわせて総理府の所管行政に関し図書の管理を行う機関とする。
2　国立公文書館に、館長を置く。
3　館長は、内閣総理大臣の命を受けて館務を掌理する。
4　国立公文書館の位置及び内部組織は、総理府令で定める。
（公文書等の保存）
第五条　国の機関は、内閣総理大臣と当該国の機関とが協議して定めるところにより、歴史資料として重要な公文書等の適切な保存のために必要な措置を講ずるものとする。
2　内閣総理大臣は、前項の協議による定めに基づき、歴史資料として重要な公文書等について、国立公文書館において保存する必要があると認めるときは、当該公文書等を保存する国の機関との合意により、その移管を受けることができる。
（公文書等の閲覧）
第六条　国立公文書館において保存する公文書等は、一般の閲覧に供するものとする。ただし、個人の秘密の保持その他の合理的な理由により一般の閲覧に供することが適当でない公文書等については、この限りでない。

(27)　官報平成一二年五月三一日号外一〇五号二四八頁。
(28)　亀谷・前出注(23)論文アーカイブズ創刊号四頁。
(29)　平成一一年法律一六一号「国立公文書館法の一部を改正する法律」（官報平成一一年一二月二二日号外二五一号一一五頁）。
(30)　この改正につき、酒井勤「国立公文書館法の一部改正について」アーカイブズ二号（二〇〇〇年）六頁。
(31)　施行期日につき、前出注(29)改正法（平成一一年法律一六一号）附則一条、および、平成一二年政令三三三号「独立行政法人国立公文書館等の設立に伴う関係政令の整備等に関する政令」一条一項（官報平成一二年六月七日号外一一一号三六四頁）参照。
(32)　法律の条文にも、国会における提案理由や質疑応答の中でも、「判決原本」という言葉は一言も出てこない。この時期に法律を制定し国立公文書館の所管事項を拡張しなければならない理由は、いわなくても誰の目にも明らかであったし、また、国立公文書館の権限の拡大という大きな目的の前では、判決原本という特化した例が全体を矮小化させることにもなったからである。私たちが、亀谷議員の当初の「民事判決原本保存法」構想に対して、より広く司法関係資料の保存が必要だ、と訴えた（前述**四2**）のと同じである。

(33)　国立公文書館は、目下、国立公文書館法によって所掌範囲が拡大したことへの対応に加えて、所管官庁が「総理府」から「内閣府」になったことへの対応、自らが独立行政法人に移行したことへの対応、行政情報公開法の施行に備えた対応等々、大きな転換期を迎えているようである（アーカイブズ各号参照）。私は、これを機に、国立公文書館が、立法・行政・司法のすべての分野にわたり、歴史的に重要な公文書を保存する国レベルの唯一の機関として、一層発展することを願わずにはいられない。

(34)　官報平成一一年九月二九日号外二〇二号三〇頁。その施行は、国立公文書館法の施行に合わせて、平成一二年一〇月一日とされた。

五　国立公文書館への収納

1　国立公文書館への移管折衝

国立公文書館法の成立（平成一一年六月）を待ちかまえるようにして、私たち保管大学の代表者は、判決原本の国立公文書館への再移管について、国立公文書館（総理府）側と折衝に入った。私たちは、そのために法律が制定されたのだから、この交渉はそんなに困難ではない、と考えていた。

ところが、ここにきて大学側と国立公文書館側との間に大きな思惑の違いが表面化した。それが資料選別問題である。国立公文書館側の当初の意向は、一〇大学が保管中の判決原本全部ではなく、歴史的に重要なものだけを受け入れる、その選別は大学側でやってほしい、というものであった。この「マル呑みはダメよ」の発言が伝えられると、判決原本の一時保管に関する連絡会議幹事会は紛糾した。とくに法制史専攻者は、選別に強い難色を示した。理論的にいえば、判決原本は、一件ごとに綴じられた事件記録から、保存期間の定めに従って事件の進行に関する記録を捨て、証拠書類を捨て、訴状・答弁書その他の準備書面を捨てた残りの、これ自身がすでに厳選されたエッセンスであるし、統計的処理に耐える網羅性を持っているところにこそ判決原本の史料的価値があるのに、人為的な選別が行わればその価値が根底から破壊されるからである。また、実際問題としても、国立大学側が資料の選別作業をすることは、人手の点からも資金の点からも不可能であった。「判決原本の会」としても、各国立大学に依頼したのは、当分の間の保管に過ぎない。各大学は、単なる保管だけでなく、受入時の現況調査や簿冊の特定作業までやってくれた（前述三3参照）。このうえさらに選別までお願いすることは、「判決原本の会」の関係者としては、到底できない。林屋教授と私は、国立公文書館を訪ねて、大学側の実状を話し、現在保管中の判決原本全部が歴史的に重要な公文書であることを力説した。その際、日本弁護士連合会の司法制度調査会司法資料保存小委員会の各委員——竹澤哲夫、瀧川叡一、倉田卓次、福永寧氏ら——が私たちの主張を全面的に支持してくれた。

数回のやりとりの結果、国立公文書館側の主張は、国立大学が保管中の判決原本はすべて引き取るが、引き取った後、何らかの基準によって選別をし、価値がないとされたものは廃棄することがある、というように変わった。選別はすべての資料群に関する大原則であり、選別の程度はともあれ、民事判決原本だけ絶対に選別しない、とはいえない、ということであった。(35)

このような状況において、石井紫郎教授から、判決原本の一時保管に関する連絡会議幹事会に対して、新たな提案がもたらされた（平成一一年秋）。それは、国立公文書館がこれ以上資料の選別にこだわるなら、いっそ国立公文書館移管は断念して、従来のように一〇大学で保管しつつ、そのうちの一つの大学を本部、他の大学を支部とする「（ネットワーク型）近代日本司法資料研究センター（仮称）」を作り、各大学で要する施設設備費および事業費は文部省に予算要求するのはどうか、という構想であり、その成算は相当程度ある、ということであった。しかし、この石井構想は、一度私たちが文部省と折衝した案（前述二5参照）の蒸し返しの面があり、その後の国立公文書館法の制定を経由とした動きを逆転させようとするものであって、保管大学の賛意を得ることはできなかった。

この問題について、私には、大学側（とくに法制史学者）の考え方も、国立公文書館側の考え方も、十分に理解できた。しかし、この段階でこの問題でデッドロックに乗り上げるのは愚の骨頂だと考えた。大学側が選別に反対するのは、国立公文書館にそれを白紙で任せることによってせっかく保存してきた資料の毀損を危惧するからである。そうだとすれば、国立公文書館側が一括受け入れた後、将来、仮に資料の選別の問題が出てきた場合には、その段階でその基準の設定や選別の実施に国立大学側（研究者）の関与が保障されれば、国立公文書館のいう資料選別の原則を認めてよいのではないか、というのが私の考え方であった。

結局、こうした考えに沿って何度か水面下の折衝[36]が行われた後、国立大学側と国立公文書館側の合意が整い、これを関係機関全部が出席する会合で文書で確認しておくことになった。それが次の会合である。

2　「民事判決原本に関する連絡調整会議」

平成一二年五月三一日に国立公文書館四階会議室で開かれた「民事判決原本に関する連絡調整会議」は、いわばこれまでの折衝の結果を確認するセレモニーであるとともに、国立大学から国立公文書館への移管に関する大綱を決定する会議でもあった。出席者は、会議の構成員である関係三者、すなわち、総理府（国立公文書館）、判決原本を保管している国立大学、日本弁護士連合会の各代表者[37]のほか、亀谷博昭参議院議員であり、次頁の会議録〔**資料3**〕がとりまとめられた。

この会議録について若干の説明をすれば、第一項が移管の基本合意であり、これによって国立大学から国立公文書館への段階的移管が初めて文書により合意された。ここに「文部省」が唐突のように登場するのは、判決原本は現状では文部省所管の文書であり、総理府（国立公文書館）が、従来の慣習により、同じ行政庁である文部省から移管を受けるという形式にこだわったことによる（ただし、文部省は連絡調整会議のメンバーにはならなかった）。第二項は、歴史資料としての重要性の判断[38]に際しての専門家の関与を謳ったものである。一年近く私たちを悩ましてきた資料選別問題は、このような形で決着を見たのである。第三項は、判決原本保管大学と日本弁護士連合会の国立公文書館に

〔資料3〕

平成12年5月31日

民事判決原本に関する連絡調整会議会議録

現在各国立大学において保管されている民事判決原本について今後相互に協力するために設けられた本会議において，その取扱いについては，次のとおりとすることとし，本会議を構成する三者の意見の一致をみた。

(1) 総理府（国立公文書館）は，現在各国立大学において保管されている民事判決原本について，大学における保管状況等にかんがみ，文部省との合意に基づき，段階的に移管を受けることとする。

(2) 前項により移管を受けた民事判決原本について，総理府（国立公文書館）が，国立公文書館法第4条により，歴史資料としての重要性を判断するに際しては，本会議を構成する各国立大学及び日本弁護士連合会を含む各方面の専門家から成る会合において意見を聴取し，それに十分配慮するものとする。

(3) 前2項の実施及び第1項により移管を受けた民事判決原本を一般の利用に供するための諸準備に当たり，現在民事判決原本を保管している各国立大学及び日本弁護士連合会は，本会議を通じて，総理府（国立公文書館）に対し，継続的に必要な協力を行うこととする。

対する、移管の実施から一般の利用に供するまでの全過程における継続的協力を謳ったものである。

同日の連絡調整会議では、さらに、「民事判決原本に関する連絡調整会議（平成一二年五月三一日）会議録に係る確認事項」として、三点の確認がなされた。その要旨は、①「連絡調整会議」は、今後、会議の構成員である総理府（国立公文書館）、判決原本を保管している国立大学および日本弁護士連合会の代表のいずれかが必要と認める都度開催すること、②会議録第二項に基づき、判決原本保管大学および日本弁護士連合会を初めとする各方面の専門家により構成する「専門家会合」を設置し、必要が生じた都度開催すること、③会議録第三項に基づき、関係三者の実務者より構成する「実務者（シェルパ）会議」を設け、三者のいずれかが必要と認める都度開催すること、この会議は必要に応じ構成員以外の第三者の協力を求めることがで

〔資料4〕
移管対象となる民事判決原本

保管大学名	簿　冊　数
北海道大学	1,951冊
東 北 大 学	6,324冊 （ほか絵図面281件）
東 京 大 学	8,986冊
名古屋大学	2,829冊
大 阪 大 学	5,801冊
岡 山 大 学	1,303冊
広 島 大 学	3,323冊
香 川 大 学	1,909冊
九 州 大 学	2,777冊
熊 本 大 学	973冊
総　　計	36,176冊 （ほか絵図面281件）

きること、である。なお、連絡調整会議、専門家会合および実務者会議のいずれの庶務も、国立公文書館公文書課において行うことも、併せて確認された。ちなみに、右のいわゆるシェルパ会議は、すでに前年の国立公文書館法の成立を受けて、判決原本の国立公文書館への移管態勢を構築する目的で活動してきた事実上の組織を追認したものである。

3　移管スケジュール

これを受けて開かれたシェルパ会議では、国立大学側で移管のスケジュールを策定することになった。この作業は、各保管大学と連絡を取りながら東京大学、とくに新田一郎助教授が中心となって行った。私は、当時、東京大学副学長としての職務に忙殺され、節目節目で同助教授の相談に与っていたにすぎない。

まず、移管の対象となる判決原本の簿冊数は、**〔資料4〕**の通り、保管一〇大学合計で三六、一七六冊（ほかに絵図面二八一件）であり、国立大学が裁判所から移管を受けた判決原本のすべてである。[39]

次に、これをどのような順序で国立公文書館に収納するかであるが、以下の原則に基づいて計画を立てた。①国立公文書館側の受入作業能力と国立大学側の搬出作業手順を考慮して、一年に一大学分ずつ移管するのを原則としつつ、年度間の平均化を図る。②その順序は、保管の困窮度の高い大学から順次移管する。③明治二三年末（民事訴訟法施行前）までに確定した判決原本は、国際日本文化研究センターでデータベースを作成中であることを考慮し、最終年にまとめて移管する、というものである。

かくして立てられた移管スケジュールが、**〔資料5〕**である。ここに第一年とは、平成一二年度であり、一二年間

〔**資料5**〕

民事判決原本の移管スケジュール

大学名	経過年数												移管冊数
	第1年	第2年	第3年	第4年	第5年	第6年	第7年	第8年	第9年	第10年	第11年	第12年	
東北大学	● —	●											5,852冊 （ほか絵図面281件）
北海道大学			●										1,893冊
岡山大学			●										約1,200冊
名古屋大学				●									2,648冊
九州大学					●								約2,500冊
東京大学						● —	● —	●					7,666冊
大阪大学								● —	●				5,277冊
広島大学										●			約3,000冊
香川大学											●		約1,700冊
熊本大学											●		779冊
（明治23年以前分）												●	約3,500冊
移管冊数（仮置き）	2,926	2,926	3,093	2,648	2,500	3,236	3,236	3,236	3,235	3,000	2,479	3,500	36,176冊

（備考）

(1) 国際日本文化研究センターで行われている民事判決原本のデータベース作成作業（明治23年以前に確定した判決が対象）の便宜を考慮し，当該作業に係る簿冊は最終年（第12年）に一括して移管することとした。

(2) 岡山大学，九州大学，広島大学及び香川大学の4大学については，(1)の作業に係る簿冊数が正確に把握されていないため，「全体数の10％」と仮定して算出した。したがって，総移管冊数と各大学・各年度の移管冊数は一致していない。

(3) 移管冊数（仮置き）欄のうち，同一大学から複数年にわたって移管するものについては，各大学の移管冊数を年数で割った平均冊数を記した。

で移管を完了する計画になっている。

この移管スケジュールは、シェルパ会議で承認された後、平成一二年九月二六日の文部省と総理府との間の「国立大学が保管する民事判決原本の総理府（国立公文書館）への移管及び受入れに関する取扱方針」[40]によって、そのまま確認された。

4　最高裁判所への報告

このように国立大学から国立公文書館への移管が具体的に決定されたことを受けて、平成一二年一二月一三日に、判決原本を保管する一〇大学を代表して、私から最高裁判所へ報告した。これは、平成六年七月当時の「民事判決原本の移管・受入れに関する合意書」（**〔資料1〕**）第二項の「他の機関に譲渡し又は廃棄する必要が生じたときは、あらかじめ裁判所に連絡する」との約定に従ったものである。

〔資料6〕は、当日、私が新田助教授と同道のうえ、最高裁判所事務総局を訪ね、中山隆夫総務局長と面会した際、携えて行った文書である。文中の「別紙1」は本稿の**〔資料3〕**に、「別紙2」は同じく**〔資料5〕**に当たる。中山総務局長からは、国立大学の保管の労苦に対して丁重な謝辞が述べられた。

5　シェルパ会議の活動

シェルパ会議は、平成一二年中に一〇回前後の会合を開き、右に述べた移管のスケジュールのみでなく、移管の具体的手順、移管後の整理から一般の利用に供するまでに生じうる様々な問題について、国立公文書館側の諮問に応ずる形で協議してきた[41]。

シェルパ会議で、とくに検討に時間を要したのは、国立公文書館で受け入れた後、それを整理し一般の利用に供するために、どのような目録を作成するかであった。これまで行政関係文書しか受け入れてこなかった国立公文書館にとっては、判決原本の受入れは、まったくノウハウの蓄積のない未知の事柄であり、簿冊単位で目録を作るか、事件

〔資料6〕

民事判決原本の再移管についての報告

平成12年12月13日

最高裁判所事務総局
事務総長殿

判決原本の一時保管に関する連絡会議幹事代表
東京大学副学長　青山善充

去る平成7年に国立10大学（北海道・東北・東京・名古屋・大阪・岡山・広島・香川・九州・熊本各大学）法学部が最高裁判所事務局との取り決めに基づき移管を受けた、明治初年以降昭和18年確定分までの民事判決原本について、この度、国立公文書館に再移管することになりましたので、移管の際の了解事項に従い、御報告申し上げます。

国立10大学法学部では、移管を受けた後、判決原本の恒久的な保管の方策を模索してまいりましたが、国立公文書館法が昨年6月に成立、今年10月に施行されたことによって、司法文書の同館への受入れが可能となったことをうけ、判決原本を同館へ移管し一括保存の策を講じることが適切である、と判断するに至りました。

本年5月31日に、総理府・国立公文書館、日本弁護士連合会、国立大学の三者の代表による「民事判決原本に関する連絡調整会議」において、判決原本の移管と保存について別紙1のように合意され、これをうけて9月26日に文部省と総理府との間で「国立大学が保管する民事判決原本の総理府（国立公文書館）への移管及び受入れに関する取扱方針」が策定されました。現在、これらに基づき、移管へ向けた実務的な準備作業を進めているところです。

順調に進捗した場合、判決原本の移管がすべて完了するまでに10年余を要するものと見積もられております。移管は保管大学ごとに順次実施しますが、国立公文書館に搬入されながら整理が追い付かず事実上閲覧利用ができないという事態をできるだけ回避したい、という考慮に基づき、国立公文書館で受け入れた後に整理、燻蒸などを経て閲覧に供するまでを約1年と想定し、同館における処理能力を勘案し、さらに他省庁からの受入書類の量を推定した上で、大略別紙2のような計画を立案いたしました（但しこの計画は、諸事情によってその細部が見直される可能性があります）。この計画にそって移管されるまでのあいだは、従来通り各大学に保管され、それぞれの事情に応じて、可能な範囲で閲覧希望に対応することになります。

各裁判所から国立大学が判決原本の移管を受けてから5年余を経過しておりますが、現在までのところ保存状態は概ね良好、との報告を受けております。一部については、今後長期にわたる保存のためには補修措置を必要とすると見られるものもありますが、そうした措置は国立公文書館への移管後に適宜講ぜられることになります。現在、移管後にどのような措置が必要になるか、サンプル調査を実施しております。

また、この間、保管各大学には年間数件ないし十数件程度の閲覧希望が寄せられております。研究目的、及び実務上の必要に基づく希望には可能な範囲で応じる、との基本方針をとっておりますが、閲覧態勢が十分に整っていないため、一部の大学では、希望に応じていないところもあります。

国立公文書館に移管された後の管理態勢については、基本的には同館における資料管理の通則的な定めによることになりますが、同館では司法資料の受入れは初めてのことになるため、とくにプライバシー問題などについて、閲覧利用の利便性との均衡のとれた対処法を構築する必要がある、とする認識を、多くの関係者は共有しております。この点については、国立大学法学部が移管を受けた際の了解の趣旨を踏まえ、適切な措置が講ぜられるよう、「民事判決原本に関する連絡調整会議」ないしそこでの合意に基づいて設置される予定の専門家会合などを通じて、働きかけてまいりたいと存じます。

単位で目録を作るか、から議論を始める必要があった。結局、簿冊単位と件名単位と双方の目録を作ることになり、それぞれの目録について、記入する事項を定め、それを記入する際の詳細な記入マニュアルを定めた「目録作成要領」を作成したのであった。

6　国立公文書館への移管第一号

このような過程を経て移管のトップを切ったのは、平成一三年一月の東北大学からの移管であった(42)。同大学吉田正志教授による文部科学省と国立公文書館（本館・つくば分館）との周到な連絡および事前準備（予算請求、簿冊の再点検、全調査票（前述**三3**参照）コピーの事前送付）に基づき、目録と移管通知書を添えて移管が実施された。トラックが東北大学を出たのが平成一三年二月二〇日、国立公文書館つくば分館に搬入を終えたのは翌二月二一日であった。簿冊数で五七一〇冊、箱数で七七四箱であった。運搬の際には、裁判所からの移管時に使用された郵便局の「ゆうパックL型」の段ボール箱がそのまま使用されたという。

なお、判決原本の搬入を受けた国立公文書館では、今後、五月頃までに燻蒸を実施し、目録作成に取りかかるのは七月以降の見通しとのことである。

(35)　資料の選別のことを国立公文書館関係者は、当時「鉋をかける」と表現していた。大学側は、選別に反対の態度を崩さなかったが、国立公文書館側も、鉋のかけ方には厚くザックリかけるかけ方もあるし、薄紙を剝ぐように薄くかけるかけ方もあるが、およそ鉋を手放せ、といわれると、それは呑めない、という原則論に固執し、交渉は膠着したのである。

(36)　国立大学側を代表して主としてこの水面下の折衝を行ったのは、東京大学の新田一郎、和仁陽の両助教授であった。

(37)　出席者（肩書きは当時）は、次の通りであった。総理府（国立公文書館）側：佐藤正紀（内閣総理大臣官房審議官）、高岡完治（国立公文書館館長）、国立大学側：青山善充（東京大学副学長）、渡邊浩（東京大学法学部長）、河野正憲（名古屋大学法学部教授）、日本弁護士連合会側：竹澤哲夫（日本弁護士連合会司法制度調査会司法資料保存小委員会委員長）、瀧川叡一（日本弁護士連合会司法制度調査会司法資料保存小委員会委員）、加藤文也（日本弁護士連合会事務次長）、それにオブザーバーとして新田一郎（東京大学法学部助教授)。

(38) 国立公文書館法(改正後)四条は、国立公文書館の目的として「歴史資料として重要な公文書等」の保存および利用を謳っている。

(39) この数字が、受入れ時の調査(ジュリ一〇七八号一〇頁)と食い違いがあるのは、その後の精査の結果である。

(40) 前記会議録〔資料3〕第一項の、総理府(国立公文書館)と文部省との合意がこれである。

(41) シェルパ会議の出席者は、多少の出入りはあるが、平成一二年七月一二日の会合(第八回)でいえば、国立大学側:新田一郎(東京大学助教授)、浅古弘(早稲田大学教授、協力者)、日本弁護士連合会側:竹澤哲夫(司法制度調査会司法資料保存小委員会委員長)、瀧川叡一(同委員)、倉田卓次(同委員)、福永寧(同委員)、平田厚(同委員)、池田綾子(同委員)、国立公文書館側:中村幸一(公文書課長)、酒井勤(同課長補佐)、斉藤英治(同課長補佐)、の各氏である。

(42) 以下の記述は、平成一三年三月二四日に行われた第一五回「判決原本の一時保管に関する連絡会議幹事会」における吉田正志教授の報告による。

六　保存運動を振り返って

以上で、平成四年一月から本年(平成一三年)春まで一〇年近くにわたる、民事判決原本の廃棄決定から蘇生に至るまでの長い物語を終わる。

振り返ってみれば、判決原本は、落ち着くべきところに落ち着いた。しかし、国立公文書館が、今後、すべての大学から判決原本の移管を受け、整理し、一般の利用に供することができるようになるまでには、まだ長い道程が予定されている。それでも、私としては、こうして永久保存されるようになった民事判決原本が、将来、日本の近代史の解明に大きな役割を果たすであろうことを信じて疑わない。

私は、本年三月、台湾における司法改革の実情調査のために、東京大学のポール・チェン教授と訪台した際、翁岳生司法院長の計らいで、日本統治時代の台北高等法院の判決原本の簿冊の一部（昭和一八年から二〇年までのもの）を瞥見する機会に恵まれた。それは、私がこれまで日本の各地の高等裁判所で見たものとまったく同じ様式のものであった。台湾大学法律学院の王泰升教授は、新竹、台中、嘉義等の各地方法院に明治二八年から昭和二〇年までの判決原本が保存されていることを調査した法制史学者であるが、私に、研究計画として、「①日本統治時代の裁判所の利用状況――法院を利用する者の社会的背景、争いの種類および解決方法、案件の数、審理の過程――、②近代法が台湾に導入される過程において裁判が果たした役割、③裁判と国家統治の正統性との関係、④判決に見られる女性の法律上の地位の変遷、⑤各種の司法文書（強制執行記録、法人登記等）からの、当時の台湾の社会状況・経済状況」を明らかにしたい、と熱っぽく語られた。私は、ここにも私たちと同じことを考えている研究者がいる、と感動したものである。

判決原本を用いた研究の中には、日本の社会や経済の状況を背景とするだけでなく、より広く当時の世界史的コンテクストの中で行う必要があるものがあろう。日本と台湾の研究者が共同で判決原本の研究を行う日が来ることも、夢ではないかもしれない。

七　つくば分館における保存の現状

1　つくば分館における保存の現状

冒頭に述べたように、私は、本年（平成一五年）一月九日、国立公文書館つくば分館に赴いて判決原本の保存状況を視察した。これは、一〇年近くに及ぶ「判決原本の会」による保存運動の到達点を是非この目で見たいとのかねての念願を実現したものである。移管第一号となった東北大学からの受入れ（平成一三年一月。前述**五6**）から、ほぼ二

国立公文書館つくば分館前にて
（左より、高岡完治氏、筆者、石井紫郎東京大学名誉教授、新田一郎助教授、土橋弘之氏）

年経過している。この視察には、幸いにも、石井紫郎東京大学名誉教授、新田一郎助教授および信山社の村岡侖衛氏の参加も得られた。案内役を買ってくれたのは、いずれも判決原本受入れ当時の国立公文書館側の最高責任者であった、前国立公文書館長高岡完治氏および前つくば分館長土橋弘之氏である（上掲写真参照）。

つくば分館は、茨城県つくば市の研究学園地区の一隅に平成一〇年一〇月に開館した施設であり、二万五〇〇〇平方メートルの広大な敷地に、延べ床面積一万一二五〇平方メートル、鉄筋コンクリート造り地上三階建ての壮大な建物である。書庫部分は、そのうち七二九〇平方メートルを占め（書架総延長三〇キロメートル）、これが書庫1から書庫12までの一二区画に分けられ、それぞれ分厚く頑丈な耐震耐火扉と防護壁で守られている。そして、民事判決原本は三階の最も広い書庫12に収納、排架[43]されていた。

書庫12に入るや私たちを圧倒したのは、約六〇〇平方メートルの書庫12いっぱいに二・四メートルの天井に届く高さで整然と設置されたスチール製の書架列であった。

各列は、柱などの構造物の関係で規格が同一でないとのことであるが、私たちが見たのは、幅八五センチメートル、上下六段のものが横に七本、それが背中合わせに合計一四本連結されて一体的構造になっていた。それが一列であり、全部で一〇七列、書架総延長で四五九〇メートルあるという[44]。壁や柱に近いため固定されている列を除き、書架の側面に付けられた手動式ハンドルで動く仕掛けである。ハンドルの上部には長方形パネルが通路側に突き出す形で取り付けられており、表側が12−1、裏側が12−2というように排架場所を示している。

書庫12は、そのスペース全部が判決原本のための保管庫であるとのことである。視察当時、そこには東北大学、北海道大学および岡山大学から送られてきた合計八八三九冊の簿冊[45]が12−1から12−13までの計七列の書架に排架されていたが、それは用意されている全体の書架のおよそ一〇分の一を占めるにすぎず、残りの書架は空のまま今後の受入れを待っている状態であった。

書庫内の気温は常に摂氏二二度、湿度は五五パーセントに保たれている。これまでいくつかの裁判所や一時保管中の大学で、劣悪な環境に置かれた判決原本を見てきた私の目には、この環境は判決原本にとって天国であり、思わず胸の奥から突き上げてくる安堵と感慨の念を押さえることができなかった。

2　受入れから整理・排架までの流れ

つくば分館では、各国立大学から判決原本を受け入れた後、燻蒸により殺虫・殺黴処理を行ったうえ、アルバイトを動員して簿冊を整理し、通し番号を付して、簿冊目録を作成している。

通し番号は、受入れ年度ごとおよび保管大学ごとに付される。平成一二年度なら、東北大学が保管していた仙台高等裁判所の簿冊が古い順に一から二八〇まで、仙台地方裁判所（本庁）の簿冊が二八一から九八一まで、大河原支部のものが九八二から一〇一九まで……という具合である。平成一三年度は北海道大学と岡山大学から受け入れたから、それぞれの大学ごとに一から番号が付されている。この作業は各大学が行ってきたものがそのまま承継された形である。

目録の作成を簿冊目録のみにするか、件名目録をも作るかについては、シェルパ会議でも議論があったところであるが（前述五5）、つくば分館で試算してみたところ、一件ずつの件名目録を作るには、一〇名のアルバイトがフル稼働して四〇年かかることが分かり、結局、簿冊単位の目録としながら、簿冊に目次が付けられているものについては、それも簿冊目録に綴じ込むという現実的な対処をしているとのことであった。目録は、簿冊一冊ごとにその表紙から簿冊を特定しうる事項をA４一枚の紙に書き取り、それをＫＩＮＧ ＪＩＭのA４判のファイルに綴じる形で作られていた。この作業においても、かつて保管国立大学が作成した現況調査の調査票（前述三3）——それは判決原本とともに国立公文書館に引き渡された（前述五6）——が役に立っているようであった。現在そのような目録が九四冊できており、つくば分館の全目録の中で量的に最も多いとのことである。確かに、それらが閲覧室の目録棚にずらっと並んでいる有様は、一種壮観であった。

目録作成が終わると、請求番号を記したラベルを簿冊ごとにその表紙に貼付して書庫内に排架する。ラベルには、上図（〔資料7〕）のごとく、国立公文書館、民事、受入れ年度、つくば分館書庫12、排架場所、簿冊の通し番号が書かれる。

〔資料７〕
判決原本に付されたラベル

国立公文書館	
分類	民　事
	平成13年度
排架番号	つくば 書庫12
	12—11
	616

閲覧希望者は、どこの裁判所がいつ頃言い渡した判決かをもとに、目録から目的の事件を含む簿冊を特定し、それを請求して閲覧できる仕組みになっている。

3　おわりに

私は、今回の視察を通して、私たちの保存運動がここに結実した、そして判決原本がようやく安住の地を得たという安堵の思いとともに、亀谷博昭前参議院議員を初め、多くの関係者のこれまでのご労苦に対する感謝の念を新たにした。

つくば分館は、今後さらに九州大学、東京大学、大阪大学、広島大学、香川大学、熊本大学の六大学からその保管分を受け入れることになるが、これについて私はもはや何の心配もしていない。私の関心は、今や今後の判決原本の閲覧利用のあり方に移っている。

視察の際つくば分館から受けた説明では、平成一二年度および一三年度受入れ分は、遠からず一般の閲覧に供しうるとのことであった。それを期待したい。閲覧の関して一つ気掛かりなことがある。それは、判決原本が国立公文書館の会議により「要審査公開文書」に指定されたことである。要審査公開とは、閲覧請求があった段階でその許否につき一件一件内容を審査するということである。判決原本が個人の重大な秘密にわたる事項を含んでいることは、いうまでもない。だからこそ、国立大学が最高裁から判決原本の移管を受ける際、その合意書の中にプライバシー保護への配慮の一項目が盛り込まれたのである（前述三2〔**資料1**〕参照）。

しかし、国立公文書館の利用規則による公開の制限は、やや厳しすぎるのではないだろうか。また、基準として漠然としすぎているのではないだろうか。これは、視察時の説明を受けて真っ先に石井教授によって指摘されたことであるが、私も同感である。判決原本は、憲法八二条の裁判の公開原則により、何人も閲覧可能のはずである。また現に、裁判所が保管していたとすれば、民事訴訟法九一条・九二条の制限の下で、閲覧および謄写（コピー）の請求ができたはずである。それがもし、国立公文書館に移管された途端に閲覧が厳しく制限されることになるとすれば、何のための移管か分からなくなる。(46)

国立公文書館が現在厳しい運営環境に置かれていることは理解しつつも、判決原本の閲覧に関しては、個人のプライバシーの保護と裁判の公開の原則の二つの要請を調整した新たな基準の策定あるいは従来の基準の柔軟適正な運用を期待しておきたい。

最後に、現用を終えた公文書がきちんと保存され、それが広く公開されて人々の目に晒されることが民主主義体制の維持、社会の発展にとってきわめて肝要であることを思うとき、日本の公文書保存体制、なかんずく国立公文書館に対して、国や社会は、もっと大きな関心を寄せ、支援を強化する必要があるのではないか。視察を通じてこのことを強く実感したことを付加して筆を置く。

(43) 国立公文書館では、受け入れた公文書を所定の場所に配置することを「排架」といっている。ここでもこの用語に従う。

(44) 国立大学が裁判所から移管を受けた判決原本の量は、書棚にして約一二〇〇メートルであるから〔前出注(7)〕、十分な容量ということになる。

(45) これまでの受入れ状況は、次の通りである。東北大学保管分五七六〇冊〔平成一二年二月二〇日受入れ。前述**五6**参照〕、北海道大学保管分一八九六冊〔平成一三年一二月一四日受入れ〕、岡山大学保管分一一八三冊〔平成一四年一月一六日受入れ〕。さらに、私たちの視察直後、平成一五年一月一五日には名古屋大学保管分二六四三冊を受け入れたとのことである。国立公文書館への移管スケジュールは、当初の計画〔前述**五3**〔**資料5**〕参照〕より二年程前倒しで進行していることになる。これも喜ばしいことである。

(46) 判決原本を用いてどんな研究が可能かについては、私は、前出注(2)『遺産』九三頁以下で述べたところであるが、閲覧を厳しく制限すれば、それが不可能になってしまうであろう。

対談　明治前期民事判決原本データベース化の現場から

——多様性の中での分類・検索システム——

石井紫郎
新田一郎

■はじめに

［石井］　一九九八年に刊行された『図説判決原本の遺産』（信山社）は、緊急避難的に国立一〇大学で保管されている民事判決原本の永久保存施設への収納・利用態勢の確立を願って、そのことを広く世に問うものでした。その書物の中で、課題として掲げられていたのは、①永久保存利用施設への収納、②原本のテキスト全文のデータベース化、の二点です（「『捨てる神』と『拾う神』」）。その後、多くの方の努力によって①の永久保存利用施設への収納の点については幸いなことに成果をあげることが出来たので、今日は、第二の課題の「原本全文のデータベース化」について、そのデータベース化の作業の実際について報告したいと思います。今後、この史料を利用される方たちにも有益な情報の提供となると考えられるからです。

この、私が前に書いた文章（「『捨てる神』と『拾う神』」）は、九八年の九月の日付になっているので、その前後からふり返って申し上げます。

当初、いろいろと研究会を開いて、どういうデータベースをつくったらいいかという方針がだんだん固まってくるにつれ、その仕事は私が当時勤務していた国際日本文化研究センター（日文研）でやってくれというようなお話が出て来ました。

そこで、九六年の冬ぐらいから日文研の情報課の職員の一人の方に試行的に仕事を始めていただいた。同時に、文部省の科学研究費補助金の研究成果公開促進費（データベース）に申請書を出し、その科研費をもらって九七年度からは本格的に一〇年計画を始めようと考えました。

幸い、九七年度の科研費に採択されました。そのときの金額が二五〇〇万ぐらいでした。それ以後、今日に至るまで科研費をいただいています。そして、たしかもう一年予約ずみなので、二〇〇二年までは資金が保証されています。金額的には多少上がったり下がったり、一定はしていないが、平均的には年三〇〇〇万前後のお金をいただいてきました。

九七年の夏ぐらいから実際に科研費のお金が振り込まれてきて、仕事をやっていただく方の雇用も進み始め、いろいろ仕事を始めました。それ以後退任（二〇〇一年秋）まで四年半以上続いていますが、当初思ったより困難な問題にぶつかって、これまで予定の作業量を完全にはあげることはできませんでしたが、データの入力についてのマニュアルないしルールが確立してきたので、これからは能率があがって、キャッチアップしていけるでしょう。

■データベース化作業の難しさ

【石井】 日文研で作業しているこのデータベースは、大きくいって画像データと検索データの二つから成り立っています。しかるべき判決原本なり文書なりを見たいと思って検索すれば画像が出てくる、そのように画像データと検索データがうまく組み合わされている構造になっていますが、そのそれぞれについてなかなか困難な問題がありました。

第一に、画像データについては、当初は、簿冊を開いてスキャナーの上に伏せた形で入力しようと考えていたのですが、これには限界があるということで、思い切って簿冊を解綴して一枚ずつスキャナーに載せて入力する、そういう手間ひまのかかる仕事になったことが問題でした。

次ぎに、検索データは、現代法の、あるいは近代法の常識からいうと、きわめて常識的であたりまえの項目を並べて、そこに入力する作業であるから、どんどん仕事が運ぶだろうと思っていたにもかかわらず、なかなかそうではありませんでした。

たとえば、検索項目としての「当事者の名前」、あるいは「代理人の名前」、「裁判所の名前」、「事件番号」、「判決年月日」等々、今日の判決原本を前提にすれば簡単に入力できるはずのものが、結果的には決してそうではないことがわかってきました。それをどのように一貫性をもって、あるいは作業にあたっている方々の個人差なしに画一的に入力できるようにするかということで、「検索データの入力マニュアル」づくりが大変難航しました。

ある時点でマニュアルをつくって、それに従ってやっていると、それの例外をなんとか処理しなければならないということがあり、一つ例外を認めると、次々にその例外の例外、あるいは別の形の例外がどんどん出てきて、二〇〇〇年の三月に改めてマニュアルをつくり直す決断をせざるを得なくなりました。そして、新しい第二バージョンのマニュアルを完成させるのにほぼ一年間かかりました。

この間、研究会のメンバーにもいろいろご相談し、議論していただいたこともありますが、しょっちゅう会を開いているわけにもいかないので、当初は私と東京大学法学部の和仁助教授の二人が、現場からあがってくるさまざまな疑義とか質問に対して答える、あるいは一緒に協議しながら、ああしようかこうしようかということをやっていました。

途中、不幸にして和仁さんが健康を害されたので、現在は同じ学部の新田助教授に入っていただいて仕事を続行しています。ことし（二〇〇一年）の一月に私が日文研を辞任してからは、もっぱら新田さんに相談相手を務めていただいています。

現在までの進行状況

［石井］　最初の試算で、明治二十三年の末までの判決の件数はほぼ五〇万件。これは、ランダム・サンプリングをした簿冊の中に事件が何件入っているかと、全丁数を勘定し、そして簿冊の数をそれに掛けて云々、という計算でやったところが、五〇万件という数字が出てきました。そして一件平均約三丁の紙がある、つまり画像データが三つできるということから、一五〇万丁分の画像をとる。そういう仕事量を想定してやってきました。

本来の考え方からすれば、データベース化は判決原本全体についてやるべきでしょう。しかし、現実的にはいきなりそんな全部出来るわけはないので、明治二十三年までの、つまり民事訴訟法施行前の、法律的なフォーマットが確定する前の、伝統色の非常に強いその最初の二〇年弱のもののデータベース化を、第一期計画として一〇年の予定で、まずやろうと考えたのです。

ところで、その第一期計画が進行中に、二十四年以後のものは国立公文書館に移すという新たな事情ができたので、事情変更で、明治二十四年以降分・第二期以降は公文書館の仕事だと理解しています。国立公文書館としても判決原本をデジタル化して閲覧に供することを長

民事判決原本データベース文字入力マニュアル

＊原文は横組み

目　次

2　用語の定義

判断文書…裁判所が作成した文書であり、裁判所が判断を下した文言が記述された文書（案、謄本、正本、写、朱書き部分を清書したものも含む）をいう。

雑文書…判断文書及び不完全文書以外の文書をいう。

不完全文書…前の部分が落丁（前欠）の文書や附箋らしき文書が本来綴じられているであろう場所になく紛れ込んでいるような場合などで、判断文書とも雑文書ともおよそ判断がつ

期的な予定としているのだから、全体のデジタル化と言うことについてはそれに期待せざるを得ません。

現在、画像データと検索データのマッチングがすんでウェブサイトに載ってユーザーにアベイラブルな形になったものは、二〇〇一年度末までで二〇万件を越えています。ことしはこれに五万ないし六万上積みしたいということで仕事が進んでおり、ほぼ予定どおりの数字があがっています。マニュアルが固まったことを踏まえれば、当初の予定の第一期計画、一〇年間五〇万件を処理できると思います。

つけ加えると、既にできあがったものからウェブサイトに載せて、ユーザーにお使いいただけるようになっています。

■国立公文書館での作業について

［新田］　日文研でのデータベース化の作業に関しては、今、石井先生からおっしゃられましたが、他方で、国立公文書館での作業が出てきています。

一九九九年の六月に国立公文書館法が成立し、翌年の一〇月に施行されました。これによって国立公文書館は、従来は行政関係の文書のみ収蔵できることになっていたのですが、司法文書の保存も制度上、可能となりました。国立大学における民事判決原本の保管はあくまでも「一時保管」ということでしたので、そのことを受けて、その民事判決原本を国立公文書館に移管し、恒久的な保存措置を講ずることが

かないものをいう。

文書表題…文書の冒頭に記述されている文言であり、その文書の種類を表す文言をいう。

裁判袖書…願書等の文書の端に裁判所によって記入されたその願いに対する判決・決定・命令等の判断文言をいう。

裁判裏書…願書等の文書の裏面に裁判所によって記入されたその願いに対する判決・決定・命令等の判断文言をいう。

袖書表題…裁判袖書の冒頭に記述されている文言であり、その袖書の種類を表す文言をいう。

裏書表題…裁判裏書の冒頭に記述されている文言であり、その裏書の種類を表す文言をいう。

3　文書の定義

判断文書……裁判所が判断を下した文言が記述された文書（案、謄本、正本、写、朱書き部分を清書したものも含む。）

判断文書と見なし得る文書表題の例

言渡
- 予審裁判言渡
- 欠席裁判言渡
- 始審言渡
- 治安言渡
- 更正決定言渡

判決

可能となったわけです。

そこで、保管大学の代表と国立公文書館とのあいだで、移管へ向けたさまざまな交渉、調整が行われ、二〇〇一年の二月に、東北大学で保管されていた判決原本、明治二十四年以降分のものが、先陣を切って国立公文書館に移管されました。これは、筑波研究学園都市の郊外にある国立公文書館つくば分館に収蔵されることになっています。

明治二十四年以降と申し上げたのは、石井先生からご説明のあった日文研でのデータベース化の作業が明治二十三年までのものを対象としているため、この対象分は、ひと通りデータベース化が行われても、さらに見直しの作業をする可能性を留保しておきたいということで、日文研でのデータベース化の作業が完了するまでは、明治二十三年以前分については従来どおり保管大学で保管しておくということで移管のスケジュールが立てられたことに対応しています。

ことし（二〇〇一年）二月に第一陣、東北大学で保管されていた簿冊にして五〇〇〇ほどが移管され、これを皮切りにむこう十二年ほどかけて順次、国立公文書館に移管されることになっています。明治二十三年以前の分は、その最終年度の移管を予定しています。

■公文書館での「簿冊目録」と「件別目録」

［新田］　国立公文書館に移管された判決原本については、国立公文書館において「目録」を作成し、順次、閲覧に供することになってお

裁判
申渡
裁許
訴状却下
裏書（文書表題に「裏書」という文言
　を含むもの）
見込
中間判決
予審判決
判定
命令
　仮差押記入命令
　差押命令
　身代限命令
　登記執行公売命令
　解放命令
伺（※1参照）
指令（※1参照）
附紙
訴訟費用確定決定
競落許可決定
和解調書
勧解不調

裁判袖書、裁判裏書のある文書（絵図も含む）は判断文書である。（ただし、裁判袖書、裁判裏書のある絵図に限り江戸時代のものは雑文書として扱う。）

判断文書が紛失したという文言が記述され

り、現在、つくば分館において目録作成の作業が進行中です。

当初は、国立公文書館における資料保管の通例に従って、判決一件ごとの目録を作成しようと考えたのです。明治二十三年以前のものに比べれば、明治二十四年は民事訴訟法が施行された年でもあり、判決原本の様式、書き方についてもかなりの標準化がなされているはずであるという希望的観測のもとに、件別の目録もつくる――つまり、簿冊目録と件別目録を揃えて閲覧に供するという方針が立てられました。

ところが、実際に作業にかかってみると、これが国立公文書館で思っていた以上に大変な作業であることが判明しました。そこで当座簿冊目録をもって閲覧に供するという方針に転換しました。

この簿冊目録の方は順調に作業が進行しており、いろいろな手続きが順調にいけば、早ければ来年度中にも旧東北大学保管分が一般閲覧に供される見込みが立っています。

今年度以降、さらに東北大学以外の各大学で保管されていたものが、順次、国立公文書館に引き渡され、同じようにして簿冊目録が作成された後、順次、閲覧に供されることになります。国立公文書館では、ものを受け入れてから一年、ないし、もうちょっとぐらいで一般閲覧に供するという作業のスピードを想定しています。簿冊目録だけでやっていくのならば、なんとかなるのかなということのようです。

た文書（紛失記録）は判断文書である。

雑文書……判断文書以外の文書である。

雑文書と見なし得る文書表題の例

民事表
聴訟表
告発状
伺（※1参照）
指令（※1参照）
控訴状
口書
口供
呼出状
嘱託書
委任状
送達証明書
送り状
弁明
日誌
調書
訴訟費用計算書
口頭弁論調書
請書
（証拠の）写
告知書
達シ
議案
掛合
掛合案

■利用者の使いやすさ

［新田］　明治二十四年以降のものから順次、判決原本は筑波に移管されますが、地理的にアクセスするのはややこしいところです。国立公文書館のつくば分館というのは、先ほど、筑波研究学園都市郊外と申し上げましたが、筑波の中央に筑波バスセンターというのがあり、常磐新線ができればその終点が筑波バスセンターなのですが、ここからさらにバスで約二〇分という場所にあります。現在は、東京から筑波バスセンター行きではなく筑波山行きのバスに乗って途中で下りると徒歩一五分というバス停はあるが、交通に関してはきわめて不便な場所にあります。

その点、国立公文書館に移すことに関して一部から抵抗もあったところですが、国立公文書館側では、将来的にはすべて電子媒体でみることができるようにして、竹橋の本館での閲覧が簡単にできるようにしたいといっています。

そういう不便なところにあるので、件別目録を断念することに対してはかなり強い抵抗もありました。

研究者であれば、たとえばどこで保存していた何年ぐらいのものと、簿冊一〇冊とか二〇冊とかを通覧するという使い方が想定されますが、実務家からすれば、ピンポイントで「いついつの、この判決が見たい」という希望が出てくることがまず想定されます。あるいは、実務家以外の一般の閲覧者からもそうです。

照会
照会案
文通案
訴状
答書
訴取下願
解訟願
目録
件数
始末書

文書本体とは別に、後に本体に付したタイトルページのようなもの（鑑）、裁判袖書・裁判裏書のない絵図、簿冊表紙、簿冊裏表紙、中表紙、白紙は雑文書である。

※1伺・指令の文書の扱いについて

伺	行政上の事務連絡	雑文書
伺	裁判に関する判断を伺う案文であり、決裁印が押されているか、もしくは、裁許の日付が記述されているもの	判断文書
伺	裁判に関する判断を伺う案件ではあるが、決裁印も押されていなくて、裁許の日付も記述されていないもの	雑文書
指令	行政上の事務連絡	雑文書
指令	裁判に関する指令	判断文書

そうなると、ほかならぬその判決がどの簿冊に入っているのか、そもそもどこかの簿冊に入っているのかどうかも見当がつかない状態で、むだ足を踏まされるのではかなわない。簿冊目録だけにするのであれば、件別の細かい日文研でやっているようなデータベースに相当するようなものはできないにしても、どの判決がどの簿冊に入っているのかということを知り得る手がかりだけはぜひとも必要であろうという強い要望が出ました。

■検索の手がかり

【新田】　そこで、次のような施策を講ずることになりました。まず第一に、判決原本の簿冊のかなりの部分に目次がついています。その簿冊の中にどのような判決が収録されているか、事件番号、判決年月日、当事者名が一覧の形で簿冊の頭についているものがかなりの数あるのです。これがあるものは、目次を複写して簿冊目録につけるという案が提示されました。

実際に東北大学から移管されたものについてみてみると、およそ九割方の簿冊に目次がついているということで、これはかなりの部分がカバーできるであろう。

では、それがないものについてはどうするのかというと、事件番号と判決年月日を一覧にする。これによって判決裁判所については、簿冊ごとの旧保管裁判所、そして標題からある程度推測することができ

4　文字入力全般にわたる規則

1　判断文書・雑文書に関わらず、当該文書と関連がありそうな文書があっても、互いに他の文書からデータを補うことはしない。また、原則として、記述されていない事柄について推測して情報を補うことはしない。

2　各項目に入力すべきデータは、書式上所定の場所に記載されているものを読み取ればよい。ただし、【事件名】については、本文中から該当するものを読み取るよう努めること。

3　特に指示がない限り、データは記述されているままを入力する。（国名についても同様に記述されているままを入力する）

4　民事表、聴訟表及び鑑を除く雑文書（絵図を含む）は、以下の項目について一見してどの項目に入力すべきか判断できるものに限り入力する。

【表題】
【事件名】（本案の事件名）
【事件番号】（本案の事件番号）
【原告】
【被告】
【原告代理人】
【被告代理人】
【関連文書】

5　判断文書か雑文書か判断に迷う場合は、判

るので、これである特定の判決がどの簿冊にあるのか、また、そもそもその簿冊にあるかないかということについて、なんとか最低限うかがい知ることができるのではないかと考えられ、現在、そういった方針で作業が進められています。

それでも不便だという声はもちろんありますが、現在の国立公文書館での作業状況からすると、その辺がしかたのないところなのかもしれません。

その方針で保管大学の関係教官の集まり（旧保管大学の幹事）、日弁連の代表から、それでよしというゴーサインが出て、現在、それに従って作業を進めているところです。

九割方ついているといわれる目次は、どういうデータを含むのかについては、それが保管されていた旧保管裁判所によって若干の違いがありますが、おおむね事件番号、判決の年月日、原告、被告、事件名が記されています。

事件名が記されているというと便利なようですが、この場合の「事件名」は「貸金催促の訴え」とかそういう内容なので、この一件をピンポイントに見たいという場合にどれだけ助けになるかというのは、実際に使ってみないとわからないという感じです。

■公文書館でのデジタル化の必要性

【新田】　ところで、データベース化と言った場合、その第二期以降

断文書として扱う。

6　当該項目の記述を読みとる際の規則

1）異なる審級に関する記述があれば、【備考】に入力する。

2）同一審級に関する記述がある場合は、以下の規則に従う。

Ⅰ）当該項目の記述が枠内のみにある場合は、それを入力する。

Ⅱ）当該項目の記述が枠外のみにある場合は、それを入力する。

Ⅲ）当該項目の記述が枠内と枠外の両方にあり、それらが互いに矛盾する内容で、枠内の記述も明らかに後日記入されたものであると思われる場合は、「（？）枠内の記述」と入力する。

Ⅳ）当該項目の記述が枠内にも枠外にもないが、当該項目に関する重要な手がかりとなりうる記述が他にあれば、それを入力する。（例　裁判年月日の重要な手がかりとなる競売の年月日や身代限の年月日等）

3）上記1)~2)の規則に準じた上で、入力すべきかどうか判断に迷う場合は、原則として入力する。また、それによりデータが複数になってしまうような場合でも、判断に迷うようであればそれらデータをすべて入力する。

4）読み取ったデータを当該項目に入力する

は公文書館の仕事であるというお話がありました。その場合、公文書館としてもデジタル化して、閲覧に供することを長期的には予定せざるを得ないことがあると言えます。

実際のところ、特に昭和に入って、戦中あたりから非常に顕著になるのですが、酸性紙などを使っているものがあり、長くはもたない。実際にそのあたりのものになると、現物を閲覧に供することがはたして適切なのかどうかというと、かなり難しいと思われます。

そういったこともあって公文書館では、たとえばマイクロフィルムに撮る、あるいはすべてデジタルの画像データをとる、などといった可能性を検討していくことになるでしょう。そうなれば現物は、何度も何度もめくってどんどん劣化が進む事態を避けながら、閲覧に供することが可能になるわけです。

そのような作業を行う場合、国立公文書館でも簿冊を解綴するかどうかという大きな問題があるが、それは考慮の中にまだ入ってきていない。それはかなり大きな問題になると思うし、中には水に漬かって固まってしまったものをどうするか。どういう形でそこからデータを引き出していくのか、これから走りながら検討していかなければいけない問題はたくさんあります。

ただ、全体としてサンプル調査とか、明治二十四年以降、東北大から移管されたものについていえば、全体として保存状況は非常に良好であるというのが公文書館の見方です。あちらでももっている保存・修

際の順序は、原則として綴じの順とし、原本内の右上から左下の順とする。

5) 糊付け冊子や同紙（同一丁）に複数の文書表題が記述されている場合は、作業マニュアル「資料3【件分け、関連づけについて】」に準ずる。

7 漢字の入力について

・JIS第2水準の字体で記述されていたら、以下の優先順位に従って入力する。

優先順位1：常用漢字で入力する。
　↑ 常用漢字が無ければ
優先順位2：JIS第1水準で入力する。
　↑ JIS第1水準が無ければ
優先順位3：JIS第2水準で入力する。

・JIS第1水準の字体で記述されていたら
　その字体（JIS第1水準）のまま入力する。

・常用漢字で記述されていたら
　その字体（常用漢字）のまま入力する。

・第2水準にもない文字については、1文字を「■」を置き換えて入力する。

8 変体仮名な仮名に直して入力する。

9 カタカナは全角で入力する。

10 読みとれない文字の入力について

・当該項目の文言すべてが読みとれない場合は、なにも入力せずに空白のままとする。

復のノウハウでどうにもならないものはなさそうである、ということは言っています。虫食い状態のものはたくさんある。それは、たとえば燻蒸して、場合によっては裏打ちをしてということで十分対処できる、そういう見解が示されています。いちばん厄介なのはやはり酸性紙でしょう。あるいは、たとえばカーボンなどを使ったもので、かなり字面が薄くなっているものがあります。そういうものは早急になんらかの手を打たなければいけないのだが、というのが現状です。

■実際の作業の中から

［石井］　では、次に日文研での作業の実際に移りますが、順序からいって、まず画像データのお話をして、それから検索データのお話をしましょう。

画像データについては、既に『図説判決原本の遺産』の中でも触れていますが、まず、簿冊を解いて一枚一枚の紙にして、それを広げてスキャンすることがなぜ必要であるか、そこから説明をしていきたい。

第一に、簿冊を広げてスキャンの表面に伏せた形でやろうとすると、分厚い簿冊なのでノドの部分が写らないというのが第一の問題。最近の技術では、その辺のひずみを修正してきれいに直すことは不可能ではないようですが、画面に対してほぼ直角に近い角度で接することが考えられるので、それは無理だということがありました。

もう一つは、実際に修復のために解綴したものの例に即してみると、

・当該項目の文言が破損や汚損等で部分的に読みとれない場合で、その文字数が5文字以下だと推定される場合は、各文字を「□」を置き換えて入力する。

・当該項目の文言が破損や汚損等で部分的に読みとれない場合で、その文字数が6文字以上だと推定されるか、もしくは文字数も不明な場合は、「～」と入力する。

・当該項目の文言が破損や汚損もしていないが、部分的に判読できない文字がある場合は、判読できない各文字を「?・」（日本語の場合は全角、アルファベットの場合は半角）に置き換えて入力する。

11　明らかに意味をなさない記述をおそらくこうであろうと推定して入力する場合は、その推定したデータの頭に全角の「(?・)」を入力する。

例　事件番号に「第二百三百四十九号」と記述がある場合
入力例　【事件番号】「(?)　第０２３４９号」

12　記号について

・【簿冊番号】、【簿冊内番号】、【関連文書代表番号】を除く項目において、記号はすべて全角で入力する（ただし、算用数字に置き換えられないための代替記号「?・」、アルファベット部が判読できないための代替記号「?・」及び欧文単語間のスペースは半

綴じ込んである部分にものすごく貴重なデータの記入がある。たとえば、これは現在の裁判制度では考えられないことですが、裁判所の所長さんが決裁印を押しているとか、あるいは決裁の花押（書判）を書き加えているとか、あるいは事件番号とおぼしきものが朱書きで欄外に書き込まれています。

それが簿冊になってしまうと綴じ代の中に入ってしまう。これをいちいちばらすことによって、もとの紙一枚のもっているデータを全部そっくりとれる。簿冊を見開きにしてとると、そのうちの七割ぐらいしか写らない。これはだめだろうということで、解綴しようということにしました。

ただしこれは、史料学者の立場からみると好ましいことではない。史料というのは現状のままで保存していくことが大原則のようで、だいぶ史料学者とは論争しました。「簿冊というのは裁判所が保存するための便宜であって、原史料というのはもともとは一枚のペラの紙なのだ」という屁理屈を私がこねたりもしたのですが、大事に取り扱うこと、逆に解綴することによって補修もその機会にできるメリットもあるということで、史料学者の方も最終的には納得してくださいました。

実際に日文研でそういう教えを守って仕事をやっているところを、その史料学者の方に見ていただいたところ、予想以上にちゃんとやっているというおほめをいただいたことを、つけ加えておきます。

角とする）。

注意：特に「・」中黒、「ー」長音には気を付けて全角で入力すること。また、「ー」長音と「－」ハイフンを間違えることのないようにすること。

・「（ ）」小括弧

史料の文言を置き換えたり、補足説明を付加するときに使う。

・「△」スペース（全角）

同一項目内でデータを複数入力するときに使う。

・「△＝△」スペース＋区点０１３４＋スペース

備考に限り、異なる性質のデータ間の区切りに使う。

13　算用数字はすべて半角で入力する。なお、部分的に判読できないために、算用数字に置き換えられない部分がある場合は、その部分に半角の「?」を代替記号として入力する。

14　アルファベットはすべて半角で入力する（単語間のスペースも半角とする）。なお、部分的に判読できない場合は、1文字につき半角の「?」を代替記号として入力する。

15　名字以外で使用される踊字は、当該文字に置き換えて入力する。

例1　「会社々長」　入力例　「会社社長」

例2　「裁判所々属」

■画像番号の振り方と文書の独立性

【石井】　一枚一枚バラして画像化していくのだから、基本的にはその一枚一枚が画像データの単位になる。しかし、これをどこまで実質的中身に即してひとまとめとしてナンバーをふっていくのかということは問題になります。

画像データは一枚一枚ごとにとるにしても、検索用のナンバリングには直結させていません。もちろん一枚の紙で独立した一つのまとまった公文書もあるが、五枚も一〇枚もというのもあります。ナンバーの与え方は、画像単位、文書単位、事件単位と考えられますが、日文研での作業においては文書単位で一つのデータとしてナンバーを付しています。

この点については、検索データの入力マニュアルの変更をしたことがあり、そのことと関係があるので、ここで若干述べておくことにしましょう。

つまり、検索データ入力のためのマニュアルの変更において、文書の区切り方、件分けの仕方での変更を行ったということがあるのです。古いマニュアルは、一つの「事件」を単位として一件として勘定していました。その中に複数の種類の違う文書があるものも、それらの文書をひとまとめにして一件として勘定していました。ところが新しいマニュアルでは、実質的な「事件」ごとというのではなくて、「書類そのものの独立性」に即して件分けをしていく形になりました。こ

入力例　「裁判所所属」

16　刑事事件の場合は、【被告】、【被告代理人】、【訴訟関係人】のデータは入力しない（【訴訟関係人】については、たとえ原告側の関係人であっても入力しない）。

17　その他注意する点

・「同断」、「同上」は「同」と同意である。

・「目今」、「当今」、「当時」は「現在」と同意である。

・【事件番号】に出てくる「衙」は「役所（多くは裁判所）」と同意である。

6　プライバシーの保護について

【原告】、【被告】、【原告代理人】、【被告代理人】、【訴訟関係人】の項目において、以下の規則に従い、プライバシー保護をかける。なお、保護が必要なデータについて、オリジナル（保護をかける前）の文字情報及び画像情報は一切保存しないこととする。

なお、文字入力の際、保護をかける文言（入力しない文言）の前後の文言をつなげることにより意味をなさなくなるような場合や誤解が生じる場合は、区切りとして「…」（区点０１３６）を入力する。

また、画像のマスキングは、原本の白紙部分を切り取って、マスクする箇所に貼り付ける。

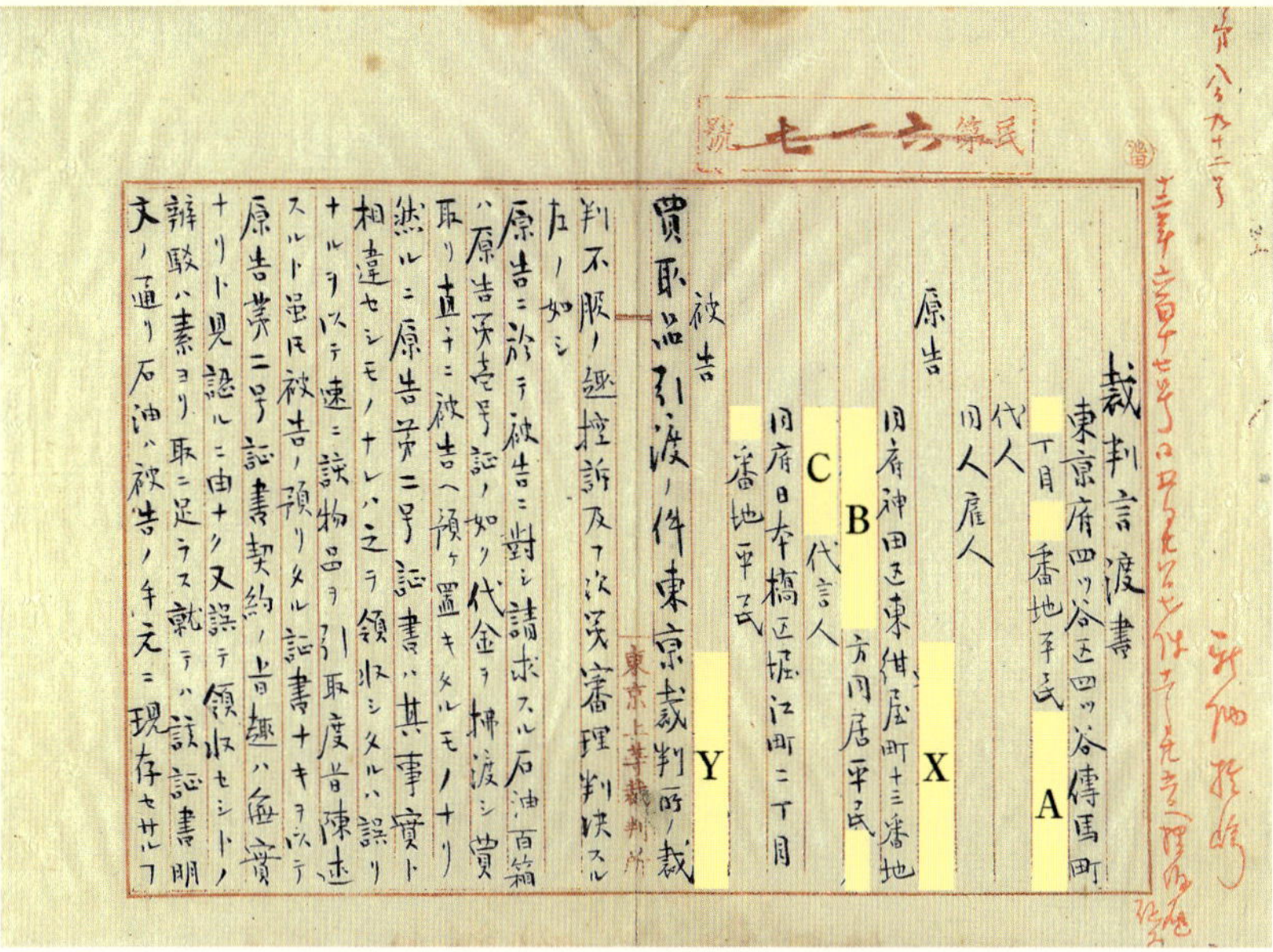
民第一七一六號

裁判言渡書

東京府四ッ谷区四ッ谷傳馬町A丁目 番地平民
代人
同人雇人
原告
同府神田区東紺屋町十三番地X
同府日本橋区堀江町二丁目B方同居平民
C代言人
被告
Y番地平民

買取品引渡ノ件東京裁判所ノ裁判不服ノ趣控訴及ヒ次ニ審理判決スル左ノ如シ

原告ニ於テ被告ニ對シ請求スル石油百箱ハ原告第壱号証ノ如ク代金ヲ拂渡シ買取リ直チニ被告ヘ預ケ置キタルモノナリ然ルニ原告第二号証書ハ其事實ト相違セシモノナレハ之ヲ領収シタルハ誤リナルヲ以テ速ニ該物品ヲ引取度旨陳述スルト雖モ被告ノ預リタル証書ナキヲ以テ原告第二号証書契約ノ旨趣ハ無實ナリト見認ルニ由ナク又誤テ領収セシトノ辯駁ハ素ヨリ取ニ足ラス就テハ該証書明文ノ通リ石油ハ被告ノ手元ニ現存セサルコ

東京上等裁判所

簿冊の「ノド」にあたる部分に記載のある例

控訴審判決の場合、このように欄外に原審との対応関係を記載したものが多く見られる。「新納、楢崎」は第一審の担当裁判官。

種類	文言	プライバシー保護 文字（○＝入力しない）	プライバシー保護 画像（○＝マスクする）
身分	新平民	○（データとして不要なため）	○
身分	平民		
身分	士族		
身分	華族		
職業			
犯罪・服役に関する文言	在監、徒刑服役等	○	
精神病に関する文言	発狂等	○	
犯罪・服役、精神病以外で代理を立てる理由を付す文言	病気ニ付、失踪中ニ付等、その他代理を立てる理由を示す文言全般（〜ニ付）	○（データとして不要なため）	

れによって、形式上、件数はどんどん増えていくことにはなりました。

ただ、文書ごとに分けてしまったものをばらばらにそのままデータに放り込むのではなくて、検索データの「備考欄」で、ここからここまでは一つの事件に関連するものだろうと想定されるものについては、「関連文書あり」というくくりを示しているので、内容に即して読もうとする方にとって、このマニュアルの変更はほとんど問題ないでしょう。

ただ、いったい裁判の件数がどのくらいであったか、あるいはそれがどのように変化したかという統計的なデータを求めたいという場合には、この変更はやっかいかとも考えられます。

しかし、文書は二種類に分類されていて、一つが「判断文書」で、裁判所の裁判、判断が書き記されているもの、もう一つは「そうでないもの」、それを「雑文書」と呼んでいますが、この二つです。だから、「判断文書」の数で数量をひっぱり出していけば前の（旧来の）マニュアルと同じ数が出てくるので、ちょっとめんどうですが、マニュアルが途中で変わっている、そしてどのデータは新しいマニュアルに拠ったものだということをちゃんとフォローしていただければ、その辺の数字の把握は可能だと思っています。

■作業マニュアルの変更と形式主義の徹底

【石井】　ところで、「作業マニュアルの変更」の趣旨はどのようなことかと言うと、徹底的に形式主義を貫こうとしたことです。それは、入力のときのものすごい煩雑さをどうやって整理しながらスピードアップ、効率化をはかっていくかという問題に対処するためのもので、ユーザーにとってはあまり問題ないと思っています。

【新田】　国立公文書館で件別目録をつくるということで始めたときにも、どれをもって一つとするのかということで同じような議論がありました。

つまり、判決以外のもの、手続き上、出された様々な文書が入ってきているケースがあるのです。それを一つ一つ「文書」を単位として目録に入れていくのか、それとも「事件」を単位として入れていくのかということで若干の議論があり、幻に終わったマニュアルにおいては、事件番号があればそれを一件とする形、これは日文研の旧マニュアルに近い、つまり一件ごとに一箱をつくるというやり方でやっていこうということに一旦はなったのです。しかし、実際やってみると、明治二十四年以降でもイレギュラーなものが多くて、いちいちこれはどこから情報を得ればいいのか、個別に判断しなければならないということが多発しました。そうすると、なかなか機械的な作業にならない。そう言うことでお手上げになってしまったわけです。

「件名」はその最も大きな理由です。明治二十四年以降だともっと定型化しているだろうと思ったら、案外そうでもないものがありました。

実際に中を読んでいかなければならないということで、一日に作業が何冊も進まない。何冊進めるかということについての先方の当初のもくろみもずいぶん無理はあったとは思いますが、そういったことが国立公文書館の作業でもあったことを報告しておきたいと思います。

[石井]　国立公文書館が件別目録で挫折したと言われましたが、要するにそれは、われわれのマニュアルの変更を余儀なくされたのと同じ歴史を繰り返しているようなものです。だれが考えても「事件」ごとに検索できるように作業を進める実質主義のほうが、データベースとしてはたぶん使いやすいものが作れるでしょう。

しかし、それは中身を読まないと同一性が判断できない。ものすごくたくさんある。読みだしたら、この仕事はおしまいです。ただでさえ読みにくいのですしね。

[新田]　それに読んでやるためには、それぞれの時期の裁判の実務のあり方についての相当専門的な知識が必要とされます。この作業をしていくことによって、日文研では事実上、ＯＪＴで専門家が育成されていますが、同じようなやり方を公文書館でもやれば、やがては専門家が育成されることになるのでしょうが、そこまでの道のりは非常に長い。だが、当面、国立公文書館は独立行政法人化をしたこともあって、中期計画との関係でそんなに予定を遅らせるわけにはいかないという事情もあります。

[石井]　日文研では、文書の中を読んで、どこまでが一つの事件であるかとか、これはいったいどんな事件であったかというようなことを探り出すのは、利用者である研究者の仕事であろうということで、検索データの作成については形式主義で一貫させ、件分けの点についても含めてそのように「文書単位」になったということです。

文書相互の関係という点からすると、「事件単位」という考え方もあり得たでしょうが、そのためには内容を読み込んで、「どこからどこまでが一つの事件なのか」についての判断が必要で、公文書館が頭を悩ましたことと同じ問題が出てきて、結局「文書単位」にナンバーをふろうということになったわけです。このあたりは、マニュアルの変更ということに関連していますが、最終的には、「事件単位から文書単位へ」という変更をして作業を進めています。

ところで、作業マニュアルの改訂を行ったといいましたが、作業マニュアルの改訂を行っても、既に入力が済んでいるデータのうち画像データは変える必要はありません。

問題は検索データです。検索データの入力について、それを、古いマニュアルから新しいマニュアルに切り換えた際、既入力の検索データについて、遡ってすべてを調整し直す訳にはいきませんでした。ただ、平成九年度に入力した東大架蔵分は検索のための項目数が少ないので、もう一度見直しの可能性があると思いますが、マニュアルが変わった時点で全部戻って入力し直すということはしていません。「今年度からはこのマニュアルでいこう」という形で、徐々に中身が充実されていっているという形になるかと思います。

■保管されてきた「簿冊」、スリム化の努力

［新田］　ところで、簿冊には目録の綴じ込まれたものがあります。初期のものでは、中に綴じ込まれた文書一件一件についての目録で、先ほど、国立公文書館で採用するといっていたような目録とは、ちょっと性質が違うものもあります。

［石井］　あれは簿冊の成立過程に関する原史料そのものと言ってもよいくらいですね。

［新田］　ああいった目録が何時つけられたのかはちょっとわからないのです。簿冊は何回か綴じ直しされているので、どういう考え方にそって簿冊にしているかというのも、これまた全体を統一した基準があるわけではないから、保管裁判所ごとにやり方が違う。事件番号順に並べているケースもあれば判決年月日順に並べているケースもあります。

裁判の入口で順番をつけるか（事件番号順）、出口で順番をつけるか（判決年月日順）というのも、保管裁判所ごとに独自にやっている。そもそもこの保存の仕方は、全体を統一するやり方の中でやっているのではありません。その辺は整理していく場合の難しさがあります。

それぞれの裁判所も、一回編綴して終わりという訳ではなく、ずいぶんあとに行われているケースが多い。おまけに、表紙の再利用ということがあります。裏を見ると全然違うものが書いてあるものもあり、何かいったん編綴したものを後になってから整理し直しているようにも見受けら

れます。

【石井】 残っている訴訟記録の全体から判決原本だけ残して、それ以外の訴訟関係の文書を破棄している過程がありますね。その段階で完全に簿冊の原型は崩されているはずです。

【新田】 判決に至るさまざまな手続文書があって、最後に判決、それが一件書類になる。そういった手続文書は何年かは保存するが、最後に出てくる判決よりもはるかに短い時間でそれはいらなくなるものだ、という形で扱われていたようです。だからいずれかの時点で、一件文書の中から判決だけ取り出してあとは捨てるということをやっている。その時点で、それまで簿冊になっていたものは全部編綴し直している、そういうことがされてきているのです。

【石井】 たとえば家永三郎さんの教科書裁判の訴訟記録を全部まとめると、三尺掛ける六尺、書架一本分ある。それをはじめはみんな残してきている。しかし、ある時期に付属文書的なものは全部捨てて、ぎりぎり判決原本だけをとって、これを「永久保存」にしてきたわけです。だから、既に裁判所にあるうちに少なくとも一回は綴じ直しが行われていると考えたほうが間違いない。

【新田】 現在残っているものだけでは裁判の全貌は復元できないケースがたくさんあります。「甲何号証」というのが中に出てきても、それがいったい何なのかは、判決だけではわかりません。これは今さらしかたのないことですが。

ただ、そういうスリム化するプラクティスはいつごろからきちんきちんと行われているのかというと、これまた場所によってばらばらで、かえってそういうプラクティスが行われていない明治初期のものが、関係の文書がひと揃い一件で残っていたりするのですね。一つの簿冊にほんの数件の判決しか入っていなくて、関連のさまざまなやりとりの文書がひととおり残っている、そういうケースもあります。

とても厚い簿冊であるのに三件しか入っていないというものもありましたが、それは、スリム化の作業が行われる慣行が出来る前の簿冊といえます。そういうスリム化する慣行ができあがっても、遡ってやる努力をしている訳ではない。そのおかげで全部残っている、そういうのがあります。

【石井】 おそらく新しい時代になればなるほど、原告、被告、それぞれいろいろな文書をどんどん、証拠も含めて裁判所に提出するようになったのだと思います。事件も複雑化するということもあるだろうし。だから、事の善悪は別として、裁判所にとってスリム化が必要な課題になったのかもしれません。

［新田］　もちろん新しいところでも、いろいろな関連のもの、あるいは証拠の品などというのは綴じ込まれてそのままになっているケースもありますが、新しくなればなるほど、思い切ってスリム化したものだけが残っている傾向は強いと思います。

■簿冊・編綴の多様性

［石井］　表紙の付け方・綴じ方など、簿冊そのものの多様性もすごい。例えば、綴じ方について、東大、東北大、北大、熊大、昨年度の東京、新潟などではそれぞれ特徴的なものがあって、ひも綴じ、四つ目綴じはどこでも出てきますが、製本をきちっとしているのとか、背糊のつけ方でも各裁判所ごとにずいぶんと違っています。東北大などの背表紙に黒いクロスをぺたっと張ったのとか、秋田地方裁判所のものはクロス製本をしています。

あと、件分けに関連して非常に苦労したものとして、「糊づけ冊子」とわれわれが呼んでいるものがあります。これは中身が、先ほどの形式主義からいうとばらばらに別々のものが、たとえばこれは証拠であって、これは願い書であって、これは判決原本である、というようなものも、極端にいうと一冊に糊づけしてまとめてしまっているものです。これが簿冊の中に入っています。

それはまとめた人の実質的判断で作られたものですね。だから、これは形式上、一つの件にしましょうと。だから形式主義の例外なのかもしれない。よくよくみると違う文書が入っている。そういうのがあります。

［新田］　あと、袋に入っているのがあります。袋の片すみが綴じ込まれて、その中に絵図がほとんどだが、ときに文書が入っている例もある。これは、「差し込み」と名前をつけたのですが、これが本当にもともとここに入っていたかどうかさえわからない。その意味で、現状保存とはいっても、現在の状態がどのようなものかについて実はよくわからないところがあります。

［石井］　そういうことは最初は想像もしていなかったのですが、ぶつかると、いちいち原則と照らし合わせて、これはどう扱いましょうという、疑義というか問題提起が作業現場からあがってきます。それに対しては、最初のうちは原則との関係でなんとか処理した答えを出す。そうするとまた、それに似てちょっと非なるケースが出てきたりして、そ

れが積み重なっていくと、マニュアルが複雑化してしまう。そしてマニュアルとしての意味をもたなくなってしまう。

こういう場合はこう、こういう場合はこう、という多様性の処理が積み重なり、それの集積に耐えきれなくなったからマニュアルの変更になったのですが、その中のかなりのものが先に述べた「件分け」の問題に関わることであったと言えるでしょう。

簿冊の中の文書の多様性

【石井】 次に、簿冊の中に入っている文書の多様性みたいなこともいっておいたほうがいいでしょう。

まず、判決原本をわれわれは移管されてもらったと思っていたら、判決原本でないものがたくさん入っている。これには訴状関係文書が一緒に綴じ込まれているプラス・アルファという場合が一つありますが、逆に原本がなくて、それの起案文書とか、ほんのちょっとした走り書き程度の起案のメモ、その程度のものしかない、原本のほかにそれがあるというのならいいのですが、その程度のものしかないとおぼしきケースもあります。そういうものは当事者名だとか、その他、非常に簡略化して書いています。起案段階のものですから。

謄本だと、これは正本と同じものを謄本として書くから同一性がありますが、起案段階のものだと、その場合はどういう判決文を書くかということだけが関心事だから、当事者の名前などが欠けていたり簡略化していたり、裁判官の名前などは入っていないということがあります。

それから絵図があることと、さまざまな文書が混在して綴じ込まれているということがあります。しかもその綴じ方が多様である。あるいは、同一事件の絵図面みたいなものをひとまとめに袋に入れて綴じてあるならともかく、いろいろな事件の絵図面を突っ込んでいるのが東北のケースにある。だから、どの絵図がどの事件のものであるかということを探るのは難しくて、結局、していない。基本的にしないということで、その仕事は研究者・ユーザーにお任せしようという方針にしました。

文字のデータをずうっとみていくと何と何がある、絵図面をみると何々村、何々村と、ああ、これとこれが関係しているのだ、というようなことはユーザーの方がやるべきことだということにしたわけです。

もう一つは、裁判所の判断が確かに示されている文書なのだが、それが独立の文書を作成していなくて、本人が「願い書」を書いたその袖のところに、これをわれわれは

「袖書判決」といっていますが、伺いに「可」と書いたり、願いに「可」と書いたりしているものがあるのです。

【新田】 それは非常に古く、古代からあります。

【石井】 紙が貴重だということもある。「可」と書かれた文書をもらうことに意味を感じる人のところにそれが残るのだから、「可」といった人が記録を残す必要をあまり感じない限り、それでいい。鎌倉幕府はそういう請願ということに使われた、それを「外題」。たとえば、この所領は私のものだということをちゃんと安堵してくださいと。

【新田】 「この旨に任せて相違あるべからず」、などと書き添えてポンと採用せよと。

【石井】 安堵外題状。

【新田】 それが鎌倉。

【石井】 遡ればもっとあるのだろうが、実質的内容は頼むほうが書いておく。今の近代的な役所の文書の中でも、上半分が願書、下半分が許可書になっているのがある。外題を与えた記録は……

【新田】 「符案」という形でとっておかれたのではないだろうか、という推測はされています。それを確実に証する史料があるわけではありませんが。

【石井】 役所で公権力がどういう文書を出したかというのをきちんと記録に残すというのは、そんなに昔から当然のことではないのですね。記録に残すことは許可書とか判決をもらった人にとって意味がある。だから鎌倉時代などの裁判の記録は、それぞれの当事者の家に伝わってきたものが多いのです。

【新田】 或いは、奉行人などが自分の業務のために記録をとっておくなど。

ところで話を元に戻しますと、いろいろのものが判決原本以外にも入っているケースが非常に多いのですが、中には裁判所の方で律儀に一度解綴して判決原本以外のものを全部外して、「最高裁からは判決原本を渡せという指示がきたのだから」という形で、判決原本以外のものはごていねいに全部取り払って、少々やせ細った簿冊をよこしたところもあります。取ったものは捨ててしまったらしい。

【石井】 簿冊については、今回の裁判所から大学への移管にあたっても手が加えられているということです。

検索画面を見ながら

【石井】 それでは、実際にモニター画面を見ながら、利用者になったつもりで検索をかけてみることにしましょう。その利用に必要な範囲で検索データ入力マニュアルにもふれることにしたいと思います。

まず、利用者が一番はじめに出会う画面が次頁の画面ⅠAです。

利用者はここで、探している判決について、判決年月日、事件番号、裁判所名、事件名、原告名、被告名、その他の人名については「全人名項目」の欄に必要事項を打ち込んで（画面ⅠB）検索をかけます。

検索結果を示す画面が次頁下段の画面Ⅱです。

ここでは検索条件に該当する判決が一件挙げられています。

そのうち、たとえば四番目に掲げられている判決を調べてみようとする場合、その判決の部分をクリックすると、この判決についてのデータを示す七三頁上段のような画面Ⅲがでてきます。

そして、その画面の上部にある「画像表示」のボタンをクリックすると該当する画像データ、画面Ⅳがでてきます。

先ほど説明していた「画像データ」というものは、ここで「画像表示」で示されるものです。また、「検索データ」というものは「画像表示」画面の前に出てきた画面にあるようなその判決の属性を示す各種の項目です。

「民事判決原本データベース文字入力マニュアル」の「5　項目別文字入力規則」を参考のために是非お読みいただきたい。

検索のために利用できる項目の説明になるとともに、そこでの分類に該当するかについての判断の困難性、原本資料の多様性の一端が明らかになると思われるからです。

検索項目としては、「簿冊番号」「簿冊内番号」「関連文書番号」「標題」「原告、被告」「原告代理人、被告代理人」「訴訟関係人」「裁判官」「裁判年月日」「判決裁判所」「事件番号」「事件名」があるわけです。

先ほども申し上げましたが、そのそれぞれの項目に判決原本から該当する部分を読みとって入力していくことがデータベースの作成作業ですが、これが大変な作業であったわけです。

ここで検索データを入力するに当たっての困難を新田さんから説明してもらうことにしましょう。

［新田］　七四頁以下に掲げましたように「データベース入力マニュアル」には「入力規則」という部分があります。この部分は入力作業上必要な事柄ですが、利用者にとっては煩瑣になりますので詳細な紹介はいたしませんが、この点についての細かな取り扱い方針や日文研からの日常的な問い合わせの中にデータベース化の困難な点が明らかにな

［データベース検索の例］

①ここからメニュー画面「検索モード」を選択する（［画面ⅠB］へ）。

［画面ⅠA］

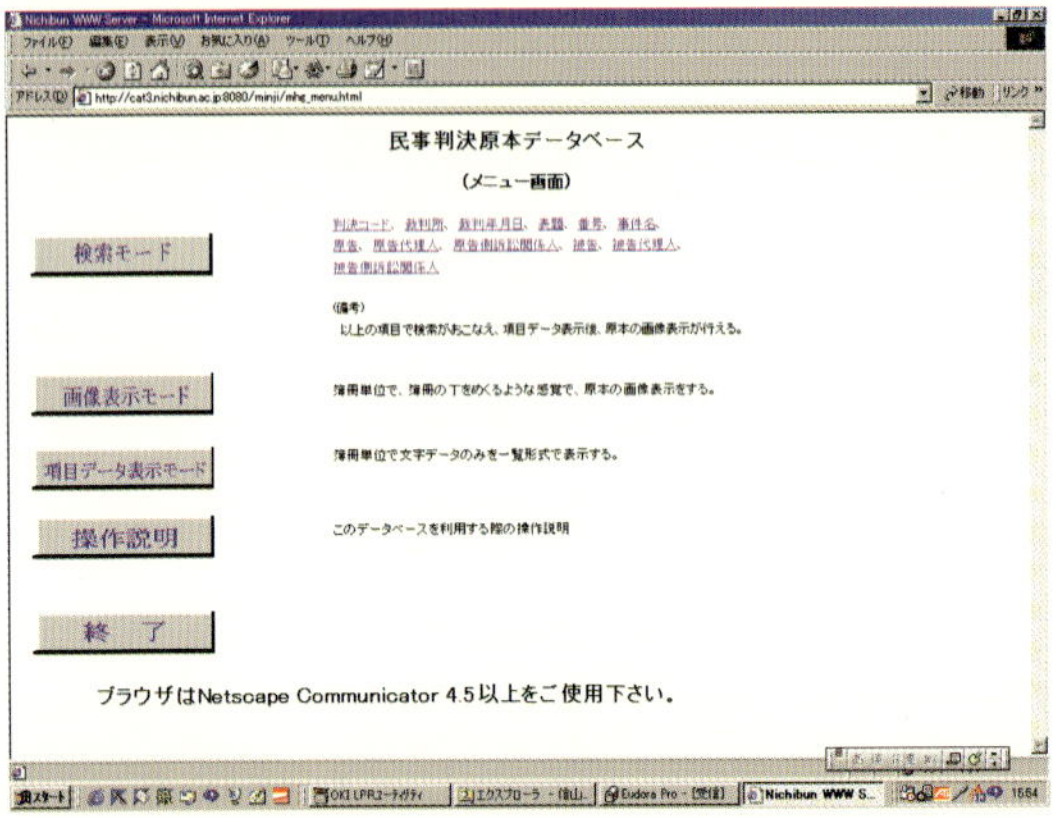

②ここから検索モード画面「全人名項目」で「相撲」or「角力」を検索する（→［画面Ⅱ］へ）。

［画面ⅠB］

③ここから検索結果画面「4」の判決を選択する（→［画面Ⅲ］へ）。

［画面Ⅱ］

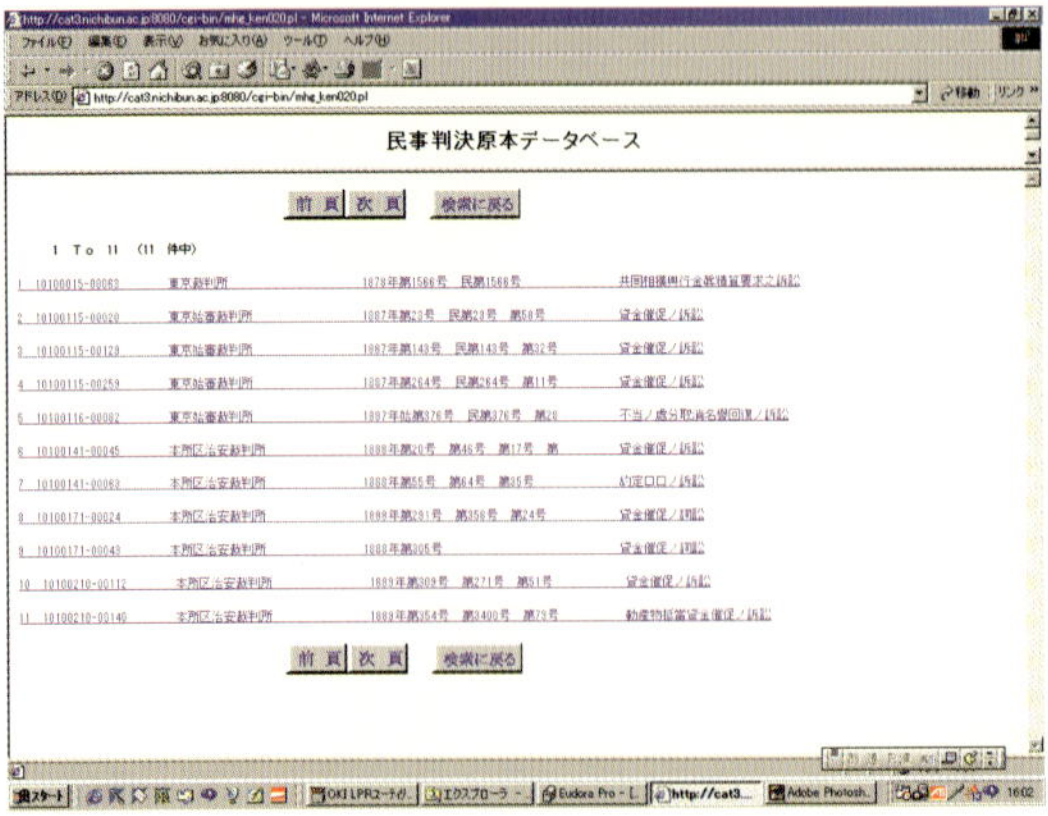

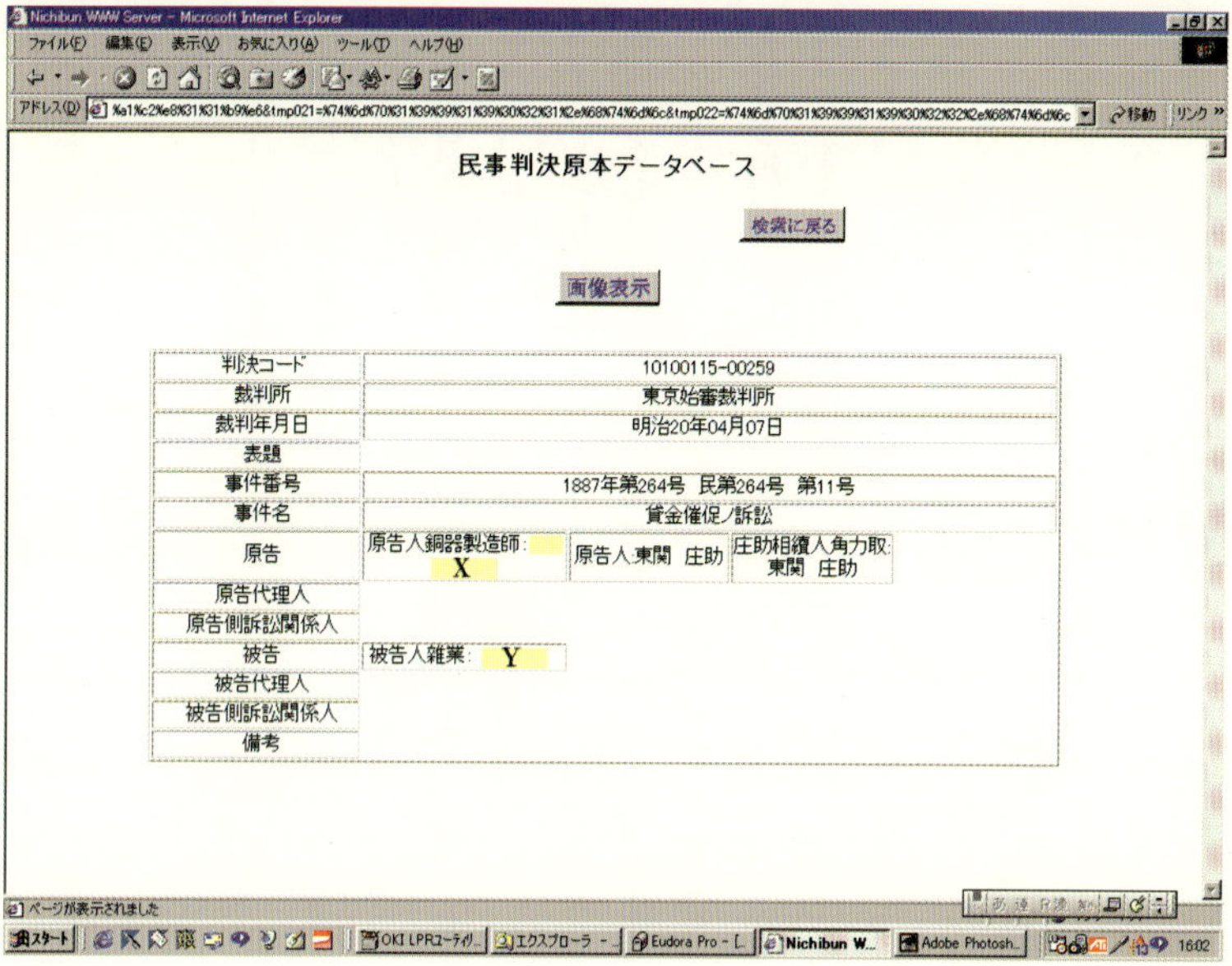

④ここからデータ表示画面「画像表示」を選択する（→「画面Ⅳ」へ）。（＊X、Yは実際の画面では個人名が入る）

【画面Ⅲ】

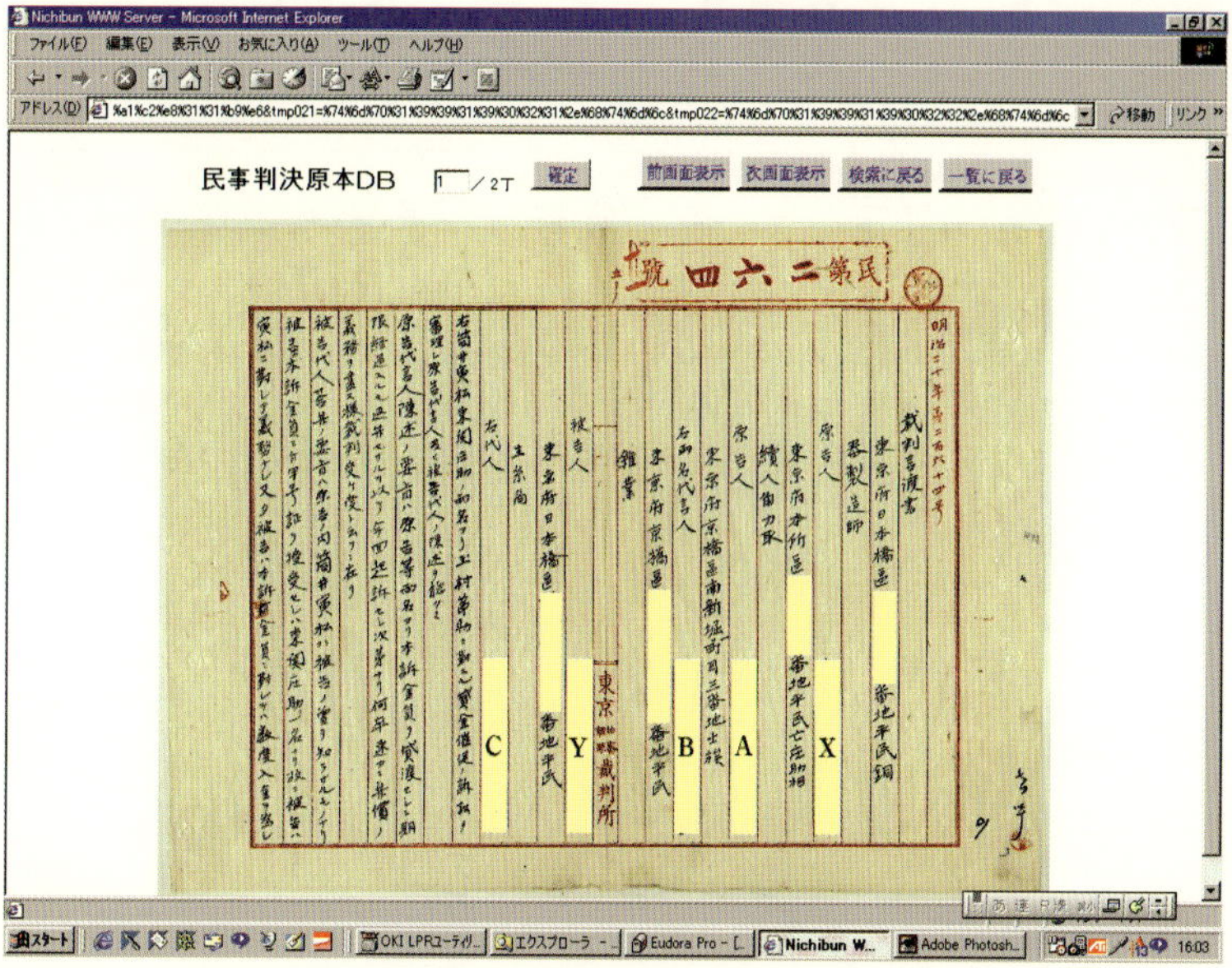

⑤目標の「画像表示画面」が表示される。

【画面Ⅳ】

ると思われますので、悩まされている項目の代表的なものをいくつか選んで述べてみることにしましょう。

■全体を通貫する問題

【新田】　明治前期の「裁判」のプラクティスや文書作成に一貫した通則がないことが、データベースの全体を貫く問題点です。なにしろ「民事訴訟法施行以前」のこと、近世から引き継がれたそれぞれの地域ローカルのプラクティスが、司法省との間の伺・指令のやりとりを通じて、次第に標準化されてゆく途上の具体的な状況が、この時期の判決原本およびそれと一括編綴された関連資料に示されているのです。それゆえ、これらの資料を研究に利用するに際しては、画然とした「司法制度」を解釈のフレームとして前提することができず、緩やかなフレームをその都度構築しつつ解釈を積み上げてゆかなければなりません。もちろん、そこにこそ、この時期の制度形成のダイナミクスを探る醍醐味があるのですが。

一方で、これらを素材にデータベースを構築し検索システムに乗せるにあたっては、ときにかなりの無理をしてでもフォーマットの統一を図らなければ、実用的なものにはなりません。また、データ採録の作業に携わるのは専門的研究者というわけではなく、実際には作業に従事している間に専門家顔負けの見識を身につけてしまうケースもありますが、内容に立ち入った判断を求めることには無理があり、文面

民事判決原本データベース
文字入力マニュアル（続き）

5　項目別文字入力規則

【簿冊番号】
定義
保管大学が管理するために簿冊に対して付与した番号である。

【簿冊内番号】
定義
簿冊内の1件のデータに対して付与する番号である。
※簿冊内番号に欠番が発生しても良いこととする。また、枝番号についても欠番が発生しても良いこととする。

【関連文書代表番号】
定義
一連の事件の関連性を持つ文書群のうち最初の簿冊内番号を原則とするが、最初の簿冊内番号でない場合は、これら文書群のうちいずれか一つの簿冊内番号で統一して関連づけること。

【表題】
定義
文書の冒頭に記述されている文言（文書表題）であり、その文書の種類を表す文言をい

から機械的に採録することによって入力の均質性を担保しなければなりません。そのためにも、プラクティスの多様性を敢えて縮減した入力マニュアルを構築する必要があったわけです。

そうして構築されたマニュアルは、実際にデータを採る作業を進行するなかで、次々に明らかになる問題点に対応して繰り返し修正を加えられており、しかしその修正が入力済のデータに遡って反映されているわけではありません。これらの点を理解しておかないと、データベースの利用にあたって不都合や混乱が生ずることにもなりえます。

なお、判決原本には、一冊一冊の簿冊を同定する番号が配当されています。裁判所から判決原本の移管を受けた国立大学では、四桁の保管裁判所コードと、四桁の簿冊コード、計八桁からなる全国共通のコードを設定して整理に用いることにしました。保管裁判所コードの第一桁は高裁番号（一から八までを配当）、第二・三桁は高裁管内の地裁番号（高裁本体は〇〇、地裁に〇一から最大一一までを配当）、第四桁は地裁管内の裁判所番号（地裁本体は〇、支部や簡裁には一から順に配当）、簿冊コードは保管裁判所ごとの連番で与えられ、この八桁の番号で、国立大学に移管されるまでどこの裁判所で保管されていたどの簿冊かが特定される仕組みになっています。現在、明治二四年以降確定分から、順次国立公文書館への移管を進めていますが、国立公文書館では、さしあたり簿冊を単位とした管理・閲覧の体制を構想しており、その際の簿冊の同定には、この簿冊番号が用いられることに

う。なお、これら文言が冗長的な場合は、その文書の種類を簡潔に表現する部分のみ（固有名詞は含めない）を【表題】とする。

【原告、被告】

定義

原告……訴訟を提起して裁判を請求した当事者及び当事者に限りなく近く立場の人を言う。

裁判において以下のように表示された人は【原告】として扱う。（以下これらの表示を「原告表示」という。）

・原告
・原告人
・訴訟人
・申立人
・（原告であると断定できる）債権者
・参加原告人
・加入原告人

被告……訴えられた側の当事者及び当事者に限りなく近く立場の人を言う。

裁判において以下のように表示された人は【被告】として扱う。（以下これらの表示を「被告表示」という。）

・被告
・被告人
・被訴訟人
・被申立人
・（被告であると断定できる）債務者ま

なるはずです。

■当事者に関するデータ①――資格表示と共同体訴訟

【新田】　判決に登場する人名はきわめて多岐にわたります。人名項目としては、「原告」「被告」「原告代理人」「被告代理人」「訴訟関係人」といった箱が用意されていますが、それぞれの箱に入る人名は、その内部で均質というわけではなく、とくに「訴訟関係人」の場合、「引合人」「参加人」「立会人」など、さまざまな資格で訴訟に関与していることがあります。こうした、裁判への関与のしかたを示す表示を、マニュアルでは「資格表示」と呼び、同じ箱の中に資格表示を同じくする者が多数並列される場合、例えば「原告」に多数の人が名を連ねている場合などには、そのすべてをいちいち入力することをせず、最大四人までを入力したうえであとは「他何名」という形で処理しています。但し、例えば原告の一員であるとともに他の原告の代人を兼ねた「代兼」などの表記があれば、他の原告と一括せず、原告欄に「代兼」という別の資格表示を付して採録しています。この場合のように、本人と代理人という形ですっきりとは割り切れないこともあるわけです。

これと関連して、村落に代表される地域共同体が持つ入会権や、無尽・頼母子講の出資金をめぐる訴訟などのように、個人ではなく集団が主体となり、その集団的な権利をめぐって提起された訴訟を、どの

たは債務人
・参加被告人
兼表示……原告（被告）の立場を兼ねていることを示す以下の記述が文言にあれば、これらの立場の表示を「兼表示」という。（以下【原告】または【被告】として扱う。）
・代兼、代人兼、代兼人……原告（被告）の代人でもあり原告（被告）の立場でもあることを意味する。
・代理兼、代理人兼……原告（被告）の代理でもあり原告（被告）の立場でもあることを意味する。
・代言兼、代言人兼……代言人（弁護士）でもあり原告（被告）の立場でもあることを意味する。
・総代兼（物代兼）……総代（物代）でもあり原告（被告）の立場でもあることを意味する。
なお、兼帯は兼と同じ意味である。
関係表示……原告（被告）との関係を示す以下の記述が文言にあれば、当事者に限りなく近い立場の人とみなし、【原告】または【被告】として扱う。（以下これらの関係の表示を「関係表示」という。）
・後見人
・相続人
・執事
・管財人

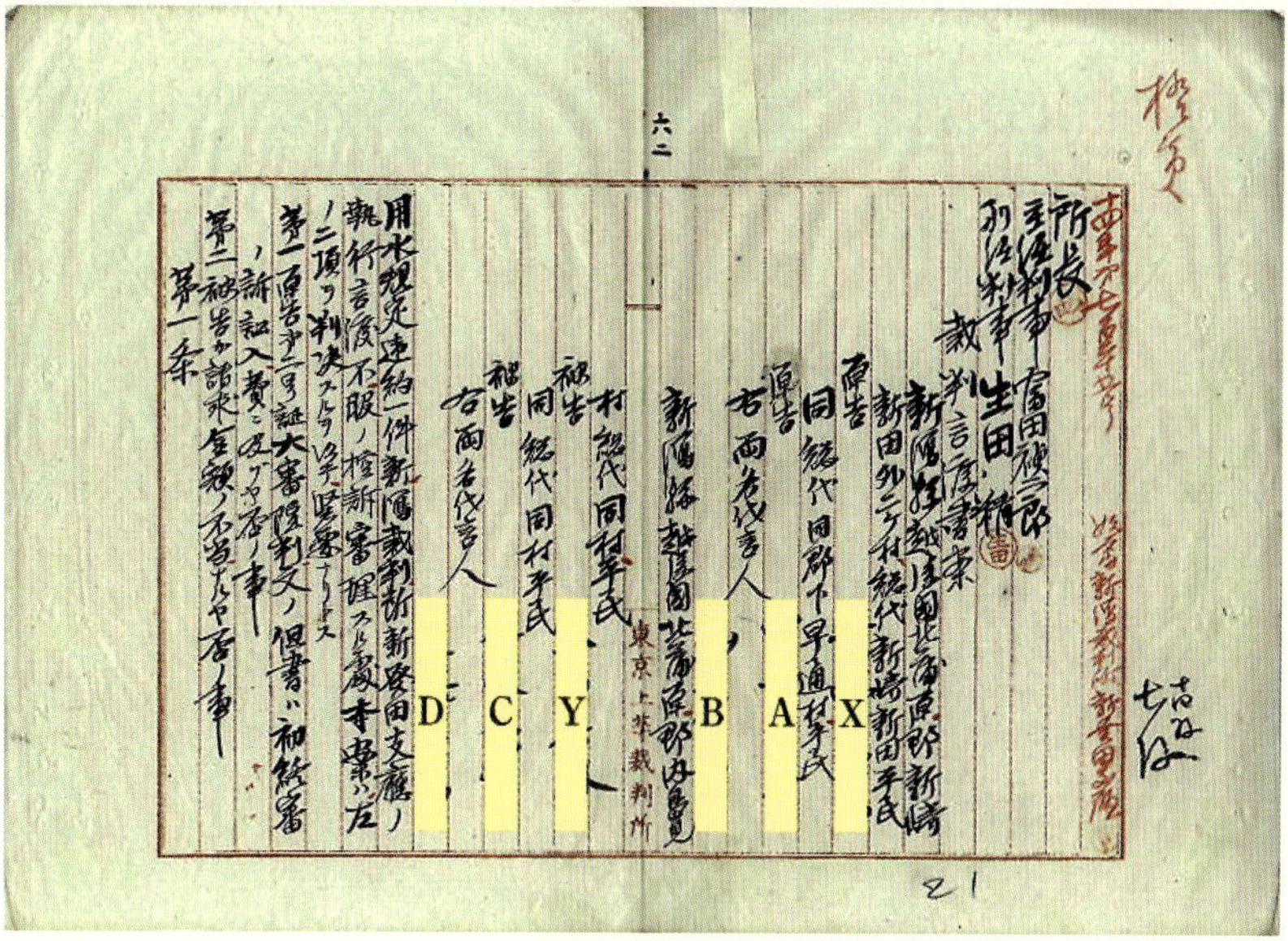

「総代」表示の例

用水の配分規定をめぐる村と村の争いであるが、
双方の「総代」が原・被告として立っている。

・留守心得

・続柄（戸主、父、母、長男、娘、養女、叔父、ｅｔｃ。）

代表表示……原告（被告）を代表する地位を示す以下の記述が文言にあれば、当事者に限りなく近い立場の人とみなし、【原告】または【被告】として扱う。（以下これらの関係の表示を「代表表示」という。）

・総代または総代人……会社、村、講、寺社の檀家・氏子の代表者を意味する。

・惣代または惣代人……総代、総代人と同じ。

・引受人

以下、【原告】について説明するが、「原告」を「被告」に読み替えることにより【被告】にも適用すること。

【原告代理人、被告代理人】

定義

代理人とは本人に代わり本人のために法的行為をする者をいう。

以下の立場の記述が文言にあれば、【原告代理人】または【被告代理人】として扱う。

・代

・代人

・代言人

・代理（会社・官庁の代表的立場であると判断される「代理」は除く。その場合は、【原告】または【被告】に入力ように扱い、当事者名をどのように採るか、という問題が生じました。当初は、原被告として入力するのは個人単位を原則とし、実際に村などが原被告として明示されておればそのように入力するものの、個人名で出ている場合には、実質的に村を代表しているとしても、個人の訴訟として扱い、地域名も採録していませんでした。しかしそれでは訴訟の実質が捉えられないとして、これらを「共同体訴訟」としてカテゴライズし、地域名を採るなど、その集団性を明示する方針に転換しました。

そこで、「共同体訴訟とは、宗教的な組合を含め集団の裁判における構成員（裁判の当事者）のみに対する権利争いではなくて、集団に属する他の人々（裁判の当事者以外の人々）をも含む共通の権利（水利権・入会権・漁業権・入浜権等）を主張する訴訟をいう」と定義づけたうえで、ではそのように定義された「共同体訴訟」を、単なる「当事者たくさん」の訴訟と区別する規準を、どのようにマニュアル化するか、を検討した結果、訴訟物の内容から判断されるものの他、「総代（惣代）」の記述があるものや、地域団体の代表（村長・戸長など）がその資格において登場するものなどは、「共同体訴訟」の範疇に入れることとしました。併せて、「総代」を「代表表示」として「資格表示」と同列の扱いとすることによって、「共同体訴訟」を代表する人物は漏れなく採録されるように配慮してあります。

一方、こうして「総代」を代表表示として採ることにすると、「総

する。）

・訴訟代理人
・総理代人
・部理代人
・名代人
・代償人
・代替人
・差添人

〈特記事項〉

「代兼」、「代人兼」、「代言兼」、「代言人兼」、「代理兼」、「代理人兼」のように「兼」がつく場合は、この項目に入力しない。

以下、【原告代理人】について説明するが、「原告」を「被告」に読み替えることにより【被告代理人】にも適用すること。

【訴訟関係人】

定義

訴訟関係人とは、当事者及びその代理人以外の者で、当該訴訟事件に重大な利害関係を持つ者として、その訴訟に関わっている者をいう。

以下の立場の記述が文言にあれば、【訴訟関係人】として扱う。

・参加人
・引合人
・落札人
・補佐人

代」の資格において訴訟しているのではなく、同業者などの総代という肩書を持つ者、たとえば「蒔網漁業総代」や寺院の「世話人物代」などが個人として起こした訴訟であっても、「総代」という肩書が文書に記載されているために、上のマニュアルのもとではこれが「共同体訴訟」における「総代」と区別できなくなってしまう。内容から判断することは可能ですが、作業効率を考えると「できるだけ内容の判断に立ち入らず形式化されたマニュアルで処理する」という要請があり、その兼ね合いが、難しいところです。

■当事者に関するデータ②――「寄留」表示

【新田】　明治四（一八七一）年に制定された戸籍法は、戸籍の所在地と居所が一致することを原則とし、公私の用によって九〇日以上の長期にわたり本籍地を離れ、他に一定の居所を持つ場合については、届出による寄留の制を定めています。実質的には転居していながら戸籍を動かさぬままにある場合や、何らかの事情で親類宅に身を寄せていたり、会社の事業で長期にわたり出張しているなどの他、村や地域共同体を当事者とする共同体訴訟の代理人となる者が、その地に寄留しているケースも多い。こうしたケースでは、判決原本には「某県某国某郡某村寄留某県士族何某」のように、寄留先の居所と本籍の所在とが併記されています。

一般に、本データベースは、原被告・代理人の居所の詳細な情報を

・輔佐人

また、上記立場の代理となる「代人」や「代言人」等、さらに、これと訴訟関係人を兼ねている「代兼」や「代言人兼」等も【訴訟関係人】として扱う。

・参加人代人
・引合人代人
・引合人代言人
・引合代兼
　etc…

【裁判官】

定義

裁判官とは以下の肩書き（判事に準ずる肩書き）を持つ人で、当該事案の判断に関わった人を言う。

・判事
・判事補
・出仕
・裁判長判事
・陪席判事
・判事試補
・評定官
・属
・主理
・掛
・親任官
・勅任官
・奏任官

採録していませんが、本籍とは別の場所に寄留しているケースについては、そのことがわかるようにしてほしい、とする研究者の希望があり、寄留情報を採録することとしました。ただし、寄留の状態を示す表示には統一性がなく、「寄留」以外にも「寄寓」「居留」「滞留」「同居」などさまざまな言葉で表現されています。基本的には、本籍とそれと異なる居所の二箇所の地名が記載されている場合には、これを「寄留」の状態を示すものとして採録する、という方針を立てたのですが、実際の作業の指針としては、キイ・ワードをマニュアルに例示してゆくことによって対応しています。これまでに例示されたキイ・ワードとしては、前記のもの以外にも「滞在」「逗留」「止宿」「寓居」「居住」「在留」「寄居」「寓」「出張」「店借」「在宿」「寄」「寄寓」「寄居寄留」「留」「外宿」などがあり、原被告・代理人の住所表示にこれらのキイ・ワードが含まれていた場合には、寄留の状態を示すものとしてこれらの文言を採録しています。

但し、こうしたキイ・ワードは作業の進行と並行して設定されたもので、データが採録された時期によって不統一があります。この点は前項の共同体訴訟に関するデータにもいえることですが、入力マニュアルは作業の進行とともに常に改訂増補を繰り返しているものの、新しいマニュアルによって遡ってデータを更新するという作業は、将来には必要となるでしょうが、現在のところ行なっていません。初期のものは当時のマニュアルによって作成されたままになっており、利用

・判任官
・準判任

補足説明

・執行文附与命令を下した裁判官名は入力しない。
・官員録は、あくまでも字の判読が困難な場合の補助手段として利用する。したがって、記述のない部分（姓や名）を官員録から補うことはしない。
・明らかに同一人物であると断定できる印・花押については、たまたま覚えていたら同一簿冊内に限り、その記憶に頼っても良いこととする（ただし、その旨を記録表に明記すること）。ただし、同一人物と断定できない印（特に名字だけの印）や花押は、この限りではない。
・裁判官を入力できる雑文書は民事表、鑑及び聴訟表のみとする。
・肩書きの上に書かれた「主」及び「副」は当該判断における役割を意味する。
・本来は上記の肩書きを持つ人が裁判官ではあるが、判別が困難なため、肩書きに関係なく全ての裁判所関係者（所長、部長等）を入力する。

　ただし、例外として謄本を作成した書記については入力しない（例1、例2）。

例1

民事第一局

者はその点に十分に留意していただきたいと思います。

なお、寄留の制度は、明治一九（一八八六）年に「出生死去出入等届出方及寄留者届出方」「戸籍取扱手続」の二つの内務省令によって整備され、さらに大正三（一九一四）年には寄留法と寄留手続令が定められています。しかし、第二次大戦中に総動員体制と物資配給制度の運用上の必要から市町村において世帯台帳が作成されるようになり、事実上、戸籍と世帯台帳の二本立てによる世帯現況把握が進行しました。住民登録法が施行されて戸籍と住民登録の二本立てが法制化されたのは昭和二六（一九五一）年のことで、寄留法はこのとき廃止されています。

■データ採録の単位と事件名

［石井］　すでにお話があったように、データベースに採録する単位については、当初「件単位」という考え方をとっていました。そのほうが、データの数量的・統計的処理に適合的であると考えられたためですが、明治初期などとくに、「判決」だけでなく一件の関係書類が保存されているケースがあり、雑多な文書が編綴されているうちの、どこからどこまでを「一件」としてデータを採り、検索の際の単位とするか、が問題となりました。種々の議論の末、データ採録の単位を「件単位」から「文書単位」に変更し、データ採録の単位となる文書を「判断文書」と「雑文書」とに大別した上で、一件に関わる複数の

控訴院評定官　芹沢政温←裁判官として入力する
控訴院評定官　永井岩之丞←裁判官として入力する
控訴院評定官代理
　始審裁判所判事　柳田直平←裁判官として入力する
右正本ニ依リ謄写ス
　明治廿一年十一月六日
　　裁判所書記　彦坂忠直←謄写した書記なので入力しない

例2

裁判長始審裁判所判事　五十嵐佐備←裁判官として入力する
陪席　始審裁判所判事　奈良猶興←裁判官として入力する
陪席　判事試補　宗方文三←裁判官として入力する
裁判所書記　彦坂忠直←裁判官として入力する
右正本ニ依リ之ヲ謄写ス
　明治廿一年三月一日
　秋田軽罪裁判所
　　裁判所書記　冨浦松治←謄写した書記なので入力しない

【裁判年月日】

定義

裁判年月日とは、裁判（裁判所の判断）が

文書が編綴されている場合には、データ採録の現場で確認できた範囲で「関連文書あり」として関係づけを示す、という方式を採ることとしました。

このように、「判決原本」以外の多様な文書が編綴されているために、データが採られた文書がどのような性格を持つものであるかが、重要な情報となります。そのため、当初は採録していなかった文書表題をデータとして採ることとしました。原本に「裁判言渡書」「判決」のような表題がついている場合にはそれを採り、ない場合には「(判断文書)」もしくは「(雑文書)」と表示して、文書の基本的な性格をあらわすことにしています。判決以外の「判断文書」としては、裁判手続上の指示命令文書や各種の執行命令、裁判所からの「伺」に応えて司法省が具体的な案件についての判断を示した「指令」などが含まれます。

事件名は、普通は、判決本文の冒頭にたとえば「右当事者間貸金催促ノ訴訟ニ付キ」云々とある「貸金催促ノ訴訟」を採録すればよいわけですが、必ずしもそうした形ですっきりと表示されているとは限らず、本文の記載内容から抽出している場合もあります。こうした問題は、データベースの対象外となっている明治二四年以降についても、国立公文書館におけるパイロット調査において多数見出だされています。

また、複合的な内容を持つ判断文書の場合、やや複雑な記載方法を

言い渡された日をいう。ただし、裁判年月日の記述がない場合は、「起案日」、「謄写日」、「競売日」等の年月日を入力する。

【判決裁判所】
定義
判決裁判所とは、判決を言い渡した裁判所をいう。その場合の裁判所は、支庁、支部等の独立した下部組織を単位とする。

【事件番号】
定義
事件番号とは、裁判所が受理した事件に対して付した番号をいう。
特に、雑文書においては、文書の整理番号等が記述されているため、事件番号と間違わないよう注意が必要である。
以下に、整理番号の例をあげる。
例1　司法省指令民第九拾参号
例2　司法省庶務課第弐千四百参拾九号

【事件名】
定義
事件名とは訴えの趣旨、または裁判所の判断の趣旨をいう。

とった場合があります。典型的な例として、貸金の返済を求めた訴訟に対する判決に、競売や身代限のような弁済手段を特定した執行命令が織り込まれた例があります。現在の制度であれば、債務の存在を確認し弁済を命ずる判決と、その判決内容を実現するための執行命令とは、手続的に分離され、両者が同一の判決に盛り込まれることはないわけですが、明治前期にはそのあたりが未分離のままに、「弁済せよ」という判決と「抵当権を設定された地所を公売にかけよ」という命令、さらに「それで債務が残った場合は身代限にかけよ」という条件つきの予備的な命令までが、一通の文書に織り込まれているケースもあるのです。こうした場合、本案の事件名である「貸金催促ノ訴」に加え、「抵当地所公売」「身代限」という命令の内容を、それぞれスペースで区切って事件名の欄に入力し、検索の便に供することとしました。

■裁判官とその代理

［新田］　当初は、人名項目として採っていたのは原・被告と訴訟関係人でしたが、中途から「代理人」を採り、さらに「裁判官名」を採るようになりました。なお、作業初期のものでは、裁判官名は「備考」欄に入力されています。これが完成すれば、裁判官名で検索して個人履歴を通覧することが可能になり、或る裁判官がどのような事件に関与しどのような判決を下していたか、それが時期によってどのように推移していったか、などといった研究が、格段に容易になるでしょう。

ところが、裁判官名をデータとして採ることは、実はそう簡単な話ではありません。明治初期の裁判は、現在のように裁判官がその責任において判決を下すというものではありませんでした。裁判所自体、初期には独立の司法機関ではなく、たとえば「新潟県聴訟課」のように行政機構として構成され、最終的には県知事の決裁によってことが決せられていたのです。やがて府県の機構から分離された裁判所が各地に順次設置されてゆきますが、その後も基本的に、裁判所がひとつの官司として、ときには中央官庁である司法省の「指令」を仰ぎつつ、判断を下していたのです。そこでは極端な話、誰が裁判官か、ということはどうでもよいことなのであって、一般の官司が下す行政上の判断と同じ理屈です。だから、まず判決が起案され、それを下から上にだんだんあげていって、最後は所長の決裁を求める、という形をとっています。判決原案に朱が入れられている例もままあります。これは検索データとしては出てきませ

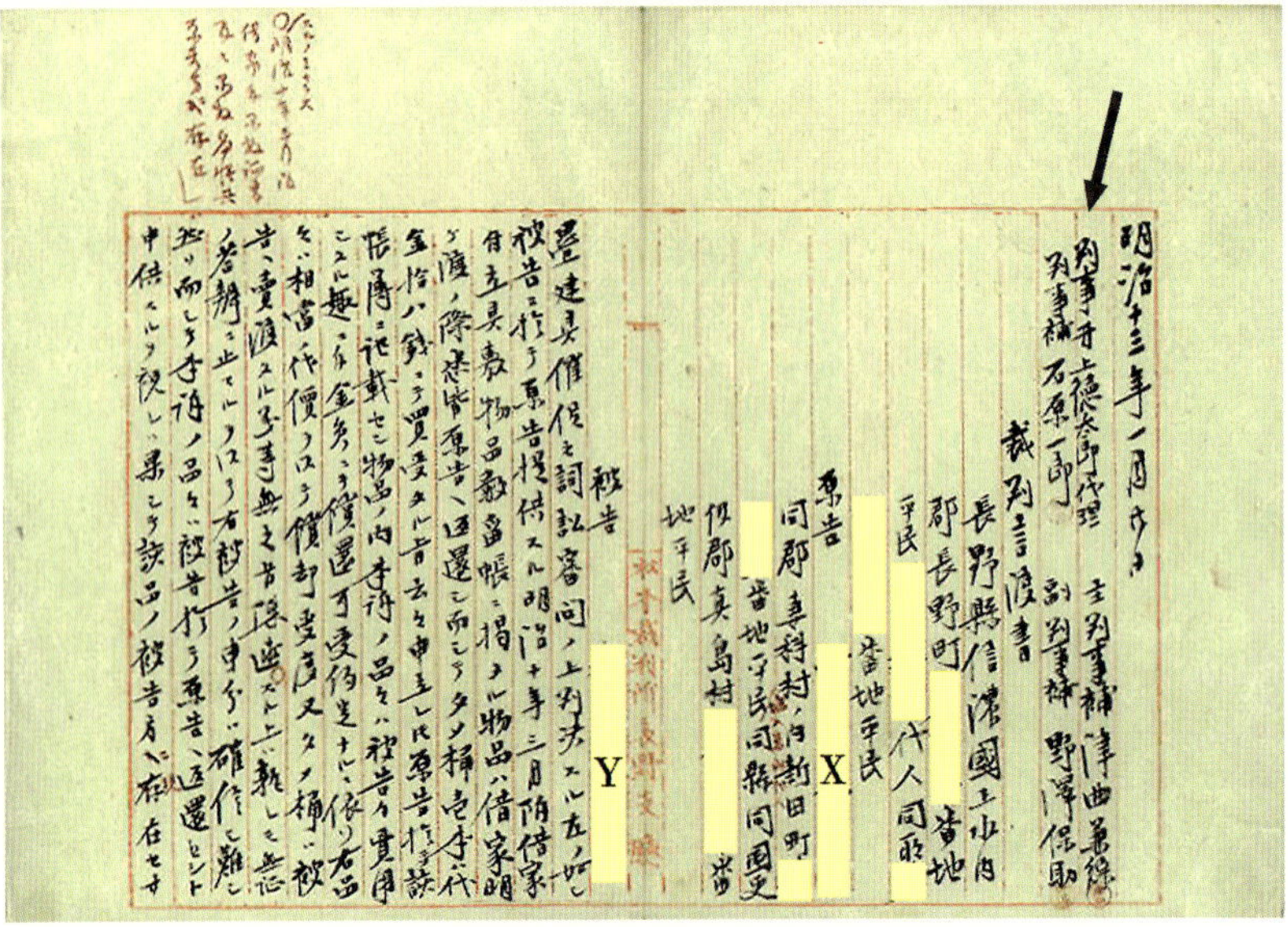

裁判官の「代理」の例

上右「矢印」のところ、「判事井上徳太郎」の代理として「判事補石原一郎」が署名捺印している。

んが。結果、判決原本には決裁の印鑑や署名がずらり一〇人分ほども並ぶことにもなるのです。

データ採録にあたっては、「当該事案の判断に関わった人」を裁判官としてその名を採録するという基本方針をとっています。署名があればそれにより、印鑑のみの場合は印文が判読できれば採り、判読できない場合や花押のみの場合などは、次に述べる「裁判官の代理」の場合を除き、データを採録していません。リンクされた画像によって判読できた場合、或いは他の判決との対照によって氏名が判明した場合などは、利用者からの情報提供によってデータベースにフィードバックする態勢を構築することが、望ましいと思われます。

「裁判官の代理」という現象は、現代の制度では考えられないことですが、明治初期の判決には頻出します。たとえば、判決には所長による決裁手続がとられるため、なにか事情があって所長本人の決裁が得られない場合、その代理による署判が据えられて形式を整えているわけです。所長以外の判事などについても、代理による署判が据えられた場合が少なくありません。こうした場合は、「所長（代）何某」「何某（代）何某」

のように表示しています。「所長代」として印鑑が据えられているが印文が読めず裁判官氏名を入力できない場合でも、「所長（代）某」による決裁印がある旨のデータは採っています。

■まとめ

【石井】　どうもありがとうございました。そろそろ、この対談を終わりにしたいと思いますが、簡単にまとめますと、要するに、明治二三年以前の民事判決原本のデータベース化の作業は、幾多の、開始前には想像もしなかったような難しさに遭って悪戦苦闘しながら、一〇年計画の半ばにさしかかったというところです。関係者の努力と文部科学省科学研究費補助金・研究成果公開促進費（データベース）、それと国際日本文化研究センター当局の理解によって、おそらく現在の日本としては最も恵まれた環境の中で、ほぼ予定通り進行しているといってよいと思います。ですから、順調に行けば、おそらく平成一八年度末には一応完結したデータベースが出来上がるでしょう。

ただ、これを使うユーザーには、是非理解しておいていただきたいことがある、ということは強調しておきたい。理解してほしい事柄が何であるかは、今まで新田さんと詳しく論じ合ったところです。いや、正確には、それについての理解を得たいがために、この対談を、この論文集に載せる企画を立てた、といった方がよいかも知れません。

それを最後に一言でまとめますと、民事訴訟の実務や文書作成方法について、当時は全国共通の通則めいたものはほとんど皆無に近かった。そのことから来るいろいろな次元、いろいろな局面での著しい多様性、それは民事訴訟法成立前の時代なのだから、ある意味では当然のことであり、だからこそデータベース化計画の第一期の対象にしたわけなのですけれども、その多様性は当初の予想をはるかに超えるものでした。

もちろん、時代によって差は当然ある。後の時代になるほど統一化への兆しは見えてきます。しかし、明治二三年以後になっても、多様性が失われたわけでないことは、新田さんが、国立公文書館へ移管された仙台高裁関係のものについて、指摘されているとおりです。

もう一つ指摘したいのは、驚くべきことに、日本の裁判所が文書の保管方法について統一的なスタンダードをもっていなかったということです。このことは、このデータベース化作業をやってみて、痛切に実感したことです。当初は、そもそも判決「原本」なんかどこにも保存されておらず、起案書や下書きが綴じこまれているにすぎない、というようなケースがいくらも見られましたが、一応「原本」らしきものが、原則としてきちんと残されるようになってからも、その「原本」とともに閉じこまれるべき附属資料・文書についてはバラバラですし、さらにずっと後の時代になって、その附属文書類を放棄して、「原本」だけに整理しなおしたときのやり方も各裁判所ごとにバラバラです。

　おそらく、このことは、記録を残すということが、もっぱら裁判所、すなわち「お上」の内部の都合のために行うものだ、と考えられていたことを暗示するのでしょう。もし、国民に後の時代まで裁判の記録を残す、という、広い意味での「裁判公開の原則」に立った「永久保存」だったなら、全国統一的で、もう少しマシな保存方法を、明治初年からとは言わないにしても、どこかの時点で考えついたはずではないか、と毒つきたくなります。しかも、今回その半端な「永久保存」さえ止めて、「廃棄」処分を決定した。裁判所は一体何を考えてるんだ、と、これまでもいろんな機会に言ってきましたが、ここでもう一度言いたい。国立公文書館も、公文書の保存が国民への情報開示の一環であるという意識をどこまで持っているのか、いささか疑わしいということは、新田さんたちが保存について先方と折衝されている経過をうかがうと、強く感じます。

　悪口はこれぐらいにして、多様性の問題に話を戻せば、さまざまな意味、次元、局面での多様性を前にして、データベース化作業は難航を極めた、その結果、文書の「件立て」からして方針転換せざるをえなかったし、個々の入力「項目」についても紆余曲折を免れなかったことは、この対談で双方こもごも述べたとおりです。要するに、入力のマニュアルの変更・ヴァージョンアップに幾たび迫られたか。その過程での苦労話を繰り返すことはしません。また、そうした変更が、ユーザーにとってベストの選択であったかどうかも、ここでは議論しません。

　問題は、このマニュアルの変更ごとに、古いマニュアルに従ってやった入力をやり直す、ということは、ほとんど行なっていない、ということです。これはたしかにユーザーにご不便をかけるには違いないと思う。しかし我々は、それよりも、とにかく明治二三年末までの判決は全て入力し、日本で民事訴訟法が施行される以前の民事判決全てに関するデータベースを提供する道を選んだのです。この方針で一応全部出来てから、追々この点の改善をしていこうと思っていますので、しばらくはご辛抱願いたい。どの地域・どの裁判所のものは、どのマニュアルで入力したかは、トレースできるようにしておきますので、面倒でもそれで必要に応じて補正しながらご利用いただきたい。

むしろ、それよりも我々が歴史家だから特に強く感じるのだとは思いますが、実は、こうした「多様性」は伝統的日本文化とグローバルないし西洋的な文化との比較や日本の「官」の近代化過程を観察しようとする者にとって、たまらなく面白い素材の宝庫だと思います。データベースの不完全性に関わらず、多角的・多面的に利用していただけることを祈っています。

（於　京都　国際日本文化研究センター　二〇〇一年一〇月）

＊　この対談以降の作業の進行状況について注記しておく。

① データ入力を既に了えていた五万三千余件が、二〇〇二年四月をめどに新たに利用に供される見込みであり、これによって利用可能なデータ件数は都合二十三万六千余件となる。但し、技術上の都合で、新規の五万三千余件は、既存のデータベースとはさしあたり別のブロックとして、やや異なる方式で構成されることになる予定である。両者はいずれ統合されるはずだが、当面は、検索など二度手間になることを了解されたい。

② これまでにデータベース化された判決は、北海道大学・熊本大学保管分（完了）、東北大学・東京大学保管分（進行中）であり、二〇〇二年度には新たに香川大学保管分についての作業が開始される。

③ 入力マニュアルの細部は、次々に具体的な問題点に逢着し対応することによって、現在もなお「進化」を続けている。右に記したように、これまでの作業は東日本中心であり、今後西日本のものを対象とすることによって、地域的な偏差があらわれれば、いっそうの手直しが必要になるかもしれない。

④ 明治二四年以降分の判決原本については、二〇〇〇年度東北大学保管分を皮切りに、二〇〇一年度には北海道大学・岡山大学保管分が国立公文書館に移管され、整理・目録作成等の作業が順次進行中である。

（二〇〇二年三月、新田一郎記ス）

＊　画像は国際日本文化研究センター「民事判決原本データベース」による。

第二部　論　説

横濱海岸之風景
(明治２年、五雲亭貞秀)

神奈川県立歴史博物館所蔵

明治初年の民事訴訟新受件数の考察

林屋礼二

一　はじめに

昭和二七年から、最高裁判所事務総局によって、民事行政篇・家事篇などの「司法統計年報」が毎年刊行されているが、このようなきちんとした統計年報の刊行は、世界的にみても稀である。ところが、これは、実に明治八年から司法省によって毎年刊行されてきた「司法省民事統計年報」の伝統を引き継ぐものなのである。

日本では、明治八年（一八七五年）に立法府としての元老院が創設されたが、三権分立の見地から、これに対して、同年に司法府の最高機関としての大審院も設けられ、その下に、上等裁判所と府県裁判所が置かれた。そして、翌九年には、府県裁判所の名称が地方裁判所と改められるとともに、民事では、一〇〇円以下の事件を扱うものとして、区裁判所も設置された。そこで、ここに、大審院――上等裁判所――地方裁判所――区裁判所という四種類の裁判所が設けられ、そのうちの地方裁判所と区裁判所が第一審裁判所となり、その上に、第二審裁判所としての上等裁判所、第三審裁判所としての大審院が置かれて、はじめて三審制の形態がととのった。

こうした日本における近代的な司法制度の創設以来、ずっと司法省が右の「司法省民事統計年報」を刊行してきたのであって、これは、まことに注目すべきことである。では、なぜ、司法省がこうした明治初年から民事統計年報を作る作業を行なったのか。この点についてのはっきりしたことはわかっていないが、蕪山嚴元判事からのお話によると、明治八年五月二四日太政官布告第九一号中の「司法省章程」の第四に「毎年民事刑事ノ綜計表ヲ進奏スル事」とあり、これは、明治五年二月に来日、同九年五月まで司法省法律顧問として滞在したフランス人ジョルジュ・ブスケ(George Bousquet)が、司法省官員からの質問に答えて、フランスの司法卿の職務のなかに「民事商法及び刑事裁判所の裁決表」を皇帝に具申することがある旨を講述していることから影響を受けたのではないかとされる。そうだと

［第一図］　地裁・区裁・簡裁の新受件数の推移（明治８年～平成11年）

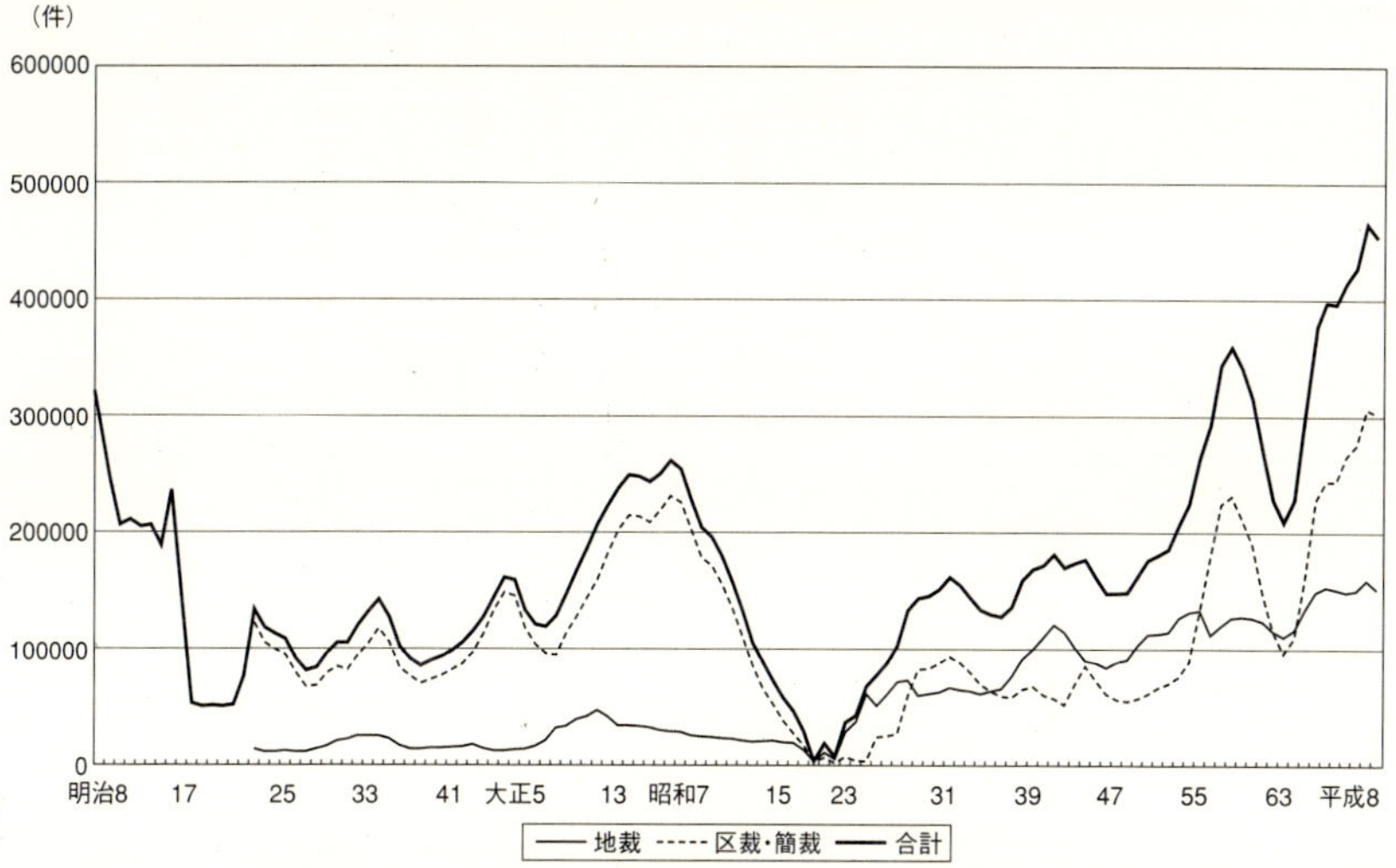

すると、「司法省第二年報　明治九年」の冒頭にある司法卿田中不二麻呂の序文の最後に「今特ニ表紀ノ一課ヲ置キ漸次此事業ノ整備ヲ期シ以テ恭シク　陛下鋭意圖治ノ　盛旨ニ副フ所アランコトヲ仰企ス謹奏」とある文言は、これに符合するものと思われる。

いずれにせよ、こうして明治八年からの民事事件の統計が司法省から刊行されているために、われわれは、当時の裁判の状況を知ることができる。[1] しかし、こうした司法省の統計のあることもあまり知られていないし、また、この統計年報もなかなか簡単にはみられないので、私は、菅原郁夫教授と林真貴子講師からの協力を得て、この統計年報にもとづいて重要な事項についての明治期の統計表を作り、これをグラフ化する作業を企画してきた。これは、すでに刊行している拙著「データムック民事訴訟」（ジュリスト増刊）の明治期版である。[2]

ところで、この明治八年から平成一一年までの民事訴訟の第一審新受件数の推移をしめしたのが、〔第一図〕である。この〔第一図〕をみて驚くのは、明治八年の民事訴訟新受件数が三二万三五八八件もあり、この事件数は、図の右のほうの昭和六〇年の新受件数に匹敵するものであることである。人口的には、明治初年の日本の人口（三五五五万人）は、今日の三分の一弱であるが、それにもかかわらず、民事訴訟の事件数が、バブル崩壊期前で最高の数値をしめした昭和六〇年の事件数と非常に接近した数になっているというのである。

この明治八年以降の紛争事件数がさらに勧解の事件数をくわえるとかなりの数になることを[3]「司法省民事統計年報」から知った学者からは、このようにほんらい日本人は権利の主張に積極的であったのに、その後、政府によって訴訟の抑制政策が採られた結果として事件数が減じてきたという見解[4]が唱えられてきている。これは、日本人が訴訟嫌いかどうかという問題[5]にもつらなっていくが、本稿では、こうした問題を考えるさいのためにも、この明治初年の民事訴訟事件数の変動がなぜ生じたかについて、そうした当時の事件の内容に関する裁判所の実際の判決原本も参考としながら、私なりの考えを少しのべてみたいと思う。

(1)　なお、他に、「日本帝国統計年鑑」にも、毎年の民事・刑事の訴訟事件数などが掲載されている。
(2)　この成果は、近く公刊の予定である。
(3)　勧解は、今日の調停に相当する制度で、その利用数は、明治八年の一万六千件から、九年に一七万四千件になり、さらに、一〇年に六五万八千件、一三年に六七万五千件、一五年に八七万四千件と急伸して、一六年には一〇九万件に達したのち、減少に転じて、二〇年には三八万八千件となっている。この点については、後述する。
(4)　福島正夫「日本資本主義の発達と人の自由と権利」（思想三五三号六五頁、福島正夫著作集第一巻日本近代法史三三八頁以下、勁草書房）
(5)　ジョン・Ｏ・ヘイリー（加藤新太郎訳）「裁判嫌いの神話　上・下」判例時報九〇二号一四頁以下、九〇七号一三頁以下参照。

二　明治維新後の社会情勢

一

明治維新は、いうまでもなく、日本の社会にとっての一大変革期であった。従来の封建社会の中心にあった武士階級が没落したため、武士階級を得意先としていた商人のなかには、安政の開港後の外国人の日本進出を機として、外国人との商取引に目を転じる者がでてきた。島崎藤村は、「夜明け前」で、安政三年（一八五六年）に岐阜県の中津川で起こった牛方の荷問屋に対するストライキ騒動の様子を描いているが、その荷問屋の主人が、このストライキによって問屋の廃業に追いこまれたのちに、金融業で成功し、また、横浜貿易にも進出して、幕末維新の激動期を乗り切って行く様子を伝える物語も出版されている。

これは、大島栄子著「商人たちの明治維新」（花伝社刊）であるが、このなかには、右の主人公が神奈川に行き、通訳を頼んで、イギリス人の貿易商ケウスキイと取引きを行ない、六〇〇匁六両という破格の値段で生糸を売ることに成功したという話などもでてくる。[1] また、そのなかには、横浜の問屋に売り込んだ別の商人の生糸について、オランダ人貿易商から代金が支払われなかったために訴訟を起こし、結局は示談で解決されたという話も記されているが、[2] 明治初年の判決原本には、この種の貿易をめぐって起こされた訴訟事件もかなりみられる。たとえば、つぎのような事件〈第一事件〉がある。

横浜和蘭商会のXが、日本の商人Yから、生糸二五箇をオランダへ送って売り捌くことの委託を一八七〇年（明治三年）に受けた。そして、この委託は、欧州のいわゆる「コンサイメント（consignment）」[3]（委託販売契約）によるものとされた。この「コンサイメント」の法とは、①日本の一商人の名前でオランダへ生糸を送って売り捌こうとしても無理なので、その生糸を横浜和蘭商会Xへ渡し、X商会は、これを預かるさいに、その時の相場と比べて一割引の金額を計算し、これをYに前渡しとして貸渡しておき、その生糸を本国の和蘭商会で売り捌いたうえで、その差し引き勘定をする。②この場合、X商会は、その損益にかかわらず、委託手数料として売上高の二分を貰う。また、売り捌きに要する費用は売上金より差し引く。そのうえで、利益があればこれを委託者Yに渡し、損失があればYが償うという方法であった。

そこで、X商会は、Yに一万三二二〇弗を前渡しとして貸渡した。ところが、この生糸二五箇をオランダへ輸送したところ、その生糸が着くころに丁度普仏戦争が勃発したため、生糸相場が下落し、取引きもできなくなって、そのうちの一六箇はようやく二年後に売却したが、他の九箇は、英国のロンドンへ送って、さらに二年後に競売で売却するというような事態となった。そして、その結果、右の「コンサイメント」によって、X商会よりYに対して、三六九一弗二六セントの支払いが請求された。しかし、この支払いをYが拒んだため、X商会は、Yを相手にして、東京裁判所に訴えを提起した。

この訴訟で、Yは、Xのいうように普仏戦争が起こって生糸相場が非常に下落したというのであれば、XはYにその旨を報知すべきなのにそれをせず、勝手に生糸を売り捌いたのであるから、YにはXの請求に応じる義務はないと主張した。これに対し、東京裁判所は、すでに従来もX・Y間でこの「コンサイメント」による取引きが行なわれていたし、明治三年に、YがXに生糸の売り捌きを委託したときに、Yはその売り捌きの方法をすべてXに委ねているうえ、普仏戦争勃発という事態の発生を考えれば、Xによる生糸の売り捌きに遅れが生じたことも止むを得ないことであったとして、明治一〇年一二月一七日に、Xの請求どおり、Yに三六九一弗二六セントの返償を命じた。

したがって、これは、被告である日本人が敗訴し、原告である外国人が勝訴した例であるが、逆に、原告である外国人が敗訴した例として、つぎのような事件〈第二事件〉もある。それは、オランダのK商社のXが日本の商人Aとの間の一八六九年（明治二年）の定約書により、取次商BのZを引受人として、Aに商品を売り渡したが、その代金が未払いであるとし、Aがその後明治四年に死亡したので、Aの未亡人Yに対し、五三七三弗五〇セントの支払いを求めて、東京裁判所に訴えを起こした事件である。そのさい、Xは、この金額についてのAからの証書はないが、計算表を提出するとし、これは会社の帳簿を書き抜いたものであるから確実であると主張した。

この訴訟で、Yは、夫Aが病死しており、自分はA存命中Aが行なう取引きには全く関係していなかったら、Xのいう品物の取引きのことは知らないとのべたが、この訴訟にはZが引合人(4)すなわち訴訟参加人となり、Xが確実だといった計算表は非常に事実に反していることを個々につき反論したのち、つぎのように主張した。ZがAに取り次いだのは三三七一弗余であるが、これはAがすべてK社に支払っている。なぜならば、Xからの商品を受け取ったときには、毎回、AとBの押印のある受取書をK商社へ渡しており、――商品の代金はこの受取書と引換えに支払っているから――もし未払代金があれば受取書がXのところになければならないが、これがないからだと主張した。その結果、東京裁判所は、明治九年六月五日に、Xの申立ては無証拠であり、Xの請求は「相立カタキモノ」と裁判している。

二　明治初年にあっては、東京裁判所における裁判をみるときに、このような外国人と日本の商人の間の訴訟――しかも、外国人が原告となっている訴訟――がかなり多いことがわかる。すなわち、武士階級との取引きの道を失った商人たちと新たな相手としての外国人との間の取引きをめぐってはいろいろと紛争が生じたが、他面で、明治初年にあっては、武士自体の生活もきわめて波瀾に満ちたものであったために、ここからも、いろいろな紛争事件が生じている。

武士は、明治二年六月の版籍奉還によって士族という名称をあたえられたが、五年の国民皆兵、徴兵制度の採用でその存在意味も奪われることになった。そこで、明治政府も、六年末に、希望者には、家禄に代えて現金および秩禄公債を下付し、九年八月には全国の士族に金禄公債をあたえて家禄を廃止したが、それを元手にして商人を志した者も、世にいう「士族の商法」で、その生活はうまくいかなかった。

落語に鰻屋をはじめた旗本の殿様のしくじりばなしがあるが、同じような話が他にもみられる。ある旗本の殿様が寿司屋をはじめたところ、うまくて安いとの評判で大繁盛となり、この分では数年で倉も建つだろうといわれたが、落ち着いて収支の計算をしたところ、大赤字であることがわかったという。その原因は、殿様が魚や海苔や卵には金のかかることを知っていたが、米は領民が届けてくるものと思いこんでいて、米代を全く計算に入れずに商売をしていたことにあったという。とにかく、世間知らずの旧武士が商売をはじめても失敗が多かったという話はいろいろとあるが、こうした旧武士には、代金請求その他の訴訟もいろいろと起こされた可能性がある。また、つぎのような訴訟事件〈第三事件〉もある。

米国のX商社がAに対して明治九年四月一〇日に四二五〇弗を貸し、利息は一〇〇弗につき一ヶ月一弗半と定めた。そして、Aは、Y_1および保証人四名に対してもっている七七〇〇円（元金四二〇〇円と利息金）の債権とそれに対する担保物について定めた証書を担保としてXに渡したが、右借金をAが返済できなかったことから、同月二六日に、XがY_1らに対し、右の証書にもとづいて、債務の弁済を求め、できぬなら担保物の引渡しを求める旨の訴えを起こした。

このさい、右の証書をめぐっては、つぎのような事情があった（事案をなるべく単純化して説明する）。Y_1がある寺の敷地内で曲馬興業を企画してAに出資を求めたが、Y_1自身の出資の都合もつかなくなったため、Y_1はAの息子B名義で三〇〇〇円を借りることになり、そのさい、この興業の企画が寺の利益にもなるため、Y_2～Y_5がY_1の保証人となるとともに、寺の奥印を押して、その敷地内にある寺の賽物（寺に奉納した物）を担保とした。ところが、Y_1の三〇〇〇円の返済が滞ったために、その後、利息をくわえて、証書の書き替えが何度か行なわれ、明治七年九月に額面四二〇〇円と利息金の担保つき証書が作られた。しかし、その債務が弁済されなかったため、BはY_1らを相手にして東京裁判所へ出訴したが、他方で、前述のX商社に対するAの債務履行の期限が迫ったことから、Bは、Aに右の貸金証書を譲渡して、明治九年四月一九日にこの訴訟を取り下げ、Aから、右の証書をX商会へ譲渡する処置がとられた。

そこで、X商会から、Y_1らに対して、右の証書による債務弁済の本訴が提起された。これに対し、Y_1らは、右の寺の賽物を担保としたことについて、寺の住職が知らないことであったとか、寺の奥印を押したのはY_3が勝手にしたものであるとか主張して、賽物についての寺の責任を回避しようとしたが、結局、裁判所は、明治九年九月八日の判決で、Y_1らの債務負担には寺も加担していたことを認め、被告らが返済できぬ以上、「証書中ノ賽物ヲ以テＡノ負債高則四千弐百五拾弗ニ百弗ニ付一ヶ月一弗半ノ利足ヲ拂済ノ日ニ至ル迄計算シ之レヲ償却スヘシ」と言い渡した。

このさい、右のＡは（なお、Ａは、この訴訟の引合人になっている）、「士族」であり、曲馬興業で儲ける話にのることを考えたが、息子の名前で貸した金も返済されず、その安全のために寺の賽物を担保にとったものの、寺との従来の関係もあることから、強い態度にもでられずに、結局は、この証書を外国の商社へ譲渡して、Y_1への債権の回収にあてたという形になったが、この結末は、Ａにとって決して利益にはなっていないのであって（当時は、一弗＝一円）、これも「士族の商法」の一事件といえる。

当時の士族のことを、あほだら経では、「当時一新よくも替った。武芸はすたるし、大小は三文、えびし（ＡＢＣ）は読まれず、手職は出来ず、あせりあせって仕官と出かけ、等外六等五円の月給、どうしてたまろか、九人の眷族、米櫃からっぽでお腹はぺこぺこ」と唄っているが、明治の初年には、こうした士族をはじめ、華族や、庶民までもまきこんだ大きなギャンブル事件として有名なものに、「兎」の流行があった。(5)

すなわち、明治五年ごろから兎を飼うことがはやりだし、外人が香港や上海からいろいろな兎を輸入して好奇心をあおったから、色変わりや耳変わりなどの珍種の兎の値段が高騰し、一羽三〇円、四〇円もする兎も現れて、この傾向は東京から大阪へと全国的にも波及した。こうして、丁度最近のバブル期におけるがごとく、土地ならぬ兎に投資する者が激増したので、これを放置できぬとして、東京府は、明治六年末に、兎を飼っている者を調べ、一羽につき一円ずつ毎月二五日までに収めるべきこと、もし無届けで所持していた者は一羽につき二円の罰金という兎税を設けたが、この兎税によって、バブル期の地価税と同じく、さしもの流行にもストップがかかった。その後、再び兎の売買が流行したりもしたが、その暴落によって、バブル期の土地の購入のための借金と同様に、兎の投機のために借金をして財産を無くし、破産した債務者もきわめて多く、この債権の取立てをめぐっては、裁判所へ訴えでる債権者も多かったことと推測される。したがって、これらの事件をはじめとして、明治初年の日本の社会には種々の紛争事件が渦巻いていたものとみられる。

（1）大島栄子・商人たちの明治維新（花伝社刊）一二五頁。
（2）大島・前掲一二七頁。
（3）委託者（consignor）は受託者（consignee）に自己の商品の販売を委託し、受託者はこれに応えて委託者のために商品の販売をする契約（田中英夫編・英米法辞典一八四頁）。
（4）引合人については、瀧川叡一・明治初期民事訴訟の研究（信山社刊）六一頁以下参照。
（5）たとえば、川崎房五郎・明治東京史話（桃源社刊）一〇二頁以下参照。

三　三百代言と訴訟事件

一　前述した裁判のなかで、オランダのK商会のXからの品代金請求の訴えに対し、K商会が請求の基礎とした計算表に多くの誤りがあることを引合人（訴訟参加人）Zが指摘し、裁判所から「原告ノ請求ハ相立カタキモノト」判断されている訴訟〈第二事件〉の引合人Zには、代言人がついている。また、米国のX商会からのY_1～Y_5に対する貸金催促の訴え〈第三事件〉では、英国人の代言人がついていて、いずれも、依頼人を勝訴にみちびいている。

これに対し、つぎのような訴訟事件〈第四事件〉がある。これは、スイス人Xが原告となり、日本人Yに対して、品代金取戻しの訴えを起こした事件である。Xの主張によると、明治一一年の三月にYがXのところへ金剛石だといって二個の玉を持参し、売りたいといったが、Xは、Yと面識があったので、とくに検査を行なわずに、真の金剛石と思って、洋銀一百枚で買い取り、Yが代金の受領書を書いた。ところが、Xが買い取ってから、その一個の玉を金の指輪にはめ込んだところ、それが贋物であることを発見したので、これをYに返却し、Yに払った代金を取り戻したいという内容の事件であった。これに対し、Yは、たしかに二個の玉をXに売り渡したが、決して金剛石といってこれを売買したのではないから、いまになって代金を戻すという理由はなく、その請求には応じがたいと答弁した。

裁判所としては、Xから提出されたYの受領書に「金剛石代金」とあるのをみれば、当時XとYがともに真の金剛石と思って売買したものであることはいうまでもないとしたうえで、この二個の玉が果たして真の金剛石であるかどうかを調べることとし、法庭でXとYに命じて、その玉で硝子を切らしたところ、僅かに硝子にきずがついただけで、これを切ることができなかった。そこで、これをみれば、真の金剛石でないことはもちろんであるのに、当時XとYがともにこの玉を真の金剛石と考えて売買したのは、その契約の目的である物品の本質を錯誤したものといわざるを得ないとして、Xがその玉の返戻と代金の還付をYに求めるのは正当な請求であり、Yは、さきに受領した洋銀一百枚を返却して、玉二個を取り戻すべしとの裁判を言い渡した。

この訴えでは、被告Yに「代人」がついているが、これは、「当日代人」、いわゆる「三百代言」のことであって、「代言人」とは異なる存在である。この裁判言渡書には「被告共」とあることからみると、この代人もYといっしょにXのところへ行って、本件の詐欺的行為に加担したようであるが、ここにも「三百代言」的行動が表れている。

二　今日の「弁護士」という呼称は、明治二六年の旧々弁護士法によるものであり、それ以前にあっては、当事者に代わって法廷で訴訟活動を行なう者のことを「代言人」とよんでいた。この「代言人」ということばは、福沢諭吉が英語の advocate の訳語として用いたことから始まったといわれているが、この語が法令上はじめて現れたのは、明治五年八月三日の「司法職務定制」(太政官無号達で公布)である。すなわち、その第四三条には、「第一　各区代言人ヲ置キ自ラ訴フル能ハサル者ノ為メニ之ニ代リ其訴ノ事情ヲ陳述シテ冤枉無カラシム　但代言人ヲ用フルト用ヒサルトハ其本人ノ情願ニ任ス　第二　代言人ヲ用フル者ハ其世話料ヲ出サシム」とあった。

そして、翌明治六年七月一七日の「訴答文例」(太政官二四七号)も、原告人は代言人によって代言させることができるとし、被告人も代言人を用いられるとした。しかし、右の司法職務定制にも訴答文例にも、どういう者が代言人となれるかについての規定はなかった。そこで、この点は、明治六年六月一八日に制定された代理人一般についての「代人規則」(太政官二一五号)によったのであり、これによれば、日本国民の成年者ならば、所定の委任状を作成することによって、だれでも、代人となることができた。

ところで、明治初年に、こうした代言人として職業的活動をしていた者には、外国で勉強してきた者などもいたにせよ、その大半は、前時代すなわち徳川時代から引き続いて存在してきた、いわゆる「公事宿」や「公事師」の流れをくむ者たちであったと考えられる(1)。瀧川政次郎博士によれば(2)、江戸時代には、こうした者としては、関東では宿屋の番頭・手代の徒が多く、関西では金貸しを兼業していた者が主体をなしていたといわれている。すなわち、当時の民事訴訟としての「公事」では時間がかかったので、江戸の評定所・奉行所の近くには、地方からでてきて訴訟をする者のために宿屋——その代表的なものは、馬喰町の「公事宿」——があったが、この宿屋の番頭・手代などは訴訟のことに通じるようになり、しだいに彼らが宿泊人のために訴訟手続を代行するようにもなった。また、商都大阪では、金貸しが、その業を営む間に、貸金の取り立てのための手続にかかわることで、訴訟に通じるようになっていったが、これらの者の流れが明治の初年におよんでいたものと考えられる。

ところが、明治九年二月二二日に「代言人規則」(司法省甲一号布達)が制定され、同年四月一日から、代言人となるためには、地方官の検査を経て、免許を得ることが必要とされた。この免許制の採用は、前時代からの公事宿や公事師の流れをくむ従来の代言人たちにとっては大恐慌であったようである。いずれも素人学問であったから、地方官による検査にはおじけざるを得ない。そこで、神奈川県では、それまで一〇〇人近くの代言人がいたのに、三月一〇日になっても一人の代言人も出願してこないので、県令は、とくに布達を発して、期限が迫っているから早く出願手続をとるようにと催促している。また、東京での出願者は、さすがに、三〇名あったが、合格者は九名であった(3)。したがって、従来の代言人たちは、その大半が正式の代言人としての免許を得ることができなかったのである。

しかし、これらの代言人たちは、これで訴訟活動をやめてしまったわけではなく、代言人規則布達のさいの「但四月一日以後代言人無之且本人疾病事故ニテ不得已場合ニ於テハ其至親(父子兄弟又ハ叔姪)ノ内之ニ代ルヲ得ヘク若シ至親無之者ハ區戸長ノ証書ヲ以テ相当ノ代人ヲ出ス亦不苦」を根拠にして、毎回、前述の「代人規則」所定の委任状を裁判所に提出することにより、当事者の「代人」として、裁判所で訴訟活動を行なうことをつづけた。そこで、彼らは、「当日代人」とか「もぐりの代言人」などとよばれた。

そのほか、彼らは、「三百代言」ともよばれたが、彼らに、「三百代言」の名がついたことについては、第一に、当時、東京府下にこうしたもぐりの代言人が三百人もいたことによるとする説がある(4)。これは、すこしこじつけくさいが、もぐりの代言人が東京府下にかなりの数いたことは事実と考えられる。第二に、彼らが天保通宝で三枚、すなわち、三百文の報酬で事件を引き受けたりしたことによるとする説もある(5)。天保通宝(天保銭)は、楕円の小判形の貨幣で、表面の四角い穴の上下に「天保」と「通宝」が二字ずつ分けて刻まれ、裏面には、穴の上に「當百」、下には花押が鋳られていた。明治四年には新貨条例で円・銭・厘が基本となったが、天保通宝は、当時の庶民層に大変人気があったので、明治になってからも、一九年の末に廃止されるまで、円・銭とならんで通用が認められていた。そして、当時、この天保通宝は八厘にあたるものとされていたが、このころの風呂代やカケ・モリのそば類が八厘とされていたのも、天保銭一枚で風呂へ行ったりそばを食べられるようにするためであったということであって(6)、これは、天保銭に対する庶民の愛着の強さを物語っている。

と同時に、この場合、天保銭三枚が彼らの報酬（日当とみるべきであろう）でもあったということからは、右の三百代言が当時の庶民たちの法律問題についての相談役的地位にあったこともうかがわせる。そして、明治前期にあっては、上述のような明治維新によって生み出された種々の紛争が社会に渦巻くとともに、東京・大阪をはじめとして各地にも「もぐりの代言人」がかなり存在していたから、彼らは、その生活のために、紛争にまきこまれて困惑している庶民に対して、訴訟を教唆煽動することも盛んに行なったものとみられる。したがって、こうした三百代言の存在[7]も、明治初年においてかなりの訴訟事件が裁判所に持ちだされる原因となっていたものと思われる。そして、事実、明治前期の判決原本をみていると、「代人」のついた事件の多いことに気づくのである。

（1）　瀧川政次郎「公事宿の研究」早稲田比較法研究所紀要八号一三頁参照。吉田正志「明治初年のある代書・代言人の日誌」日本法制史論纂（服藤弘司先生傘寿記念、創文社刊）四二一～四二二頁も参照。ヨーロッパ帰りの者については、村上一博「近代的代言人の登場――児玉淳一郎と中定勝」法律論叢七〇巻二・三号四三頁以下参照。

（2）　瀧川・前掲五四頁。

（3）　奥平昌洪・日本弁護士史（巌南堂書店刊）一八二頁、一八三～一八五頁参照。

（4）　平凡社・旧大百科事典「三百代言」の項参照。

（5）　奥平・前掲一六六頁参照。

（6）　神戸浩平・貨幣の文化史二二六頁。

（7）　なお、第三に、三文判や三文文士などの「三」と同じように、「三百」には価値の低いことや劣ったことを表す意味があり（たとえば、家賃の安い裏店を「三百店《だな》」といったり、「祖母《ばば》育ちは三百安」というように）、当時のもぐりの代言人には人格的に劣った連中が多かったことから、彼らを三百代言といったとする説もある。ところで、尾崎紅葉の「金色夜叉」の中に「高利貸《アイス》」と書かれている箇所があるが、これは、高利貸が、大事なお客さんであった庶民に対しても、返済を滞ると情容赦なく取立てを強行したことから、「高利貸」と同じゴロの「氷菓子」にかけて、その冷酷さを皮肉ったもので、そうした例は、当時の演歌にもみられる。そして、これと同じ調子で、もぐりの代言人は、庶民の法律相談役でもあったが、同時に、高利貸の手先きとなって庶民に取立ても迫ってきたので、当時の庶民が、その日当の三百文にかけて、彼らの下劣な人間性を皮肉ったことばが「三百代言」ではなかったかと、――第二説と第三説を結びつけて――私は推測している（林屋「三百代言語源考」ジュリスト五〇六号一一頁）。

四　新裁判所制度創設と新聞

一　このようにみてくるとき、明治維新後の日本の社会には、その大変動の影響を受けて、商人・士族をはじめとして、多くの人びとの間にいろいろな紛争が生じており、しかも、こうした紛争を訴訟に仕立てることを生業とする者たちもいたから、明治八年に大審院が設けられ、九年からは区裁もくわわって、三審制をとる日本の近代的裁判制度が成立したのを契機として、この新しい裁判所に一挙に種々の紛争が訴訟事件として持ちだされ、これが、前の図のような、明治八年と九年の三〇万件前後の民事訴訟の新受件数となったのではないかということが推測される。

ところで、明治前期には勧解もくわえるとかなりの民事訴訟関係の新受件数があることから、前述のように、ほんらい日本人は権利主張を積極的に行なっていたのに、その後、統計では、新受件数に急激な下降現象があるのは、政府の訴訟抑制策（明治一七年の訴状の印紙額の規則制定など）の結果であるとみる見解[1]があるが、この点についてはどのように考えるべきであろうか。この問題で、まず、明治八年以降の下降については、私は、〔第二図〕を参考にしてみていくことも必要ではないかと思っている。

この〔第二図〕は、地方公共団体の公的オンブズマンの創設時以降の申立て件数の推移をしめしたグラフである[2]が、これをみると、日本の代表的な公的オンブズマン制度採用の地方自治体である川崎市も沖縄県も宮城県も、創設時には、かなりの申立て件数があったのに、その後、いずれでも急激に申立て件数が下降していることがわかる。これは、

［第二図］　各公的オンブズマンにおける申立て受付件数（制度発足時からの推移）

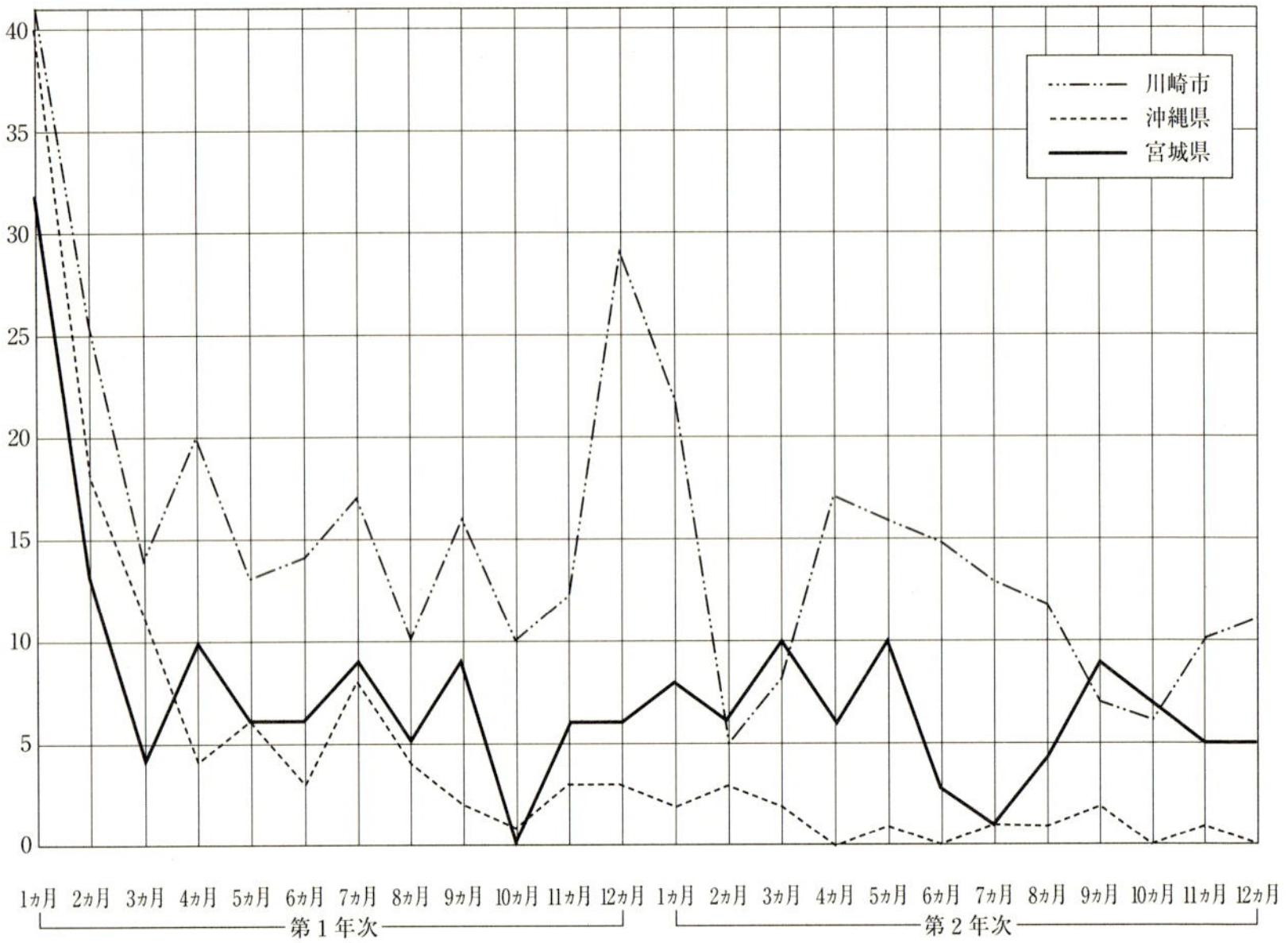

新しい紛争解決の制度ができると、それまでに溜まっていた事件が一挙に持ちだされるが、それが一応でてしまうと、その社会に見合う事件数に向っていくということを意味しているように思われる。そして、〔第一図〕の明治八年以降の民事訴訟の新受件数の急激な下降も、これと同様の傾向のものとみられるのではないかと考えられる。その理由は、以下のとおりである。

まず、明治八年以前の民事訴訟の新受件数の状況をみてみよう。その点については、明治八年の事件数は「司法省民事統計年報」に記載されているが、その前の明治七年と六年の事件数も司法省の「聴訟表　明治六年明治七年」に記載されていることがわかった(3)。これによると、明治六年の民事の新受件数は四万七八五〇件であった。ところで、明治四年七月に司法省が設置され、翌年の「司法職務定制」によって、通常の裁判所としては、司法省裁判所――府県裁判所――区裁判所という系列が設けられ、府県裁判所の裁判に対しては司法省裁判所へ、また、区裁判所の裁判に対しては府県裁判所へ不服を申し立てられる形となったが（したがって、二審制）、府県裁判所はまだ全国的に設けられるにはいたらず、府県裁判所が未設置の地方では、各県の行政官による裁判が行なわれていた。その関係で、右の四万七八五〇件のうちで、府県裁判所が扱った件数は一万九七三一件、他の各県裁判所による件数は二万八一一九件とされている。それが、明治七年になると、右の両裁判所を合わせた事件数は、一四万九九七件となる。

したがって、明治七年の事件数は、明治六年のそれの約三倍となったが、明治八年の事件数は、この七年の事件数の二倍をこえている。すなわち、明治八年の民事新受件数は三二万三五八八件であり、これに——東京裁判所と小倉県で行なわれた——勧解の一万六六六七件をくわえると、三四万二五五件となる。そして、明治九年になると、民事新受件数は、少し減じて二七万一三九七件となったが、——勧解を実施する裁判所が増加したとともに、民事訴訟ではできるだけまず勧解によるように司法省が達をだした関係で——勧解の事件数が一六万八三六七件と増加したので、両者を合計すると、四三万九七六四件であった(4)。

このようにみてくると、明治八年と九年で民事の新受件数が急激に増加していることがわかる。では、なぜここで事件数が急に増加したのか。こうした事件数の増加については、一般的には、経済社会の変動との関係が考えられる(5)が、この場合は、とくに、明治八年に「大審院」を頂点とする三審制の裁判所制度が創設され、翌九年には府県裁判所が地方裁判所と名を改めるとともにこの下に区裁判所が設けられたということと関係があるものと思われる。

すなわち、こうした裁判所制度が新たに創設されたことを知って、庶民がかかえていた紛争事件を裁判所に持ちだしてきたので、一挙に民事の新受件数が増加したということが考えられるが、もしそうだとすれば、こうして新しい裁判所ができたという情報が当時の一般庶民にどのようにして伝わったと考えられるかが問題となる(6)。この点で、当時の情報伝達の方法は「新聞」であったと思われるが、明治九年頃には、大新聞として「朝野新聞」・「東京日日新聞」・「郵便報知新聞」・「東京曙新聞」、小新聞として「読売新聞」などがあった(7)。そして、これらの新聞は、配達人によって戸別に配達されたし、その配達の途中で一枚売りもされた。また、各種の新聞をそろえて無料で読ませる「新聞縦覧所」も、明治一〇年頃までには各地に普及し、そこには情報をもとめて人びとが集まっていたといわれる。(8)

二　では、これらの新聞のなかで、「裁判所」のことは、どのていど取り上げられていたのであろうか。右の小新聞としての「読売新聞」は明治七年一一月の創刊であるが、この読売新聞の明治八年と九年の記事をみただけでも、(9)裁判所関係の記事が結構あることに驚かされる。読売新聞では、冒頭に「官令（おふれ）」の欄があり、これに続いて、いわゆる社会面の記事にあたる「新聞」や、投書欄である「寄書」、そして、広告欄である「稟告（しらせ）」などがあるが、「官令」の欄には、裁判所関係の記事がよく載っている。(10)

まず、明治八年四月一六日号では、「官令」の欄で、元老院・大審院が置かれたことについての詔書の写しが掲載され、「新聞」欄では、「此のたび左右院を廃されて元老院と大審院を置かれる事は前の詔（みことのり）のとほりにて是からは追々御政事もあらたまり御国の御威光もますます出て眞の開化に成るに相違なしとおもひつつしんで此詔を拝しました皆さんもよく拝見なされまし」と解説されている。また、同年五月二九日号では、「官令」の欄で、太政大臣三條實美からの「大審院諸裁判所職制章程」が制定布告されたこと、そして、東京・大坂・長崎・福島の四ヶ所に上等裁判所が設置され、各上等裁判所が何府縣を管轄するか（たとえば、東京上等裁判所は、東京府・神奈川縣・埼玉縣・千葉縣・足柄縣・茨城縣・熊谷縣・枋木縣・山梨縣・静岡縣・濱松縣・愛知縣・岐阜縣・長野縣・筑摩縣・新潟縣・相川縣・新川縣を管轄すること）がしめされている。また、翌五月三〇日号には、同太政大臣からの大審院と上等裁判所が設置されたことにともない「控訴上告手続」が制定布告されたことの記事について、「控訴といふのは裁判所で初めてのおさばきに服さずして其次第を上等裁判所へ訴へる事をいふ又上告といふは裁判所のおさばき済を不法で有るとおもふとき大審院へ御取消を願ふ事で有ます」というコメントもみられる。

そして、明治九年九月一四日号では、「官令」欄において、右大臣岩倉具視からの「今般府縣裁判所ヲ改メ地方(ぢかた)裁判所ヲ置キ分轄左ノ通リ被定候條此旨布告候事」について、東京(とうけい)裁判所、東京府、千葉縣○京都裁判所、京都府、滋賀縣　○大坂裁判所、大坂府、堺縣、和歌山縣　○横濱裁判所、神奈川縣　○函館裁判所、北海道(従前管轄内)といったように各地方裁判所の管轄府県がしめされ、さらに、これらの地方裁判所との関係で、東京・大坂・宮城・長崎の上等裁判所の管轄が記されている。それから、明治九年九月二九日号には、「區裁判所仮規則」が掲載されている。

また、各地の裁判所の設置状況については、「官令」の欄で、司法卿からの、たとえば、「今般新潟裁判所被置本月二十二日開廳事務取扱候條此旨為心得相達候事」(明治八年七月三日号)とか、「今般愛知裁判所被置候ニ付本月三日ヨリ開廳事務取扱候條為心得此旨相達候事」(明治九年七月八日)といった記事があるほか、司法卿からの「先般府下三ヶ所へ東京裁判所支廳設置候旨及布達置候處今又二ヶ所舊東京裁判所跡ニ増度候條勧解並ニ裁判ヲ乞候者ハ従前布達ノ仮規則第二條以下ニ照準シ可願出此旨布達候事」といった記事もある(明治八年一二月一五日)。とともに、「新聞」欄でも、たとえば、「此ほど山口裁判所を置かれるについては昨日より事がらをお取扱ひに成ました」(明治九年三月三〇日)とか、「茨城県の裁判所は此ほど水戸上市白金町へ立派に出来て来月の末ごろは開きに成るで有らうといふ」(明治九年八月三一日)とか、「神戸裁判所も先月三十日より開きになり水戸裁判所は今日よりお開きになります」(明治九年一一月一日)とあったり、「武州八王子の區裁判所は今日より開き相州小田原の區裁判所も今日より開きになります」(明治九年一二月一一日)といった記事がある。

あるいは、「羽前の米澤は置賜縣が山形縣へ合併になったので大そう不景気で有ましたが此ほどまた地方裁判所を米澤へ置れたので大きに引立ち今月二十二日は上杉神社の祭禮にて三嶋令公も出られ人死にのある程お賑はひで有ッたと知らせて来ました」(明治九年一〇月二八日)とか、「伊勢の山田は今月二日より　皇太神宮　豊受大神宮の境内へ土持砂利持が始まッて市中は大賑はひ……また津より山田までの道普請も始まッてみちがよくなり火事は少なく賊は多いが追々召捕りに成ッて穏か區裁判所も今月四日に同所の三重縣支廳でお開きに成ッたと知らせて来ました」（明治九年一二月一八日）などとあって、地方の記事のなかでも裁判所が注目されている。

さらに、裁判所の扱いについても、「官令」欄に、「東京裁判所及ビ各支廳官員明十二日ヨリ午前九時出頭午後三時退散ト相改候ニ付訴訟其他願伺届等午前十時迄（至急事件ハ此限リニアラズ）可差出旨同廳ヨリ通知有之候條此旨布達候事　東京府権知事」（明治九年一〇月一三日）とか、「東京府下ノ儀當分民事ノ詞訟ハ一應區裁判所ノ勧解ヲ乞フベシ此旨布達候事　司法卿大木喬任」（明治九年一〇月一七日）とあったり（明治九年一一月二八日にも、同趣旨の記事がある）、「新聞」欄に、「大審院のお吟味を誰にても傍で聴くことを許されました。此手続は御門に書いて出して有ります」（明治八年一〇月四日）とか、「東京裁判所支廳の長はこれまで判事さんが勤められましたが今度區裁判所と成ッたので所長は判事補で勤められます」（明治九年一〇月一八日）と記されたりしている。

そして、「寄書」欄に、つぎのような投書も載っていた。それは、投書氏が知己の家を訪ねたときに、その人が昔とくらべて今は随分と変わったといい、その例の一つとして、「（昔は）裁判にも間々依怙贔屓の沙汰があッて賄賂さえ遣へば曲者も罪を遁れ遣はなければ直者も罪を蒙ッて其上は訴へる所もなく寃（むじつ）の罪に苦む杯（など）算へきれぬ程でありまする夫れに引きかへて只今は難有い　御代にうまれて実に雲霧を出て青天に月や日を見るやうで殊に去年より上等裁判所大審院の御取立が有って寃の罪に罹る人もなく我々の洪福（さいはひ）は此上もない事でありますす」といったということを紹介したものであった（明治九年二月一九日）。これは、当時の庶民の、大審院を頂点とする三審制の裁判所制度の創設に対する感じ方を表したことばとして、注目される記事である。

また、右の二月一九日の新聞には、「稟告（しらせ）」欄に、東京裁判所編纂の「民事要録」の広告も載っていた。曰く、「是は東京裁判所で御編纂になッた本にて慶應三年十一月王政御一新の時より明治八年四月十四日までの民事裁判に関ッた公布公達指令決議などを抜出して類を分け部を別て甲乙二巻となし凡そ金穀土地家屋其他物品の貸借売買また婚禮離縁などの事まで此本にてよく分る実に當時必用の本で有ますから皆さんお求を願ひます東京　北畠茂兵衛敬白」と。

以上は、読売新聞からの裁判所に関する一部の記事の抜き書きであるが、当時はこれ以外にもいろいろと大新聞もあったわけで、こうしてみてくると、当時の新聞はかなり明治八年からの大審院を中心とする新しい裁判所制度の創設についても記事を載せていて、当時の庶民も、こうした新聞記事をつうじて新しい三審制の裁判所制度のことを理解し、また、それに期待をかけていたということを知ることができる。そこで、こうした期待感を基礎として、明治維新以降の大変革の社会でたまっていた紛争が庶民などによって一挙に裁判所へ持ち出された結果が、明治八年と九年の民事新受件数となったのではないかと推察される。そして、事件がある程度まででてしまえば、その後は、自然と事件数は減じていくのであって、それは、前掲の公的オンブズマン制度がいずれも創設時に事件数を伸ばしたのちに減じていくのと同現象と思われるのである。

（1）一の注（2）参照。
（2）私は、平成八年から宮城県の初代のオンブズマンを務めたので、同じ公的オンブズマン制度を採用している川崎市や沖縄県の状況と宮城県の状況をくらべてみたことがある（この図は、宮城県県政オンブズマン事務局が作成）。公的オンブズマンについては、篠原　一＝林屋礼二編・公的オンブズマン（信山社刊）を参照されたい。
（3）これは、菅原郁夫教授と林真貴子講師の調査による。
（4）「司法省第二年報　明治九年」五九～六〇頁には、「右ニ依テ見ルトキハ民事ノ訴訟前年ヨリ遽カニ減少セシカ如シト雖トモ其實ハ然ラス蓋シ前年ハ勧解ノ法アリト雖トモ之ヲ實行セシハ東京裁判所小倉縣ノ二所ニ止リ其件数甚タ少シ本年ニ至テハ各廳漸次ニ勧解ヲ開キ且民事詞訟ハ力メテ勧解ヲ経ヘキ旨本省ヨリ諭達セシヲ以テ其件数遽カニ十倍ニ上レリ乃チ本年ノ本訴及ヒ勧解ヲ合算スル者ヲ以テ之ヲ前年ニ比較スルトキハ左ノ如シ（勧解不調ハ後遂ニ本訴ニ至ル者ト看做シ訴訟中ニテ之ヲ除算ス）」として、本文のような数字があげられている。
（5）林屋礼二・民事訴訟の比較統計的考察（有斐閣刊）九頁以下参照。
（6）前述の「兎」投機事件の情報伝播も新聞による。この点について、たとえば、小野秀雄編・新聞資料明治話題事典（東京堂出版刊）一五頁以下、「明治世相こぼればな史」（読売ぶっくれっと二六号）五二頁以下参照。
（7）興津 要・明治新聞事始め（大修館書店刊）二二一頁参照。
（8）興津・前掲二一五頁以下、森 洋久「明治の声の文化」木下直之＝吉見俊哉編・ニュースの誕生（東京大学総合研究博物館刊）一二五六頁参照。
（9）「明治の読売新聞」ＣＤ－ＲＯＭによる。
（10）当時の新聞は、「太政官日誌」のなかの記事を掲載していた。山本拓司「明治情報世界の中の『官報』」前掲ニュースの誕生一四六頁。

五　むすび

このように考えてくると、明治八年の民事訴訟の事件数については、同年に新しい裁判制度が設けられたことから、明治維新後の激しい社会変動によって生じた事件が一挙に持ちだされた結果とみられ、それがあるていど放出されたのちに、その事件数は減少していくが、同時に、この新しい民事訴訟制度は、以後の日本の社会の経済的変動によってつねに影響を受けつつ進展することになる。(1) そのさい、まず遭遇するのが、明治一六年にピークに達するいわゆる松方デフレによる経済不況であり、これによって、前記の〔第一図〕にみられるように、いったん減少した事件数が、再び明治一六年にかけて増加に転じている。

ところで、このように考えるとき、明治八年以降に勧解の事件数が増加し、明治一〇年からは急増して、明治一六年には一〇九万件にも達しているので、これとの関係をどのようにみるべきかが問題となるが、この点については、私はつぎのように考えることができるのではないかと思っている。すなわち、明治一〇年夏ごろから、インフレのために物価が騰貴し、紙幣価値が下落したが、その後の経済不況は、これまでのべてきたような商人や士族階級といった、明治維新の大変革によって大打撃を受けた者たちだけでなく、さらに、農民階級も巻きこんで、人びとの生活に深刻な影響をあたえることになった。農民については、農産物の価格が下落する一方で、増税と地租の負担によって、債務がたまり、農業の経営が悪化したため、とくに明治一六、一七年ごろには、その生活が窮乏の極に達した。そこで、全国的に党を組んだ貧民が銀行・貸付会社・金満家などに押しかけて、元金の割引、利息の引下げ、借金の五ヶ年据置き、五十ヶ年賦の返却などを要求しているが(2)、当時の債権者たちは、この勧解の制度によって、債務者を相手に債権の実現を迫ることになった。

そのさい、訴訟では、訴状などの作成の手間や手数料が必要であるとともに処理日数も要したのに対して、勧解では口頭による申立ても可能なうえに、費用の負担も軽く、処理も訴訟より早いという違いのあった点が注目される(3)。この点から、右の経済不況で生じた紛争事件については、民事訴訟とともに勧解がその受け皿になるとともに、この勧解の利便性のために、勧解の申立てが爆発的に生じたものと思われる(4)。そして、明治一六年を頂点にして、この勧解による処理と景気回復策による経済不況の克服にともなって、以後、勧解も民事訴訟も急速に事件数を減じていく(5)が、このさい、今日、人口約六〇〇〇万人のイギリスにおいて第一審民事訴訟事件数が約二〇〇万件あることを考える(6)とき、人口約三五〇〇万人の明治期の日本で、勧解申立てが一〇九万件もあったということはきわめて示唆的な事実であり、裁判制度の利用の問題を考えるときには、「簡易」・「安価」・「迅速」という三要素がきめ手となることを、これは端的にしめしているものと思われる。

以上のようにみてくるとき、われわれが裁判統計をみるときには、とくに、社会の経済的変動を視野に入れるとともに、実際の事件の態様・中身との関係で数字を分析して考えることが必要であると思う。そして、その点では、民事判決原本が廃棄されずに残ったことは誠に幸いなことであったと思うのであり、民事判決原本の五十年保存後の廃棄をいいだした最高裁事務総局の歴史と伝統を無視した態度には怒りすら感じるが、いままた、最高裁事務総局は裁判統計の扱いをめぐって新しい問題を起こしている。

すなわち、本稿の冒頭でふれたように、日本では、司法省によって明治八年以降の裁判統計が残され、第二次大戦後も、その戦後の混乱期の苦境をのりこえて、この伝統が守られてきて、この持続する裁判統計のなかからいろいろな訴訟政策的理解もみちびかれてきたのであるが、こうした日本の司法府の優れた歴史と伝統に対して、平成一一年度の「司法統計年報」は、これを否定する態度にでてきた。すなわち、従来の司法統計年報に対して、平成一一年度のそれは、驚くほど薄いものとなってしまったのである。

統計というものは、同じ項目について長期的にとられていくことで意味をもつのであるが、今回の措置によって、多くの細部にわたる項目の統計が切断されることになったのであり、これによって、これまで、戦後の苦しいときも耐えてきた先人の努力が生かされぬ場合を生じてしまった。これも、最高裁としては、民事判決原本の廃棄をきめたときと同様に、自分たちの仕事は現在の紛争を解決するために裁判をすることであり、過去の判決や統計は必要でないというのかと思われるが、過去をかえりみることによって、そのなかから新しい時代への展望や政策もうまれるということを最高裁にわかってもらうためには、いったいどうしたらよいのであろうか。このへんの意識改革も、司法改革の重要な一つの課題であるように思われる。

（1）　林屋・前掲民事訴訟の比較統計的考察九頁以下参照。
（2）　三和良一・概説日本経済史 近現代（東京大学出版会刊）五一頁、小野編・前掲新聞資料明治話題事典一七〇頁以下。

（3） 林真貴子「勧解制度消滅の経緯とその論理」阪大法学四六巻一号一四四頁参照。

（4） 勧解は明治九年から一般に利用されだしたが、九年の既済事件一六万三二四六件のなかで一一万四九九三件について勧解が調っている（七〇パーセント）ので（司法省第二年報七三頁）、こうした実績も、不況を背景にして、明治一〇年以降の事件数の急増に結びついたものと思われる。また、林・前掲阪大法学四六巻一号一六八頁注（1）参照。この勧解制度は、庶民のための調停的機能もはたしていた。

（5） 民事訴訟において印紙額の定めが訴えの提起にどのていどブレーキをかけたかについては、従来の訴状用の罫紙の購入額と明治一七年の民事訴訟用印紙規則による扱いの差異についても、実際的見地から比較してみる必要がある。

（6） 林屋・前掲民事訴訟の比較統計的考察二九八頁参照。

＊ 本研究では、国際日本文化研究センターの民事判決原本データベースを利用したことを付記する。

裁判文書の史料学のために

伊藤孝夫

近年、日本の近世・近代史の分野で、新しい「史料学」の確立を目指す研究の発表が相次いでいる。例えば、高木俊輔・渡辺浩一編著『日本近世史料学研究　史料空間論への旅立ち』（北海道大学図書刊行会、二〇〇〇年）や、中野目徹『近代史料学の射程』（弘文堂、二〇〇〇年）といった著作が、こうした動向を代表するものである。そもそも、古代・中世史の研究が、当初から古文書学との密接な協同作業なしに有り得なかったことと対比すると、近世・近代史の研究では、その対象とする素材の史料学的検討を、独立した課題として本格的に意識することが遅れていたことは否めないであろう。その近年における転回の一つの背景には、研究を支える基盤としての、各地におけるアーカイブズの整備を挙げることができる。

裁判文書についても、こうした一般的動向と同様のことがいえるであろう。例えば中世史では、裁判関係文書が、質・量ともにその時代に残された文書群の中核的位置を占め、古文書学的研究と裁判研究とが不可分の関係で展開されてきたといえるのに比して、まず近世史では、決して乏しくはない裁判関係文書について、その〈書かれた内容〉を読み取ることに急で、史料学的な観点──「史料学」という言葉の意味内容の検討については前記の諸著作に譲りたいが、さしあたり私なりに敷衍していえば、対象としての文書の〈書かれた内容〉からは少し距離を置いた視点から、その史料の存在形態そのものに目を配るような態度──はやや不足していたといえるのではないか。

この点において、井ヶ田良治氏、また同氏が中心となった研究グループの手により一九八六年以来続けられてきた、丹後田辺藩の裁判資料に関する研究は先駆的なものとして特筆に値する。さらに近年には、安藤正人氏による、松江藩郡奉行所文書の精緻な史料学的分析の成果が提示された（安藤正人「松江藩郡奉行所「民事訴訟文書」の史料学的研究」高木・渡辺前掲編著『日本近世史料学研究』所収、及び、安藤正人『江戸時代の漁場争い』臨川書店、一九九九年）。井ヶ田氏や安藤氏の研究で対象とされている裁判文書は、再編集されて残された近世の諸判例集との関係において、それらの素材をなすものと見られ、また現実の裁判過程との関係において、当該文書群がどのように形成されてきたのかをある程度明らかにすることができるものである点で、注目すべき史料である。

近代の裁判文書についても、その原文書に対し、適切な保管施設の下で入念に史料学的検討のメスが加えられていったならば、新たな知見が次々と切り出されてくることは疑いを容れない。なおもちろんこの点では、とくに瀧川叡一氏の手により、すでに民事判決原本に関する史料学的検討の試みがなされていたことも見逃すことができない（瀧川叡一『日本裁判制度史論考』信山社、一九九一年、等）。

さて以下に記すのは、近代裁判文書の史料学がもつ豊富な可能性に寄せて、私が個人的に関心を抱くいくつかの事柄についてである。

一　判決原本の書式、とくに裁判所長の捺印について

明治前期、とくに明治二三年民事訴訟法施行以前の民事判決原本を実見する機会を得て、まず実感できることはその書式の多彩さ、より正確にいえば、定型化された判決書の形式が成立する以前の、書式の流動的な状態である。いまここでは、そうした書式の諸特徴のうちでも、ただ一点だけ、判決原本右端に見える捺印の存在について注目してみたい。

明治前期の判決原本を見ると多くの場合、罫紙を用いた判決文書面の右上隅に、当該裁判所の所長の捺印跡が見られる。前から少し気にはなっていたのだが、このことにもっと深い意味を見出すべきではないか、と感じさせられたのは、東京裁判所・明治八年の判決原本簿冊の中にある、図1のような原本が目に触れたからである（明治八年四月二日申渡、民第一六四〇号「貸金催促訴」）。右上隅・欄外に捺されているのが裁判所長北畠治房の印であるが、さらにその下に並んで、ぺたぺたと五個も捺された印はいかにも特徴的である。五個の印の主は、いずれも東京裁判所の裁

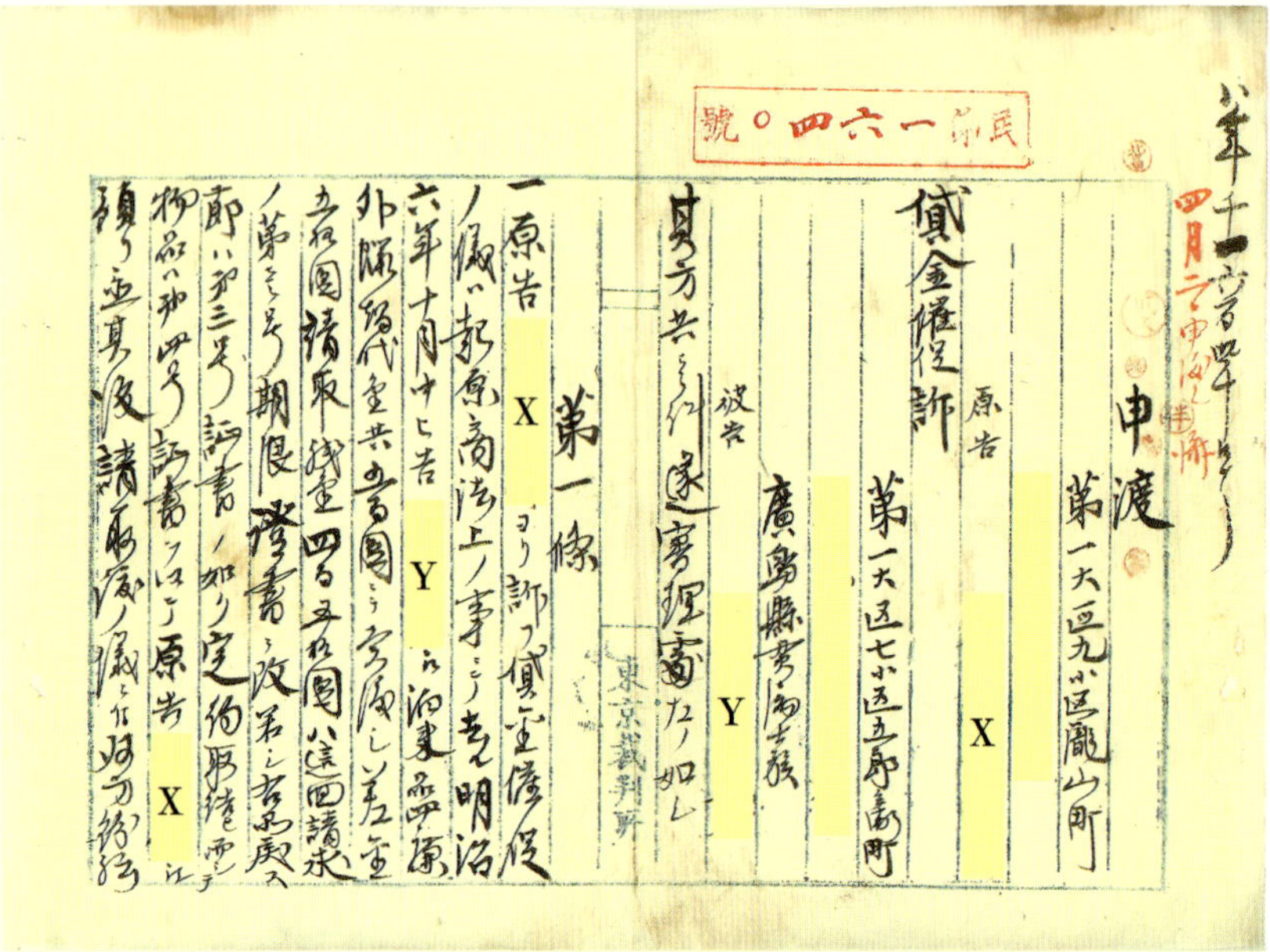

図１

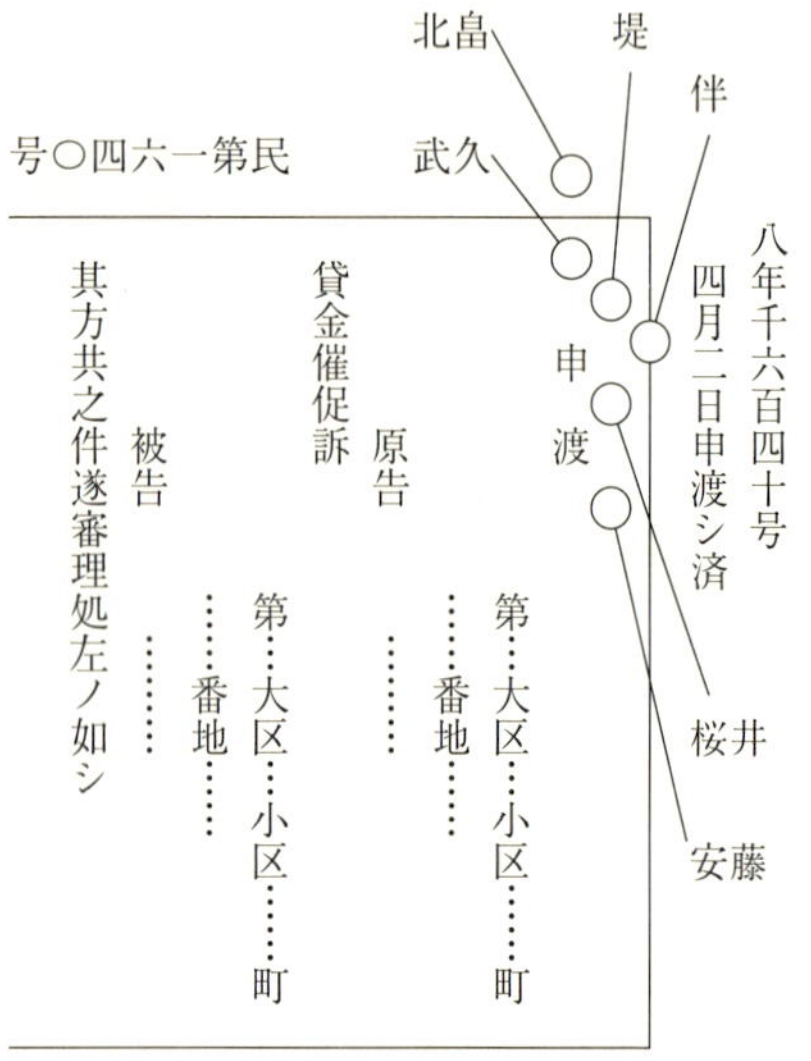

判官であると思われる（なお同判決の担当裁判官は、判決文末尾に少判事松岡康毅など三名の名が記されて捺印があり、これらと、判決文右端の捺印者とは違う）。さて、この判決原本を前にして直観的に感じたのは「これはまさしく稟議書ではないか」ということであった。

この直観の当否を考えるのは少し後にして、東京裁判所、及び東京始審裁判所（明治一五年一月一日より）の判決原本を素材に、この前後の時期の形式について、私がほんの少しばかり探索した結果を記しておこう。実は図

図2

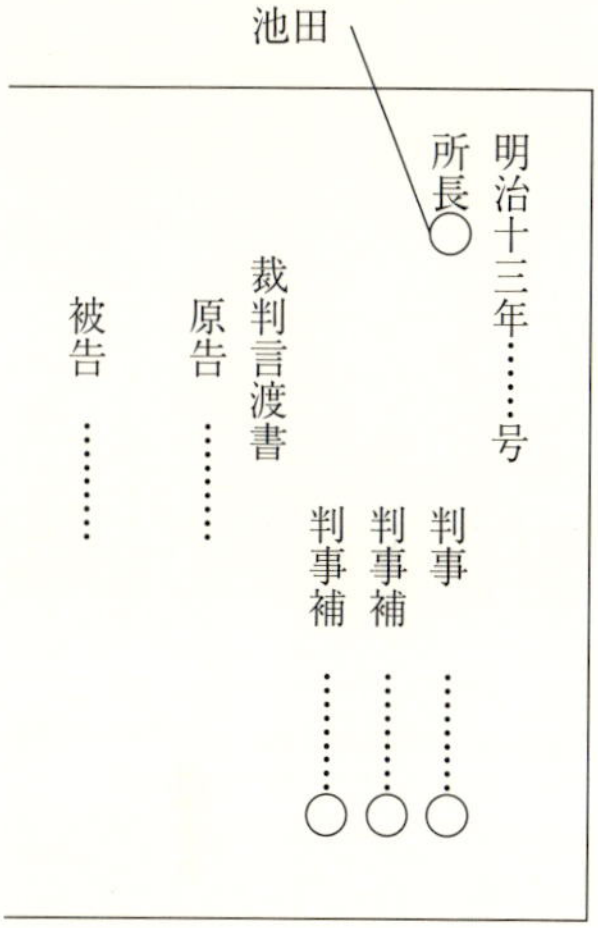

1のようにぺたぺたと、たくさんの印影が並んだ原本は、この前後の時期に他にはあまり見出されない。しかし少なくとも、右上隅の所長印が捺されていない原本はないといってよい。北畠治房（七年三月二九日～八年五月一二日）・松岡康毅（八年五月一二日～九年九月二三日）の所長時代を経て、とくに池田彌一（九年九月二三日～一七年一二月一一日）の所長時代には、図2のような形式が一般化している。図2では担当裁判官が判決文右端下の、ちょうど所長印の下に並ぶようになっている。この後、鳥居断三（一七年一二月一一日～一九年七月一〇日）、高木勤（一九年七月一〇日～二〇年一二月二八日）の所長時代には、担当裁判官の名は判決文の末尾に記されるように変わっているが、右上隅の所長印（ただし代理者の捺印もかなりある）はちゃんと確認できる。しかし高木に続く、堀眞五郎所長の就任前後から、東京始審裁判所の民事判決原本に見えるこの慣行は、どうやら消滅したようである。

ところで、こうした所長印の意味を説明してくれるものとして次のような回想がある。これは、昭和一六年に開かれた座談会において元大審院検事瀧川長教が、明治一五年に判事補として東京始審裁判所に任官した当時の事情について述べているものである。

民事の裁判の組織といふものは、判事がありまして、その下に高給（四十五円）の判事補とそれ以下の判事補が各一名で、合せて三名で一部が組織されて居りました。それで判決を書けば、末席の判事補の判決は上席の判事補に見て貰つて検印を受け、その検印を受けたものを判事に出して、その判事が検印をして裁判所長に出す、所長が印を捺して返つて来て判決を言渡すといふことになつて居つた。なかなか面倒でした。それで却つて工合が悪いことは、上席の判事補が筆を入れて直して呉れる。私共初めの中は相当直されたものです。（日本法理研究会編『明治初期の裁判を語る』一九四二年、一七・一八頁）

これによると、この時期の判決が稟議の形式でなされていたのではないか、というさきの直観が、決して見当はずれなものではないことが判明する。下級の起案者が作成した文書が、上級者に順に回覧されて印を捺され決済されるシステムが、ここにちゃんと、部分的にせよ機能していたわけである。

日本的な意思決定システムとして注目されることが多い稟議制は、少なくとも近世にその淵源をもつことは確認されている。すなわち、近世日本では、下級者の起案文書を上級者回覧により決済する文書行政の仕組みが多用されていた。ただしこの仕組みに対応する特徴的な近世文書の代表は、「附札」文書と呼ばれるものである（笠谷和比古『近世武家文書の研究』法政大学出版局、一九九八年、を参照。なお幕府勘定所における、廻覧した伺書を押印によって確認する文書授受システムの存在について、福田千鶴「江戸幕府勘定所と代官所の史料空間」高木・渡辺前掲編著『日本近世史料学研究』所収、を参照）。

近代行政文書において、稟議書の典型的な様式である「カガミ」（回議・決済のために関係者が捺印するスペースを設けた書面）が成立する過程については、近年、西川誠氏による考証がなされた（西川誠「カガミの成立」『日本歴史』六二八号、二〇〇〇年）。それによると、従来より明治六年以後の太政官文書に定型化された様式が現れることが指摘されていたが、それ以前、すでに明治二年頃には、民部省・大蔵省において幕府の回議形式を下敷きにカガミの様式が成立しており、その影響の下に地方庁にも普及していったこと、ただしそれぞれの行政庁においては相当に個性のある様式が用いられていたこと、などが明らかにされている。

ここで、ごく基本的な事柄に注意を喚起しておきたい。近世日本において、裁判は一般の行政活動と区別されるものではない。いやむしろ、裁判活動はまさしく行政そのものであって、幕府・諸藩における裁判の判決形成過程において、裁判担当者が原案を作成し上級者の決済を仰ぐのは当然のルーティーンであった。近世との一定の連続性は自明なことである明治初期の裁判において、裁判が稟議の形式に則って行われることは、担当者たちにとって自然なことと受け止められていたであろう。司法省との間の「伺・指令」の往復にもとづいてなされていた明治初期の裁判の性質については、すでに十分注意が向けられているが、裁判所内部においてこうした構造があったことも注目されてよいのではないか。

判決原本の史料学的検討に期待できることの一つは、このような裁判過程のメカニズムの解明である。もっとも判決原本は、恐らく当該事件の一件記録中から後に抜き出されて再編綴されているものであり、仮にそうした一件記録が復元できるようなケースが見出されれば、裁判過程の解明には大いに資するはずである。判決原本とは別に、明治初期の裁判過程を伺わせるような史料は、なお残されてはいないだろうか、検討の余地がある。

二　民事と刑事、とくに附帯私訴について

近世との連続という点を意識して明治初期の裁判記録に接近しようとする際、留意すべき基本的な事柄として他に、民事と刑事の区分は現在のように自明ではなかったはずだ、ということがある。もちろん、近世の裁判における「出入筋」・「吟味筋」の対比は、この区分に対応しうるものではあるが、また完全に重なり合うものでもない。

ところで従来から、裁判記録の保存の必要、という課題が学界や弁護士団体等で論議される際には、その対象は民事だけでなく、刑事の裁判記録も当然に含むものであった。民事判決原本の将来の保管についてはほぼ道筋がつけられつつあるが、各地の検察庁内に保管されているはずの刑事裁判の関係記録については、将来の展望はなお不明である。歴史的価値を有する刑事裁判の裁判書や諸記録がどのように扱われるべきなのか、私個人としては、民事の場合

と同等の関心をもって今後も対応していきたいと考えている。

さてここでは、民事判決原本を対象とする研究を深化させるために、刑事の記録を参照することが必要になるのではないか、というケースが存在することを指摘しておきたい。端的にいうと、刑事裁判の「附帯私訴」の場合である。刑事訴訟に附帯して、犯罪被害者が被告人に損害賠償を求める訴えを起こすことを認める附帯私訴の制度は、明治一三年公布の治罪法で導入されて以来、明治二三年刑事訴訟法・大正一一年刑事訴訟法に受け継がれ、昭和二三年まで存在していた。戦前期の不法行為法に関する重要な裁判の中には、この附帯私訴にもとづくものであって刑事の判例集を開かないと検索できないものも存在する。しかも注意を要するのは、治罪法以前の明治初年においても、刑事裁判に附帯して損害賠償を命ずる実務は行われていたと見られることである。現に、明治一〇年一〇月八日司法省達丁七四号は「刑事ニ附帯シテ起ル民事ノ損害賠償心得」として、この場合において「民事ノ裁判ニ付不服ノ者ハ民事ノ手続ニ拠ルヘキ」ことを達している。

少し前、私は明治前期における版権紛争の様相を検討してみた時、次のようなケースを見出した。『大審院刑事判決録』明治九年七月八日判決「版権取戻願ノ件」と『大審院民事判決録』明治一一年九月第一三八号「板権犯則一件」は、同一事件の司法処理過程として実は連続するものである。詳細は略すが、原著者が書肆による偽版を告訴したこの事件では、刑事裁判において原著者が不服で「上告」を繰り返したのち、明治一〇年に至り大審院は「該件ノ如キハ刑事ニ附帯スル民事ノ部分ニ属ス可キ」ものとして上告を却下、そこで原著者は民事裁判として「控訴」したが、今度は控訴期限を超過しているとして訴えを却下された、というものである（伊藤孝夫「近世日本の出版権利関係とその解体」『法学論叢』一四六巻五・六号、を参照）。

明治二三年までの民事判決原本にも、附帯私訴に関連する判決が散見される。その一つのタイプは、損害賠償に関し強制執行（身代限）を命じているもので内容に乏しいが、もう一つのタイプは控訴院の判決で長文のものもある。

この点を厳密に調べたわけではないのだが、治罪法第四三三条は、上告を受け大審院において破棄した事件を他の裁判所に移す場合、「単ニ私訴ニ係ル事件ハ之ヲ民事裁判所ニ移ス可シ」としているから、附帯私訴事件が控訴院の段階で初めて民事裁判の法廷に現れることがある、ということになろう。控訴院の判決から、仮に興味深い附帯私訴事件を発見したとして、その詳細を検討してみようとすると、その第一審について基本的には、刑事の裁判記録にアクセスすることが必要になる、というわけである（ただし治罪法第四条によると、私訴は最初から、別に民事裁判所においてなすこともできる、とあり、これに対応する事例もあるであろう）。

三　統計的分析の可能性

民事判決原本を素材とした研究として、今後大いに期待したいのが統計的分析である。民事判決原本は、水火等による滅失を除き、原則として「網羅されている」ことに際だった特性があると認識できる史料群であろう。統計的分析にはお誂え向きといえる。個々に切り離して取り上げると必ずしも情報豊かとはいえない判決も、これを他の多数の判決と関係付け、「群」として操作することで得られる重要な情報がある。

なおこの点につき、裁判所からの移管前の時期において、独力でこつこつと判決原本にあたり、計量的分析を試みた研究者の業績があることを一つ紹介しておきたい。すなわち、経済史家の坂井好郎氏の手になる『地域産業構造の展開と小作訴訟』（御茶の水書房、一九九八年）という著作の中では、岐阜県下の小作争議事件について、捉米請求訴訟・土地返還訴訟の民事判決原本を用いた統計的分析が試みられており、諸指標の取り方の工夫をはじめ、その手法は大いに参考になると思う。

（二〇〇〇年一一月成稿）

＊　本研究における画像は、国際日本文化研究センターの民事判決原本データベースを利用したことを付記する。

京都裁判所の設置

浅古　弘

はじめに

この日、明治五年一〇月七日（西暦一八七二年一一月七日）、京都に裁判所が設置され、京都府から新設の京都裁判所に裁判事務の引き渡しが行われる手はずになっていた。ところが、京都府は、設置の当日になって、正院から裁判所設置の達が届いていないことを理由に、裁判事務の引き渡しを拒み、京都裁判所の設置そのものも認めないという挙に出た。(1)

府県に裁判所を設置することは、「民政事務、裁判事務ハ、元来混同不相成筋ニ付、司法省被設置候上ハ、聽訟斷獄ノ事務ハ一切府縣ニ至ルマデ當省ノ管轄トナシ、全國律法一軌ニ出候様有之度」(2)との司法省の方針に基づくものであった。司法省は、この年の八月三日、「本省職制並ニ事務章程」(3)（「司法職務定制」）を定め、全国の裁判事務を司法省に統合集中するため、全国に府県裁判所を設置して、裁判機構を整備することとした。しかし、府県裁判所の設置は、司法省が思うようには運ばなかった。足柄県や広島県のように、県が積極的に裁判所の設置を要請した例(4)もないではなかったが、裁判所の設置に抵抗を示した府県も少なくなかったのである。(5)

なかでも、京都府が裁判事務の引き渡しに公然と抵抗し、京都裁判所との間に幾多の権限争議を引き起こしたことは有名である。明治期の司法制度について論じた著述であれば、大概これに言及している。京都裁判所の設置ないし権限争議については、すでに諸先学による研究も多く、藤原明久教授の「明治六年における京都府と京都裁判所との裁判権限争議――裁判権独立過程の一断面――」がもっとも詳細な研究である。(6)この小論では、これら先学の研究によりながら、京都裁判所の設置を例として、どのように困難を克服して府県裁判所の設置が実現するに至ったかを見ていきたいと思う。(7)

（1）一〇月七日夕二時一二分京都府知事長谷信篤発正院宛電信文（国立公文書館蔵「公文録」壬申一〇月、司法省之部一、一五）。
（2）「府県裁判所管轄伺」（国立公文書館蔵「公文録」壬申五月、司法省之部全、九）。
（3）明治五年八月三日太政官無号達（内閣官報局編『明治五年法令全書』（覆刻版）原書房、一九七四年、四六五頁以下）。
（4）足柄県については、藤田弘道「府県裁判所設置の一齣――足柄裁判所の場合――」（『新律綱領・改定律例編纂史』慶應義塾大学出版会、二〇〇一年）。広島県については、加藤高「明治初年代、府県裁判所異聞（二）――広島県裁判所を中心として――」（「修道法学」第二二巻第一・二号、二〇〇〇年）。裁判所設置要請は、若松県令鷲尾隆聚（「郵便報知新聞」第二五号、壬申一〇月）、名東県権典事岡田真（前掲「公文録」明治六年九月司法省之部一、一〇）、宮城県参事宮城時亮（「東京日々新聞」第四三二号、明治六年七月二四日）などからも出されていた。
（5）裁判事務の接収に反対していたのは、大阪府権知事渡辺昇、京都府参事槙村正直、滋賀県令松田道之、兵庫県令神田孝平、秋田県令杉孫七郎、浜田県権令佐藤信寛、岡山県権参事石部誠中らであったという（的野半介『江藤南白』下、南白顕彰会、一九一四年、三二頁）。
（6）藤原明久「明治六年における京都府と京都裁判所との裁判権限争議――裁判権独立過程の一断面――」（上・下）（「神戸法学雑誌」第三四巻第三号・第四号、一九八四・八五年）。その他、笠原英彦「明治六年・小野組転籍事件の一考察」（「法学研究」第五八巻第一二号、一九八五年）。
（7）かつて筆者は、「京都裁判所の設置をめぐって」と題する報告を、一九八五年秋に同志社大学で開催された法制史学会第三三回研究大会（共通課題「裁判史をめぐる諸問題」）で口頭発表したことがある（法制史学会編『法制史研究』三六、創文社、一九八七年、四八六・四八七頁）。本稿の執筆に当たっては、藤原明久、前掲論文、一九八四・八五年および菊山正明『明治国家の形成と司法制度』御茶の水書房、一九九三年を参考にした。

一　江藤新平の「司法台」構想と司法職務定制

我が国の近代的司法制度のグランド・デザインを描いたのは江藤新平であった。[1]明治政府は、版籍奉還後の明治二年七月、大宝・養老の旧制に倣った復古的な「職員令」を定めて、統治機構の改革と整備を試みた。そこでは、刑部省が刑事裁判事務を、民部省が民事裁判事務を、そして弾正台が行政監察と官吏糾弾の事務を、それぞれ担当することとなっていた(2)。しかし、この時期、断獄・聴訟の権を実際に行使したのは府藩県であり、中央政府が司法判断を行使できる事件は、死罪・流罪にあたる事件や府藩県管轄交渉の事件あるいは府藩県が判断しかねた難事件などに限られ、しかも死刑相当の事件については天皇の裁可を必要とした(3)。さらに、弾正台が、刑法大獄への立会権や有位者の犯罪についての奏弾（奏上・弾劾）権をたてに、刑部省の裁判権と衝突することがあった(4)。こうした「職員令」のもとでの裁判の現状に、国家構想の具体的立案を委ねられた江藤は、強い不満を抱き、国家機構全般の抜本的改革・整備を立案するなかで、その一部として司法制度改革の構想を提示した。江藤は、裁判権を民政の一手段として地方官が掌握する牧民的色彩の強い裁判制度を否定し、司法権を君権（天皇大権）の一つと位置づけるとともに、司法権は立法・行政の権から屹然として別れ、自立して、只管律例に準拠して裁判をなすべきであるとした。そしてオランダの司法制度を参考にして、司法制度改革構想（「司法台」構想）をまとめた。この構想は、司法台を新設し、これを一等裁判所となして、全国の裁判事務を統合集中する。その下に全国八カ所に二等裁判所を設け、府藩県には三等裁判所を置き、さらに都市に四等裁判所としての郡坊裁判所を配置しようというものであった(5)。

しかし、この「司法台」構想は現実の政治状況のなかで大きく変容を迫られ、結局は、司法権の独立は見送られた。明治政府は、廃藩置県直前の明治四年七月九日に、刑部省と弾正台を廃止して、司法省を創設した。司法省は刑部省と弾正台が従来取り扱ってきた事務一切を引き継ぎ、司法卿が執法・申律・折獄・断訟・捕亡を總判するを掌ることとなった。次いで九月四日には、民事裁判事務を大蔵省から引き継ぎ、司法省が刑事・民事の裁判事務を掌握した(6)。もっとも地方における裁判権は、廃藩置県後も、、府県の掌中にあり、明治四年一一月二七日の「県治條例」においても、県庁事務の一課として聴訟課を置き、県内の訴訟や罪人の処置などを掌るとされていた(7)。司法省創設の際に、将来の司法制度の在り方につき「欧州各國ノ政體ニヨリ進歩ノ目的ヲ以」て、取り調べるべきとの太政官の指令があったが、この指令が指向した司法制度改革が現実化するのは、翌五年四月二五日に江藤が省設置以来空席になっていた司法卿のポストに就任してからのことであった。[8] 江藤は、全国の裁判事務を司法省に統合集中するために、断然、府県裁判所を設置する方針を明らかにし、[9] 八月三日、フランスの制度や日本の旧制度・オランダ法などを参酌して策定した「本省職制並ニ事務章程」（「司法職務定制」）を達した。[10] この司法職務定制でも、正院が立法・行政・司法を裁制するという太政官制の枠を破ることなく、行政庁である司法省に全国の裁判事務を統合集中し、全国に府県裁判所を設置して、裁判機構を整備するという内容であった。府県裁判所の設置により、地方官の裁判権は否定されるが、全国の裁判事務を統合集中するために、司法卿が「各裁判所一切ノ事務ヲ總判」し、上訴裁判所である司法省裁判所の所長を兼任するとともに、司法卿に直結する検事に個々の裁判を監視する役割を与えたのである。

府県裁判所の設置は、裁判所設置により裁判権を否定される地方官の強い抵抗と財政的困難と人材不足のため、司法省が思うようには運ばなかった。東京府下の聴訟断獄事務を処理するために、我が国最初の司法裁判所として東京裁判所が明治四年一二月二七日に開設されていたが、[11] その余の府県への裁判所の設置は、明治五年八月五日に神奈川・入間・埼玉の三県に裁判所を設置したのに始まり、この年には、三府一三県に裁判所を設置したに留まった。大阪府以東の諸県に裁判所を設置しようとの計画は実現できず、まづは三府・開港場・関東一一県に裁判所を設置させることを優先させたのであった。

（1）江藤新平の司法制度改革については、的野半介『江藤南白』（上・下）南白顕彰会、一九一四年。中村吉三郎「江藤新平と裁判制度の移植」（野村平爾ほか著『日本の裁判（戒能通孝博士還暦記念論文集）』日本評論社、一九六八年所収）。杉谷明『江藤新平』吉川弘文館、一九七三年。福島正夫「司法職務定制の制定とその意義——江藤新平とブスケの功業——」（「法学新報」第八三巻第七・八・九合併号、一九七七年）。園田日吉『江藤新平』大光社、一九七八年。藤原明久、前掲論文、一九八四・八五年。毛

利敏彦『江藤新平——急進的改革者の悲劇』中央公論社、一九八七年。笠原英彦「江藤新平と司法省——司法政策の政治的背景」(『法学研究』第六四巻第一号、一九九一年)。浅古弘「司法省裁判所私考」(杉山晴康編『法と裁判の歴史的展開』敬文堂、一九九二年所収)。梶野順子「江藤新平と司法省」(『日本歴史』第五三〇号、一九九二年)。菊山正明、前掲書、一九九三年、などがある。

(2) 内閣官報局編『明治二年法令全書』(覆刻版)原書房、一九七四年、二四九頁。

(3) 明治二年七月二七日「府県奉職規則」(前掲『明治二年法令全書』、二八二頁)、明治二年八月五日太政官指令(国立公文書館蔵「太政類典」第一編第一八九巻、七「刑名ヲ改定ス」)。流罪については、明治三年九月一〇日太政官布告「藩制」(前掲『明治三年法令全書』、三三八頁)および同二四日布告(同書、三六一頁)。府藩県交渉事件については、明治三年一一月二八日太政官布告「府藩県交渉訴訟准判規程」(同書、五二八頁)。

(4) 明治二年七月一〇日「弾正台職務ヲ定ム」(前掲『明治二年法令全書』、二六六頁)。田中時彦「横井小楠暗殺事件——司法権の未確立と攘夷主義の圧力——」(我妻栄ほか編『日本政治裁判史録　明治・前』第一法規出版、一九六八年、六三頁)、同「大村益次郎襲撃事件——処刑に対する派閥対立の投影——」(同書、一〇二頁)。

(5) 江藤新平の「司法台」構想については、浅古弘、前掲論文、一九九二年、四四・五五頁。

(6) 司法省の創設については、浅古弘、前掲論文、一九九二年、四五頁。

(7) 明治四年一一月二七日太政官達(前掲『明治四年法令全書』、四二〇頁以下)。

(8) 「省務章程伺」(前掲「公文録」辛未七月八月、司法省之部、三)。

(9) 前掲「府県裁判所管轄伺」。

(10) 明治五年八月三日太政官無号達(前掲『明治五年法令全書』、四六五頁)。「本省職制事務章程御達」(前掲「公文録」壬申八月、司法省之部全、一)。浅古弘、前掲論文、一九九二年、四九頁参照。

(11) 東京府の裁判事務接収については、藤原明久「明治初年における東京府裁判法の展開——民事裁判をめぐって——」(『神戸法学雑誌』第三五巻第四号、一九八六年)。

二　京都裁判所の開設

明治五年八月二五日、司法省は「過日、神奈川縣始メ十一縣へ裁判所被置候ニ付、既ニ夫々官員出張為致事務取扱候、就テハ此上別紙ノ縣々同斷裁判所被置度、尤設置ノ前後緩急等ハ當省へ御委任有之度、此段相伺候也」として、京都府・大坂府など大坂以東の二府四三県に裁判所を設置したい旨の伺を提出した。この伺いに対し正院は、八月三〇日に「伺之通」との指令を与えている。(1) 五代友厚に宛てた九月一五日付土居通夫(司法省七等出仕)の書翰には、「西京へは早川少判事是ハ肥後人也、大坂へは未た相当ノ人物無之ニ付決定不致。併今度樺山大丞兼大検事出張ニ相成、兵庫西京とも裁判所受取之事故、其うちにはあとより大坂詰出張ニ相成可申筈ニ御坐候。樺山は両所受取之上ハ大坂滞在と相考候。先五畿内丈ケ手始メニいたし候含ミニて、堺は大坂ニて受持、奈良《なら》は西京ニて受持見込」(2) とあり、司法省は、正院の承認を得て、京都・大坂・兵庫など五畿内に裁判所を開設すべく、九月中旬には、樺山資綱司法大丞・早川景矩少判事らを関西に出張させたことがわかる。司法省は、京都・大坂・兵庫への裁判所開設を余程急いでいたと見え、「去ル九月、京都、大阪、兵庫表へ裁判所取設ニ付、官員出張致シ候處、火急ノ儀ニテ、入費金御請取申候手順ニ運兼、一時贓贖金ヲ以、立替候」(3) という非常手段に訴えての経費捻出であった。神奈川県を始め一一県に裁判所が設置されたときには、司法省官員の出張のために、旅費や諸雑費が大蔵省から支出されていたが、(4) 大蔵省は府県裁判所の設置に消極的であり、大蔵省を説得する煩わしさを司法省が嫌い、手元に保管していた贓贖金をその経費に流用するという非常手段に出たものと思われる。「司法省ノ権ハ、不日、大蔵ヲ圧倒スルノ勢ヒナリ。諸府県へ出張所ヲ出来シ、邏卒ニ至ル迄、尽ク司法ノ管轄ニ帰ス。地方ノ官吏ハ、爾来、土人形ニテも済ムカト相考申候」(5) というのが当時の司法省内の空気であった。こうした省内の空気が、民政と財政を担当していた大蔵省を軽視することとなり、裁判所設置をめぐって、司法省と大蔵省との間に軋轢を生ずる一因となったのである。

既述のごとく、明治五年一〇月七日、京都に裁判所が設置され、京都府から新設の京都裁判所に裁判事務の引き渡しが行われる手はずになっていた。ところが、京都府は、設置の当日になって、正院から裁判所設置の達が届いていないことを理由に、裁判事務の引き渡しを拒んだのである。「京都府史料」によると、「本日ノ令未タ本府ニ達セサルニ方リ、樺山司法大丞既ニ本府ニ至リ、聴訟鞫獄ノ事務ヲ領収センヲ告ク。本府未タソノ令ヲ奉セサルヲ以テ」即日電信で「司法省、裁判所京都ニ置カル、カ。京都府ヱ御達ナキハ如何。樺山大丞来タリ、聴訟鞫獄ヲ渡セトイフ。御達ナケレバ渡サレヌ。早ク御返事ヲ待ツ」（電信文は片仮名書―筆者註）との伺を正院に発したとある。(6)しかし、樺山司法大丞は、裁判事務を接収するため、この日突然に京都府を来訪したわけではなかった。京都に司法省出張所が置かれた時期ははっきりしないが、早川少判事あるいは樺山大丞と京都府との間には、既に裁判所設置に関する話し合いがもたれ、京都府も裁判所設置に向けての手はずを整えていたのである。京都府は、一〇月五日に、聴訟課の大属大河浩外八名と鞫獄課の大属山崎潔水外四八名に対して、「御用有之候條、明後七日、礼服着用司法省出張所へ出頭申付候事」と命じ、(7)これまで京都府で聴訟鞫獄の裁判実務に携わっていた官員を、京都裁判所開設とともに司法省官員に「転官」することに応じる構えであった。ところが、京都府は、七日当日になって、正院からの裁判所設置の達がないことを理由に、裁判事務の引き渡しを拒絶し、裁判所設置に反対の意思を明らかにしたのであった。

これまで、山梨裁判所の設置を除いて、(8)府県裁判所の設置の際には、正院から司法省と裁判所設置の県に対して達が出されていた。(9)九月一三日には兵庫県宛に裁判所設置の太政官達が出されている。(10)司法省は、八月三〇日に大坂以東の二府四三県に裁判所設置が認められた時に、正院から各県に裁判所設置の達が出されたものと思い込んでいた節があり、樺山から京都裁判所設置の正院達が出ていないとの電信を受け、(11)あわてて京都・大坂の二府と新潟県以下二九県に、裁判所設置の達を出すよう、正院に上申したのである。(12)正院は、京都府に対しては、七日のうちに、京都府東京出張所に裁判所設置を達するとともに、司法省からの要請もあり、翌八日には、電信で京都府に「裁判所置カル、ニツキ、司法省官員出張ノ上、申談ジ、裁判事務引渡スベク、御達書、昨日、出張所へ渡ス。依ツテ樺山大丞申合ワセ、事務引渡スベク候」(電信文は片仮名書―筆者註)との達を送った[13]。京都府以外の府県に対しては、「一時ニ官員派出相成候訳ニハ有之間敷。依テ此節ヨリ相達置候テハ不躰裁ニ付、官員出張以前日限取極メ其都度達シ方可申立候也」との正院の考えから、一〇月二〇日に大阪府へ、二七日に静岡県外五県に裁判所設置が達せられたに止まった[14]。

正院からの達を受けた京都府は、一〇月一二日、京都裁判所を旧二条城府庁門内に設置する旨と裁判規則を管内に布達した[15]。そして府の聴訟・鞫獄の両課は廃止となり、京都裁判所による裁判事務の接収も一〇月一八日までに終わった[16]。「京都府史料」に登載されている事件で裁判事務接収の実際を検証してみると、明治五年四月一二日に入牢した強盗犯の口書に「所々立廻リ居候處、御不審掛リ大阪御府へ御召捕、京都御府へ御差立、今般當御裁判所へ御引渡相成、追々御吟味之上[17]」とあり、府から裁判所への裁判事務の引き渡しとともに、「聴訟ノ儀ハ伺之通。囚獄并已決者捕亡等ハ地方官ニ於テ可取扱。未決者ハ司法省ニ於テ所轄致候事」との九月二五日正院指令通り[18]、京都裁判所に身柄が渡されたことがわかる。裁判所で被疑者に対する「吟味」が行われ、一〇月晦日に「口書読聞」の手続を終えている。事件は斬刑相当ということで、判決案が京都裁判所から司法省に申稟され、「伺之通」との司法省の指令を受けて、翌六年一月三一日に「其方儀、盗致ス科ニ依リ、京都府ニ於テ處置ヲ受ル後、尚又、同類申合盗致シ、或ハ刃物ヲ以テ往来人ヲ劫シ、又ハ人家へ押入家内之者ヲ縛リ、品物代積リ共金八十五両三朱余奪取ル科、強盗律ニ依リ斬罪申付ル」という判決が京都裁判所で言い渡されている[19]。

前述、一二日の布達によれば[20]、一八日より訴状は裁判所へ差出すこと。訴訟日限刻限は従前の通りとすることとされた。明治二年の京都府「局中規則」に「三八之日ハ訴訟ヲ請取ルヘシ[21]」とあり、この訴訟受理日は、その後も変更はなかったようである。訴状受理の刻限については、慶應四年正月一八日の達に「(公事訴訟之)目安書請取日以来三ノ日八ノ日ト相心得可申事」に続けて、「諸届諸願書等ハ是迄之通リ日々朝四ツ時ヨリ夕七ツ時迄ノ間に可差出」との箇条がみえ[22]、季節によって異なるが、おおよそ午前九時から午後四時位までであったのではないだろうか。裁判事務が京都裁判所に引き渡されたことに伴い、民事・刑事の裁判に関する事項は、京都裁判所から管内に直達されることとなるが、旧藩債や旧幕府名目金など財政に関する事件は、京都府庁に申し出なければならないとしている。この布告は、発令間もない一九日に、裁判所に於いて改正があったとして管内に次のような布達が出された[23]。出訴は裁判所の訴所詰官員へ訴人が訴状・証拠物を提出する。訴状の提出時間は、急訴を例外として、午前九時から午後一二時までとする。以後毎日訴状を受理する、という内容であった。

五年一一月、司法省は、「司法職務定制」にしたがい、各地方の裁判所支庁を区裁判所とすることを決め[24]、京都裁判所管内にも、二五日に淀区裁判所が、また二七日には園部区裁判所が、それぞれ京都府の出張所の構内に開設され、金百両以下の民事訴訟を管轄することとなった[25]。京都府が各区裁判所管内に布達した裁判規則によれば、慶應三年一二月晦日以前にかかる平民相互間の金銭訴訟は、明治五年一〇月二二日太政官布告[26]により、受理されない。訴状の受付は、毎日午前九時から午後二時までで、訴状には町村戸長の奥印が必要であり、差添人同伴で提出する。金銀貸借の訴えには訴状に証拠を添付しなければならない、と定められていた。

(1)　「大坂府以東諸県へ裁判所設置伺」(前掲「公文録」壬申八月、司法省之部全、一七)。
(2)　九月一五日付土居通夫書翰(大阪商工会議所商工図書館蔵「五代友厚関係文書」R11-127)。
(3)(4)　「一一月一五日司法大少丞掛合」(前掲「公文録」壬申一〇月、司法省之部一、一五)。
(5)　九月六日付土居通夫書翰(日本経営史研究所編『五代友厚伝記資料』第一巻、東洋経済新報社、書翰番号一七七)。
(6)　前掲「一〇月七日夕二時一二分京都府知事長谷信篤発正院宛電信文」および国立公文書館蔵「京都府史料」四一、地方裁判所交渉事件、明治五年一〇月七日條。
(7)　一四九・一五〇号文書「官職進退　明治五年自七月至一一月　簿書課」(京都府立総合資料館歴史資料課蔵「京都府庁文書」)。

(8)　山梨裁判所の設置の際は、司法省達のみで、正院からの達はなかったという（前掲「大坂以東諸県へ裁判所設置伺」）。山梨裁判所は大小切騒動の処理との関係で急遽設置されたという特段の事情があった。大小切については、手塚豊「山梨県大小切騒動並に関係者脱獄事件裁判考」（『法学研究』第五九巻第一〇号、一九八六年）。
(9)　「神奈川入間埼玉三県裁判所設置ノ御達」（前掲「公文録」壬申八月、司法省之部全、四）。「足柄始八県へ裁判所設置ノ御達」（前掲「公文録」壬申八月、司法省之部全、六）。
(10)　「京都府外三〇府県へ裁判所事務引渡ノ儀申立」（前掲「公文録」壬申一〇月、司法省之部一、一五）。
(11)　前掲『江藤南白』下巻、七二頁。
(12)(13)(14)　前掲「京都府外三〇府県へ裁判所事務引渡ノ儀申立」。
(15)(20)　明治五年京都府第二三三号布達（前掲「京都府庁文書」、「明治五年自八月至一一月　布告」六二号文書）。
(16)　「裁判所被置候ニ付建言」（前掲「公文録」壬申九・一〇・一一月、京都府之部全、八）。
(17)(19)　前掲「京都府史料」二〇、政治部刑賞刑類、明治六年一月三一日條。
(18)　「神奈川県外一一県裁判所被置候ニ付処務伺」（前掲「公文録」壬申九月、大蔵省之部全、四二）。
(21)　「局中規則」（前掲「京都府史料」三五、制度部職制類、職制沿革）。
(22)　「法制」（前掲「京都府史料」四一、制度部刑法類第一）。
(23)　明治五年京都府第二三一号布達（前掲「京都府庁文書」、「明治五年自八月至一一月　布告」六二号文書）。
(24)　明治五年一一月二〇日司法省達（前掲『明治五年法令全書』、一三五五頁）。
(25)　前掲「京都府史料」四一、地方裁判所交渉事件、明治五年一一月條。
(26)　前掲『明治五年法令全書』、一二一六頁。

三　所長人事と「転官」措置

京都裁判所長には、司法少判事早川景矩が就任した[1]が、わずか二ヶ月で交代させられることとなった。明治六年一月二二日には、司法少判事北畠治房に京都裁判所出張が命ぜられ[2]、二月二八日に所長を交代した[3]。早川少判事は、「何の拙策」もないのに、交代させられたことが心外であったようである。大隈重信宛の二月二五日付五代友厚書翰に「京都出張早川何某は、一躰司法省の職務ニも相違、其人物肥後ニ者稀なる潔白。勿論、京師ニて何の拙策も無之候處、此度、北畠江交代、帰省致候事を余程不気味ニ存居候趣ニて、北畠ニ茂余程心外ニ存居申候。仍之、早川を浪花の司長ニ暫時なり共御居置被下候て、當人は勿論、司法省中の穢名を雪ギ可申歟、北畠と内談仕申候間、御賢考を以、江藤子江御謀被下度奉内願候。尤、北畠ニは、京師江一昨日出立仕候得共、右の事件有之候付、司法御用請取方、態と因循、時日を延居候筈御座候間、是非、早川帰京不仕候て不叶事ニ御座候も、司法大丞辺の處より、別段御見合の御用筋有之候間、早々帰京候様、江藤卿の指揮なりを以、御促被下候様仕度[4]」とあり、五代にもはっきりした交代の理由が判らなかったようである。『江藤南白』は、交代の理由を「早川は資性温厚なりしに係わらず、多少行修まらざる失あり。動もすれば、槙村等府吏の軽視を買はんとする傾きありしより、裁判所の施設は、兎角、左支右吾の観あるを免れ[5]」なかったからだとする。明治六年三月五日付京都府から京都裁判所への掛合に「當府下、失火有之候節、火元吟味之儀、早川少判事殿より依御打合、是迄ハ當府ニ而取糺来候處、地方庁に而手限糺問之儀ニ付、去月九日付を以、其裁判所より御本省へ御伺書之付紙ニ云、既ニ裁判所被置候上者、裁判所ニ而糺問致スヘク、地方廳ニ而手限ニ糺問致す義無之事与、然る上者、失火而巳當府ニ於而取糺之義、甚以不条理之事与　相考候間、向後、火元吟味之義者、其廳ニおゐて御取計有之度、此段及御掛合候也」「追而、酒造其外商売職業ニ関スル諸過料申付候義者、去ル壬申十一月十二日早川少判事殿へ打合済之上、府ニ而取計来候處、是又、暫不体裁之様相考候条、爾後、都度〻〻御廻可致方存候、此段申添候事[6]」とあり、早川所長は、本来、裁判所が扱うべき失火の火元吟味や営業に関しての過料の申渡しなどを、府が行うことを認めていたことがわかる。司法省が、地方に裁判所を設置し、全国の裁判事務の統合・集中に努力している時に、裁判所長自らが裁判事務の一部を府が扱うことを認めたことは、裁判事務の統合・集中を推進すべき裁判所長としては、とりわけても裁判所の設置に強い抵抗を示している京都裁判所の所長としては不適格であるとの評価がなされ、所長交代となったものと思われる。後任の北畠治房は、山梨県下で起こった大小切騒動の処理と山梨裁判所の開設に当たって、その手腕を発揮した人物であり、江藤司法卿の意を受けて京都における裁判事務の統合・集中に尽力し、北畠所長時代には、京都府との間で幾多の裁判権限争議が繰り広げられることになるのである(7)。

ところで、全国に裁判所を展開しようとする司法省にとって、そこに配置する裁判官の確保が、建省以来、大きな課題であった(8)。明法寮の設置もそのためであった(9)。明治四年一一月二七日付けの「當省明法寮ヲ被置、且府下ノ聴訟鞫獄ヲ總判シ、追々五港ニ裁判所ヲ建設ス可キ等、逐日事務多端ニ相成候ニ付ては、當今ノ官員ニテハ難行届候間、撰挙増員仕度(10)」との増員の要求も、これから本格化する裁判所設置を睨んでのことであった。司法省は、明治五年六月一二日、省内各課局に宛てて、「官員登用撰挙書式」を達している(11)。実際、同郷の先輩などの推薦を受け、司法省官員に選考採用された者も多い。しかし、それだけでは必要とする裁判官を確保することが難しかった。そこで、司法省は、八月二四日、「各縣へ裁判所被設置候ニ付テハ、職務定則ニ依リ所長判事在勤可申付ノ處、七十余所へ可遣判事撰用致候儀一時難行届。付テハ裁判所取建候各縣ニ於テ、其以前其地方聴訟斷獄課受持候典事権典事間ヲ以テ、當省職員解部ニ任シ、其裁判所ノ事務取扱申付置、追々人員撰挙ノ上、夫々出張申付度存候(12)」との方針に基づいて、藩政時代以来、裁判実務を担当してきた府県官を裁判所解部に採用するという「転官」措置を採ることにしたのである。八月に群馬裁判所が設置された際にも「転官」措置が採られている。群馬県からの届に「當縣聴訟課官員并事務共、本月廿四日群馬裁判所へ引渡申候。此段御届仕候以上(13)」とあり、県聴訟課員が「転官」したことがわかる。

京都裁判所設置の際にも、既述のごとく、「転官」措置が採られた。京都府は、一〇月五日に、聴訟課の大属大河浩外八名と鞫獄課の大属山崎潔水外四八名に対して、「御用有之候條、明後七日、礼服着用司法省出張所へ出頭申付候事」と命じ、さらに七日には宮崎董光外一二名に対して明八日に司法省出張所への出頭を命じ、八日には捕亡手太田秀明外三名に対して、一三日には牧命順に、裁判所出頭を命じている。(14) この結果、京都府官員七六名に、裁判所への出頭命令が出たことになる。(15) 出納課に配属となる山崎潔水は、前日四日に土木課から鞫獄課へ配転されたばかりであった。(16) このことは、「転官」措置にあたって、裁判所設置後の配属部署などを考慮して人選が行われたことを示唆している。裁判所設置当初の官員の数や配置は判らないが、所長職は勿論のこと、課長級のポストを除いて、このなかから、京都裁判所官員が選任・配属されたと思われる（本書一五〇頁―一五四頁掲載「明治五年京都裁判所官員一覧表」参照）。京都裁判所では、設置後間もない一一月一四日に、区裁判所設置に関連して「改革」が行われ、併せて「出仕并等外官員」に至るまでの大幅な人員整理を行った。(17) この「改革」後の職員配置が「京都裁判所官員略録」(18)に載るものである。

なお、府県の官員には官宅が用意されていたが、裁判所官員用の官宅はなかった。府の官員が裁判所の官員に「転官」ということになれば、今まで住んでいた官宅を引き払わなければならない。そこで、司法省は、「各地方裁判所へ派出有之候當省官員官宅建築ノ儀、大蔵省へ再三及打合」んだが、大蔵省からは「建築方難取計」という返事であり、「獨リ當省之官員ニ限リ官宅無之候テハ、人民永久之目途ヲ失ヒ候ノミナラス、事務取扱上ニ於テモ自ラ苟且ニ流レ易」くなるから、官宅の建築を許可するか、借宅宿料を支給して欲しいと、正院に泣きついた。正院は、明治六年二月二四日付けで、「借宅宿料下賜候事」という指令を与えた。(19)

（1）（3）「北畠少判事新任について」（前掲「京都府庁文書」、「明治壬申年十月ヨリ七年裁判所往復」五一号文書）。
（2）「北畠少判事京都裁判所へ出張届」（前掲「公文録」明治六年一月、司法省之部全、一五）。
（4）二月二五日付五代友厚書翰（早稲田大学図書館特別資料室蔵「大隈文書」B208-2）。
（5）前掲『江藤南白』下巻、七五頁。

(6)「失火吟味は裁判所で取行われ度事」（前掲「京都府庁文書」、「明治壬申年十月ヨリ七年裁判所往復」五三号文書）。

(7)「当地、府庁ト裁判所ト取合、日々之戦争、おかしき事ニ御坐候。しかし、今日迄、毎戦勝利、愉快極リ申候」（〔明治六年三月〕二一日付北畠治房書翰〔大阪商工会議所商工図書館蔵「五代友厚関係文書」R8-60〕）。

(8)明治前期の司法官任用制度については、加藤高、前掲論文、二〇〇一年。

(9)「明法寮御取設伺」（前掲「公文録」辛未七月八月、司法省之部全、三六）。

(10)「官員増ノ儀ニ付伺」（前掲「公文録」辛未一二月、司法省之部全、一）。

(11)前掲『明治五年法令全書』、一三四七頁。

(12)「諸県裁判所事務判任以下へ御委任伺」（前掲「公文録」壬申八月、司法省之部全、一六）。

(13)前掲「足柄始八県へ裁判所設置ノ達」。

(14)前掲「官職進退　明治五年自七月至一一月　簿書課」、一四九・一五〇・一六〇・一六一・一七四号文書。京都裁判所の人事については、藤原前掲論文、一九八四年、四八二・三頁、四九〇頁註(13)(14)。

(15)司法省出仕を命ぜられた長香忠綱は、一〇月一三日付で、再び京都府少属、市政庶務課捕亡牢獄事務引受を命ぜられた（前掲「官職進退　明治五年自七月至一一月　簿書課」、一七五号文書）。

(16)「山崎潔水」（前掲「京都府史料」、判任官履歴書）。

(17)「深田政明」（前掲「京都府史料」、判任官履歴書）。深田は、この時、「絹一匹　料金十円」を賞贈されている。深田もそうであるが、「判任官履歴書」をみていくと、このとき免官になった者のなかには、再び京都府官員として牢獄・捕亡事務を担当していた市政庶務課勤務になった者が何人かいることがわかる。

(18)京都府総合資料館蔵「京都新聞」五三〇号、一八七三年一月。

(19)「各地裁判所官員官宅ノ伺」（前掲「公文録」明治六年二月、司法省之部二、一〇）。

四　裁判所庁舎の移転

明治五年九月一四日、正院は、裁判所庁舎に関する指令を大蔵省に与えていた。それによると、「今般府縣へ裁判所可被設置候ニ付テハ、各地ニ於テ相應ノ官廳御渡可相成。右ニ付、司法省官員出張ノ節、地方官へ引合取調候筈ニ付、地方官ニ於テ此段相心得、右出張ノ官員ト申合セ取計候様、兼テ其省ヨリ可相達置事(1)」とあり、府県裁判所設置の際には、府県が相応の裁判所庁舎を提供しなければならないこととなっていた(2)。そこで、京都府は、「辛未ノ歳府廳ヲ二條城へ移候趣意ハ、諸官省ノ出張所ヲモ同ク城内へ引纏メ、各廳ノ事情ヲ貫通シ、間隔ノ患ヲ除キ、且諸往復ノ費ヲモ省キ、萬端便利ノ為メニ有之」との、いわば二條城を「総合庁舎」として利用する方針に基づいて、「裁判所ヲ被置候ニモ、即日、右城内ニテ相辨シ(3)」府庁の門内を区画して、庁舎を提供したのであった(4)。

しかし、所長北畠治房は、京都府庁との形勢をみて、裁判所を府庁舎から完全に分離する必要を感じて、裁判所庁舎の移転を司法省に具申していたといわれる(5)。司法省も、提供された庁舎はどうにも使い勝手が悪い、「別テ坐配不宜、白洲向其外種々不都合有之、夫故、御用筋モ早辨不致旁差支」えるとの理由で、移転の必要を認め、有栖川宮旧邸を移転先候補地として、正院の承認を求めていた(6)。他方、この計画を知った京都府は、「旧冬、裁判廳ヲ区分致シ候ニモ、大小ノ修繕ハ相掛リ、漸此頃、恰好相調候哉。否又候、土木ノ功ヲ起シ候ハ、徒ニ許多ノ財ヲ費シ候マテニテ、何等ノ益モ無之。却テ事情間隔、種々ノ妨害ヲ可生(7)」との理由から、この移転計画には強く反対であったが、明治六年四月一五日、正院は、「外ニ相應ノ場所取究候迄ノ間、二條城内府廳ノ内間配ニテ相受取」ったものであるから、適当な場所が見つかれば、そこに移転するのは当初からの計画であるとする司法省の主張を容れて、有栖川宮旧邸に京都裁判所が移転することを承認した(8)。この移転に要する費用は、京都府の負担であったと思われる。改装作業には受刑者があたり、この受刑者の使役をめぐって、府庁と裁判所との間に衝突があったといわれている[9]。

六月二五日、京都裁判所は、府庁舎のあった二條城から一九町（約2km）離れた堺町御門内桜町有栖川宮旧邸へ移転した[10]。旧有栖川宮邸は、敷地六、二六九坪（約20,725m²）、建坪四四三坪（約1,464m²）という豪壮な邸宅であり、当時の裁判所としては、壮観を極めたといわれている。大阪裁判所の坂本政均は、その書翰のなかで、大阪裁判所が、この年一月から九月までに受け付けた民事事件二、三〇〇件、刑事事件一、二〇〇件、このほか渉外事件を四〇件ほど抱えていることを前提に、次のように江藤新平に書き送っている。「西京兵庫両裁判処へ比較仕候得者、一体之事務三倍も相増居候處、裁判廳之規模狭少ニ而唯混雑而巳致し、更ニ御体裁も相立兼、加之、白洲向抔ハ納屋同様之有様ニ而不体裁之至、外国人突合吟味抔致し候節、実ニ汗を絞リ申候。右ニ反シ西京兵庫両裁判廳者、規模壮大、別而、西京之方ハ宮家之御旧邸故、建物堅実壮観ヲ極メ申候。當裁判處ノ義も、敢而右ニ肩ヲ比ヘ申度心底ニ者無御座候得共、余リニも御不体裁故、都府相応之建物ニ者仕度見込ニ而、先頃より本省へ屡々差迫リ居候次第ニ御座候。乍恐、御憐察被下度事。但シ、茨木或ハ新治等之田舎裁判處ト一般ニ御同視被成下候而者、当惑仕候事[11]」と、京都裁判所の庁舎ほど立派でなくとも、都会地の裁判所として恥ずかしくない建物をと要求しており、京都裁判所の庁舎が垂涎の的であったことがわかる。

（1）「各地裁判所官庁御渡ノ儀伺」（前掲「公文録」壬申九月、司法省之部全、八）。
（2）明治五年大蔵省第一三四号達（前掲『明治五年法令全書』、六八二頁）。
（3）（7）「裁判所被置候ニ付伺」（前掲「公文録」明治六年自一月至四月、京坂府之部全、一一）。
（4）前掲「京都府史料」四一、地方裁判所交渉事件、明治五年一〇月七日條。
（5）前掲『江藤南白』下巻、七七頁。
（6）（8）「京都裁判所ヲ旧有栖川宮邸へ移転ノ申立」（前掲「公文録」明治六年四月、司法省之部全、一五）。
（9）前掲『江藤南白』下巻、七七頁。

（10）「裁判所移転について」（前掲「京都府庁文書」、「明治壬申年十月ヨリ七年 裁判所往復」八六・八七号文書）。
（11）明治六年九月二八日坂本政均書翰（佐賀県立図書館蔵「江藤家資料」江013-227号文書）。

五　京都府の裁判所「時期尚早」論

中央の政局に大きな影響を与えた小野組転籍事件や岸喜左衛門等魚代金請求事件の外にも、上田小太郎等拘留事件、竹嶋長右衛門拘留事件、吉田亀次郎窃盗事件、亀井八十吉賭博事件、小沢徳兵衛窃盗事件、重吉死亡事件、脇田従人授産所拷具使用事件など、府裁判所の設置に反対する京都府と京都裁判所との間には、幾多の権限争議があった(1)。京都府は、これらの権限争議の間に、三度にわたって建言書(2)を正院に提出している。そのなかで京都府は、府県裁判所の設置が、地方官の「地方治民ノ術」を失わせ、徒に失費と紛錯を増すだけで、少しも裨益がないことを主張していた。

京都府は、裁判を人民支配・教令の要具として捉え、「地方ノ官トシテ、人民ノ訴ヲ聴ク事能ハス。人民ノ獄ヲ斷スル事能ハス。何ヲ以テ人民ヲ教育シ、治方ヲ施シ可申哉」と裁判所設置による裁判権の喪失を危惧したのである(3)。この時代、日本が負っていた課題は、萬国対峙すなわち欧米諸国と対等平等な独立国になるということであった。そのための富国強兵であり、殖産興業であった。京都府は、富国強兵・殖産興業策を実施し、効率よくその成果を手にするためには、人民に対する支配を確実にしなければならない。地方官から裁判権を奪うことは、「地方治民ノ術」を失わせ、治安の維持さえも覚束なくなると考えたのである。「御一新以来當地ニ刑法弾臺等被差置候節、人心洶々不定、兇徒是ニ乗シ流言ヲ放チ間々不軌ヲ謀リ候次第モ不少」(4)あったが、木戸孝允に推挙されて京都府に出仕することとなった槇村正直(5)の努力によって、「漸々ニシテ、近頃、諸民安堵聊方向ヲ知テ、方ニ開化ニ趣カントスル時、是迄勧諭鞭策セシ地方官ハ訴獄ノ事ニサヘ不関ハ差支リ不少」から、今又再び、司法警察・裁判事務を地方官から取りあげるならば、「如何様ノ不都合ヲ可生モ難計」いと強い不満の意を表し、少なくとも「邏卒捕亡ノ事務迄地方官ノ手ヲ離レ他ヘ引渡候様ノ儀ハ不宜候」と建言していた(6)。司法警察事務は、「司法職務定制」によれば、裁判所に附置される検事の所轄とされ、邏卒・捕亡手は検事の監督下に置かれることになっていた。しかし、司法省は、当初「各地方一般ニ其体裁ニ相成候迄ハ、従前ノ振ニ据置不申候テハ、捕亡ノ事務現地差支候間、地方官ノ所轄ニ可有之候」として、全国に裁判所が設置されるまでは、従来通り地方官に捕亡事務を委任する方針であった(7)が、明治六年二月、この方針を一転させ、捕亡事務の検事所轄の実現を求め、各裁判所に検事を派出することとなった。四月九日には、京都裁判所にも検事局が置かれ、捕亡事務が接収された(8)。治安維持の問題をめぐっては、結局は左院の強い反対で実現しなかったのであるが、地方官が持っていた鎮台分営に対する治安出動要請権を裁判所へ委譲せよとの司法省の要求も(9)、地方官を危惧させていた。府県裁判所設置の問題は、地方官共通の強い関心事であったから、この年の四月一二日から開催された地方官会同でも、予定議題の一つに加えられていたが、会期切れで議事に上らずに終わってしまった(10)。

ところで、江藤新平は、官僚の指導による「上からの近代化」ではなく、法治国家の実現、司法制度や法制の改革こそが、萬国対峙・富国強兵の根源であると考えていた。明治六年一月二四日の「辞表」に江藤の考えがまとめられている。すなわち、「並立ノ元ハ國ノ富強ニアリ。富強ノ元ハ國民ノ安堵ニアリ。安堵ノ元ハ國民ノ位置ヲ正スニアリ。夫荀モ國民ノ位置正シカラサレハ、業ヲ怠リ耻ヲ知ラス。已ニ業ヲ怠リ耻ヲ不知。何以富強ナラン。所謂國民ノ位置ヲ正ストハ何ソヤ。婚姻出産死去ノ法厳ニシテ、相續贈遺ノ法定リ、動産不動産貸借賣買共同ノ法厳ニシテ、私有假有共有ノ法定ル。而シテ聴訟敏正。加之國法精詳治罪法公正ニシテ、斷獄明白。是ヲ國民ノ位置ヲ正スト云ナリ。於是民心安堵、財用流通、民初メテ政府ヲ信スル深ク、民初テ其権利ヲ保全シ、各其永遠ノ目的を立、高大ノ事業ヲ企ツルニ至ル。當是時収税ノ法其中ヲ得、民各其業ヲ励ム。民各業ヲ励ンテ、民初テ富ム。税法中ヲ得テ、税初テ豊ナリ。民富ミ税豊ニ。然ル後、海陸軍備モ盛ニ興ス可ナリ。工部業モ盛ニ興ス可なり。文部ノ業モ盛ニ興ス可ナリ」と記している。(11)

これに対して、明治六年定額問題(12)で江藤と鋭く対立した井上馨・渋沢栄一は、「民力」を無視して、欧米の模倣に走る江藤らの「政理」を抑制しなければならないと考えていた。開明を「政理」上に空馳する「外形的開明」よりも開明を「民力」上に展開する「実質的開明」をこそが求められるべきである。「人々愛國ノ情ヲ存スレバ、誰カ敢テ文明ノ政治、歐米諸國ノ如クナルヲ企望セザル者アランヤ。是ヲ以テ現今在官ノ士、足未ダ其地ヲ踏マズ、目未ダ其事ヲ見ズ、僅ニ之ヲ譯書ニ窺ヒ、之ヲ寫眞ニ閲スルモ、亦且ツ奮然興起シテ之ト相抗セントス」る。しかし、「徒ニ其形ノミヲ主トシテ其實ヲ重ンゼズンバ、政治遂ニ人民ト背馳シ、法制益美ニシテ人民益疲レ」て、ついには國を危うくすることになる。「凡ソ天下ノ事ハ預メ標準ヲ高遠ニ期セザルベカラズト雖モ、其手ヲ下スニ方テハ、則チ歩々序ヲ逐ヒ、著々實ヲ認メ、政理ヲシテ民力と相負カザラシムルヲ要ス。決シテ躁行軽進速成ヲ一日ニ求ムベカラズ」と論じている。(13)そもそも、「皮膚上の開化」よりも「骨髄上の進歩」を追い求めるべきであると説いたのは、パリにいた木戸孝允であった。(14)欧米文明との絶望的な落差と外装を飾っているにすぎない日本の文明開化の脆さを思い知らされた木戸は、「たとへ手間取候とも、骨髄上より進歩いたし、いつでも真似之出来候皮膚上之事は不言とも、世間之少年或は当時へ媚従候徒、疎無之候間、日を逐ひ年をおひ候而、漸々眞境へ着実に國勢進歩仕候様只々萬祷仕候」と河瀬眞孝に書き送っていた。(15)

こうした木戸の考え方は、恐らく同郷の井上馨や槇村正直にも知らされていたのではないだろうか。京都府は、「或云、府縣ニ裁判所ヲ置ハ、事ノ大小軽重ヲ問ハズ総テ審理判斷シ、務テ地方治民ノ術を助ルニアリト。是其一ヲ得テ其餘ヲ失フト謂フベキ歟。蓋聞、欧羅洲中邑縣ヲ分チ区裁判所ノ制アリ。然レトモ其法ヲ制シ律ヲ立ル一日ノ故ニ非ス。其人民モ概子　識見アリ、弁論アリ。所謂自由ノ理自主ノ権ヲ知ル者ニシテ、初メテ其制ヲ設ルニ足ル。今、海内ノ民維新ノ化ニ浴スル未タ久トセズ。太政ノ御主意ヲ辨スル亦甚寡シ。豈其権利義務ノ何物タルヲ知ランヤ。故ニ其固陋ヲ開ニ説諭ヲ以テシ、其智識ヲ進ルニ学術ヲ以テス。善ヲ勧メ、悪ヲ懲ス。悉皆地方ノ官汲々従事スル所ニテ、今日ノ務必政令ヲシテ多岐ナラシメズ、民心ヲシテ疑惑セシメサルヲ要ス。然ルニ、裁判所ノ事務タルヤ、元来其地ノ情状ヲ知ルニ非ス。故ニ施設ノ際或ハ其肯綮ニ中ラスシテ、撫民ノ意却テ擾民ノ具トナルモノ多カラン」「獨リ司法省ノ旧規ヲ変革スルニ急ナルモ、土地民情未タ不可ナル所有之。苟モ地方官ノ職ヲ奉シ痛痒最切ナル者、恐ラクハ善挙ト不可言哉ニ被相考候。到底実地ニ取リ頗ル障碍ヲ生シ、徒ラニ失費ト紛錯ヲ増スノミ。御裨益不多様存」ぜられるとしている。(16)「土地民情」が、裁判所の設置を受容出来るまでに開化するのを待たなければ、却って統治の障碍になる。「権利義務ノ何物タル」も解らない今の日本では、府県裁判所を設置することは「時期尚早」であるというのが、京都府の考え方であった。(17)

(1) 「京都府庁同裁判所権限差縺ノ儀ニ付裁判一件」（前掲「公文録」明治六年一二月、司法省之部四付録）。国立公文書館蔵「参座日記」。同「参座記録」。同「京都裁判所京都府問答始末　小野善助外二人送籍一件」。同「司法省京都府願伺届全　小野善助外二人送籍一件」。同「小野善助転籍一條ニ付七月中進退書ノ別紙」など。

(2) 建言書は、明治五年一〇月二一日（「裁判所被置ニ付建言」（前掲「公文録」壬申九・一〇・一一月、京都府之部全、八））、翌六年一月一〇日（「裁判所被置候ニ付伺」（前掲「公文録」明治六年自一月至四月、京坂府之部全、一一））、そして同年六月二五日（「裁判所之儀ニ付建言」（前掲「公文録」明治六年一二月、司法省之部四付録））の三度提出されている。

(3)(4)(6) 前掲「裁判所被置ニ付建言」。

(5) 「実ニ京都は御一新已来悪徒之一時巣屈ニ御座候処、真に槇村之勉励ニ無之而は退治つけ候事万々六ヶ敷」（明治〔六〕年一一月二四日付木戸孝允書翰（伊藤博文関係文書研究会編『伊藤博文関係文書』四、塙書房、一九七六年、二一八頁））。「京都え浮浪其外所詮入込余程難渋之節、弟槇村を推挙。其後随分相当暗殺も一度危き事有之申候」（明治〔六〕年〔一二〕月日付木戸孝允書翰（前掲『伊藤博文関係文書』四、二二七頁）。

（7）前掲「神奈川県外一一県裁判所被置候ニ付処務伺」。

（8）「捕亡検察事務について」（前掲「京都府庁文書」、「明治壬申年十月ヨリ七年裁判所往復」六七号文書）。

（9）「各地方非常ノ節裁判所ニテ便宜処分の儀伺」（前掲『公文録』明治六年一月、司法省之部全、一四）。

（10）「未タ議ニ上ラザル新案」として「一地方聴訟課裁判所ノ体裁云々増員ノ議」を載す（「地方官会同決否ノ件々上陳」（前掲「公文録」明治六年五月、大蔵省之部上、三七））。

（11）「司法省定額金ニ付御達」（前掲『公文録』明治六年二月、司法省之部一、七）。

（12）明治六年定額問題については、関口栄一「明治六年定額問題――留守政府と大蔵省　四――」（「法学」第四四巻第三号、一九八〇）、笠原英彦、前掲論文、一九九一年参照。

（13）井上馨侯伝記編纂会編『世外井上公伝』（覆刻版）第一巻、原書房、一九六八年、五四九-五六一頁。

（14）木戸孝允の漸進論については、山室信一『法制官僚の時代』木鐸社、一九八四年、五-三六頁。

（15）明治六年正月三日付木戸孝允書翰（日本史籍協会編『木戸孝允文書』五、東京大学出版会、一九八六年、一-二頁）。

（16）前掲「裁判所之儀ニ付建言」。

（17）明治七年末から明治八年半ばの間に、地方官から裁判所設置・判事兼任解職の要請の際に、「人民亦漸ク進歩シ時勢従テ両般ヲ混同ス可ラサルノ域ニ及ハントス」と「社会の成熟」を説かねばならなかった。三阪佳弘「明治九・一〇年の裁判所機構改革」（「法制史研究」三八号、一九八八年）六四頁参照。

むすびにかえて

江藤の協力者であったブスケは、その「回想録」なかで、日本政府が進めようとしていた、可及的速やかに欧米の法を移入しようとの事業に対して、「この仕事を委された大臣たちの示す熱意が、どのようなものであろうと、この仕事には、何よりも時の助けが必要である。革命的なやり方では何も建設されない。実力行使は…（中略）…国民をして、途方に暮れさせるだけである[1]」と、政府の急進論に批判的であった。しかし、「誤譯も亦妨げず唯速譯せよ[2]」という片言隻句だけが取りあげられ、急進論の最右翼と見られがちな江藤にしても、フランス法受容に踏み切るにあたって、「泰西ノ主義ヲ模倣シ、法律ヲ制定シテ之ヲ発布シタ所デ、或ハ我国ノ事情ニ適セス、又我国民ハ之ヲ解スル能ハス。為メニ我国家人民ハ却テ不測多大ノ損害ヲ被ムルト云フコトハアルマイカ[3]」と問う慎重さを忘れてはいなかったといわれる。さらに、出発の挨拶に訪れた司法省視察団の鶴田皓と井上毅の二人に、「洋行の要[4]」は、「徒に各國文明の状態に学びて、悉く之を我國に輸入するを趣旨とすべきにあらず、故に須らく彼に学習するの意を去り、之を観察批評するの精神を以てせざるべからず。…（中略）…欧米諸国の制度文物を採用して諸政を改善する要ありと雖ども、悉く彼に心酔して其欠点を看破せずんば、折角の制度文物も之を用ゆるに足らざるなり[5]」との訓示を与え、欧米の諸制度の無批判な移入や「一知半解」の弊を戒めていた。

京都裁判所と京都府との権限争議が、司法省臨時裁判所に設けられた「参座」法廷での解決に委ねられ[6]、まさに審理が開始されようとしたときに、「一の秘策」として江藤を政府から排除するための「明治六年政変」が起こったこ[7]とは、裁判所の設置に府県や大蔵省が強い抵抗を示した背後に、裁判権や警察権の帰属をめぐる闘争があったとしても、萬國対峙という時代の課題を担う「この国かたち」めぐっての相克があったことを示しているといえよう。それは急進論か漸進論かといったレベルの争いに止まらず、国民の権利をを明確にし、法律という透明なルールのもとで、国民が自主的に活動できるような「法の支配」（法治国家）を実現していくか、それとも、国民を誘掖教導して開明に導き、官僚が裁量的に広範囲に市場を規制して、国内産業を保護する「行政の支配」を確実なものにしていくかの、まさに、山室信一が指摘していた[8]ように、法制や司法制度の改革を中心とした国家形成の進め方の原理をめぐっての競いであったということができるのではあるまいか。

（1）ブスケ著　野田良之・久野桂一郎訳『日本見聞記』二、みすず書房、一九七七年、五五八・九頁。
（2）前掲『江藤南白』下巻、一〇七頁。
（3）井上正一「仏国民法ノ我国ニ及ホシタル影響」（法理研究会編『仏蘭西民法百年記念論集』有斐閣、一九〇五年）五七頁。
（4）司法省視察団については、藤田正「明治五年の司法省視察団」（『史叢』第三七号、一九八六年）。
（5）前掲『江藤南白』下巻、一二五・六頁。
（6）国立公文書館蔵「参座日記」。同「参座記録」。
（7）明治六年政変については、毛利敏彦『明治六年政変』（中公新書）中央公論社、一九七九年。
（8）山室信一、前掲書、一九八四年、三八頁。

明治五年京都裁判所職員一覧表

京都府	官職進退	判任官履歴書	氏名	京都裁判所官員略録	明治六年袖珍官員録	備考
×			早川　景矩	所長　少判事	司法省少判事	
×			犬塚　重遠	聴訟課　中解部	司法省中解部	
聴訟課　大属	149号文書	○	大河　浩			
聴訟課　十一等出仕	149号文書	○	佐々木玄重	聴訟課　権中解部	司法省権中解部	司法省中解部（「明治7年諸願伺届」）
鞫獄掛　十一等出仕	150号文書	○	小林　重遠	聴訟課　権中解部	司法省権中解部	
同	150号文書	○	室谷　高富	聴訟課　権中解部	司法省権中解部	
鞫獄掛　十二等出仕	150号文書	○	堀　貞幹	聴訟課　少解部	司法省少解部	司法省少解部（「明治7年諸願伺届」）
鞫獄掛　権少属	150号文書	○	飯田　好武	聴訟課受付権少解部	司法省権少解部	
聴訟課　十五等出仕	149号文書	○	高屋　邦彦			司法省十五等出仕・明治5年11月14日免官（「判任官履歴書」）
聴訟課附属	149号文書		宇佐美正忠		司法省十五等出仕	

同	149号文書		原田　祐之			京都裁判所等外二等出仕（「明治7年諸願伺届」）
同	149号文書		前田　善興			
同	149号文書		近藤　治休			
鞫獄掛　大属	150号文書	○	渡辺　広之	断獄課　中解部	司法省中解部	
×			田尻彦兵衛	断獄課　十等出仕	司法省十等出仕＊	＊田尻彦太郎
鞫獄掛　十一等出仕	150号文書	○	平野　正迪	断獄課　権中解部	司法省権中解部	
同	150号文書	○	三輪　貞幹	断獄課　権中解部	司法省権中解部	
同	150号文書	○	永元　紹孝			司法省十五等出仕（「明治7年司法省職員一覧表」）
鞫獄掛　少属	150号文書	○	安井　道年			司法省十二等出仕・明治5年11月14日免官（「判任官履歴書」）
同	150号文書	○	長香　忠綱			本書一四一頁、註（15）
鞫獄掛　権少属	150号文書	○	福山　安定			司法省十三等出仕・明治5年11月14日免官（「判任官履歴書」）
鞫獄掛　史生	150号文書	○	向坂　興護			
鞫獄課附属	150号文書		田村　富勤			
同	150号文書		畑　貞毅			
同	150号文書		吉竹　永幸			京都裁判所等外一等出仕（「明治7年諸願伺届」）
同	150号文書		大橋　義比	断獄課　十五等出仕	司法省十五等出仕	司法省十五等出仕（「明治7年諸願伺届」）
同	150号文書		大井　保佑	断獄課　十五等出仕	司法省十五等出仕	
同	150号文書		竹尾　惟時			司法省等外二等出仕（「明治7年諸願伺届」）
同	150号文書		水野　恭保	断獄課　十五等出仕	司法省十五等出仕	
同	150号文書		菅野　義秀		司法省十五等出仕	司法省十五等出仕（「明治7年諸願伺届」）
同	150号文書		坂野　胤貞			
同	150号文書		松田　就正	断獄課　十五等出仕	司法省十五等出仕	司法省十五等出仕（「明治7年諸願伺届」）

同	150号文書	山田　正義	
同	150号文書	安藤　萋茂	
同	150号文書	大橋　義勝	
同	150号文書	林　重遠	司法省等外一等出仕（「明治7年諸願伺届」）
同	150号文書	白井　宗明	
同	150号文書	渡辺　恭道	
同	150号文書	堀田　政方	
同	150号文書	川口　良翰	
同	150号文書	瀬戸　允元	
同	150号文書	山崎　和義	司法省等外一等出仕（「明治7年諸願伺届」）
同	150号文書	伊藤　信光	
同	150号文書	堀田　清熙	
同	150号文書	平井　忠勝	
同	150号文書	並河　宗孝	
	160号文書	宮崎　董光	
	160号文書	石田　則友	
	160号文書	木村　祥峰	
	160号文書	望月　忠猷	司法省等外三等出仕（「明治7年諸願伺届」）
	160号文書	永井　義資	
	160号文書	赤塚　則義	
	160号文書	山口　邦輔	
	160号文書	北川　正竭	
	160号文書	松井　直誠	
	160号文書	佐々木貞英	司法省等外二等出仕（「明治7年諸願伺届」）
	160号文書	平尾　尚賢	司法省等外三等出仕（「明治7年諸願伺届」）
	160号文書	岡村　勝文	京都裁判所等外二等出仕（「明治7年諸願伺届」）

	160号文書		小嶋　守光			司法省等外二等出仕（「明治7年諸願伺届」）
×			草野　允素	断刑掛　権大解部	司法省権大解部	
案律掛　十一等出仕	150号文書	○	国東　義路	断刑掛　権中解部	司法省権中解部	
史生	150号文書	○	山路　利忠	断刑掛　十四等出仕	司法省十四等出仕	
案律掛　十四等出仕	150号文書	○	岩鼻　克	断刑掛　十四等出仕	司法省十四等出仕	司法省十四等出仕（「明治7年諸願伺届」）
鞫獄掛　少属	150号文書	○	西垣　恒広	落着掛　少属	司法省少属	
鞫獄掛　史生	150号文書	○	岸上　謙光	落着掛　十四等出仕	司法省十四等出仕	
鞫獄課附属	150号文書		吉田　永昭	落着掛　十四等出仕	司法省十四等出仕	
同	150号文書		深山　正衡	落着掛　十五等出仕	司法省十五等出仕	
鞫獄掛　権大属	150号文書	○	松村　春望	庶務課　権中属	司法省権中解部	
×			筧　足躬	庶務課　権中属	司法省権中属	
市政局筆記掛史生	149号文書	○	深田　政明			明治5年10月7日「口達庶務課申付候事」、司法省十四等出仕・明治5年11月14日免官（「判任官履歴書」）
鞫獄課　大属	150号文書	○	山崎　潔水	出納課　中属	司法省中属	
（郡政局　権少属）		○	伊東　謙恭	出納課　十四等出仕	司法省十四等出仕	司法省十四等出仕（「明治7年諸願伺届」）
				淀区裁判所		
鞫獄掛　権大属	150号文書	○	塩田　景亮	断獄係　権中解部	司法省権中解部	
聴訟課附属	149号文書		林　松茂	聴訟係　十四等出仕	司法省十五等出仕	司法省十五等出仕（「明治7年諸願伺届」）
鞫獄掛　史生	150号文書	○	吉野　武義	庶務係　十四等出仕	司法省十四等出仕	
				園部区裁判所		
東京詰　権大属	174号文書	○	牧　命順	聴訟係　権中解部	司法省権中解部	司法省権中解部（「明治7年諸願伺届」）
鞫獄課附属	150号文書		大島　知功	断獄係　十五等出仕	司法省十五等出仕	司法省十五等出仕（「明治7年諸願伺届」）
鞫獄掛　権史生	150号文書	○	芝　惟忠	庶務係　十四等出仕	司法省十四等出仕	京都町奉行所組同心（「判任官履歴書」）
捕亡手	162号文書		太田　秀明			司法省等外三等出仕（「明治7年諸願伺届」）

同	162号文書		塩田　近直			司法省等外三等出仕（「明治7年諸願伺届」）
同	162号文書		吉田　年次			京都裁判所等外三等出仕（「明治7年諸願伺届」）
同	162号文書		橋本　邦言			司法省等外三等出仕（「明治7年諸願伺届」）

典拠資料：「官職進退」（京都府立総合資料館蔵「京都府庁文書」）
「判任官履歴書」（国立公文書館蔵「京都府史料」）
「京都裁判所官員略録」（京都府立総合資料館蔵「京都新聞」五三号）
国立公文書館蔵『明治六年一月改袖珍官員録（官版）』
「明治七年諸願伺届　庶務課」（京都府立総合資料館蔵「京都府庁文書」）
国立公文書館蔵「司法省職員一覧表（明治七年五月二〇日）」

明治前期の名誉回復訴訟

——不法行為法規範の分化・形成の一過程——

瀬川信久

はじめに

旧民法典や現行民法典が制定される前には、不法行為事件はどのような法規範に基づいて処理されていたのであろうか。この点について一八八八年（明治二一）に、ある裁判官は次のように述べている。

名誉回復損害要償ノ訴訟ハ、外国ニ於テハ誠ニ数多キ訴訟ナレトモ、我国ニハ稍ク近頃芽出シタル訴訟ナリトス。古ク裁判官ヲ勤タル人ノ話ニ拠レハ、我国ニ於テ此迄損害要償ノ訴訟ナカリシ所以ノ者ハ、旧幕時代明治ノ初年ニ至ル司法官ニ於テ此種類ノ訴権ヲ見留メサルノミナラス、実際損害アリシモ之ヲ請求スルコトヲ許サ、リシカ為メナリ。殊ニ名誉回復ナド云ヒ名誉ニ関スル私権ヲ重スルニ至リタルハ、泰西文明ノ風化ト共ニ近頃我国人ノ脳中ニ輸入セシコトニテ、我国ニハ夢ニモ知ラサル所ナリシト……。(1)

不法行為による損害賠償請求事件は明治初年まで認められていなかった、なかでも名誉回復の訴訟は維新以後の欧米文明の影響の下で生まれたものだというのである。

確かに、公刊されている『明治前期大審院民事判決録』『大審院判決録』『裁判粋誌』と、民事判決原本データベース(2)を一瞥した限りでは、明治前期（旧民法典・旧民事訴訟法が制定された一八九〇年（明治二三）までの時期）の裁判例に不法行為事件は少ない（表も参照）。今日「不法行為事件」と呼ばれているものは、明治二五年前後まで「損害要償ノ件」と呼ばれていたが、その「損害要償ノ件」の多くは、契約不履行や株券の不書換など、契約関係にある者の債務不履行の事件であった。契約関係にない者の間の損害賠償請求事件は少なく、あっても、今日の不法行為事件とは異なり、営業権の侵害、不当差押え、詐取等が多く、身体・財物に対する侵害は少なかった。なかでも、事故による不法行為は、船舶の衝突事故などに限られていた。

表　明治前期不法行為事件数推移

	明治	第一審*	勧解*	「損害要償」	「損害賠償」	「償金」
1875年	8年	323,588	16,792	0	0	2
1876年	9年	271,397	174,329	0	0	7
1877年	10年	174,772	658,872	0	0	4
1878年	11年	139,205	644,997	6	0	42
1879年	12年	135,009	651,604	11	0	33
1880年	13年	131,813	675,218	38	0	36
1881年	14年	130,406	731,810	76	0	52
1882年	15年	181,639	874,739	121	7	112
1883年	16年	239,679	1,094,659	159	6	171
1884年	17年	138,597	760,991	116	0	144
1885年	18年	51,684	592,311	55	1	55
1886年	19年	49,702	509,915	63	4	41
1887年	20年	51,008	388,225	70	5	86
1888年	21年	—	—	81	3	83
1889年	22年	—	—	81	9	87
1890年	23年	—	—	105	29	99
1891年	24年	—	—	32	13	19

⑴　＊は、福島正夫「日本資本主義の発達と人の自由と権利」福島正夫著作集第１巻340頁による。数字は新受事件数であり、—は未調査であることを示す。
⑵　「損害要償」「損害賠償」「償金」の欄は、民事判決原本データベース中の、事件名に当該用語を含む判決数である。この３つの事件名を使い分ける基準は不明である。

このように、不法行為事件は一般に少なかったが、名誉毀損事件はまとまった数で存在する。そこで、今日の不法行為法の中ではやや特殊な類型であるが、名誉毀損事件を取り上げ、明治前期に不法行為法規範がどのように形成されたかをみることにする。(3)

これまで、我が国の民法学は、民法の淵源（Origin）を旧民法典や現行民法典の起草過程に置いてきた。ボアソナードと穂積・富井・梅と、彼等を囲む一群の立法関係者を日本民法の創始者と考えてきた。旧民法典も現行民法典もなかった時期から民事裁判があり、一定の法規範により紛争を解決していたが、いくつかの著名事件や法律問題を除けば、当時の裁判で妥当していた法についての我々の知見は未だ貧弱である。(4)このことは、我が民法学の自己認識に小さな歪みを与えているように思われる。民事判決原本によって、一つの問題についてある程度まとまった数の裁判例を検討し、起草作業と並行してどのように裁判規範が形成されていたかを知ることができるようになった。判決原本を用いて、右の空白・欠落を補充してみたいと考える。

（1）　中橋徳五郎「一般名誉回復事件ニ就キ権利者ハ義務者ヲシテ謝状ヲ広告セシムルノ権利ヲ有スルヤ」法協四四号（一八八七年（明治二〇））一七頁以下（ただし、旧字体を新字体に直し、句読点を付した。以下の引用においても同じ。）。中橋徳五郎は、一八六四年生。東京大学法学部で英法を専攻し一八八六年に卒業。判事試補となり横浜始審裁判所に勤務。その後、農商務省参事官・法制局参事官・逓信省監査局長等を歴任後、官を辞して大阪商船会社社長に就任（古林亀治郎編『現代人名辞典』（一九一二年）による）。横浜始審裁判所勤務中に後掲【8】【18】事件を担当し、本論文を執筆したと思われる。

（2）　本稿を執筆した二〇〇一年二～四月の時点の民事判決データベースは、二〇〇〇年四月までに入力された一四六、一四七件（札幌高裁保管分の全部と、東京高裁・仙台高裁・福岡高裁保管分の一部）である。明治期には今日よりも比重が大きかった関西地方の裁判所の判決が欠けているが、一般的な傾向を見ることができると考える。

（3）　明治前期の不法行為法に関しては、中川善之助・宮沢俊義『現代日本文明史第五巻　法律史』（一九四四年）二四二頁以下（中川）、金田平一郎「明治前半期の民事責任法」法政研究一七巻合併号（一九五〇年）一三七頁以下、岩村等「クーペル、ハスヲルト、ビールンの事件について――明治初年損害賠償考――」大阪経済法科大学法学論集一四号（一九八六年）一二五頁以下、小林忠正「過失賠償と贖罪」『二一世紀の民法』（一九九六年）一二九頁以下、同「明治前期の過失賠償」白鷗法学八号（一九九七年）一一五頁以下、田上富信「明治前期における使用者責任法理」法と政治四八巻一号（一九九七年）二二七頁以下、吉村良一『人身損害賠償の研究』（一九九〇年）六～一〇頁、小柳春一郎「明治前期の民法学」水本浩ほか編『日本民法学史・通史』（一九九七年）三四頁以下があるが、本稿では、裁判例によって当時の不法行為法規範を明らかにしてみたい。

（4）　地券・家券制度、戸籍制度に関する福島正夫博士の研究など、明治前期の制度史の研究は、いくつかの問題について相当に蓄積しているが、裁判で妥当していた法規範の研究は、消滅時効に関する内池慶四郎『出訴期限規則略史』（一九六八年）、同『消滅時効法の原理と歴史的課題』（一九九三年）の特に第四論文・第六論文、最近では、連帯債務に関する藤原明久「明治前半期における連帯債務法――フランス民法継受の諸相――」神戸法学雑誌四六巻三号（一九九六年）四五五頁以下など、未だ限られているように思われる。

一　裁判例

明治前期の名誉毀損の裁判例は、告訴による場合と新聞報道による場合に集中し、それ以外のものはごくわずかである。(1)

(1)　告訴による名誉毀損

【1】　東京始審裁判所明治一六年?月?日（名誉回復及損害要償ノ訴訟　明治一六年　10100058-00128）……〔事案〕水油商の「伊勢吉」を告訴せんとしていたYが、水油商Xが東京府庁布令の門標を出さず勝手口に「伊井吉次郎」の門標を上げていたため「伊勢吉」と誤解し告訴したが、人違いであった。Xが、名誉回復と一二〇〇円の損害賠償（内容不明）を請求。〔判決〕（古賀、草間、瀧川）Yに「粗忽ノ責アルヲ以テ」、召喚状の送達賃と出頭の日当、そのほかの損害金計一〇円六〇銭と、訴訟入費を償却すること、および、「原告請求中ニカ所ノ新聞紙ニ第四号ノ活字ヲ以テ三日間原告ガ起ツル父案ノ旨趣ニ基キタル陳謝文〔詳しい内容は不明〕ヲ広告シテ其費用ヲ担当」することを命じた。

【2】　東京始審裁判所明治一六年五月?日（名誉毀損回復ノ訴　明治一六年　10100059-00017）……〔事案〕Yが、Aに渡すべき肥代金を、かつてAに雇われていたXに渡した後でAから請求されたので、Xが私消したと考えXを詐偽取財で告訴したが、Xは免訴となった。Xは、告訴による名誉毀損を理由に、謝罪状の新聞広告を請求。〔判決〕Yの所為は治罪法一六条の悪意・重き過失でないとして請求を斥けた。

【3】　大審院明治一六年一一月一四日（告訴ヨリ生スル損害要償上告ノ判文）明治十六年大審院民事判決録一四三頁、

大審院明治一六年一一月一四日（同）同一四六頁（前者はX_1を被上告人とする判決、後者はX_2を被上告人とする判決であるが、内容が同じなので一括して紹介する。）……〔事案〕Yら四〇名は、一村共有地の冒認を理由にX_1X_2を告訴したが、山形軽罪裁判所の予審終結では無罪放免とされた。X_1らはYらに対し、「損害金三百十八圓七十四銭（その内容は「吟味中拘留セラレタル費用及ヒ諸費」）及ヒ詫書若クハ詫書ニ代リ金二百円」を請求した。Yらは、「民事ニ訴フヘキヲ告訴セシハ其手続ノ錯誤ニ出テタルモノニテ悪意又ハ重キ過失ト云ニアラス且此告訴ノ際ハ新律綱領改定律例施行中ニ係レハ裁判上損害弁償ノ義務ナシト信スルヲ以テ（新律綱領・改定律例では、誤った告訴に損害弁償の義務を課していなかったことを前提としているのであろう）要償ノ点ニ対シテハ敢テ答弁ヲ要セサル趣」と答弁した。〔訴訟の経緯と判決〕山形始審裁判所は、「損害ヲ被ラセタル者ヨリ之ヲシテ償フハ自然ノ條理ナル旨」を説明し、「Yノ所為ハ重キ過失ナルヲ以テXニ対シ損害弁償ノ義務アリ依テソノ金額ノ当否詫書ノ如何ヲ答弁スヘキ旨予審ノ裁判ヲ為シタ」。宮城控訴院もこの始審判決を至当としたので、Yらは、原判決がYらの重過失について証憑を提供していない、土地冒認訴訟の原由証憑を按ぜずYに効力のない予診終結のみに依拠したのは治罪法一六條に背戻する、などと述べて上告した。大審院は、「上告人〔Y〕ハ猥リニ人ノ名誉ヲ害セシ責メ免レス又其レカ為メ一方ニ損害ヲ被ラセタラハ之ヲ弁償スヘキハ当然ノ條理ナリ是ヲ以テ原裁判所カ訴訟ノ原由重キ過失ニ出テタルモノト認メ上告人〔Y〕ニ義務アリト判決セシハ至当ナリ」と述べて、原判決を維持した。

【4】根室始審裁判所明治一七年一月?日（名誉毀損及損害要償ノ詞訟　不明　70400001-00047）……〔事案〕Xは、Yの証書偽造変換を理由とする告訴により一九〇日間監獄所に拘束されたとして、名誉回復のため三〇〇円を償うか、「全国一般の新聞上ニXカ証書偽造変換セシニ然ラサリシ事ヲ広告」し、かつ、一九〇円の損害（入監中一日一円）の償金を請求。〔判決〕Yに悪意・重過失がないので、治罪法一六条により、「名誉毀損ノ回復且ツ損害ヲ要償スルノ原由」がない。

【5】 根室始審裁判所明治一七年七月三〇日（名誉回復入費金請求ノ詞訟　不明　70400001-00065）……〔事案〕Yが盗取を理由にXを告訴したため、Xは、結局のところ無罪放免になったが一〇八日間収監され名誉・信用を失ったとして、「全国一般ノ大小新聞誌ニ……無罪且放免言渡サレタルコトヲ登録」するに必要な金額として一〇〇〇円を請求した。〔判決〕Xは、Yに寄留し方々から借金をしていたが、寄留を止め他へ移ることにしたので、「是迄負担シタル要務改メテ引渡シ以降一切貴殿〔Y〕ト自分等ニ於テ関係無〔シ〕」との証書を立会人連印して交付した。ところがXはまもなく取引をしたから、盗取したとされたのであり、Yには悪意、重過失がないから、名誉回復の費用をYに要求できない。

【6】 仙台始審裁判所明治一七年一一月一四日（名誉回復并ニ損害要償ノ詞訟　明治一七年　60100021-00092）、宮城控訴院明治一七年一二月二七日（60000020-00086）……〔事案〕XがAの「総理代人」としてA所有の地所建家をYに売却したが、当該地所建家は既にAがBのために書入抵当に入れていた。YはXが書入抵当に入っていることを知りつつ売却したと思い告訴したが、Xは無罪とされたようである。Xから賠償と名誉回復の報告（詳細は不明）を奥羽日々新聞に一週間掲載することを要求。〔判決〕始審は、重過失・悪意の証拠がないから、治罪法一六条により、「原告ノ請求ハ渾テ不相立者也」とした。控訴審は、同様の判断とともに、刑法附則五九條は賠償を請求できるというだけであり、賠償義務の有無は治罪法一六条によるとして、「始審裁判ヲ認可」した。

【7】 東京始審裁判所明治一九年五月三一日（印鑑盗用告訴事件　明治一九年　10100091-00042）……〔事案〕Xが、Y_1から金二〇円を借りるに当たり、Y_2の名を借りて押印したので、Y_2が私印盗用として告訴し、その予審手続でY_1が「XよりもY_2の方が正直だと思う」と答えた。数日間勾留されたXは、名誉回復（請求内容は不明）と損害要償を請求した。〔判決〕Y_1Y_2に「悪意若クハ重キ過失」がないから、Xの請求は「相立タス」。

【8】 横浜始審裁判所明治二〇年四月一三日（誣告損害要償件　明治二〇年）裁判粋誌第一巻一〇三頁……〔事案〕

Xは委託金費消事件で無実の告訴を受けたのでYに損害の償いを請求。〔判決〕（中橋）Xは、Yの悪意を証明していないから損害要償する権利はない。

【9】東京始審裁判所明治二〇年一二月二〇日（名誉回復及損害要償ノ訴訟　明治二〇年　10100118-00211）……〔事案〕Xは、日本鉄道会社の仮株券をYから買い受けたとして名義を書き換えたのに対し、Yが詐取を理由に告訴したためXは拘留されたが、予審終結で無罪となった。Xは損害金二三二円八〇銭（内容不明）と、三府五港の諸新聞に二号活字で三週間、X起草の広告文を掲載して譏謗を是正し謝罪することを請求した。〔判決〕Yの告訴は株券を取り戻すためであってXを害するためではないから悪意はなく、また、重過失の証拠もないから、Xの請求は成り立たない。

【10】東京始審裁判所明治二一年一月二三日（名誉回復ノ訴訟　明治二一年　10100142-00077）……〔事案〕Yは、XがYの委託を受けてAより購入した食塩を売却しその代金を費消したとして告訴し（Xは拘束の後、免訴）、また、Xの得意先にその旨を郵便で伝えた。Xは名誉毀損を理由に、謝罪文をYの費用で東京・大阪の各新聞に三号活字で一ヶ月間掲示広告することを求めた。〔判決〕たとえ食塩購入の「信認金」（予約金）をXが立て替えていたとしても、当該事情の下ではYがXが委託物を費消したと考えたのは相当であったから、Xの請求は「採用」できない。

【11】山形始審裁判所明治二二年六月二九日（名誉回復損害要償ノ訴訟　明治二二年　60320023-00033）、宮城控訴院明治二二年一一月二五日[2]（名誉回復損害要償ノ訴訟　60320025-00005）……〔事案〕Xは、明治一九年に当該講より貯金をせり取り、Y_1ほか三名の連署を得て借用書を講に差し入れたが、明治二〇年に身代限になったので、講を管理するY_1らは迷惑を避けるため、最初の証書と差し替える証書を要求した。それで、Xが、ABを証人（保証人）とする証書を渡したところ、Y_1らは、XがABの印のある証書を偽造したと告訴した。Xは、結局無罪とされたが、このため七八日間入獄し、罪囚の汚名を受け、財産の得益を失ったとし、Y_1に対し損害金一四円の支払と、X無罪の宣告書

と本案の判決と相当の謝罪をXに示し、これを出羽新聞外六新聞に四週間四号活字で掲載することを求めた。〔判決〕始審裁判所はXの請求を認めなかった。控訴院は、XがABの承諾・捺印を得ないまま証書を渡しているので、捺印を偽造していないとのXの主張は認め難く、Y_1らの故意は認められないから、Xの請求権はないとした。

【12】函館控訴院明治二一年四月七日（損害要償名誉回復ノ訴訟　明治二〇年　70000006-00017）……〔事案〕Yは、明治一六年に小樽高島両郡の人民総代として、Xらから人民共有金を受け継いだときXらの不正を発見し告訴したが、Xらは免訴となった。Xらは、入獄等による損害として八四〇円、名誉回復として東京の各新聞と函館・札幌の二新聞に広告文の登録を請求した。〔判決〕始審は請求を認めたが、控訴審は、悪意・重過失を認める証左・事実がないとして、始審の判決を取消した。

【13】函館地方裁判所明治二三年一二月六日（名誉回復損害要償ノ訴訟　明治二三年　70200007-00040）……〔事案〕YはXを詐欺取財で告訴し、Xは函館軽罪裁判所と函館控訴院で重禁固・罰金を受けたが、大審院は原判決を破棄し、宮城控訴院は無罪放免を宣告した。そこでXは、Yに対し、X起按の広告文（内容は不明）を東京その他の二三新聞に四号活字で三週間掲載することと、損害金五八六円三三銭の賠償を請求した。〔判決〕Xの要求が認められるためには、刑事訴訟法一三条により告訴が悪意または重過失でなければならない。無罪放免の宣告書は、詐欺取財犯の証憑が不十分だとするだけで、告訴が重過失に因ることを認定していない。事件の状況では、Yが詐取されたと考えたのを咎めることができず、現に軽罪裁判所・控訴院も詐欺取財犯とした。Xの請求は成り立たない。

(2) 報道による名誉毀損

【14】東京始審裁判所明治一六年三月?日（謝罪文広告及ヒ損害要償ノ訴訟　明治一五年　10100041-00214）……〔事案〕Y発行の有喜世新聞が医師Xの営業に関する無根の悪説を掲げたので、Xが謝罪文（内容不明）の広告と損害賠

償を求めた。〔判決〕（児玉、大蔵、納富）Xの名誉を毀損したが、Yは既に取消を公示したから再告の必要はない。Xが受けた損害を量定すると償金は百円が相当である。

【15】　東京始審裁判所明治一六年三月?日（名誉回復損害要償ノ訴訟　明治一五年　10100042-00228）……〔事案〕Xは、明治新報の記事により名誉を毀損されたとして、社長Yに名誉回復と損害要償を求めた（詳細は不明）。〔判決〕（古賀、大蔵、納富）「新聞紙上記載ノ事件ニ付テハ編集長ヲ第一ノ義務者ト為ス可キニ拘ラス之ヲ措キ直チニ社長ヲ被告トセシハ不当ナリ」として請求を斥けた。

【16】　東京始審裁判所明治一六年三月三日（営業毀損回復之訴訟　明治一五年　10100042-00318）、大審院明治一八年一二月二五日裁判粋誌第一巻一二九頁……〔事案〕明治一五年一〇月に、時事新報社が「売薬ハ云々無効無害之ヲ服スルモ可ナリ服セサルモ可ナリ水ヲ飲ミ茶ヲ飲ムニ等シク香ヲ嗅キ胡椒ヲ噛ムモ同様ノモノニシテ……名ハ薬ニシテ実ハ病ニ関係ナキ売物ナリ」との社説を載せたので、東京の売薬商四十数名が、営業毀損を理由に、「該社説ヲ取消シ其指定スル取消文ヲ自費ニテ五日間其新聞紙上ニ広告センコト」を請求した(3)（上告審まで、原告側代言人は松尾清治郎、被告側代言人は澤田俊三）。〔訴訟の経緯と判決〕始審裁判所（児玉、大蔵、松野）は、売薬は許可を受け官庁の監査を経ているから無効と断言すべきでないのに、Yの社説は「自由言論ノ領域ヲ越ヘ」売薬商の営業を毀損したとし、「被告ハ時事新報第二百二号ニ掲ケタル太政官第五十一号布告ト題スル社説ハ自ラ之ヲ取消ス旨ノ広告ヲ其新報へ七日間掲載ス可シ若シ其執行ヲ怠ルトキハ原告ニ於テ随意ノ新聞ニ掲出シ其代価ハ被告ヨリ弁償スヘシ」とした。控訴院（山口豊誠、今村信行、由布武三郎）も、次のように述べて、社説の取消とその旨の五日間の広告を命じた。Yは、文部省の報告や内務省の売薬検査心得書等を挙げて、売薬は効がなく社説は過言でないと主張するが、「無効ノ者大率十ノ八九ニ居ル」との衛生局報告によれば、売薬も無効無害ではない。薬剤は検査のうえ販売を許可されるのだから、効能の著しくないものがあるとしても水・茶とは同視できない。「名誉ハ……殊ニ貴フヘキ者ナリ」。Yから上告

し、次のように主張した。(1)「純理上ヨリ観察スルモ亦英米ノ私犯法ニ徴スルモ」、誹毀犯は、①人の指定、②加害者の悪意、③言語文章の不実の三つを要素とするが、本件の場合は②③がない。(2)原判決が信用すべき売薬が少ないと言いながら水茶と同視できないというのは、齟齬している。①の指定もない。(3)「学術進歩ノ為メ又ハ社会公益ノ為メ善意ヲ以テ物質ノ善悪技術ノ品評ヲナスニ止マリ人ノ行事ニ渉ラサルモノハ皆正当批評ノ権利ニシテ之ヲ誹毀ト云フヲ得ス」。(4)Xは「毀損ノ結果」を証明しなければならないのに、将来の害の予防を理由に社説の取消を命じたのは、不法の裁判である。これに対し、Xは次のように述べた。(1)上告の趣意は事実であるから上告の理由にならない。(2)Yは売薬が例外なく無効無害だと断言しており、また、売薬は漫然たる物の混合ではないから、原判決には齟齬がない。(4)文章が世上に播布されている間はXらの営業を毀損している。Xらの営業を明示的に除外しない限り、被害の回復を要する。新聞記者の職業上文章を取消す例規があるから該論説の取消は最適当の要求である。大審院(西成度、坂本政均、中村元嘉)は、「右ノ論説ハ売薬ノ性質ヲ汎論セシニ止リ某売薬某営業者ヲ指名セシ事ナキハ勿論暗指セシ事モアラス……毫モ悪意ヲ包蔵セシコトナシ是譏毀ナリトスルノ要件ヲ具ヘサル者ニシテ民刑共ニ何等ノ責任ナキ論説ナリ」として、原裁判を破毀しXらの請求を棄却した。

【17】 東京始審裁判所明治一七年四月三〇日(名誉毀損回復之詞訟 明治一七年 10100075-00325)……〔事案〕Y編集の朝野新聞が、Xが紙幣贋造と他の犯罪のために捕縛されたと報道したので、Xは名誉毀損を理由に、東京の一三新聞に二号活字で三週間、謝罪文を広告することを請求した。〔判決〕Yの故意は認められない。また、Xの請求する文面は冗長で不必要なことが多く、正誤文は簡単に過ぎる。Yの報道に他の新聞は追随しなかったので、一三新聞に三週間掲載する必要はない。Yは朝野新聞に、当該記事は探訪の疎漏に出た旨の広告文を三日間掲載すべし、Yが掲載しないときは、Xは自費にて他の新聞紙に掲載しその費用はYが償うべし。

【18】 横浜始審裁判所明治二〇年一〇月一九日(名誉回復之件 明治二〇年)裁判粋誌第一巻一四六頁(4)……〔事案〕

明治一九年にイギリス船ノルマントン号が紀州沖で沈没し、日本人二〇余名が溺死したが、場所不明で捜索できなかったところ、翌年一月に、東京の諸新聞が、X_1X_2が船を発見し手欄に銅縄を結び付けた等と報道した。そこで、以前に同船を探索したYは時事新報に投書し、X_1らの探索の真否に五〇〇円を賭けると述べた。そこで、X_1ら（代言人は久保田与四郎）は、名誉を毀損されたとして、投書の取消と無礼を謝罪する広告文を東京五大新聞に掲載することを請求した。Y（代言人の記載なし）は、技術上の批評であって名誉毀損にならない、潜水夫Aの名誉は毀損しても（指揮した）Xらの名誉は毀損していない、投書はXらの名誉毀損に対し止むを得ずしたものである、と反論した。

〔判決〕（中橋）「従来我が国ニ於テ民事上ノ書讒ニ関スル法律規則ナキヲ以テ……専ラ泰西ノ法理ニ依リ之カ説明ヲ与フルヲ穏当ナリトス」とし、「書讒ノ要素」として、①悪意、②書類の記載、③公布、④事柄の不実、⑤名声を汚損する言語の使用の五つをあげたうえで、次のように述べる。Yの投書は、全体としては、Xらの発見に対する疑団を記述するだけで、不実の事実を言い名誉を毀損するものではない。しかし、「現場モ知ラス裸カ潜リモ知ラヌモノカ如何ニシテ四拾八尋底ノ手摺ニ銅縄ヲ縛リ着ケルコトヲ得ンヤ世ヲ誣ルモ亦甚シ」という数句は、Xが現場に出張し、Aが二四尋まで潜ったことはYも記している点、Xには「世ヲ誣ル」という悪意は認められない点で不実である。業務上の名誉は常務上の名誉よりも厳格に保護されるから、⑤の名声の汚損も認められる。結局、②③④⑤の事実から①のYの悪意も推測され、名誉毀損が成り立つ。また、「学術技芸ノ批評ハ社会ノ進歩改良ヲ促ス」ので法律は寛裕であるが、「言論自由ノ区域ヲ超越シ現実ノ事実ヲ以テ虚妄トナシ他人ノ名誉ヲ傷クルコトヲ許スノ意ニアラサルナリ」。他方、事実を取消す広告文の掲載請求については、**【16】**の例があり、弊害はない。結論として、「被告ハ其姓名ヲ以テ三号活字ヲ以テ『寄書取消広告昨年十月紀州勝浦沖ニテ沈没シタル英国汽船「のるまんとん」号探索一件ニ付自分カ本年二月五日時事新報投書欄内ニ投寄シタル寄書ハ松尾徳三氏〔X〕カ名誉ヲ毀損シタルニ依リ該寄書ヲ取消シ併セテ其無礼ヲ謝ス』ノ百一字ヲ此裁判確定ノ日ヨリ一週日《まま》ノ間東京日々新聞時事新報毎日新聞郵便報知新聞朝野新聞ニ広告スルコトヲ命令ス」とした。

【19】 東京始審裁判所明治二一年五月一二日（名誉回復損害要償ノ訴訟 明治二〇年 10100119-00218）……〔事案〕Yの所有するやまと新聞が、無名の投書により、横浜居留地十番館某商会がハンカチーフの密輸によりサンフランシスコで罰金に処せられたとの雑報記事を掲載したので、X（メンドルソン）は、住所から自分と特定されるが密輸の事実はなく、栄誉信用と営業上の得意を失ったとして、①営業上の信用侵害による不利益の賠償、②サンフランシスコの税関から罰金処分なきことの証明を得るに要した費用の支払と、③やまと新聞社の名で、無根の雑報を取消す旨の広告文を、時事新報等七紙に各回、四号活字で掲載するかその広告費用を負担することを求めた（Xの代言人は岡山兼吉、Yの代言人は角田真平）。〔判決〕（柳田真平）記事は無根であり、Xの名誉を毀損した。そして、③について述べると、新聞記事は読者以外にも流伝するから、Yの新聞に記事取消を広告するだけでなく流伝を掃滅するに足る広告をする義務があるが、Yの新聞は海外で発売せず当該雑報は英字新聞に謄載されなかったのでXが選ぶ東京の三紙でよい。Xが当該雑報の無根なる旨を広告した上、Yからその費用を弁償すべし。また、②の費用二五円を支払う義務があるが、①の請求は証拠がないので認められない。

【20】 東京始審裁判所明治二一年五月一二日（名誉回復損害要償件 明治二〇年 10100119-00219）、大審院明治二二年三月九日大審院判決例民事集第一巻裁判粋誌附録八九頁……〔事案〕Yの所有する時事新報が、横浜居留地十番館の米人ウヰルソンがハンカチーフの密輸によりサンフランシスコで罰金に書せられたとの記事を掲載した。X（【18】と同じメンドルソン）は、【19】と同様の請求をした（代言人は同じく岡山兼吉）。これに対し、Y（代言人元田肇）は、名誉信用の毀損なく、Xを害する意がない、そもそもウヰルソンと記しただけで誰も害していない、当該広告の掲載は各新聞社の意によるので強制執行できないから請求は不当である、と陳述した。〔訴訟の経緯と判決〕東京始審裁判所（【19】と同じ柳田真平）は、住所・職業などからXに関する記事と解釈され得る、「凡ソ自己カ任意ノ所為ニ依

リテ他人ヲ害スルモノハ悪意ヲ挟サマサルモ亦其責ニ任セサルヘカラス」「本訴雑報ノ如キ誤テ公布シタル虚説ノ取消ヲ拒辞スルカ如キハ一般ノ新聞社ニ於テ故ナク其掲載ヲ拒辞スルノ道理ナキノミナラス広ク流伝シタル謬説誤聞ヲ消滅セシムルノ方法ハ新聞紙ニ於テ広告スルノ外他ニ適当ノ手段アルコトナシ」という点の外は、【19】と同様の理由により、同様の判断を下した（ただし、三紙でなく四紙への掲載を命ずる）。東京控訴院（芹沢政温、永井岩之丞、松野貞一郎）は、「悪意ヲ以テ掲載シタルニアラストスルモ不注意ニ因テ名誉ヲ毀損シタル責ハＹニ於テ免ル、ヲ得ス」という外は、始審判決と同じ理由で、原判断を認めた。これに対し、Ｙ側は上告し次のように主張した。①始終審は、Ｙに他意のなかったことを認めながら、「不注意ノ点ヲ以テ誹毀ノ訴訟ヲ構成スル」とした。英米私犯法では悪意を誹毀の一要素としている。②記事はＸの名誉に影響していないから、Ｘは損害を証明しえていない。③第三者に謝罪文を広告させる判決は執行できない。仏英米でも金銭賠償であり、行為・不行為を命ずるのは僅かである。判事が自由に行為を命ずることができるとすると、「人民ノ権利ヲ害スルノ憂アル」。ドイツのある州では特別法のある場合に限って新聞広告を民事制裁の一具としているが、特別法のないわが国に適用するのは誤りである。④サンフランシスコ税関証明書の費用はＸが随意に消費したものである。しかし、大審院（中村元嘉、高木勤、加藤祖一、安居修三、谷津春三）は、次のように述べて上告を受理しなかった。①「自己ノ不注意ニ因リ人ノ名誉ヲ毀損シタル上ハ悪意ノ有無ニ拘ハラス其補償ノ責ヲ免ル可カラサル條理ナルヲ以テ之ヲ不法トスル論旨ハ採用セス」。②原判旨は当該記事がＸの名誉を毀損したと判定しているから、損害を証明している。③記事取消を命ずる始審の判決の取扱いはＸと他の新聞社の間の問題でありＹが立ち入る必要がなく、他に格段の支障がないから「執行ス可カラサル裁判ト為スヲ得ス」。

(3) その他

【21】 熊本始審裁判所明治一五年一〇月六日（名誉回復ノ訴訟　明治一五年　50500074-00086）、長崎控訴院明治一七年三月三一日（50500074-00014）……〔事案〕Xが地所売渡証書にYの実印を押取したと、Yが村役場に申し立て、かつ村内に触れ回ったので、Xは、新聞広告または村内掲示による名誉回復を求めた。〔判決〕始審裁判所は、Xが実印を押取しなかったとの確定の証拠がないから名誉毀損を「認知」できないとして請求を「採用」せず。控訴審も、実印押取がなかったとの証拠がないから不実とはいえず、また公示しなかったとして請求を斥けた。

【22】 東京始審裁判所明治一五年一二月二八日（名誉回復ノ訴訟　明治一五年　10100042-00046）……〔事案〕Yが「Xカ不品行云々等ノ文詞ヲ登記シテ京橋区役所へ差出シ」たので、Xが名誉回復を請求（請求内容は不明）。〔判決〕「公衆ニ向テ公然誹謗譏毀セシモノ」でないから名誉毀損はなく、「請求ハ不相立」。

【23】 東京始審裁判所明治一六年七月?日（毀損店名回復并ニ損害要償ノ訴　明治一六年　10100059-00400）……〔事案〕「開福堂」の名で夏帽子洗濯業を営むXが、取次店Yに対し、Yがお客の帽子を「開福堂」の名で自ら洗濯して得益を私収しXの店名を毀損したとして、謝罪文を諸新聞に掲載することと一カ年の利益金二六円四〇銭の支払を請求した。〔判決〕（所長、大蔵、納富）Yは約束に違背しXの得るべき利益を失わせたから相当の補償は法律上至当の責任であるが、Xの請求はYの所為に対し過大である。「其状況ニ因り其金高ヲ□〔一字分判読できず〕量シ、Yハ償金五拾銭ヲ払ヲ以テ相当ト認メタリ。」

【24】 東京始審裁判所明治二一年七月二七日（名誉回復損害要償ノ詞訟　明治二一年　10100144-00224）……〔事案〕新聞発行者Xは新聞の印刷をYに請負せていた。Yの要請に応じ印刷機械購入費などを貸与したが、要請に際限がないので拒絶したところ、期日に印刷せず一三日間の休刊に至った。Xは、名誉・信用の喪失を理由に「東京府下有名ノ各新聞へ広告」を求め、新聞代・広告料の損害の弁償を求めた。〔判決〕Xの休刊は「Yカ印刷引受契約ノ履行ヲ

怠シタルニ原由スル」として損害賠償請求を認めたが、Yの契約不履行だけでは名誉毀損は認められないとして謝罪文請求は斥けた。

【25】　大審院明治二三年一〇月三〇日〔名誉回復件〕大審院判決例民事集第五巻裁判粋誌二五七頁……〔事案〕寺の檀家惣代Yらは、Xが檀家惣代の改選をせず、寺の財産を専横したとして、所轄県庁へ請願書を差し出したが、却下された。Xは、無根の事実により名誉を毀損されたとして、「〔当該〕請願書ニ記載セシ事柄ハ総テ無根ノ事実ヲ捏造シタルモノナル旨ノ書面ヲY共ヨリ喜多院ノ檀家惣体へ差出スベキコト〔寺ノ檀徒ニ通知スルコト〕ヲ請求」した。〔訴訟の経緯と判決〕始審裁判所は請求を裁可。控訴院は、請願書は「世上ニ公布」されず却下されたから名誉毀損が認められないとして、Xの請求を斥けた。Xは上告し、「不実」「名誉毀損」「公布」「悪意」のほかに「信用ノ実否」を誹毀の構成要素に加えたのは不法である、請願書提出は「公然公布」になると主張した〔代言人は高橋捨六〕。大審院は、名誉毀損の有無は「原裁判所ノ権内ナル事実上ノ判定」である、請願書の提出は「汎然第三者ニ公示セシ場合ト同視スルヲ得ス」として、上告を受理しなかった。

（1）　以下の判決は、民事判決原本データベースのうち事件名に「名誉」「謝罪」の語を含むもののほか、『明治前期大審院民事判決録』『大審院判決録』『裁判粋誌』から個別に見出したものである。各判決の記載は順に、判決裁判所、判決年月日、〔事件名、事件番号による訴え提起年、データベースの判決コード〕である。判決年月日の?は、それが不明であることを指す。データベースによらない判決は出典を記した。〔判決〕あるいは裁判所名に続く括弧内は担当裁判官の名である。

（2）　なお、本判決の直後に宮城控訴院明治二二年一一月二五日（60000037-00009）が綴じられているが、内容が本判決と全く同じであるこの判決（60320025-00009）には四カ所の訂正があり、本判決はその訂正を踏まえて清書したもののようである。裁判官の捺印等はいずれの判決書にもある。

（3）　この事件については、石河幹明『福澤諭吉伝第三巻』（一九三二年）二一九頁以下に詳しい紹介がある。控訴審の判決原本がデータベース中に見当たらないが、その主要部分は同書二二四頁以下に引用されている。同書二一九頁、二三五頁によると、この社説は福沢諭吉が書いたものであり、陳述の理由書も主に福澤が書いたという。なお、原告の請求の趣旨は判決原本に記されていないので、本文でのその紹介は裁判粋誌一三〇頁の記述によった。しかし、始審裁判所が七日間の掲載を命じていることからは、「五日間」というのは裁判粋誌の誤植かと思われる。

（4） 本判決については、五十川直行「日本民法に及ぼしたイギリス法の影響〈序説〉」『加藤一郎先生古稀記念　現代社会と民法学の動向　下』（一九九二年）二一頁以下が、当時のイギリス法との関係、および、後の民法七二三条の「名誉ヲ回復スルニ適当ナル処分」との関係を、詳しく検討している。

二　分　析

一で見たように、名誉回復訴訟についてはまとまった数の判決例が存在する。本節では、この判決例の背景と、判決文が述べている要件論・効果論を検討する。

1　明治前期の名誉回復訴訟の背景

名誉回復訴訟の大多数は、告訴による名誉毀損と報道による名誉毀損である。地域を見ると、告訴によるものは全国に散在しているが、報道によるものは東京・横浜に集中している（判決原本がデータベースに入力されていない京阪神地方でも小新聞が発行されていたから、報道による名誉毀損事件はあったと思われる）。他方、判決年を見ると、一八八二年（明治一五）以前にはなく、一八八三年（明治一六）以降に集中している（訴え提起の年も、明らかなものはすべて、一八八二年以後である）。もっとも、限られた入力済のデータを「名誉」「謝罪」という事件名で検索しただけだから、一八八二年以前には「名誉」を含まない事件名で名誉回復訴訟が存在する可能性がある。[1] とくに、報道による名誉毀損事件は次に述べる事情から一八八〇年代前半に新しく出現したものだったとしても、告訴による名誉毀損事件は、文明開化の先進地域である東京・横浜に限られていないことを考えると、一八八二年以前にも何らかの形で存在したのではないかと思われる。しかし、名誉回復訴訟が一八八三年（明治一六）に現れたというのは、冒頭にあげた一八八八年（明治二一）の論文の記述には適合している。また、新受件数に関する前掲の表や後述する旧刑法・治罪法施行の事実からは、一八八三年前後に、少なくとも名誉回復訴訟が増加したことは確かなように思われる。

それでは名誉回復訴訟が一八八三年頃に現れたあるいは増加したとして、それはなぜであろうか。告訴・報道による名誉毀損の両者に共通する原因と、それぞれに特有の要因とが考えられる。

まず、両者に共通する要因としては、一八八二、三年における訴訟一般の増加、中でも「損害要償」の訴訟の増加がある（表を参照）。この「損害要償」訴訟が増加した原因としては、一八八二年（明治一五）の旧刑法・治罪法の施行が考えられる。治罪法・旧刑法が施行されるまでは一般に、被害者の救済は刑事罰に附随して図られていた例えば、過って他人を死傷させた場合について、一八七三年（明治六）の改定律例は、「凡過失殺傷収贖ハ殺傷セラルルノ家ニ給シ埋葬及ヒ医薬ノ資ト為ス」「過失殺　懲役終身　四十圓」としていたが、これは、過失致死の場合に、加害者は懲役終身刑を受けるが、四〇圓の贖金を官納することによって実刑を免れることができ、その四〇圓は被害者の家に給付することを意味していた（ほかの例では、過失で「一歯一指ヲ折リ一目ヲ眇シ耳鼻ヲ抉毀シ骨ヲ破リ及ヒ湯火ニテ人ヲ傷スル者」は「懲役二年　十五圓」(2)）。このように、民事責任が刑事責任から未分化であった(3)。そして、名誉毀損のように、刑事法規が収贖、金銭の追給を規定していない(4)場合には、普通、被害者は民事賠償を請求しなかったものと思われる(5)。このようなそれまでの状況に対し、治罪法は、冒頭の第二條で、「私訴ハ犯罪ニ因リ生シタル損害ノ賠償贓物ノ返還ヲ目的トスル者ニシテ民法ニ従ヒ被害者ニ属ス」と規定し、旧刑法は、「懲償処分」の節の四六条で、「犯人刑ニ処セラレ又ハ放免セラルヽト雖モ被害者ノ請求ニ対シ贓物ノ還給損害ノ賠償ヲ免カルコトヲ得ス」と規定し、刑事責任とは別に被害者は賠償請求できることを明言した。さらに、旧刑法附則五九條は、「人ノ名誉若クハ殺傷ニ関シタル損害其他犯罪ノ為メ現ニ生シタル損害ハ其賠償ヲ請求スルコトヲ得」として、民事損害賠償の原則を規定した。これらは、犯罪の場合に関する規定であるが、不法行為責任一般に関する準則と理解された。例えば、旧刑法四六条に関し、ある注釈書は次のように言っていたのである。「損害ノ賠償トハ、人ノ名誉若クハ殺傷ニ関シタル損害其他犯罪ノ為メ現ニ生シタル損害ノ償ヲ云フ。但シ、此義務タル既ニ刑罰ニ非ス。故ニ、之ヲ負フ者ハ犯人ニ止ラス、凡ソ民法ニ於テ義務ヲ担当ス可キ任アル者亦其責ニ任セサル可カラサルナリ。」(6)

次に、告訴による名誉毀損に特有の要因としては二つが考えられる。一つは、当時、告訴は、民事上の権利行使の一手段のように考えられ広く行われたことである。【1】〜【12】のすべてが第三者による告発ではなくて被害者による告訴であり、【3】では告訴した被告が「民事ニ訴フヘキヲ告訴セシハ其手続ノ錯誤ニ出テタルモノ」と弁明し、【9】では株券を取り戻すために告訴していることなどに、このことがうかがわれる。いま一つは、ふたたび治罪法の施行である。治罪法は、二つの点で告訴による名誉回復訴訟を促した。第一に、治罪法以前の新律綱領・改定律例の時代には、不当告訴による賠償責任は一般に考えられていなかったが（【3】事件で、被告側は、「此告訴ノ際ハ新律綱領改定律例施行中ニ係レハ裁判上損害弁償ノ義務ナシト信スルヲ以テ」と主張している）、治罪法一六条は不当告訴に対する損害要償を明言したので(7)、告訴人に対し損害賠償を請求するようになったのであろう。第二に、治罪法は起訴法定主義を採り、起訴するか否かについて検察官の裁量を認めなかったので、告訴はより直接的に捜査の開始・起訴に連なった(8)。このために、免訴・無罪とされた被告訴人の名誉回復の要求は、告訴者に向けられたのであろう。

最後に、報道による名誉毀損事件がこの時期から多いのは、明治一〇年前半にそれまでの大新聞（政論新聞）から大衆向けの小新聞に移行したからであろう。大新聞は、旧士族・知識人を対象とし、漢文口調の論説が中心であったが、政府の徹底した弾圧により経営が成り立たなくなったこともあって退潮した。これに対し、小新聞は、不偏不党を編集方針とし、一般大衆を読者とする報道と社会面を中心とし、そのゆえに名誉毀損の危険が大きかった。裁判例で被告とされた新聞のうち、【17】の朝野新聞（成島柳北、末広鉄腸）は典型的な大新聞であったが、【16】【18】【20】の時事新報（福沢諭吉が指導）は小新聞の傾向を持ち、【14】の有喜世新聞、【15】の明治新報、【19】のやまと新聞は典型的な小新聞であった(9)。

以上の二つの名誉回復訴訟のうち、報道によるものはその後も恒常的に存在し、今日も多い。それに比べると告訴によるものは、公表された裁判例をみる限り、一九〇〇年代後半（明治四〇年代）以降に非常に少なくなっている(10)。あるいはこの時期に、民事手続と刑事手続の区別が広く認識され、民事上の権利を告訴の形で主張をすることが少なくなったのであろうか。

最後に、「(3)その他」の名誉毀損事件をみておこう。五件のうち、【21】【22】【25】では、YがXを村役場・区役所・県庁へ訴えたことが名誉毀損になるかが争われた。私人間の争いを役所へ訴えた点で、これら事件の背景は告訴による名誉毀損と同様と考えることができる。【23】では店名冒用の場合に、【24】では契約不履行の場合に、損害賠償とともに、謝罪広告による名誉回復を請求している。今日では金銭的な損害賠償しか請求しない事案で、当時は謝罪広告を請求していたのであるが、この点については**3**(1)の冒頭で再度検討する。

(1)　例えば、たまたま見出した東京裁判所明治一二年一二月一〇日（損害要償ノ訴訟　10100021-00085）は、事件名に「名誉」の語を用いていないが、「栄誉毀損ノ要償」に関する事件である（Xは、総野騒擾の際にYがX方に寄宿したために旧佐倉藩に拘引され辱めを受けたとして、Yに対し「栄誉毀損ノ要償三〇〇円」を求めた。裁判所は、Xの「栄誉毀損」の原因がXの寄宿に因るものか不明であるとして請求を斥けた。）。

(2)　なお、この贖金を納めることができないときには実刑が執行され、懲治監での労働の賃金をもって贖金を払わせたという。以上につき、小林忠正「過失賠償と贖罪」『二一世紀の民法——小野幸二教授還暦記念論文集——』（一九九六年）一一二九頁以下、小泉輝三朗『明治黎明期の犯罪と刑罰』（二〇〇〇年）一二三八頁以下を参照。

（3）前注の小林論文のほか、吉村良一『人身損害賠償の研究』（一九九〇年）六〜一〇頁を参照。しかし、既に司法省明治一〇年八月二四日達丁六〇号（法規分類大全・治罪門・刑事諸則九六頁）は、「右等ノ類掲ケテ律例ニ在リト雖モ其性質ハ全ク民事ニ属ス但刑事ニ附帯スルヲ以テ刑事裁判官其ノ処分ヲ行フハ其ノ便ニ従フナリ故ニ右等ノ事即チ民事ニ付不服ノ者ハ民事ノ手続ニ拠ルヘキ儀ト可相心得」き旨を達し（内池慶四郎『不法行為責任の消滅時効』（一九九三年）一二二頁注（5）による）、司法省明治一〇年一〇月八日達丁七四号は「刑事ニ附帯シテ起ル民事ノ賠償裁判心得」を達しており（伊藤孝夫「近世日本の出版権利関係とその解体」法学論叢一四六巻五・六号（一九九九年）一六〇頁注③による）、民事責任追及の手続が刑事手続から分化しつつあった。

（4）新律綱領・改定律例の罵詈律は、例えば、「凡人ヲ罵ル者ハ笞一十。互ニ相罵ル者ハ各笞一十。」と定めるのみである（石井紫郎・水林彪『日本近代思想大系7　法と秩序』（一九九二年）二八一頁以下、小野清一郎『刑法における名誉の保護』（一九三四年）一二六頁以下）。

（5）中川善之助・宮沢俊義『現代日本文明史第五巻　法律史』二四四頁（中川）は、明治前期の事情につき、「一面においては依然として不法行為上の責任は刑事責任と混同して考へられ、他方これに基づく損害賠償は慣習法上示談的に処理するに任せられる場合が多かったものの如くである。」と述べている。

（6）高木豊三『刑法義解』（一八八一年）一〇七頁。その他、千阪彦四郎編述『日本刑法實用』（一八八八年）四〇頁。

（7）治罪法一六条①被告人免訴又ハ無罪ノ言渡ヲ受ケタル場合ニ於テ其訴訟ノ原由告訴人告発人又ハ民事原告人ノ悪意若クハ重キ過失ニテ出タル時ハ是等ノ者ニ対シ損害ノ償ヲ要ムルコトヲ得　②被告人刑ノ言渡ヲ受ケタリト雖モ告訴人告発人又ハ民事原告人ヨリ悪意若クハ重キ過失ニ因リ其犯罪ニ付キ過実ノ申立ヲ為シタル時亦同シ

（8）三井誠「検察官の起訴猶予裁量（一）」法協八七巻九・一〇号（一九七〇年）九〇九頁。

（9）以上は、西田長寿『明治時代の新聞と雑誌』（一九六一年）五四頁以下、片山隆康『明治新聞ものがたり』（一九八九）九六頁以下などによる。

（10）一九三〇年代までの裁判例については、末川博『権利侵害と権利濫用』（一九七〇年）七三三頁以下、一九六〇年代までの裁判例については、加藤一郎編『注釈民法（19）』（一九六五年）一八八頁以下（五十嵐清）を参照。

2　名誉毀損の要件論

判決理由中の要件論については、保護法益の側では名誉という要件を、加害者の側では悪意・重過失という要件を見てみよう。

(1)　保護法益としての名誉概念

二で見たように、明治一〇年代の裁判例は、告訴や報道によって侵害された利益を「名誉」と呼んでおり[1]、判決文から見る限り、被告側もそれを争っていない。このことは、名誉という概念が既に存在し、さらに、それを保護法益として認めていたことを意味する。名誉の概念自体は、既に江戸期に栄誉の担保、栄誉罰ないし名誉罰という制度にみられた[2]。しかし、これらは責任の担保ないし制裁としての名誉であり、保護法益としての名誉ではなかった。保護法益としての名誉の形成は、責任担保や制裁としての名誉とは別に見なければならない。

当時の文献・資料の中で、保護法益としての名誉概念が見られるのは、一八八二年（明治一五）から施行された旧刑法（公布は一八八〇年）である。第一に、旧刑法三五五条～三六一条が「誣告及ヒ誹毀ノ罪」を規定して、名誉を刑事上の保護法益と規定した。この節の名称は、起草過程では、「誣告及ヒ人ノ名誉ヲ害スル罪」「他人ノ名誉ヲ害スル犯罪」「人ノ名誉ヲ害スル罪」などであったし、最終的な誹毀罪の法文（三五八条）は、「人ノ名誉ヲ害スルノ意ヲ以テ公然其悪事醜行ヲ摘発公布シタル者ハ事実ノ有無ヲ問ハス左ノ例ニ照シテ処断ス」とし、名誉が刑事上の保護法益であることを明定した。第二に、前記のように旧刑法附則五九條は名誉毀損が賠償責任の原因になることを明示した。そして、同条の注釈書は、名誉が民事上の保護法益になることを説いた[3]。この附則五九條は、犯罪に当たる不法行為の賠償責任を規定したものであるが、不法行為法の制定法法源として、犯罪行為の場合に限らず広く名誉回復訴訟にとって参照規準になったと考えられる（前出1注（6）の本文を参照）。この旧刑法附則五九條が、「殺傷」のほかに、種々の保護法益の中から「名誉」のみを規定した経緯は、明らかにできなかった。(4)しかし、本条を含む旧刑法附則第五章賠償処分の民事的規定（第五四條〜第六三條）の内容の基本的な部分が、一九七五〜七六年（明治八〜九）の『ボアソナード答問録』にみられることから、旧刑法起草の過程でボアソナードが出した意見を基礎にしたものと推測される。(5)

(2) 加害者の悪意・重過失

当時の名誉回復訴訟でしばしば争われたのは、責任を負うのが悪意または重過失の場合に限られるかという問題である。問題状況は、告訴による名誉毀損と報道による名誉毀損とで異なっていた。

告訴による名誉毀損については、治罪法一六条が損害要償を加害者が悪意・重過失のときに限っていた（前出1注（7）参照）ので、依るべき準則は明確であった。裁判例をみると、【1】は、被告側が善意・無重過失であったことを主張しなかったためか、被告の悪意・重過失の有無を論ずることなく「粗忽ノ責」を認定して、責任を認めた。しかし、【1】以外の裁判例はすべて、被告の悪意・重過失を要求している。そして、【3】を除き、悪意・重過失でなかったとして請求を斥けている（【3】では、始審裁判所は、「損害ヲ被ラセタル者ヨリ之ヲシテ償フハ自然ノ條理ナル」旨を説明しつつも、結局、「Yノ所為ハ重キ過失」だとし、大審院は、「猥リニ人ノ名誉ヲ害セシ責メ免レス又其レカ為メ一方ニ損害ヲ被ラセタラハ之ヲ弁償スヘキハ当然ノ條理ナリ」としつつ、「是ヲ以テ原裁判所カ訴訟ノ原由重キ過失ニ出テタルモノト認メ上告人ニ義務アリト判決セシハ至当ナリ」とした）。このように、ほとんどの場合には悪意・重過失を否定して請求を斥けた。これは、何を意味するのであろうか。

不当告訴の損害賠償を悪意・重過失の場合に限った治罪法一六条は、ボアソナードがフランス治罪法（Code d'instruction criminelle francais, a. 136, 212, 358, 359, 436）に従ったものであるが、同法が告訴人が悪意・重過失の場合に損害要償を限ったのは、告訴が社会的に有用であり、また、告訴者が誤る原因が多いと考えたからである(6)。

以上に対し、報道による名誉毀損に対する損害賠償請求では、加害者の悪意を要件とする法規範はなかった。しかし、【16】【18】【20】事件で、被告側代言人は、悪意でないから責任がないと主張した。このうち、【16】【20】事件では英米法の考え方を援用している。しかし、【16】の大審院は、悪意を要件とするかを論ずることなく、悪意を否定した。【18】の始審裁判所は、英米法の考え方に従い悪意を要件としつつ、悪意を推測した(7)。【20】では、始審裁判所は「悪意ヲ挟サマサルモ亦其責ニ任セサルヘカラス」とし、東京控訴院は「悪意ヲ以テ掲載シタルニアラストスルモ不注意ニ因テ名誉ヲ毀損シタル責ハＹニ於テ免ル、ヲ得ス」とし、大審院は、「自己ノ不注意ニ因リ人ノ名誉ヲ毀損シタル上ハ悪意ノ有無ニ拘ハラス其補償ノ責ヲ免ル可カラサル條理ナル」とした。このように、代言人と裁判官の一部は、英米法に基づき悪意を要件と考えたが、大勢は「條理」を理由に悪意の場合に限定しなかった。さらに、旧刑法の誹毀罪の起草過程で、ボアソナードは名誉毀損の民事責任は悪意を要件としないという考えを明らかにしている（「誹毀ノ罪ト雖モ一般ノ罪ト同シク其名誉ヲ害スル意ナキトキハ刑法上ニテ罪ト為スヲ得ス然シ其意ナキ時ト雖モ現ニ名誉ヲ害シタル時ハ民法上ニテ損害ノ償ヲ出スヘキコトト為ス」(8)）。以上によれば、報道等による名誉毀損での対立は、一応、英法対仏法の対立ということができる。

ただ、この英法対仏法の対立は、当時の代言人と裁判官の違い、それぞれの世代が受けた法学教育・訓練の違いでもあったように思われる。これらの事件の代言人達の一部は一八五〇年代以後の生まれで、一八七〇年代半ばから開始した西洋法の教育、特に大学校（後の東京大学）の英法教育を受けており、訴訟でも英法の考えを明快に主張した(9)。これに対し裁判官達は一つ上の世代であり、例えば一八三〇年代生まれの大審院の判事達は、二〇歳代半ば以上で維新を迎え、行政官・軍人等の経歴を経て「自由任用」により判事になっていた。それは、司法省法学校の仏法教育、開成学校・大学校の英法教育が機能する前であったから、彼らは法学的素養を、司法省の巡回教師の講義を聴き、ボアソナードの『性法講義』、箕作の『仏国六法』を読み、「大審院決議」「司法省指令」で実務を処理する中で身につけていた。彼らのフランス法の知識の基底には伝統的な法意識があったように思われる[10]。

ところで、右の悪意・重過失を要件とする考え方は、その後、段階を経て後退してゆく。まず、一八九六年（明治二九）の民法典は名誉毀損の不法行為要件を七〇九条の一般的不法行為に統合したので、報道による名誉毀損については「過失」があれば不法行為になることが明確になった。しかし、告訴による名誉毀損については、悪意・重過失を要件とする状態が続いた。すなわち、治罪法は、一八九〇年に旧々刑事訴訟法（明治二三年一〇月七日公布、同年一一月一日施行）にとって代わられたが、同法も同様の規定を置いていた[11]。そして、この規定は、民法典制定のときにもそのまま残された。したがって、以後は、「此等ノ規定ハ不法行為ニ関スル民法ノ規定ノ例外ニシテ、即チ、要償ノ訴ハ一方ニ於テ公訴ノ繋属スル裁判所ニ提起スルコトヲ得ルノ便宜アルト同時ニ（一三第四項）、他方ニ於テハ告訴人告発人（即チ不法行為者）ノ悪意又ハ重過失ヲ理由トスル場合ニ限リテ之ヲ提起スルコトヲ得ルモノトス[12]」と解された。悪意・重過失の場合に限る理由は、一般の者の告訴・告発を促すためと説明された[13]。しかし、一九二二年の旧刑事訴訟法（大正一一年五月五日公布、大正一三年一月一日施行）になると、これらの規定は削除され、以後は、告訴による名誉毀損も民法七〇九条により、過失があれば損害賠償責任を負うこととなった[14]。この変化の原因は、この時期に、捜査権限の拡大と捜査能力の向上により告訴・告発を促す必要がなくなったことと、起訴便宜主義の拡大により告訴・告発が直ちに警察・検察による逮捕・起訴につながらなくなった（両者の間の因果関係が否定されるので、告訴者が悪意の場合に限定する必要がなくなった）ことではないかと思われる[15]。

（1）なお、不当な告訴人に対し謝罪広告ではなく金銭的賠償を請求する場合にも、判決例は、治罪法一六条により、悪意・重過失であるか否かによって判断しているが、事件名や判決文の中で「名誉」の語を用いていない（八戸治安裁判所明治一五年七月二一日（水利妨害告訴要償　60630001-00016）、酒田治安裁判所（用紙のみ）明治一五年一二月一六日（告訴ヨリ起ル損害要償ノ訴訟　60340018-00091）、山鹿治安裁判所明治一六年一一月三〇日（告訴入費請求ノ訴　50560012-00432）、福島始審裁判所平支庁明治一七年一〇月三一日（殴打創傷告訴ヨリ生スル損害要償ノ詞訟　60240004-00008）、宮城控訴裁判所明治一八年八月二九日（告訴ヨリ生スル損害要償事件　60000023-00017）など）。結局、「名誉」は、不当告訴に対し謝罪広告を請求したり、不実の報道に対し謝罪広告・損害賠償を請求するように、治罪法一六条のような明確な判断規範がない場合に、請求の根拠として観念されたものかと思われる。もっとも、**【3】**の大審院明治一六年一一月一四日は、詫書を請求した場合に、「名誉」の語を用いていない。

（2）栄誉の担保については、小早川欣吾『日本担保法史序説』（一九七九年）四四一頁、栄誉刑については、石井良助『江戸時代漫筆　上』（一九七九年）三〇四頁以下、平松義郎『江戸の罪と罰』（一九八八年）四八頁（実際になされていたかについては意見を留保している）。栄誉刑と言っても、村極の刑罰であり、その実質は栄誉の担保に近かったと言われる。

（3）例えば、警視庁蔵版『刑法釈義』（一八八五年）四三三頁以下は、「被害者ヨリ……損害ノ賠償ヲ要ムルヲ得ルコトハ、治罪法釈義第二條ニ詳説セシ如ク事物自然ノ数理ニシテ、敢テ一点ノ疑ヲ容レサルナリ。唯名誉ニ関シタル損害ニ至テハ、或ハ異論ヲ唱フル者アリト雖モ……」と論じている。

（4）旧刑法附則は、刑法草案審査局から旧刑法の本体（一八七九年（明治一二）六月に上進）より一年半以上遅れて一八八一年（明治一四）一二月に上進され、施行（一八八二年一月一日）直前の一八八一年一二月一九日に公布されたものである（新井勉「旧刑法の編纂（二）・完」法学論叢九八巻四号（一九七五年）九九頁、一〇八頁、浅古弘「刑法草案審査局小考」早法五七巻三号（一九八二年）四〇六頁）。

（5）法政大学『ボアソナード答問録』（一九七八年）の「13　重罪、軽罪または違警罪事件における損害賠償についての覚書」（四三頁以下）、「22　善意の占有にかかる盗品についての覚書」（八四頁以下）など。

（6）Boissonade, Projet de Code de procédure criminelle pour l'Empire du Japon accompagné d'un commentaire, 1882, pp. 57-59; Faustin Hélie, Traité de l'instruction criminelle, t. 4 ème, 1866, pp. 304 et s. notamment, p. 313.

（7）五十川・前出Ⅰの注（4）四二頁を参照。

（8）西原春夫ほか編著『日本立法資料全集34　旧刑法〔明治一三年〕(3)—Ⅲ』（一九九七年）四一五、四一六頁。ボアソナードは、

「其名誉ヲ害スル意ナキ」例として、酔興で他人の不品行を公然と毀損した場合をあげている。

(9)【16】の被告側代言人・澤田俊三は一八五二年生。英学を学んだのち横浜でアメリカ人法律家ヒルの下で、その後は工部省翻訳掛としてイギリス人法律家デンソンに法律を学び、一八七七年に判事補に任ぜられた。判事を辞職した後、一八八一年に代言人の免許を取得している。【20】の被告側代言人・元田肇は、一八五六年生。英学を学んだのち開成学校・大学校で英法を学び一八八〇年に卒業。法学協会雑誌の持ち主となり、英吉利法律学校の創立にも尽力した。以上は、『日本法曹界人物辞典　第6巻』（一九九六年）所収のいくつかの『代言人列伝』『代言人評判記』による。

なお、英米法の考え方としては、悪意の法理のほかにも、正当な論評の法理が、【16】の上告理由と【18】の判決理由の中にみられる。

(10) 村上一博「明治初期における一裁判官の法意識――三島中洲の『民事法律見聞録』と質地論――」明治大学社会科学研究所紀要三二巻二号（一九九四年）一頁以下、岩本十郎「近代日本史研究における『学識』判事との遭遇」『日本法曹界人物事典　別巻』（一九九六年）一頁以下を参照。取り上げた判決例でみると、【16】事件の大審院の判事は、西成度（一八三五年生。一八七一年に司法省出仕）、坂本政均（一八三一年生。一八六八年に民法裁判所留役。その後、会計・大蔵・民部・司法等の諸官を累進後、一八八二年に判事）、中村元嘉（一八三八年生。旧高槻藩士。一八七二年司法省出仕。兵庫裁判所、東京裁判所勤務等を経て一八七六年大審院判事補）である。控訴審の判事のうち経歴が分かるのは、今村信行（一八四〇年生。一八七二年司法省出仕し、判事補を経て判事。のちに民法編纂委員、法律取調報告委員等を歴任）である。【20】事件の大審院の判事のうち経歴が分かるのは、中村元嘉（右述）、高木勤（一八四五年生。維新後司法部に出仕し鞠獄司調役、同書記等を経て一八七四年に埼玉裁判所副所長一八八七年に大審院評定官、一八八九年に大審院判事に補す）、控訴審の判事のうち経歴が分かるのは、永井岩之丞（一八四五年生。旧幕臣嗣子。一八七三年司法省十等出仕、判事補等を経て、一八八〇年に大阪上等裁判所詰。一八八三年に東京控訴裁判所所長。後に大審院判事）である。以上は、『日本現今人名辞典』（一九〇〇年）、『大日本人名辞書』（一九一二年）によるが、控訴審・始審を含めて、他の裁判官の経歴は明らかにできなかった。

(11) 第一三条①被告人免訴又ハ無罪ノ言渡ヲ受ケタル場合ニ於テ其訴訟ノ原由告訴人、告発人又ハ民事原告人ノ悪意若クハ重過失ニ出テタルトキハ是等ノ者ニ対シ損害ノ償ヲ要ムルコトヲ得　②被告人刑ノ言渡ヲ受ケタリト雖モ、告訴人、告発人又ハ民事原告人ヨリ悪意若クハ重過失ニ因リ其犯罪ニ付キ過実ノ申立ヲ為シタルトキ亦同シ

（12）　牧野英一『増訂　刑事訴訟法』（一九一八年）一五二頁。告訴人の悪意・重過失を要件とする当時の判決例として、大判明治三四年三月五日民録七輯三巻七頁（損害要償ノ件）、大判明治三四年一〇月二三日民録七輯九巻一〇九頁（名誉回復損害要償請求ノ件）がある。

（13）　亀山貞義『刑事訴訟法論　巻之二』（一八九二年）三八六頁。

（14）　小野清一郎『刑事訴訟法講義』（一九二四年）五四四頁。同書は、「従来と雖も此の思想（民法七〇九条の一般原則）を基礎として要償の訴が認められていたのである」という。前注の大判明治三四年三月五日も、無罪の言渡しを受けた者が告訴人に損害賠償を請求した事件で、原審が、「無疵潔白ナル控訴人（原告）ニ対シ漫然告訴ヲ為シタル被控訴人（被告）ハ甚シキ過失アルモノト云ハサル可カラス」として被告の賠償責任を認めたのを破棄したが、その際に、「原判断ノ如クスルトキハ……何人モ其危険ヲ懼レ終ニ告訴又ハ告発ヲ為スモノ殆ント之レナキニ至ラン」と判示している。

（15）　不当告訴・不当告発による損害賠償責任を悪意・重過失の場合に限定する規定は、既に明治三四年案の段階でなくなっているが、この草案の起草過程における議論は明らかにできなかった。明治末から大正期にかけての強制捜査権限と起訴裁量の拡大については、三井誠「検察官の起訴猶予裁量（一）（二）」法協八七巻九・一〇号（一九七〇年）、九一巻七号（一九七四年）、小田中聡樹『刑事訴訟法の歴史的分析』（一九七六年）二一一～二一五頁、一七五頁、二六四～二六六頁、三五八～三五九頁を参照。

3　名誉毀損の効果論

名誉回復の方法として、当時の裁判例は、告訴・報道のいずれによる場合にも、金銭的な損害賠償のほかに、謝罪広告などの非金銭的な救済方法を認めていた。当時から議論があった後者の救済方法から見てみる。

(1)　非金銭的な救済方法——謝罪広告など

ここでは、謝罪広告請求が今日よりも広範に用いられていたことと、非金銭的な救済方法の中で謝罪広告が広く用いられるようになった経緯をみておく。

まず、明治前期には、謝罪広告請求ないし取消請求・謝罪請求が今日よりも広く使われていた。取り上げた判決例では、【8】を除くと、告訴・報道・それ以外のすべての事件でこれらの請求がなされている（ただし、【1】【7】【15】【22】では名誉回復請求の内容が不明）。さらにみると、【23】では、今日なら不正競争防止法の差止請求・損害賠償請求になる事件で、謝罪広告を請求している。また、【24】では、契約不履行の場合に、損害賠償とともに、謝罪広告による名誉回復を請求している。このような謝罪広告請求を、裁判所も広く認めたが、【23】【24】の事件では金銭賠償しか認めなかった。契約不履行・不正競争の事件では、非金銭的な請求を法廷に持ち込もうとする当事者と、法的な争訟を金銭的な請求の認否に限定しようとする裁判所とが対立していたように思われる。

それでは、謝罪広告請求は、どのようにして形成され、非金銭的な救済方式の中で主要なものになったのであろうか。

名誉毀損の場合の非金銭的な救済方法は種々考えられる。それらは、（ア）名誉毀損であると宣告するだけか、名誉毀損行為を取消すか、さらに謝罪までするか、（イ）これらの宣告・取消・謝罪を、裁判所が裁判所の名でするのか、裁判所が加害者の名でするのか、加害者自身が（その名で）するのか、（ウ）これらの宣告・取消・謝罪を法廷・判決でするだけか、広告により一般の公衆に知らせるか、といった点で整理できる。ただ、告訴を取消すことは考えられず、裁判所が裁判所の名で謝罪することはないので、結局、（a）裁判所が裁判所の名において名誉毀損を宣告したり名誉毀損行為を取消す判決、（a'）そのような判決の広告、（b）裁判所が加害者の名において名誉毀損行為を取消しあるいは謝罪する判決、（b'）そのような判決の広告、（c）加害者自身による取消しあるいは謝罪（法廷での謝罪、謝罪文の交付）、（c'）そのような取消しあるいは謝罪の広告、の六つがあることになる。しかし、実際の裁判例で多かったのは、（b'）の、裁判所が加害者の名において記事を取消しあるいは謝罪する旨を広告するものである（名誉毀損行為を取消すものは【4】【5】【16】【19】【20】。謝罪まですするものは【1】【2】【3】【8】【11】【14】【17】【18】【23】）。（c）の、加害者自身による取消し・謝罪を請求するのは、詫書の交付を請求した【3】と、不実であった旨の文書の交付を求める【25】だけであり（あるいは【11】もか）、（c′）加害者自身による取消し・謝罪の広告を請求したものはない。また、（a）の、裁判所が裁判所の名で名誉毀損を宣告したり記事を取消す判決や、（a′）そのような判決の広告、（b）裁判所が加害者の名において記事を取消しあるいは謝罪する判決もなかった。なお、【6】【12】【13】【21】【24】は広告の請求であるが公告の内容が取消だけか謝罪を含むか不明であり、【1】【7】【15】【22】は名誉回復請求であるが、広告を求めるものか否かもその内容も不明である。

（b′）の謝罪広告を中心とするこの救済方式はどのようにして形成されたのであろうか。既に述べたように、謝罪広告等は一八八二年（明治一五）以前の裁判例には見当たらないから、一八八三年頃に代言人達が案出したものでないかと思われる。しかし、そのときに基礎になったのは何であろうか。二つのことが考えられる。名誉毀損に対する当時の刑事法規と、江戸期からの「詫び証文」の伝統である。(1)

まず、前者であるが、刑事法規と言っても、謝罪広告の裁判例が現れる前年の一八八二年に施行された旧刑法の三五五条以下（誣告罪・誹毀罪）は謝罪広告を規定していない。さらにその前の新律綱領・改定律例の罵詈律にも、讒謗律第五条にも、謝罪広告のような制裁はない。しかし、旧刑法の基になった一八七七年（明治一〇）一一月の「日本刑法草案」（確定稿）は、第三編第一章第一二節（誣告罪・誹毀罪）の四〇一条に、「誣告又ハ讒毀ノ罪ヲ処断シタル時ハ裁判所ニ於テ被害者ノ請求ニ因リ其裁判宣告書ヲ新聞誌〔紙〕上ニ登記シ及ヒ其宣告書ノ副本数通ヲ被害者ニ給与スルヲ命スルコトヲ得但其費用ハ之レヲ犯人ニ科ス」と規定していた。これは、「日本刑法草案」の原案を起草したボアソナードが、主にドイツ刑法一六五条、二〇〇条に基づきつつ「犯由牌同様一種ノ附加刑」として提案し、日本人委員からの「被害者ノ請求ニ因リ」を加える修正を容れてなったものである。(2)しかし、「日本刑法草案」を刑法草案審査局で審査・修正する過程でこの規定は削除されたため、一八七九年（明治一二）六月の「刑法審査修正案」にも、一八八〇年（明治一三）七月一七日太政官第三六号布告の旧刑法にも、この条文はない。[3]刑法草案審査局での審議内容が不明であるので、この規定が削除された理由も分からない。[4]しかし、「日本刑法草案」は司法省によって活版に付され広く流布したというから、[5]判決の広告という考え方がある程度普及したと考えられるのである【20】の上告理由③がドイツ法に言及するのは、あるいは「日本刑法草案」の影響かと思われる）。もっとも、判決の広告は、広告という点では謝罪広告と共通するが、裁判所がその名でなすものであり、また、謝罪を含まない。それは、上記の整理の（a′）である。また、謝罪広告等の請求事件が現れるのは「日本刑法草案」の流布から数年後の一八八二、三年であるから、謝罪広告等の請求方式が「日本刑法草案」の影響のみによって案出されたとは思われない。そこで、もう一つの詫び証文をみてみよう。

詫び証文というのは、近世において、他人に対する過失を詫びるために出された謝罪文である。誤証文とも言われた。この詫び証文について、一七四〇年（元文五）の「公事方御定書」は、公儀（幕府）の裁判手続において、役人が当事者に強制して書かせることを禁じ、また、たとえ一方から誤証文が出されても、これと関係なく理非を明らかにして裁判すべきものとした。しかし、詫び証文は、村掟・村極における紛争解決・制裁として広く用いられたといわれる。[6]【3】事件の詫書の請求は、この詫び証文の伝統に由来するものでないかと思われる。また、【25】事件の取消し文書差出し請求にも、詫書の請求との類似性をみることができる。さらに、本稿の冒頭にあげた一八八八年の一裁判官の論文は、詫び書の請求と取消広告・謝罪広告等の請求とを非金銭的な救済方法として一括して議論していた。[7]ただ、上記の整理で言うと、詫書は（c）であり、（b′）の謝罪広告と違って、加害者本人が作成・交付するものであり、また、広告されない。これは、詫び証文が、謝罪と宥恕とが結びついて加害者と被害者を含む集団との人間関係を修復するものであるのに対し、謝罪広告はそのような機能を持たないことと関係している。

要するに、「日本刑法草案」からは（a′）裁判所の名による宣告の広告という考え方を、詫び証文の伝統からは（c）加害者自身による謝罪という考え方を承けながら、（b′）裁判所による加害者の名での取消・謝罪とその広告という救済方式が生み出されたのでないかと考える。この非金銭的救済方法に対しては、金銭賠償しか認めない英法の考え方から異議が出された（【20】事件の代言人元田肇）。しかし、その異議は同じ英法を学んだ者によっても斥けられた（【18】事件の中橋判事）[8]。そして、この救済方法は一八九〇年代半ばの民法典起草作業時までには裁判実務にすっかり定着していた。現行民法典の起草者は、この裁判実務を基礎にして七二三条の「適当ナル処分」という規定を起草したのである[9]。ただ、起草者らが考えていたのは（b′）の方式だけではなく、基礎にしたのも日本の裁判実務だけではなかったことに注意しておかなければならない。

たしかに、起草者らは「適当ナル処分」として、当時の裁判実務を念頭に置きつつ、新聞広告、特に謝罪の新聞広告、すなわち（b）（b′）の方式を考えていた。本条の起草を担当した穂積陳重委員は調査委員会の冒頭説明で、「是迄ハ勿論名誉回復ノ訴トカ云フ事ニ付テ色々ナ訴訟モアッタ……其名誉ヲ回復スル為メニ広告ヲサセルトカ或ハ広料ヲ請求スルト云フヨウナ風ノコトハ往々聞及ビマシタ……」と述べ、審議の中で岸本辰雄委員は、「二項ノ……名誉回復ノ処分ト云フモノガ出来マシタ之ハ今恰度有名ナル、、、、事件モ有ツテ大審院ノ判決例ハ恰度之ニ反対デ併シあれハアツテモ宜カロウトモ思ヒマシタガ……」「、、、、、事件ノ如キハ一号活字ヲ以テ十五日間トカ各新聞へ広告ヲセヨト云フコトヲ請求ヲシタ」と述べて、新聞広告の方式を支持した[10]。しかし、穂積委員は、右の説明に続けて次のように述べる。オランダ民法典は、①原告からの請求により誹毀の宣告を公示すること（a）、②被告が自分の誤りで原告の名誉を毀損したと広告すること（c）、③被告が裁判所で謝罪すること（c）を規定しているが、「乍併是ラモドウモ勿論裁判ニ懸ケマシタトキハ……適当ナ仕方デハナイ……夫故ニ広ク此処デハ……『……適当ナル処分ヲ命スルコトヲ得』」とした。例えば、加害者に命じて「取消セト云フ」、あるいは「或ル所へ手紙ヲ持ツテ往クトカサウ云フヤウナ風ノ夫レヲ取消セ言葉デ取消サセル」のだと言う（その趣旨はやや要領を得ない）。また、梅委員は、「虚構ナリシコトヲ一般ニ明白ニ」すること（a'）、「新聞紙上ニ自己カ主張シタル事実ノ虚構ナル旨ヲ広告」すること（b'かc'か不明）、法廷での謝罪（c）をあげ、法廷での謝罪については、「外国ニ行ハレタルコトアル」と述べている。[11]

このように起草者らは外国法をも参照し、（b'）だけでなく（a）（a'）（c）（c'）をも考えていた。しかし、民法典制定後の裁判実務は、救済方式をこのうちの（b'）へ集中させていった。すなわち、民法成立直後施行前の大判明治三〇年一一月二九日民録三輯一〇巻九七頁は、（c）謝罪文の交付請求は認めず、（b'）謝罪文の広告を認めた。Xが、YのXに対する暴言を名誉毀損だとして謝罪文の提出とその謝罪文をYの名で新聞紙上に広告することを求めた事件で、原審判決は、名誉回復の相当の処分として（b'）謝罪文の広告請求を認めたが、（c）謝罪文の交付請求は適当の処分とは認め難いとして斥けた。これに対し、Yは、（c）の義務がなければ（b'）の義務もないと主張して上告したが、大審院は、「本件ノ場合ニ於テ如何ナル行為ヲ以テ適当ノ処分ト為スヤ否ヤヲ判定スルコトハ原院ノ職権ニ属スル」として、上告を棄却した。本判決は謝罪文の交付請求を一般的に否定したわけではないので、その後もこれを認めるものはあるが極めて少ない（認めるのは、大阪区判大正九年九月三〇日評論九巻民訴五四五頁、高松地判大正一一年九月二七日新聞二〇五一号一七頁。東京地判大正一〇年五月一二日評論一〇巻民法九五三頁は、名誉毀損が軽微・一時的であることを理由に棄却。）。また、法廷での謝罪については否定した判決がある（東京控判昭和七年七月一五日新聞三四四九号五頁）。そのほか、（a）名誉毀損を宣告する判決や（a'）その広告を求める請求はみられない。このように、「適当ナル処分」は事実上、謝罪広告の請求に限られている。

起草者も認識していたように、名誉毀損の場合に非金銭的な救済方法を認めるのは、比較法的にも一般的である。ただ、諸外国で多いのは（a）裁判所の名での取消と（a'）その広告であり、そのほかには（c）加害者自身による法廷での謝罪があるのに対し[12]、わが国では、一八八〇年代から九〇年代にかけて、(b′)裁判所による加害者の名での謝罪広告が主な方式になったのである。これはどうしてであろうか。

(b′)の謝罪広告しかないのは、被害者が(a)や(c)を請求しないからである。(a)を請求しないのは、被害者があくまでも(加害者による)謝罪の形を求めるからである。そのような被害者の感情的な要求の上に、一見したところ詫び書の伝統が続いている。しかし、共同体による紛争解決の機構がなくなったところでは、加害者自身に謝罪文を書かせるのを強制執行することは難しい。たしかに間接強制の方法はあるが、そこまでして加害者自身に謝罪させる必要があるとはえない。そこで、裁判所が加害者の名前で謝罪文を書き、それを広告するようになっているのであろう。詫び証文は、被害者の感情的な欲求の実現だけではなく、加害者と被害者の間の人間関係を修復する役目を果たしていたが、謝罪広告はそのような関係修復的機能を果たさない。この意味で、謝罪広告は、本来の謝罪の本質的な要素を欠いている[13]。共同体的社会＝相対社会から大衆社会へ移行したために謝罪の社会的基盤が無くなったにもかかわらず、被害者の謝罪要求の感情が強いことから、謝罪広告請求が続いているのであろう。

(2)　金銭的損害賠償——慰謝料など

名誉毀損事件では、謝罪広告請求が広く使われたのに対し、金銭的な賠償が請求されることは少なかった。金銭賠償を請求したのは、告訴・報道以外の事件では契約不履行という特殊なケースの【23】のみであり、報道による名誉毀損事件でも【14】【15】【19】【20】のみである。もっとも、告訴による名誉毀損事件ではほとんど常に、謝罪広告と併せて金銭賠償を請求している(【1】【3】〜【9】【11】〜【13】)。しかし、報道による名誉毀損の場合を含めて、金銭賠償が請求されている場合の請求内容をみると、収益の減少など財産的な損害の賠償請求であり、非財産的な損害の賠償、なかでも精神的な損害の賠償(慰謝料)の請求ではない[14]。逆に言えば、金銭賠償として財産的損害の賠償しか考えていなかったために、拘束による所得喪失がある告訴以外では、損害賠償が請求されなかったのである。もっとも、【3】の詫書に代わる二〇〇円の請求や【4】の名誉回復のための三〇〇円の請求は、財産的損害の賠償請求ではない点で慰謝料請求への動きと見ることはできる。しかし、このような動きは一部にとどまっていた。既に指摘されているように、明治二〇年代には、人身損害の場合と同じく名誉毀損の場合にも、慰謝料を請求していなかった。[15]

非財産的損害の賠償を請求しないというこの状況は何に起因するのであろうか。当時のフランス法・イギリス法は、名誉毀損による非財産的損害の金銭賠償を認めていたから、その影響ではない。そもそも被害者自身が賠償請求しないのだから、非財産的損失についてまず謝罪広告を請求した当時の人々の法意識・法感情に基づくのであろう。[16]

これらの裁判例から数年後に、現行民法典の起草者達は、「近頃ノ社会ノ需要」を理由に——それはヨーロッパ諸国の動きを考えているのであろう——、財産上の損害に限らず無形の損害をも賠償すべきことを説いた。そして、民法施行からしばらくすると、名誉毀損の被害者が慰謝料を請求し、裁判所もそれを認めるようになる。すなわち、大判明治三三年五月三一日刑録六輯五巻八五頁（誣告附帯私訴ノ件）は、誣告により起訴され第二審で無罪となったXが、誣告したYに対し、勾留のために失った収益、弁護料、新聞への謝罪広告の費用とともに、苦痛に対する慰藉料四一円余（＝勾留一日につき一円二五銭×一六七日と計算）を請求した事件で、Xの社会上の地位・生活の程度等を斟酌し、慰藉料三〇円を認めた。さらに一九一〇年前後（明治四〇年代前半）になると、名誉毀損を理由とする慰謝料請求の裁判例が続き、慰謝料額算定の裁量性などの判例法理が定着した。[17][18]

（1） なお、ボアソナードによる旧民法の草案は、一般論としては裁判所が原状回復（réparation en nature）を命ずることを排しないとするが、名誉毀損の場合の具体的な救済方法としては金銭賠償しか考えていない（Boissonade, Projet de Code civile pour l'Empire du Japon accompagné d'un commentaire, t. II, deuxième édition, 1883, pp. 279, 281, 282 ; t. II, nouvelle édition, 1891, pp. 315, 317, 318)。

（2）この問題に関する審議については、西原春夫ほか・前出**2**注（8）四二九～四三一頁を参照。

（3）「刑法審査修正案」の「第十二節　誣告及ヒ誹毀ノ罪」の条文については、例えば、司法資料別冊第十七号『日本近代刑事法令集　下』七八頁を参照。

（4）浅古・前出**2**注（4）四〇六頁。

（5）西原春夫ほか編著『日本立法資料全集30　旧刑法〔明治一三年〕(2)―I』（一九九五年）一一七頁（藤田正）。

（6）特に公儀の裁判を免れるために用いられたという。以上は、『国史大辞典』の「誤証文」（平松義郎）、「怠状」（義江彰夫）、「村掟・村極」（前田正治）の項、日本歴史学会編『概説古文書学　近世編』（一九八九年）三一八頁以下、曽根ひろみ「民衆の罪と責任意識」ひろたまさき編『日本の近世16　民衆のこころ』（一九九四年）一一九頁以下による（これらの文献は、名古屋大学の神保文夫教授のご教示による）。

（7）中橋・前出はじめに注（1）二四頁は、名誉回復の方法として、「詫状文ヲ書ストカ新聞ニ正誤スルトカ猶他ニ方法アルベシ」といい、同・四一頁は、名誉を毀損された者が「一新聞紙（不確定）ニ五号活字ヲ以テ十日ノ間詫状文ヲ公告セン事ヲ請求ス」る場合を検討している。

（8）中橋・前出はじめに注（1）論文は、「仏独律ニ於テハ私犯法ハ未タ十分ノ発達ヲナサス。其稍発達シタルモノハ英律ナリトス。然レトモ、英律モ稍ク近年ニ至リ進歩シタルモノニシテ、他ノ契約法商法証拠法等ニ比較スルトキハ、未タ進歩ノ途中ニ在ルモノト言ハサルヲ得ス。……其完備セサルモノトハ、英私犯法ニ於ケル救済方法ノ如キ則チ其一ナリ。」（一七～一八頁）「英私犯法ニ於テハ、（禁令、復権ヲ除キ）私犯上ノ救済ハ償金ニ限ルト為シ、権利者モ之ヲ請求セス判決モ之ヲ改正セス著述家モ之ヲ討究セサル所以ノモノハ、英国人民ノ拝金的ナルニ因ルニアラサル歟。将タ保守的ナルニ因ルニアラサル歟。」（二九頁）と英法を批判し、私犯上の救済方法として、「名誉回復ノ為メニ取消ヲ広告ス可シト言渡ス可キ」だと主張する。このほか、不法行為法については英法を高く評価していた富井も、英法が名誉回復の方法として金銭賠償しか認めない点を批判し（「損害ノ弁」法協六五号（一八八九）三八六頁）、現民法典制定後であるが、英法の土方寧は七二三条について、「此種ノ規定ハ他ニ立法例ナキカ如キモ頗ル其当ヲ得タルモノト思ハル」と評している（土方講述『債権原因論』（出版年不明）二二七頁）。

（9）民法七二三条については、幾代通「名誉毀損につき謝罪広告を命ずる判決」『我妻先生還暦記念　損害賠償責任の研究　上』

（一九五七）四〇五～七頁が沿革・比較法を概観している。

(10) 『法典調査会民法議事速記録（商事法務研究会版）（五）』四四三頁下段～四四四頁上段、四四七頁下段（もっとも、岸本委員が言及する判決は、明治二七、八年の大審院判決録の中にはみあたらない）。なお、穂積委員は、現行七二三条を起草する前に、強制履行に関する現行四一四条の次に、「名誉又ハ信用ノ毀損アリタル場合ニ於テハ裁判官ハ賠償金ニ代ヘ又ハ賠償金ト共ニ其損害ヲ回復スルニ足ルヘキ広告ヲ為サシムルコトヲ得」という法文を置くことを考えていたが、この法文案でも、効果としてもっぱら広告を考えている。しかし、理由は不明だが、この法文案は法典調査会に提案する前に消えている（福島正夫「明治民法典における損害賠償諸規定の形成」『前注掲載書』三三三頁、三三六頁）

(11) 穂積委員の説明は、前注（10）掲載書四四四頁上段。梅委員の説明は、梅謙次郎講述『民法債権（三七年度講義録）』一三六頁。梅健次郎『民法要義　巻之三』（一九一二年）九一五頁は、「適当ナル処分」として、法廷での謝罪（c）と新聞紙上の謝罪広告（b′あるいはc′）を挙げる。富井委員は、富井政章・前出注（8）（「損害ノ弁」）六五号三八六頁で、「裁判官ニ於テ権利侵犯ノ事実ヲ認メ原告ヲシテ訴訟ニ勝ヲ制セシムル」「裁判上ノ宣告」（a）を考えており、後年の講義録では、「不法行為者ノ費用ヲ以テ新聞紙ニ謝罪広告ヲナサシムルカ如キ方法」（b′かc′か不明）をあげ、七二三条は従来の慣習及び多数の立法例に従ったものと説明している（『債権各論』（一九一四年）二一七頁）。

なお、司法省蔵版『荷蘭国民法』（一八八二年）には、「第千四百九條　損害ノ償ヲ訟求スル者ハ又悪ム可キ所行ニ付テノ裁判言渡書ヲ懲戒ノ為メ公ケニ貼出ス可キコトヲ裁判官ヨリ命令センコトヲ要ムルヲ得可シ」という①に当たる条文はあるが、②③に当たる条文は見当たらない。See also, The Netherlands Civil Code Book 6 (1977), p. 452.

(12) かつてはイギリス、フランス、ドイツでも謝罪請求を認めていたといわれる（幾代・前出注（9）我妻還暦四〇六頁　WAGATSUMA Hiroshi, ROSETT Arther, The Implications of Apology : Law and Culture in Japan and the United States, pp. 480-481）。また、STOLL, Internationl Encyclopedia of Comparative Law, Ch. 8, s. 39, 68, 76, 148、安次富哲雄「ドイツ法における名誉毀損的主張の取消請求権について」琉大法学二五号（一九七九年）一頁以下などを参照。

(13) WAGATSUMA, ROSETT, op. cit. pp. 469. は、（日本人の）謝罪（apology）の要素として、行為者が当該行為をしたことそれが間違っていたことを認めること、相手方が許しが恩恵であり、それによって関係が回復されることをあげる。

(14) なお、これらの財産的損害賠償の認容額はそれほど大きくない。賠償請求を認容した事例を見ると、告訴による場合では

【1】のみであり、一〇円六〇銭と訴訟入費を認容している。報道による場合では、【14】が一〇〇円、【19】【20】が二五円を認容した。当時（一八八〇年代）から今日まで連続する消費者物価指数がないので、天井、米、酒など、生活必需品の価格比約七〇〇〇倍で換算すると、一〇円六〇銭＝七万四二〇〇円、一〇〇円＝七〇万円、二五円＝一七万五〇〇〇円となる（西川俊作ほか編著『日本経済の二〇〇年』（一九九六年）六三頁以下、週刊朝日編『値段の明治大正昭和風俗史上下』（一九八七年）、同『戦後値段史年表』（一九九五年）による）。

(15)　吉村・前出はじめにの注（3）一一頁。

(16)　植林弘『慰藉料算定論』（一九六二年）二～九頁、七七～九二頁、「慰謝料の比較法研究」比較法研究No. 44（一九八二年）五～八頁（淡路剛久）、六七頁（田井義信）。これらによると、一九世紀のフランスでは精神的損害の賠償を否定する有力な見解があったが、ボアソナードも、金銭的な民事責任を財産を侵害した場合に限定し、名誉毀損による損害が純粋に精神的な（moral）ものであるときには、被害者は財産について何らかの損害が間接的にでも受けた限りでしか金銭賠償を得られない、としていた（Boissonade, op. cit., t. II, nouvelle edition, p. 315. 吉村良一「民法七一〇条・七一一条」広中・星野編『民法典の百年Ⅲ』（一九九八年）六四二頁）。

(17)　吉村・前注六四六頁は、この起草者等の考えはフランス法（学説）の影響によるものでないかとするが、穂積委員は、現行七一〇条に関する説明の中で、「財産以外ノ損害ニ対シ感覚等モ矢張リ斟酌シテ其標準ヲ定メル」国として、オーストリア、オランダ、ポルトガル、モンテネグロ、ベルギー民法草案、ドイツ、プロシア、ザクセン、ババリア、イギリスをあげている（前掲注(10)　掲載書四四四頁下段）。

(18)　大阪控訴院明治四二年一月二九日最近判例集四巻四五頁（詐欺取財で不実の告訴を受けた元村長が告訴人に対し、謝罪広告とともに、慰藉金を請求。五〇円を認容した原判決を維持した）、大判明治四三年四月五日民録一六輯二七三頁（Xの支払停止の事実がないのにYがその破産を申請したため、Xは破産宣告により受けた「名誉上ノ損害及ヒ心神痛苦ノ損害」の賠償を請求し認められた（額は不明））、大判明治四三年一一月二日民録一六輯七四五頁（Yの新聞記事がXの名誉を毀損したとして謝罪広告と慰藉料を請求。二〇〇〇円の慰藉料を認めた。高額である理由は不明であるが、原被告とも外国人であるためであろうか。）、東京控訴院明治四五年四月二〇日法律新聞七九三号一九頁（医者Yが医者Xに関する記事をある新聞に掲載させその名誉を毀損したとして、Xからの慰藉料と名誉回復に適当な処分の請求を認めた）。

おわりに

本稿では、明治前期に名誉毀損法がどのように形成されたかを、当時の裁判例によりながら検討した。検討の結果によれば、この時期の法について一般に推測されているように、名誉毀損法も、伝統的な法規範・法意識と輸入された西欧法とが対抗・融合することによって形成された。ただ、名誉毀損法では、その対抗・融合は、刑事法規範と民事法規範が次第に分化し、制定法規範と裁判規範が相互に作用する中でなされ、西欧法の考え方はいくつかの段階を経て日本法の中に取り込まれた。その諸段階をあらためて整理すればこうである。

まず、ボアソナードが関与した一八八〇年代初めの刑事法立法は、民刑事責任の未分化状態の中から、不法行為法規範の基本的な枠組み——他人の一定の法益を侵害した者はそれから生じた損害を賠償しなければならない、という原則——を打ち立て、名誉をその保護法益の一つとした。次に、その制定法の枠組みの上で、一八八〇年代〜九〇年代に、名誉回復請求の要件と効果に関し法廷で議論が続き（悪意・重過失の場合に限るか、謝罪広告請求を認めるか、精神的苦痛に対する金銭的賠償を認めるか等）、一定の裁判規範が形成された。その裁判規範には、在来の法意識と当時の社会構造が強く反映していた（金銭賠償よりも謝罪を要求する社会関係、告訴に支えられた刑事捜査・訴追の体制など）。一八九〇年代半ばの現行民法典起草作業は、その裁判規範を踏まえて、謝罪広告を「適当ナ処分」として明文化したが、他方では、おそらく当時のフランス法・イギリス法の動きに従い、非財産的損害につき謝罪広告請求だけでなく金銭賠償を広く認めることとした。この民法典が制定された後、民刑事責任の区別が浸透して告訴が減少し、また、捜査権限・捜査能力が拡大・向上して告訴を促す必要がなくなり、名誉毀損法は民事不法行為法として純化し、一般の不法行為責任と均質化した。そして、それはごく最近まで、謝罪広告と低額の慰謝料との組み合わせによって機能してきた。

近年、収益目的のマスメディアによる名誉毀損の場合を中心に、慰謝料を高額化する動きがある[1]。しかし、本稿でみたように謝罪広告請求の存在が慰謝料の低さと結びついていたとすると、この動きは、非財産的損害を精神的苦痛に限定してとらえてきたことを再検討させるだけでなく[2]、謝罪広告請求の比重を減少させる可能性を含んでいる[3]。そして、そのような名誉毀損法は、謝罪広告と低額の慰謝料が前提とした社会関係と異なる社会関係を想定することになろう。それは、謝罪がなされないだけでなく、謝罪広告もなされない社会関係である。本稿の検討で得た名誉毀損法の形成過程に関する知見から、新たな名誉毀損法とそれが前提とする「市民社会」を具体的に考えることは、この研究の次の課題である。

(1)　「名誉毀損訴訟の賠償額をめぐって」ジュリスト一二〇六号（二〇〇一年）五頁、東京地方裁判所損害賠償訴訟研究会「マスメディアによる名誉毀損訴訟の研究と提言」ジュリスト一二〇九号（二〇〇一年）六三頁以下、大阪地方裁判所損害賠償実務研究会「名誉毀損による損害賠償額の算定」NBL. No. 731（二〇〇二年）、六頁以下などを参照。

(2)　この問題に関する最近の議論として、佐伯仁志・道垣内弘人『刑法と民法の対話』（二〇〇一年）一八五頁以下（「名誉・プライバシーの侵害　損害賠償の制裁的機能・抑止的機能」）がある。

(3)　イギリスの一九五二年の名誉毀損法では、被害者から謝罪広告を請求できないが、善意の名誉毀損の場合には被告が謝罪すれば損害賠償を免れる（望月礼次郎『英米法』（一九八一年）二二八頁）。わが国でも、謝罪広告を認容することを考慮して金銭賠償を減額する判決がある（東京地方裁判所損害賠償訴訟研究会・前注七〇頁）。

東京地裁廃戸主判決における「家」と戸主権

宇野文重

はじめに

本稿は、明治前期の裁判において「家」と「戸主権」とがどのように把握されていたのかを廃戸主・養戸主離別判決の分析を通して検証するものである。判決分析による廃戸主研究は、既に近藤佳代子氏による大阪地裁・同高裁判決の詳細な研究があり、筆者もかつて熊本・福岡地裁判決の分析を試みた(1)。本稿では、新たに東京地裁判決を素材とすることで、これまでの研究の地域的な限定性を多少なりとも相対化し、裁判上の廃戸主の実態と原理を解明するための一つのステップとしたい。廃戸主とは、戸主が自らの意思によらず親族によって強制的にその地位を拋棄させられるものである(2)。従来、廃戸主制度は明治四年制定の「戸籍法」の枠組において理解されている(3)。「戸籍法」は戸籍上の「戸」を「家」と捉え、戸主を「同戸列次ノ順」による家族秩序の頂点に位置づけ、対外的には戸内唯一の取引主体として「家」を代表するとした。しかし他方で、戸主は「家産」の管理者にすぎず真の所有主体である「家」の利益に反すれば、「家」利益の代弁者である親族集団によりその地位と権利を剥奪される。このように戸主という「個人」の権利が他者＝「家」によって侵害され、戸主が完全な所有権主体となることを妨げるために、廃戸主制度は資本主義経済発展の桎梏と評される。しかし、こうした複合的大家族を想定した「戸」(4)という観念的な「家」が、現実の紛争解決の場である裁判においても一貫して保護され、そのために戸主を廃除し得たとは考え難い。大阪、熊本、東京の各裁判所は廃戸主請求の約六割から七割を棄却しており(5)、戸主廃除に慎重な姿勢を示している。「一家ノ戸主」の廃除を抑制しながら、なお「家事」「家計」に支障があるとして戸主権を剥奪する時に、裁判所が前提としていた「一家」「家計」とはいかなる単位であり、また戸主と家族の関係はいかに把握されていたのか、裁判所は人々の生活形態により合致した、かつ新たな社会的要請に応え得る判断を示そうとしたのではないか、という視点から考察を試みたい。

一 判決の概観

東京地方裁判所所管の明治初年から二十三年までの廃戸主・養戸主離別請求訴訟四十八例を分析する。(6) 四十八例中、廃戸主を認めなかった事例は三十一例で全体の約六十四％にあたる。(7) 大阪、熊本と同様に東京地裁においても廃戸主を抑制する傾向が窺える。紛争当事者となった戸主は、養戸主が四十一例と大半を占め、(8) 従って廃戸主請求者も養母(十三例)、養父(八例)、養家親族(十例)等である。廃戸主・養戸主離別請求訴訟の実態が、主として養戸主に対する養家からの強制隠居請求訴訟である点も、大阪や熊本の裁判の実態と合致する。従って本稿では、養戸主に対する廃戸主・離別請求訴訟を、廃戸主を認めなかった事例を中心に考察することとなる。まず第二節では廃戸主訴訟に対する裁判所の基本的な姿勢を明らかにし、第三節と第四節では戸主の「一家ヲ維持スル能力」及び「一家」の内容を具体的に検証し、第五節では廃戸主訴訟における戸主夫婦関係の影響を考察する。なお適宜、熊本・大阪の廃戸主関連判決も参照したい。(9)

二 「戸主」としての能力の評価

裁判所は、基本的な姿勢として養親子間の感情的対立や「不孝者」といった道徳的非難に基づく請求を退け、廃戸主認否の判断から情緒的・道徳的要素を排除する。東京始審裁判所明治十六年一月日判決「養子離縁ノ訴訟」(10) は養母から、養戸主が「心ニ協ワ」ないため廃戸主し血族の女子に家督相続させたいと訴えた事例である。裁判所は、被告は「久シク原告X家ノ養子トナリ既ニ戸主タル上ハ格別ノ事故アルニ非ラサレハ離別スルコトヲ得」（傍点筆者、以下同）ないとし、養親からの恣意的な養戸主廃除を戒めた。同裁判所明治十九年四月二十三日判決「戸主廃去ノ訴」(11)は、養戸主が養母を「失火者」と流言したことなどを理由にした養母からの訴えであるが、判決は、養戸主の言動は「至孝ノ子」がなすことではないが「戸主廃去ノ原因ト為スニ足」らないとした(12)。養戸主側から「厭棄心」によって養家家族を遺棄することも許されない。同裁判所明治十六年一月二十日判決「養子呼戻ノ訴訟」(13)は、既に離縁を言い渡されたため養家に戻る意思はないとして廃戸主離縁を迫る養戸主側に対し、養父から養家への帰家を求めた事例である。判決は、養父が養戸主を離縁した証拠はなく、「被告Y_1（＝養戸主実父、筆者注、以下同）ニ於テハ今ニ至ツテY_2（＝養戸主）カ養家ニ在ルヲ欲望セス」、「Y_2モ亦タ従テ養家ヲ厭棄セントスルニ至」ったとし、幼少から養育を受け既に戸主となっている養家へ離縁を求めるのは「素ト厭棄心ヨリ出テタル所為」であるとして養家への帰家を命じた。裁判所は養親子双方に対し、廃戸主の判断から情緒的・道徳的要素を排除することを示す。つまり廃戸主争訟を「養親子間の紛争」として捉えていないのである。このことは手続的な側面からも指摘できる。東京裁判所明治十三年六月二十三日判決「戸主ヲ廃シ離別ノ訴訟」(14)は、養戸主には家事を治める能力がないなどとして廃戸主原因を認定しながら、「戸主ヲ離別スル條理」はないとして「退隠」を命じるに留め、養子離縁を認めなかった。養戸主側は控訴するが(15)、控訴審は本訴の争点を、養戸主につき「A氏（＝養家）ノ相続人タル権利ヲ剥奪シ更ニ相続人ヲ立ル」ことと、その「養子タル分限ヲ離放シ之ヲB氏（＝養戸主実家）ノ戸籍ニ復帰セシムルトノ二点アル」とし、「養子タル分限ヲ離放シB氏ノ戸籍ニ復帰スヘキ條理ナシトスルモA氏ノ相続人タル権利ヲ剥奪シ更ニ相続人ヲ撰定スヘキト裁判セシハ敢テ争訴ノ外ニ出タルモノニ非ル（ママ）」とした。裁判所は、戸主権剥奪の是非の判断と養子離縁の判断とは別個独立した争点であり、各々の基準で審理・判決すべきだとする。廃戸主訴訟の大半が「養戸主」に対する養親からの廃戸主請求であるにもかかわらず、裁判所はこれを養親子間の紛争とは把握せず「戸主」としての能力・適性を審理するものと捉えるのである。

「血統の連続性」という要因も戸主の能力や実績によって退けられる。東京地方裁判所明治十九年十二月二十八日判決「家督相續ノ訴訟」[16]は前戸主の長男が、姉婿である養戸主に退隠・家督相続を求めた事例である。原告の主張によれば、前戸主死亡の際原告が幼少であったため、姉婿である被告に原告が二十五歳になるまでという約束で家督相続させ、戸主とした。しかし被告は原告が二十五歳に達しても家督を譲らず、また原告の姉が死亡し被告が後妻を娶ったことから、原告が相続しなければ当家の「血統ハ断絶」してしまうと主張する。被告は、戸主となって二十七年間「家業ノ染物業ニ従事」して前戸主の負債を返済し、家族を養育してきたとして原告請求を拒む。判決は、被告が原告への家督相続を承諾した証拠はなく、「被告カ一家ヲ維持スルニ耐ヘサル等ノ事實アラサル限リハ親属ノ意見ヲ以テ輙ク戸主権ヲ與奪スルヲ得ヘキモノニアラス」とし、原告が「亡A男（＝前戸主）ノ長男タルノ故ヲ以テ被告ノ家督ヲ譲受クヘキ権利アルモノト為スヲ得ス」と判示した。親族による廃戸主請求を否定する判決として東京始審裁判所明治十五年五月十九日判決「離別請求戸主引直ノ訴」[17]がある。親族は「本店ノ義務」と称し、婿養子である戸主の家督相続を不当として廃戸主を求めるが、判決は被告を正当な戸主であるとし、被告家を原告家の「分家ト仮定スルモ正當ナル一家ノ戸主ヲ…離縁シ戸主ヲ引直サント欲スルハ頗ル不當」であるとした。

裁判所は、養親子間の儒教倫理的な家族秩序に基づく道徳的・情緒的要素を排除し、「家」利益の代弁者たる親族の介入にも否定的見解を示して「戸」＝「家」の原理による戸主廃除を退け、一貫して廃戸主を抑制しようとする。ところで、廃戸主を抑制するということは、戸主権の絶対性を強化することも意味する。しかしこれを、戸主が家族員に対して支配的地位にあるという、戸籍法上の身分的優越性に起因するものと捉えるべきではない。なぜなら裁判所は、養戸主改廃の判断を養親子関係から切り離し、いわば純粋に「戸主」としての能力を問い、「一家ヲ維持スル」能力を客観的に審理するが故に、既に個人に帰属する身分と権利を安易に剥奪し得ないとするからである。次節では、裁判所が戸主に求めた「一家ヲ維持スル」能力と「一家」という単位の具体的内容を検証し、裁判所における廃戸主抑制の論理を解明したい。

三　「生計維持能力」の評価――「家業」把握の変質

養戸主が職業的技能や経営の手腕を有し、現実に生計を維持する能力や実績を持つことを棄却理由とした事例を挙げる。東京裁判所明治十三年五月十一日判決「養子離縁ノ訴訟」(18)は養父からの請求である。養父は、養戸主は養父の意志に反して「鍛冶職修行」に赴いて養父の扶養を抛棄し、五年後に帰宅したが職業を営まず酒食に耽っているため離縁したいと主張する。判決は、養戸主の鍛冶職修行について「将来自営ノ道ヲ立ンガ為メ其親戚ナル鍛冶A男方ニ身ヲ寄セ鍛冶職修行ヲナセシカ如キハ固ヨリY（＝養戸主）カ自己ノ立志アル可キモノナレハ他ヨリ強テ左右ス筋ニアラス」とし、養戸主の意思による職業選択を尊重し、養父といえども不当に干渉できないとした。(19)また、養戸主不在中の「家禄並ニ年々収入ス可キ収益金」は全て養父が手にしており、養戸主が「保養」を怠ったとはいえないとした。裁判所は、養戸主個人に職業選択の自由があることを明言し、同時に戸主として養家家族の生計を維持しているかを厳密に審理している。

東京始審裁判所明治十六年十月日判決「養戸主離別ノ訴訟」(20)では養戸主の職人としての能力が戸主改廃の基準となっている。原告である養父は、養戸主が「職業不熟練」なため問屋の信用を失い、遊興に耽り浪費をするため離別したいとする。判決は「抑モY（＝養戸主）ハ原告ノ實子即チ亡A（＝前戸主）ノ手ニ職ヲ学ヒ亡Aカ擇《ママ》以テ養子トシ数年間トモニ職業ニ従事シA死亡後…モ所々職業ノ請負ヲ為シタル等ノ事跡アリテ嘗テ問屋ノ信用ヲ失ヒシ事ナキヲ観レハ果タシテ職業永続ノ目的ナキモノトハ認メ難し」いとした。同裁判所明治十六年十二月日判決「養子離別ノ詞訟」[21]は原告である養父から、養戸主が「大酒放蕩」で家業を怠り、現在別居するに至っては「飯料」も送らないとして離別を求める。判決は、養戸主は「明治十六年二月迄原告ト共ニ職業ヲ営ミ」、別居後も毎月九円の仕送りをしているとし、「被告ハ已ニ十年ノ久キ殊ニ現在戸主ト為リ別ニ過失モナキ上ハ容易ニ離別シ得ルモノニ非ス」とした。養父と協力して過失なく「職業」を営んできた実績を評価し、また別居していたとしても、事実上養親を扶養して生活・生計を支えていることから戸主としての義務を果たしていると判断されている。しかし戸主に求められる役割は、単に「扶養義務」に収斂されるものとはいえない。養母からの訴えである東京始審裁判所明治十九年六月三十日判決「養子離別ノ訴訟」[22]は、養戸主が「賭博ヲ為シタル証憑ナシト雖モ」、しばしば家出して「不都合ヲナシ養家ヲ顧ミス他ニ投宿シテ遊興ニ立越」していることを主な理由として離別を認める。賭博行為の有無よりも、養母と暮らすべき住居を避け共に生活・生計を営む実態がないことが問題とされており、居住や扶養の「質」を通して、家族としての関係や共同生活・生計の実質が問われているのである。

裁判所が戸主の職業又は家業における能力を審査したのは、それが現実の生計・生活の方途として家族員の日々の営みを支えていたからに他ならない。養戸主が養家代々の「家業」を担っている場合、先祖伝来の「家業」永続という伝統的な「家」的要請によって戸主が保護されたと解することもできる。しかし裁判所は、養戸主個人の意思による職業選択を肯定し、たとえ養親の意思に反した職業を選んでも、あるいは先祖伝来の「家業」を継承した場合でも、審理の焦点となるのは戸主の能力によって生活・生計を共にする家族員を扶養し得ているかという点である。戸主の能力は、「家業」永続という伝統的な「家」的要請に応える能力ではなく、生計・居住・扶養の単位すなわち「世帯」の維持という現実的な要請に応える「生計維持能力」として把握される。裁判所は、生計・居住・扶養を共にする家族員で構成された「世帯」を「一家」と捉えた。戸主は、職業上・経営上の能力の評価を通して「一家」＝「世帯」を維持するための能力の有無を問われ、「世帯主」としての責任を追及されたのである。

四 「私的所有権」の保護と「世帯」による制限——「家産」把握の変質

「戸」を「家」とする枠組においては、「家」が「家産」の所有主体であり、戸主は管理権を有するにすぎず、完全な所有権主体とはなり得なかったと解される。しかし、裁判においては明治十年代前半から養戸主の「養家財産」に対する処分権を「私的所有権」として保護する判決が見出せる。

東京裁判所明治十一年八月十四日判決「入夫離別及相續廃立ノ訴訟」[23]は妻の実姉の夫からの訴えである。被告は、当該家前戸主の遺妻として家督相続していたA女の入夫となり、戸主となった。原告の主張は、被告は何の「営業」もせず「性質勉強力ナク生計難相立」いため、妻A女は原告夫婦のもとに身を寄せている、また入夫以前の負債を当家名義に変更し負債をなす一方で、収入は独占して妻に渡さないなどというものである。判決は、原告の主張には証拠がないとし、被告がなした財産処分について「負債ヲ醸成シ金禄公債ノ利子ヲ費用スルハ家事ヲ擔任スル戸主ノ権内ニ係ル」ものとし、負債を婚家名義に変更するのも「當然ノコトニシテ良シヤ原告等ノ承諾ナキモ敢テ不束ト云フ可カラス」と判示した。原告側は控訴するが控訴審判決も[24]、戸主夫婦の別居原因について「被告（＝入夫戸主、被控訴人）ハ全ク生計ニ苦ミA女（＝妻）ヲシテ［控訴人宅へ（筆者注）］寄食セシメシモノトハ認メ難」く、負債は「被告カ一身ニ消費セシ金円ニアラス」、また「怠惰ニ根シタルモノトハ信シ難ク」、仮に「怠惰或ハ失策ニ根スル負債ナリトスルモ之ヲ以テ直ニY家ノ離縁ノ原因ト為スヲ得ス」として入夫の勝訴とした。夫婦の別居原因の審理を通して戸主の生計維持能力を認定し、婚家財産に対する入夫戸主の私的所有権を明確に認める。従って怠惰や失策による負債であっても、戸主自身の意思で自己の財産を処分した正当な権利行使の結果に過ぎず、他者が干渉して権利を剥奪するのは「私的所有権」の侵害であるとの見解を示したといえよう。同裁判所明治十四年月日判決「養子離別送籍ノ詞訟」[25]は、養母が養戸主に対して「家産ヲ保存」しないとして離別を求めた例であるが、判決は養戸主が「家計ノ窮迫ヨリ地所ヲ抵当ニ入」れても「離別ヲ訴フノ原由トナスヘカラス」と判示している。

戸主の財産処分が正当な権利行使として容認され得ないのは、財産を「活計」や「家計」のためではなく「一身」のために費消した結果、生活が立ち行かなくなる場合である。東京地方裁判所明治二十四年四月二十二日判決「聟養子離婚請求事件」[26]は養母と妻（家女）から、養戸主が養家家屋を抵当に入れて負債をなしたため財産は差し押さえられ、「目下被告ノ所為ニ依リ糊口ニ窮スルニ至」ったとして廃戸主離別を求めたものである。判決は、養家財産の処分と負債について被告自身が「原告家ノ経済上必要ヲ感スルニ依リ為シタモノ」と申述できないことなどから、「畢竟自己随意ノ費用ニ供センガ為メ漫ニ負債ヲ為シ…財産ヲ蕩尽」したものと認定した。本件養家は「西洋指物商」を営み、養戸主はその職人である。商売や生活の「経済上必要」がないにもかかわらず、日々の生活の物質的基盤たる家屋を喪失し、世帯員を生活困窮に至らしめたために「生計維持」の範囲を逸脱した不当な財産処分であるとして、廃戸主されたのである。

裁判所は明治十年代前半から、養戸主は自らの意思で養家財産を自由に処分でき、他者の容喙を許さないとして、戸主の「私的所有権」を承認・保護してきたといえる。熊本地裁においても明治十三年頃に同様の判決が見出せる。熊本裁判所明治十三年五月十日判決「養子離別之訴訟」[27]は、養母が主張する養戸主の「浪費」について「被告（＝養戸主）カ之ヲ私擅ニ費用セシト仮定スルモ自己ノ財産ヲ自己ノ費用ニ供セシモノナレバ道理上ヨリ法律上ヨリ其如何ヲ言フベキモノニアラザ」るとする。[28]こうした裁判所の傾向は、明治八年より全国的に展開され同十七年には完成をみるとされる地租改正事業の遂行の過程とも一致する。地券発行に始まる一連の近代的土地所有権の確立過程に呼応して、裁判所も戸主権剥奪の問題を所有権の帰属の問題として捉え、積極的に「私的所有権」の確立を意図し、資本主義的近代法に適合する見解を示そうとしたのではなかろうか。[29]

より重要なのは、生計維持能力を有する戸主に私的所有権を承認しながら、「活計」「家計」すなわち「生計」維持の範囲を逸脱し世帯員を困窮に陥れる場合には、戸主権を制限する点である。裁判所が原則として、家産に対する戸主の私的所有権を認めていることは、「家産」を永続継承すべき「家」の財産としてではなく、戸主の「私有財産」として把握したことを意味する。しかし「私有財産」であり「私的所有権」であっても、現実の生計と生活を救済するという「世帯」からの要請がある場合には、その絶対性・不可侵性を制限されねばならなかったのである。廃戸主訴訟において裁判所は、社会の最小の構成単位を生計・居住・扶養の単位たる「世帯」であるとし、戸主の「世帯主」としての能力を審査した。戸主の能力や扶養、財産処分の内容を厳密に審理したのは、「世帯」を同じくする家族員が共に依拠する財産に対し、戸主が排他的な私的所有権を有していたためである。裁判所は、「所有権主体」としての戸主の廃除に慎重であったからこそ「一家ノ戸主タル」者の廃除を抑制したのであり、戸主権の絶対性は所有権の絶対性・不可侵性により支えられていたのである。所有権の絶対性に裏付けられた戸主権を制限できるのは、制度上の「家」という抽象的存在ではなく、共同生活・生計の単位たる「世帯」であると考える。裁判上の廃戸主は、所有権保護の要請と「家」的要請の相克の中で、現実の「世帯」の保護を目的とすることで、資本主義的近代化を目指す社会に適合的な「戸主権」と「家」の近代化を図ったものと見ることができよう。

五　廃戸主と婚姻関係

婿養子戸主及び入夫戸主に対する廃戸主・養戸主離別訴訟では、通常家女たる妻との離婚を伴う(30)。本節では戸主改廃の判断における戸主夫婦間の婚姻関係の影響について考察する。

東京始審裁判所明治十五年三月七日判決「入聟ノ夫離別ノ訴(31)」は、妻が夫の浪費及び賭博罪による八十日の懲役を理由に離婚を求めている。判決は「戸主タル被告ヲ離別スル」原因を推究するとし、「抑モ夫婦ハ…一度夫婦トナリタル上ハ姦通残刻《ママ》其他重大ナル事故アリテ夫婦ノ交誼ヲ全フスルコトヲ得サルノ場合ニ非サレハ双方ノ承諾ナク容易ニ離婚スルヲ得サル」ものとし、原告の主張はこれに該当しないとした。さらに「費消セシ四百円餘ハ果シテ悉皆怠惰遊蕩ノ為メ費消セシモノニナルヤ又ハ商業上ノ損害或ハ其他止ムヲ得サル費用ニ係リタルモノナルヤ」を断定できず、「賭博ノ科ニヨリ所《ママ》刑ヲ受ケタルモ被告ハ常ニ賭博ヲ以テ業ト為シタルヤ将タ其際一時ノ所為ナルヤ」も断定できないため、「戸主タル被告ヲ離別スルニ足ル原由ト為スヘカラス」とした。裁判所は、一般的な離婚原因を「婚姻関係を継続しがたい重大な事由」であるとしながら、本件が「戸主タル」夫への離婚請求であることから、離婚原因としてではなく「廃戸主原因」としての当否を判断する。すなわち、夫のなした財産処分が「生計維持」の範囲を逸脱したものであるかを問題とし、賭博により生業を営めない状態にあるか否かを問い[32]、戸主としての「生計維持能力」の有無を審理すべきとの立場を示すのである[33]。

これに対して「夫」として妻に苛酷な待遇をなしたことから、戸主としての適格性を欠くとされた事例がある。東京裁判所明治十四年十一月三十日判決「戸主離別ノ訴訟[34]」は妻側から婿養子戸主である夫に対する訴えである。原告側は、被告が婚姻後二年で大阪に転勤して以来、帰京しても妻に面会せず「手当金」も送付しないとして廃戸主離別を申し立てた。被告は、妻は「婦タル道ヲ盡サ」ず、今回訴訟まで起こしたためもはや「夫婦タルノ意」はなく、原告側が本訴を取り下げれば廃戸主離別に応じるが本訴による請求は拒否すると述べる。判決は、被告は「該家ノ養子トナリ之ヲ相續セシ上ハ其祭祀ヲ永遠ニ維持スルノ責任アルモノナルニ恣ニ該家ノ血統タル妻X_1ヲシテ身ヲ置ク所ナキニ至ラシメ棄テ之ヲ顧ミサルハ是レ則夫タルノ道ヲ失ヒ尚ホ相續ノ主義ニ悖リシモノ」であるとし、「到底夫婦ノ情誼相絶ツノミナラス該家ヲ永遠ニ維持スル念慮ナク即チ戸主タルノ権義ヲ抛棄シタ」もので、被告は自身の「行為不当ナル所ヨリ一家親睦出来」なかったとして廃戸主と離婚を命じた。裁判所は、戸主の責任を養家祭祀の永続であるとしながら、実質的な判断においては、妻を冷遇・遺棄したことを夫としての失格事由とし、かつ「相續ノ主義ニ悖ル」戸主欠格の事由であるとするのである。

東京地方裁判所明治十九年五月二十五日判決「廃戸主離別請求ノ訴訟」[35]は養母と妻からの婿養子戸主に対する訴えである。原告側は、被告が妻所有の公債証書の名義変更を強請し、これを拒否した妻に暴力を振るうため、堪えかねて知人宅に逃げ出し現在も同居し得ない状態にあると主張する。判決では第一に、妻に対する暴力など被告による「粗暴ノ待遇」があった事実を認定する。第二に「廃戸主ノ原因」について、「一家ノ平和ヲ保ツハ戸主ノ責任」であるのに、被告は「平和ヲ保ツ能ハサルノミナラス反テ一家ノ紛争」を自ら招いたとして廃戸主を認める。第三に「離別ノ原因」について「原告X_1（＝妻）ト被告ノ間常ニ不和ニシテ明治十八年十一月争論以来供住シ能ハサルノ情況アルニ依レハ其心情相容レサルコト知ルヘシ然則夫婦ノ情誼業已ニ絶ヘタルモノ」としてこれを認定した。本件は、「廃戸主原因」と「離婚原因」を箇条書的に示し、廃戸主においては「一家ノ平和」の維持を、離婚については婚姻関係の破綻を判断の基準とする。廃戸主と離婚の判断の原理は異なっているが、共に夫＝戸主の不当な行為と夫婦・家族の別居という同一の事実認定に基づいた判断であり、廃戸主原因の認定の背景には、離婚原因たる婚姻関係の破綻があったといえるのではなかろうか。

婚姻関係が廃戸主判断の前提ないしは一要因とされている事例を大阪高裁判決から挙げる[36]。大阪上等裁判所明治十一年二月十五日判決「戸主解除並離婚ノ控訴」は、婿養子戸主の浪費や放蕩、蓄妾などを理由に妻側から提訴した訴訟の控訴審である。第一審では、被告たる養戸主が、妾を持つことについては妻や親族も同意していると反論するのに対し次のように判示した。「凡夫婦タル者ハ真ニ相親シミ相扶持スルノ義務アルモノニシテ況ヤY（＝養戸主、被告）ハX（＝妻、原告）ニ於ケル所謂聟養子ノ間柄ナレハ別テ之ト協力同心其家政ヲ整理セサルヘカラサルノ責アリトス然ルニYニ於テハ如此私擅其妾ヲ抱ヒ以テ其慾ヲ逞フスル時ハ自カラ夫婦ノ情義ヲ欠キ従テ其家政ヲ紊乱ナラシムル（以下略）」ものとして廃戸主・離婚を認めた。裁判所は、夫婦は「協力同心」して「家政ヲ整理」すべきであるとし、一家を治める主体が戸主たる夫とその妻であると明言する。養戸主は控訴するが、控訴審でも、当家の財産は「纔カニ田畑山林ヲ合テ拾町歩ノ地所」に対して「千圓余ノ負債アリシヨリ家産餘裕アリトスルヲ得」ない状態で、控訴人は「節倹ヲ旨トシテ精々負債ノ弁償ヲ勉ムヘキ場合ナルニ却テ芸妓ヲ妾ト名ツケ外托ニ抱ヘ置クヲ以テスレハ終ニ家産ノ傾頽ヲ極ムルハ必然ノ勢」として「放蕩遊逸」を認定し、妻を刑事告訴した事実も合わせて「夫婦ノ情義ハ既ニ絶果タリ」と判示し控訴を棄却した。婿養子戸主自ら婚姻を破壊せしめた事実が背景にあり、その上窮迫状態にある家計を顧慮しないことから、「夫」及び「戸主」としての責任が等しく断罪されているといえよう。

婿養子と家女たる妻の関係が良好なことを理由に養父からの廃戸主請求を棄却した事例が、大阪上等裁判所明治十四年十二月日判決「養戸主ヲ廃シ離縁ノ訴訟廣島才判所山口支廳裁判不服ノ控訴」である。養父は、養戸主は医学の勉強と偽って大坂に出向き、財産を浪費した上実家に戻ったまま帰らないなどとして廃戸主離縁を求める。判決は養父の主張を全面的に退け、養戸主は現在「要用ヲ兼テ実家ニ行キ滞在」しているが「家事ハ妻A及ヒ雇人等カ弁用スレハ差支ナシト云ヒ難ク戸主ノ身分ニテ成スコトナレハ仮令近親ナル迚モ蝶《ママ》々ス可キ」でないとする。養戸主と妻の「夫婦間ニ於テハ…親密ノ交際ニテ偕志ノ約アルヲ看ルニ足レハ夫婦離居スルモ疎遠ニ非サル確証」があり、往復の書簡は「夫婦ノ情状ヲ包含シ配偶以来男子貳人モ出生セシ上ハ其愛情ヲ斟酌スルヲ得ス」として請求を退けた。また、熊本始審裁判所明治二十年四月二十九日判決「廃戸主養子離別ノ訴訟」(37)は、養父からの養戸主離別請求に対して、養子離縁は「養父随意ノ思考ヲ以左右スルカ如キ事アルヘカラス況ンヤ其養子ニシテ既戸主トナリ…又況ンヤ夫婦間風波ナク数年ノ中数子ヲ挙ケタルニ於テヲヤ」と判示している。

婿養子や入夫たる戸主の廃戸主・離縁は家女たる妻との離婚を伴うため、離婚原因の有無が審理されるのは当然といえる。しかし、婿養子戸主の場合、養親の請求により養戸主が「廃戸主」されても必ずしも「養子離縁」を伴わないように、夫である婿養子が「廃戸主」されても、当然に家女との「離婚」が成立するわけではない[38]。したがって判決によっては離婚理由と廃戸主理由を別個に示すものもあるが、廃戸主の判断に際しては婚姻関係の審理を前提としていると考え得るのである。本節冒頭に挙げた判決が、戸主としての能力欠如が認定されなければ戸主たる夫と離婚できないとした点においては、夫婦関係に対する戸主権の優越性が示されたともいえるが、離婚問題においてさえも、戸主としての生計維持能力が主たる争点の一つとなるほどに、夫婦間の関係と戸主の能力の問題とが密接な関係にあり、切り離せない問題として捉えられていたことも示しているとはいえよう。わずかな判決を挙げるに留まったが、廃戸主訴訟において戸主夫婦間の関係は、養親子関係と比してより重要視されていることが窺える。それは、裁判所が生計の単位たる「世帯」を「一家」と把握し、生計維持の担い手を戸主とその妻であると捉え、戸主夫婦間の関係に「世帯」共同経営主体としての責任を問うという側面を見出していたためである[39]。さらに、「世帯」を構成する家族像として、戸主夫婦ないしは戸主夫婦とその間の子によって構成される家族共同体を想定していたことも看取できるのである。

むすびにかえて

東京地裁廃戸主・養戸主離別判決中、一例だけ華族を当事者とする事例がある。東京始審裁判所明治十五年八月四日判決「廃戸主並ニ離別ノ訴訟[40]」は養母からの請求である。養母は、養戸主が十数年来勉学に励まず、酒食遊戯に耽り「族長幹事」から再三訓戒を受けても全く反省せず、到底戸主たる器量がないとして廃戸主離別を求める。被告である実父は、廃戸主とは「放蕩無頼浪費無限白痴逃亡養母ヲ養供セサル等ノ事故罪跡」なくして容易になし得ないとし請求を拒否する。判決ではまず、戸主であっても「一家ノ安寧ヲ保安シ子孫ノ昌栄ヲ期スル能ハサルコト」が現出し、「止ムヲ得サル場合即チ苟モ一家ノ安寧上ニ障疑ヲ生シ或ハ親子甚シキ不熟ヲ生セシ」場合には廃戸主できるとする。次いで本件養戸主が品行不良により「族長幹事」[41]から再三訓戒を受けた事実につき「勅諭ノ旨恐察」[42]すれば、「専ラ勤勉精励ヲ以テ衆華族ヲ奨励セラレ玉フ所」であり、「華族ニシテハ誰レカ此ノ聖意ヲ奉體セサルモノアルヘキ況ンヤ其名門位地殊ニ卓抜セルX家ノ如キニ於テヲヤ」、従って本件養戸主を廃除しなければ「一家ノ安寧ヲ保持シ其家名ヲ堕サ、ルヲ期スル」ことはできないとした。養戸主側は控訴・上告に及ぶが、大審院明治十六年四月二十五日判決「廢戸主並養子離別件」[43]は次のように判示した。相続人の本分とは「一家ノ安寧ヲ保持シ子孫ノ昌栄ヲ希圖スル」ことであり「内ニ在テハ一家ノ親睦ヲ圖リ外ニ向テハ自家ノ名誉ヲ毀傷セラン事ニ注意スヘキ」とし、本件においては法廷闘争となった事実こそが「不和不熟」の証拠であり、「殊ニ族長幹事ヨリ再應ノ訓戒ヲ受ケタルモ感動ノ意ナカリシハ養子本人カ自ラ申立ルカ如キ名門貴族ノ相續人ナルヲ以テ」廃戸主原因として認定できるとした。大審院は判決文言から明らかなように、第一審判決と同一の見解を示す。つまり戸主の役割を「一家ノ安寧ノ保持」と「子孫ノ昌栄」であるとするが、実質的な判断においては「勅諭ノ旨」を援用し、本件養戸主が「名門位地殊ニ卓抜」した「名門貴族ノ相續人」たることを強調して、「皇室の藩屏」としての「華族」の「家」の永続を説く。東京地裁の廃戸主判決の中で、本件はいわば異質で例外的な判決であり、個を超越した抽象的存在たる「家」の原理を華族という特定の階級に対して適用したものである。大竹秀男氏が指摘されるように[44]、明治前期の家族法においては血統の尊重が重視される「永久不変の『家』の観念」と、生計維持を重視した「生活共同体としての家」という「異なる二つの家のとらえ方が並存し対立した」ことが、一連の東京地裁廃戸主判決を通しても浮かび上がってきたといえる。多様な「家」の把握が混在する中で、裁判所は現実の紛争に対して実効力ある解決策を示すことが求められた。裁判所は、多くの紛争当事者に対して、抽象的な「家」原理を説くのではなく、生計の単位たる「世帯」こそが裁判上保護すべき「一家」であることを示すことにより、個人の権利と「世帯」という新しい「家」の間で競合する利益の調整を試みたのではなかろうか。

（1）近藤佳代子「明治民法施行前の廃戸主制度と『家』」（『阪大法学』一一三号、一九八三年）、拙稿「廃戸主判決に見る『家』の近代化と戸主権保護——熊本・福岡地裁廃戸主判決の分析から——」（『九大法学』七九号、二〇〇〇年）。

（2）高橋真三『明治前期家族法の新装』（有斐閣、一九八七年）三二四頁、近藤・前掲注（1）四四頁等。

（3）以下「戸」＝制度上の「家」に関する叙述は、利谷信義「『家』制度の構造と機能（一）——『家』をめぐる財産関係の考察——」（『社会科学研究』一三巻二・三合併号、一九六一年）、近藤・前掲注（1）等に依る。

（4）大竹秀男「日本近代始動期の家族法——伝統的家族の動揺——」（『家族史研究・第四集』、大月書店、一九八一年）九～十頁。

（5）大阪・熊本における棄却例の割合については拙稿・前掲注（1）一四六頁。

（6）国際日本文化研究センターの「民事判決原本データベース」における東京地裁廃戸主・養戸主離別関連判決を閲覧させていただいた。現在同センターの民事判決原本データベース化作業は、民事訴訟法が施行された明治二十三年以前の判決原本に限定して行われているため、本稿では二十四年から三十一年までの判決原本については分析対象とできなかった。また二十三年以前の判決中にも、画像未入力のため判決文を閲覧することが出来なかった事例が十例ある。十例とも養子離縁関係の判決であり、訴訟名称や当事者の氏名等の情報からは当事者たる養子が戸主であるか判別できないため、廃戸主・養戸主離別請求に該当するか否かも不明である。従って本節で示すデータは、必ずしも東京地裁明治二十三年以前の廃戸主関連判決全体の正確なデータとはなり得ないが、一応の目安として挙げる。

（7）戸主が原告となり廃戸主「拒否」を請求する事例等もあるため、最終的に当事者となった戸主が廃戸主されたか否かで分類した。廃戸主を認めた事例は十六例、却下が一例。

（8）入夫戸主に対する請求十一例を含む。その他実子戸主が六例、不明一例である。

（9）熊本・福岡地裁判決については拙稿・前掲注（1）。大阪高裁の判決については本稿第五節及び後掲・注（36）参照。

（10）東京地方裁判所『東京始審裁判所　明治十五年裁判言渡書』。

（11）東京地方裁判所『東京始審裁判所　明治十八年裁判言渡書』。

（12）結論としては、「送米ハX（＝養母）ノ依テ以テ性命《ママ》ヲ繋ク」ものであるにもかかわらず養戸主がこれを拒否したとして廃戸主を認めた。

(13) 東京地方裁判所『東京始審裁判所　明治十五年裁判言渡書』。
(14) 東京地方裁判所『東京裁判所　明治十三年裁判言渡書』。
(15) 東京上等裁判所明治十三年十二月十七日「戸主ヲ廃シ離別ノ詞訟東京裁判所ノ裁判不服ノ控訴」、前掲・注(14)所収。
(16) 東京地方裁判所『東京始審裁判所　明治十九年裁判言渡書』。
(17) 東京地方裁判所『東京始審裁判所　明治十五年裁判言渡書』。
(18) 東京地方裁判所『東京裁判所　明治十三年裁判言渡書』。
(19) 長崎裁判所福岡支庁明治十二年十二月二十六日判決「養子離別ノ訴訟」は、養母が命じた大工職を嫌う養戸主に対する訴訟である。養戸主は農業により養母を扶養する意思があり「活計ノ道ヲ立ツルハ必シモ大工職ニ限ラ」ないとして請求は棄却された。拙稿・前掲注(1)一五一頁。
(20) 東京地方裁判所『東京始審裁判所　明治十六年裁判言渡書』。
(21) 東京地方裁判所『東京始審裁判所　明治十六年裁判言渡書』。
(22) 東京地方裁判所『東京始審裁判所　明治十九年裁判言渡書』。
(23) 東京地方裁判所『東京裁判所　明治十一年裁判言渡書』。
(24) 東京上等裁判所明治十一年十二月廿七日判決「入夫離別及ヒ相続廃立ノ一件東京裁判所不服ノ趣及控訴」、前掲・注(23)所収。
(25) 東京地方裁判所『東京裁判所　明治十四年裁判言渡書』。
(26) 東京地方裁判所『明治二十三年民事裁判言渡書編冊假綴　自第千八百一號至二千號』。
(27) 熊本地方裁判所『明治十三年自四月至五月　民事判決録』。拙稿・前掲注(1)一五七頁。
(28) 熊本裁判所明治十三年五月十三日判決「公債証書取戻ノ詞訟」は、「家産」は先祖伝来の「共有財産」であるとして公債証書引渡を拒む養祖母に対し、「凡ソ養子トナリ実子トナリ既ニ戸主タルカラニハ其一家ニ属スル財産ハ随意ニ之ヲ支配シ得ル権利ヲ有スルモノニシテ如何ナル尊属ノ親ト雖モ敢テ其権内ニ闖入シ喙ヲ其間ニ容ル、ヲ得サルハ一般ノ通義」であるとし、「家族ノ養育」を担う戸主の所有に帰属するとした。
(29) 耕地宅地の地租改正はほぼ明治十二年中に、林野は同十五〜十六年中に完了するとされる。福島正夫『地租改正』(吉川弘文館、一九六八年）等。私的所有権の絶対性を明言する判決が明治十一〜十四年頃に顕著である事実は偶然の一致とみるべきではないと考える。地租改正完了後につき、東京始審裁明治十九年十二年二十三日判決「養子離別復籍願書調印要求ノ訴訟」は、養父所有の地券証の名義書換を強請したことを請求理由とするが、判決は被告を「戸主ト為シタル上は地券名義ノ書換ヲ請求スルモ敢テ防ケナ」いとして離別原因と認めず、熊本地裁明治二十八年判決では、被告である養戸主が欠席したにもかかわらず、養家財産処分は「元ト被告ノ所有ニ係リ其処分権内ニアルモノ」で廃戸主原因とならないとした。養家財産が養戸主の所有に帰属することを当然の前提としており、「家産」か「私有財産」かという争点はむしろ後退する傾向にあるのではなかろうか。この点については今後の課題としたい。

(30) 入夫の場合、女戸主との婚姻が家督相続の原因となるため離婚と廃戸主は同時に行われるとされる。ただし当時の行政先例等においても「入夫」と「婿養子」は厳密に使い分けられていないことも指摘されている。高柳・前掲注（2）等。

(31) 東京地方裁判所『東京始審裁判所　明治十五年裁判言渡書』。

(32) 一時的な賭博や遊興のみでは廃戸主原因とならないとする事例として、本稿第三節東京始審裁判所明治十六年十月日判決など。

(33) 浪費と処刑は行政上及び裁判上の離婚原因として認められる。処刑は先例上は「懲役又は重禁錮一年以上」の場合に認められたが、裁判では一年以下の刑であっても認められた例が指摘されている。村上一博『明治離婚裁判史論』（法律文化社、一九九四年）三九頁。

(34) 東京地方裁判所『東京裁判所　明治十三年裁判言渡書』。

(35) 東京地方裁判所『東京始審裁判所　明治十九年裁判言渡書』。

(36) 山中至熊本大学教授のご教示によって分析させていただいた大阪上等裁判所の養戸主に対する離婚婚決十四例の検討結果による。本稿執筆にあたって山中至「大阪裁判所の離婚関係判決（三）」（『熊本法学』六二号、一九八九年）、「大阪裁判所の離婚関係判決（四）」（『熊本法学』六三号、一九九〇年）、村上一博「続・明治期の離婚関係判決（一・完）―大阪高等裁判所所蔵民事判決原本より―」（『同志社法学』一九八・一九九号、一九八七年）を参照させていただいた。

(37) 熊本地方裁判所『明治十三年自四月至五月　民事判決録』。

(38) 以下の場合が考えられる。①廃戸主し、養子離縁し、離婚する場合②廃戸主し、養子離縁し、離婚しない場合（家女たる妻を婿養子の実家に伴う）③廃戸主し、養子離縁せず、離婚する場合④廃戸主し、養子離縁せず、離婚もしない場合。③に該当する事例として東京裁判所明治十三年六月二十三日判決「戸主ヲ廃シ離別ノ訴訟」がある。婚約者とその兄姉からの請求である。養戸主は婚約者を「他家ノ雇婢」するなど冷遇にしたことなどを「戸主ノ義務ヲ欠」くものとして、戸主退隠と婚約解消を命じられたが、養子離縁の原因は認定されなかった。

(39) 勿論戸主の妻の法的地位については多角的検討を要する。遺妻たる女戸主の権利については拙稿・前掲注(1)一六四頁以下。

(40) 東京地方裁判所『東京裁判所　明治十四年裁判言渡書』。

(41) 判決は実名を挙げる。族長とは九條道孝(一八八三～一九〇六)で関白左大臣九條尚忠の第一子、慶應三年より左大臣で当時第一級の貴族、大正天皇皇后節子の父。幹事とは成瀬正肥(一八三五～一九〇三)で尾張藩御付家老、犬山城主。養家の前戸主(養父)は一條実良(一八三五～一八六八)で慶應三年右大臣、明治天皇皇后美子の実兄。養戸主実父は醍醐忠順(一八三〇～一九〇〇)で明治元年大阪鎮台督・大阪府知事等を歴任。

(42) おそらく明治四年太政官第一一五号の勅諭であろう。霞会館編『貴族院と華族』(表現社、一九八八年)五五頁等。

(43) 『裁判粹誌(自明治十一年十一月言渡至明治二十一年十一月言渡)』第一巻(復刻版、文生書院、一九九四年)四七四頁以下。

(44) 大竹秀男『「家」と女性の歴史』(弘文堂、一九七七年)二四二～二四三頁。

三菱の不動産経営と裁判

――明治前期の深川における不動産買入をめぐって――

森田貴子

はじめに

三菱は、[1]三井や住友とは異なり、近世以来の蓄積を持たずして急激な発展を遂げた新興企業であった。そのため、明治初期において三菱は、事業拠点とする事務所・荷捌所等の事業地や、接待用・私邸用としての邸宅地を買入れる必要があった。明治一〇（一八七七）年以降には、貸地・貸家・貸蔵からの収益を目的とした貸付地の買入を始め、一八年、海運業を日本郵船会社へ譲渡し、自由にしうる多額の資金を得ると、[2]本格的な土地買入を開始した。二六年までの土地所有は、以後の三菱の資本蓄積において重要な役割を果たしたとされている。[3]但し、その前提として、使用目的を持ち不動産買入を行った三菱にとって、買入地を使用していた借地人の貸地明渡が重要な問題となった。

明治政府は明治三一年の民法施行まで、民事に関する法律については、主に、商取引を円滑にするために必要な単行法だけを制定し、[4]土地所有権と「借地権」の関係についての法律は制定しなかった。不動産活用を志向する三菱では、話合いによる貸地明渡が成立しない場合、紛争を裁判によって解決することとなり、更には、貸地明渡問題を回避する不動産買入方法が重要となった。本稿は、明治初年から二六年の三菱合資会社設立までの時期における、三菱の不動産経営について、不動産買入方法と貸地明渡請求訴訟に注目し、三菱経済研究所付属三菱史料館が所蔵する三菱関係史料と民事判決原本とを用いて、不動産経営と裁判とのかかわりを検討する。

三菱の不動産に関する研究としては、三菱財閥史の観点から、牛山敬二氏、[5]旗手勲氏の研究[6]があげられる。両氏の研究によって、三菱財閥形成のための資本蓄積と投資対象としての土地所有が明らかにされた。だが、三菱財閥形成史の観点と史料上の制約により、三菱の所有する土地のみが検討され、建物は注目されず、不動産買入方法についても不明のままであった。不動産貸借については、法学の分野から、鈴木禄弥氏[7]が都市における借地・借家関係を明らかにされた。瀬川信久氏[8]は借地の実態と社会的条件について明らかにされている。では、土地所有権と「借地権」の関係が法律上、明文化されていない民法施行以前に、地主は貸地明渡問題をどのようにして解決したのだろうか。従来、不動産経営と裁判の関係については、十分には明らかにされてこなかった。本稿では、裁判に伴う三菱の不動産買入方法の改革について、深川における不動産買入を事例に検討する。

一　三菱の東京の不動産

(1)　東京の不動産

三菱の所有する不動産は、明治一一年三月二二日に新設された「社長内家一般ノ事務管理」と「在高知、岩崎家所有田畑山林ノ事務」を扱う内方元締役が管理する不動産と、同年七月二日に新設された「会社所有ノ地所家屋ニ関スル一切ノ事ヲ取扱」う地所係が管理する不動産の二つに、管理機構上分かれていた[9]。しかし、二三年までの所有不動産を記録した「地所建物買受根据帳」において、内方管理の不動産も地所係管理の不動産も区別なく記録されていることから、資産所有上、岩崎家資産と会社資産との明確な区分はなかったと考えられる。

明治初年から二六年までの三菱の東京市街地での不動産買入件数は、一一年に増加し、一八年から二三年にかけて再び増加する[10]。明治初年には、日本橋南茅場町（本店）、本郷湯島梅園町（弥太郎邸）、神田駿河台東紅梅町（弥之助邸）等の事業地・岩崎家邸宅地の不動産買入が行われた。一一年以降、これらの周辺地域が買足され、新たに本郷区竜岡町（近藤廉平拝借・岡本弥幸拝借・貸家）、本郷区駒込（駒込御邸・貸家）、下谷区茅町（弥太郎邸）、京橋区（為替店本店・岡田国兵衛拝借・貸家）、深川区等の事業地と岩崎家や社員向け邸宅地の買入と、貸地・貸家・貸蔵を目的とした貸付地の買入が行われた。一八年になると、所有地周辺の買入と同時に、神田区淡路町、麹町区有楽町、芝区愛宕

表1　深川の不動産買入（明治11年～明治14年）

年月日	場所	売主	坪数	棟数	売買金額	使用区別
明治11年５月14日	伊勢崎町17	丹羽正庸	887坪		1,237円50銭	
〃　５月22日	清住町10	前島密	4,118坪9465	5棟	4,500円	10：深川御邸
〃　６月10日	清住町８・９・11・伊勢崎町35	美野川利八	3,244坪27	14棟	12,943円85銭５	８：岡崎惟素拝借・深川御邸附属、９・11：深川御邸附属
〃　６月15日	一色町７	佐波金太郎	土地	7棟	3,025円	貨物用蔵・貸地・貸家（社員・社外）
〃　６月18日	伊勢崎町22	松井清蔭	土地	14棟	21,865円	貸家
〃　６月18日	伊勢崎町34	松井清蔭	土地	4棟	500円	貸家
〃　９月18日	堀川町３・４・５	中野静衛・奥田称造	632坪13	建物	13,000円（↑新公債証書高、買入現価8,434円相当）	深川荷捌所
〃　11月22日	一色町７	岩手惣兵衛		1棟	215円	
明治12年１月10日	入船町７	前島密		1棟	170円	
〃　３月４日	小松町７	西村七右衛門	5,112坪64	16棟	42,000円	為替店事務所・貨物用蔵・貸家（社員）
〃　３月４日	富吉町29・30	西村七右衛門	904坪19	7棟		貨物用蔵・貸地・貸家（社員・社外）
〃　４月11日	伊勢崎町12-2・12-3・13-2・16	服部卯之助	452坪２		1,456円	
明治13年９月15日	小松町７	松本源兵衛		4棟	800円	
明治14年２月９日	伊勢崎町34	金子金次郎		1棟	35円	
〃　３月31日	松賀町３・４・５・７・８	川崎八右衛門	1,604坪１	10棟	21,000円	３・７：貨物用蔵・貸家（社員）、４・５・８：貸地・貸家（社員・社外）

・出典：「地所建物買受根据帳」第壱・第四・第五（MA-2388、MA-2391、MA-2392）、「市内地所建物調書二」（MA-9250）、『三菱社史　初代社長時代』中巻（MA-6044）1057～1069頁（三菱史料館所蔵）。
・注　：番地は明治12年以降に統一した。史料により金額等が異なるときは「地所建物買受根据帳」によった。河岸地の建物は除いた。美野川利八からの建物買入について、史料の重複と推定されるものは除いた。

町、小石川区巣鴨駕籠町、牛込区等、貸付を目的とした新規買入が積極的に行われた。このように三菱では、同一地域を継続的に買入れ、不動産を拡大していった。

(2)　深川の不動産

明治一一年五月から一四年三月にかけて、三菱は、自社の拠点を作ろうと、表1にみられるように、深川の不動産買入を集中的に行った。商取引地としての深川の発展を見込んだからであろう[11]、これら深川の不動産は、邸宅、深川荷捌所・為替店事務所、社員・社外への貸地・貸家・貸蔵として使用されていった。深川の不動産買入は、具体的な使用目的に基づく意図的買入という点において、三菱の不動産買入の一つの典型と言える。そこで以下、深川を事例に三菱の不動産買入方法と貸地明渡請求訴訟について検討したい。

二　不動産買入と貸地明渡請求訴訟

(1) 不動産買入と約定

明治一一年五月、三菱は丹羽正庸から、第六大区三小区深川伊勢崎町一番地の土地八八七坪を売渡代金一一三七円五〇銭で買入れた。(12) 売主から岩崎弥太郎へ提出された五月一四日付「地券売渡証」は、所在地・坪数・売渡金額・売渡代金の受領・地券渡・親類他から故障のないこと・第三者から問題が生じた場合売主・保証人が引受ける旨を記載していた。この記載内容は、地券受渡による売買と、保証人の引受以外は近世期の「沽券状」と共通するものであった。渡された地券の書換により、土地所有権は岩崎弥太郎へ移転したが、地券書換だけでは、土地を自由に使用できるかどうかは不明確であった。次の史料は、この「地券売渡」から一か月後の六月一五日、丹羽正庸代理服部治四郎から岩崎弥太郎へ宛てた「証」である。

証

一、金百五拾円也

右者、第六大区三小区深川伊勢崎町壱番地（改正拾七番地）、貴殿へ売渡シ、従前之地借人悉皆立退カセ候ニ付、売渡之節約定之通、立退キ料トシテ本行《ママ》之通、正ニ請取申候也(13)

この「証」によって、土地売買時に、売主と買主間において、売主が借地人の立退を引受ける旨の約定を交わしていたことがわかる。(14) 立退料は買主である三菱が負担し、その内容が売主への手数料かまたは借地人への支払い金であるかは不明であるが、買入条件の一つとして借地人の立退を売主に引受けさせ、貸地明渡問題を不動産買入前に完了

表2　東京の不動産に関する訴訟（明治初年～明治26年）

判決言渡年月日	事件名	場所	三菱	備考
明治11年11月15日	貸池及貸店明渡催促ノ訴訟	深川霊岸町	原告	明治12年3月18日貸池及貸店明渡催促ノ訴訟控訴審判決言渡 〃　12月18日蓄育魚損害要償ノ訴訟判決言渡 明治14年3月2日蓄育魚損害要償ノ訴訟控訴審判決言渡 〃　5月31日蓄育魚損害要償ノ訴訟大審院判決言渡
明治12年4月19日	貸地明渡ノ訴訟	深川区伊勢崎町	原告	明治12年12月5日貸地明渡ノ訴訟控訴審判決言渡 明治13年6月12日貸地明渡ノ裁判執行判決言渡 〃　8月23日移転費額争ノ訴訟判決言渡 〃　12月27日貸地明渡ノ裁判執行控訴審判決言渡 明治14年11月1日移転費額争ノ訴訟控訴審判決言渡 明治16年4月30日損害要償ノ訴訟判決言渡 〃　12月13日借地料淹滞催促ノ訴訟判決言渡 明治17年3月6日借地料淹滞催促ノ訴訟控訴審判決言渡
明治12年4月19日	貸地明渡ノ訴訟	深川区伊勢崎町	原告	明治12年12月5日貸地明渡ノ訴訟控訴審判決言渡 明治13年8月23日移転費額争ノ訴訟判決言渡 明治14年11月4日移転費額争ノ訴訟控訴審判決言渡 明治16年4月　損害要償ノ訴訟判決言渡 〃　12月13日借地料淹滞催促ノ訴訟判決言渡
明治12年4月19日	貸地明渡ノ訴訟	深川区伊勢崎町	原告	明治13年8月23日移転費額争ノ訴訟判決言渡 〃　9月23日借地妨害ノ訴訟判決言渡
明治13年8月9日	貸地明渡ノ訴訟	深川区伊勢崎町	原告	明治14年11月4日貸地明渡ノ訴訟控訴審判決言渡 明治16年12月10日損害要償ノ訴訟判決言渡

・出典：『明治十一年民事裁判言渡書編冊』五冊ノ五、『明治十二年民事裁判言渡書編冊』六冊ノ二、『明治十三年民事裁判言渡書編冊』六冊ノ二、『明治十三年民事裁判言渡書編冊』六冊ノ四、『明治十六年民事裁判言渡書編冊』四冊ノ四（東京大学法学部保管）。我妻栄編『明治前期大審院民事裁判録』七、三和書房、1961年、114～115頁。「深川伊勢崎町土地建物賃借人□との訴訟」（三菱史料館所蔵、MA-9997-3）。

・注　：史料により判決言渡日が異なるとき、「民事判決原本」に判決言渡日が記載されていないときは、三菱史料館所蔵の「裁許状」によった。

させておこうとしたことが明らかである。

しかし、売主による借地人の立退引受けは、法的根拠を持つものではなく、「証」にあるように借地人全員の立退が首尾よく行われればよいが、実際には、売主との約定だけでは困難な場合もあった。

(2) 貸地明渡請求訴訟

表2は、明治初年から二六年までの三菱の東京の不動産に関する訴訟である。一一年から一三年にかけて、「貸池及貸店明渡催促ノ訴訟」一件と「貸地明渡ノ訴訟」四件があった。これらの訴訟はいずれも関連訴訟を引き起こし、裁判は長期にわたった。三菱史料館には、これらの訴訟以外に、欄外に区裁判所による勧解[15]の受入番号の書込

のある一一年の「借地証」五通が残されていることから、(16)この時期の三菱では、勧解に出願されたものや示談で終わったもの等、裁判所の判決言渡にまでは至らなかった貸地明渡請求事件もあったと推定される。貸地明渡請求訴訟は、三菱と借地人双方の権利主張に対する裁判所の法的判断を明確にし、三菱の不動産買入方法の改革を引き起こすこととなった。そこで、一一年に深川伊勢崎町の土地をめぐって起きた、三菱と借地人間の「貸地明渡ノ訴訟」について検討したい。

(3) 「貸地明渡ノ訴訟」と関連訴訟

明治一一年八月、三菱は「社用ノ為メ」深川伊勢崎町の土地と建物を地主から買入れた。(17)三菱では、買入時に売主による借地人の立退を求めたが、一部の借地人は立退かず、売主から三菱へ「借地証」が引送られた。八月一日、三菱は借地人から新たな「借地証」を取り、借地契約を結んだ。買入当初から土地の活用を計画していた三菱は、九月上旬から借地人に対し貸地明渡を懇談し、一一月二九日から三か月以内に明渡すよう通知した。これに対し借地人は二度にわたり明渡猶予の「日延書」を三菱へ提出した。(18)「該地使用ノ目途ヲ失スル」と、借地人の貸地明渡に不安を覚えた三菱は「貸地明渡ノ訴訟」を提起した。

明治一二年四月一九日、東京裁判所は三菱(原告)に対し、借地人(被告)の「一切ノ建物ヲ、現今適当ノ価直ヲ以テ買取、其代金ヲ被告(借地人、筆者注)へ交付シタル上、速ニ退去セシムベキ事」という、判決を言渡した。(19)この判決に対し、少額の立退料程度で済ませたい三菱は控訴した。同年一二月五日、東京上等裁判所は三菱に対し、借地人が「該家屋ヲ相当ノ場所へ引移スカ為メ要スル所ノ費用ヲ払ヒタル上、其明渡シヲ求ムルハ格別、否サレハ、原告(三菱、同前)ニ於テ、被告(借地人、同前)カ借地ニ現在建築シアル所ノ家屋ニ其儘居住シ得ル限リハ、其明渡シヲ求ムルヲ得サル」と言渡した。(20)上告はされなかった。

この第二審判決を受けて、三菱は「貸地明渡シノ裁判執行」を提訴した。明治一三年六月一二日、東京裁判所は、借地人は「固ヨリ永久居住ノ権ヲ得タルモノニ非サル」とし、借地人に対し、三菱から「適当ノ金額ヲ得ル上ハ、直ニ該地所ヲ可明渡事、但、本文ノ金額当否ノ点ニ付、若シ争詞アルトキハ、更ニ訴訟ヲ起ス可キモノトス」と判決を言渡した(21)。この判決に対し、三菱は新たに「移転費額争ノ訴訟」を提起した。

明治一三年八月二三日、東京始審裁判所は三菱に対し、借地人の建物を買取り、借地人はこの代金を「転居ノ費用ニ充テ、速ニ該地所ヲ退去」するよう、言渡した(22)。八月二八日、借地人はこの第一審判決を不服として控訴した。一四年一一月四日、東京上等裁判所は移転費額を具体的に決定し、借地人に対し、判決言渡日より一か月以内に三菱より移転費を受取り、判決言渡日より三か月以内に地所を明渡すよう、判決を言渡した(23)。上告はされなかった。

この一連の訴訟事件進行中に、借地人は、三菱が竹柵を作り通行を妨げ、営業上の損害を与えたとして「損害要償ノ詞訟」を提起した。明治一六年四月、東京始審裁判所は三菱に対し、借地人へ償金を償却するよう言渡した(24)。一六年、三菱は借地人に対し「借地料淹滞訴訟」を提起した。一七年三月六日、東京上等裁判所は、第一審判決通り、借地人の借地料支払いを命じた(25)。同年九月二二日、借地料淹滞催促事件裁判執行の「済口御届」が郵便汽船三菱会社社長岩崎□代理と借地人連署で東京始審裁判所長へ提出され(26)、ここに、五年以上にわたる三菱と借地人間の「貸地明渡ノ訴訟」と関連訴訟は終結した。

(4)「借地証」の効力

「貸地明渡ノ訴訟」と関連訴訟から注目される第一は、「借地証」の効力である。「貸地明渡ノ訴訟」で三菱が主張の根拠とした「借地証」と同じ内容と推定される明治一一年八月一日に三菱が借地人に差入れさせた「借地証」(27)は、証券界紙(28)に、借主自署捺印、年号月日を記載し、裁判上証拠としての効力をもつよう作成されていた。三菱は、この

「借地証」中の「借地ハ、地主ノ都合ニヨリ、建物引拂ヒ地所明ヶ渡シ之旨ヲ借主へ申請ハヽ、借主ニ於テ如何ナル事故アリト雖モ無差支、速ニ地所明ヶ渡シ立退キ可申事、但シ、地所明渡ノ節ハ地形ハ平坦ニ可致事」（第二条）という、地主都合による建物引払と地所明渡約款を根拠に、借地人の貸地明渡を要求した。「速ニ地所明ヶ渡」約款の効力が争われることは三菱に限らず、明治初期から不動産貸借をめぐる裁判の一つの典型であった。東京裁判所は「借地証ハ、古来ヨリ民俗ニ慣用スル、凡常ノ文例ナルニ拠リ、設ヒ証書中、速ニ地所明渡可申、或ハ但シ云々ノ文字アリト雖トモ、其契約ノ精神ハ決テ此点ニ非ス」と無効であるとし(29)、東京上等裁判所も「地所貸借ノ趣意ニ反スルヲ以テ、地所貸借上之ヲ有効ノ契約ト認ムルヲ得サル」と無効であるとした(30)。

「借地証」は、不動産貸借契約の際、作成される証書という点で、近世期の「地請状」を継承するものであった。近世期に町屋敷貸主は行政上の支配を兼ねていたため、地主・家守は「地請状」「店請状」の取得を義務づけられていた。そのため「地請状」「店請状」で重視されたことは借主の身元保証であり(31)、請状の内容は、借主の出身、前科がないこと、制禁・触の順守、「御法度之宗門」ではないことであった。不動産貸借に関する規定は少なく、所在地、地代店賃金額、支払期日が決められ、貸借期限や値上げ規定はなかった(32)。「請状」であるため、作成者は「請人」であり、地主・家主と借地人・借家人の「権力関係」を示すとされる(33)「何時成共早速明渡」文言は、請人が貸主に対し述べたものであった。

三菱が差入れさせた「借地証」では、身元保証規定はなくなり、代わりに「借主之一身ニ生ズル事故ハ、地主ニ関セサル事」（第三条）と、借主個人に関わる「事故」への地主の不関与が規定された。他に、所在地・坪数・借地料（前文）、支払日・請人による滞納の弁納（第一条）、「借地証」条件が借地人によって履行されない場合の請人による弁理（第四条）が規定され、不動産貸借に関する規定のみになった。作成者は「借主」自身になり、地主都合による建物引払と地所明渡は、借地人自身の誓約へと代わっていたことが指摘できる。

地主である三菱にとって、「速ニ地所明ヶ渡」約款が有効ではなく、東京上等裁判所が「別ニ貸地ノ期限ヲ定タルコトアラサレハ、該借地ノ期限ハ借地人カ該地ニ建築シアル家屋ニ居住スルカ為メ、該地ヲ借受ケタル所ノ目的ヲ達スルヲ以テ其貸借ノ期限ト見做サ、ルヲ得」ないと言渡すと、(34)「借地証」を根拠とした貸地明渡請求は不可能となり、借地人との間で移転費額が決定しない限り、土地の自由な使用は、借地人の目的達成まで延期されることとなった。

(5) 移転費額の決定

訴訟から注目される第二は、移転費額の決定である。「貸地明渡ノ訴訟」において、借地人は、荒地であった借地を自弁で宅地化したことを根拠に「該地ニ管シタル開発営繕費金并移転費用」を三菱が償却することを請求した。

これに対し三菱は、損害を償う契約は行っていないこと、「一般地主ノ権利ニ於テ、恩恵上多少ノ金円ヲ贈与シ補助することはあっても、「地借人ノ立退入費ヲ払遣スヘキ理由」はないと主張した。このような三菱の主張の背景には、不動産貸借は貸主と借主間の対等な契約関係の上に成り立つものではなく、「主従」関係に近い「恩恵的」な貸借関係の上に成り立つものであるという、近世以来の不動産貸借に対する認識があったと考えられる。(35)地主である三菱にとって、移転費支払いは「恩恵上」贈与するものであり、その金額は地主の意向によって決定し、明確な基準はなかった。移転費額に対する認識は、三菱が他の借地人に対して起こした「借地料淹滞催促ノ訴訟」の過程で、三菱側代人が、地所明渡に応じた借地人に対して「恩恵ヲ以テ借地料ヲ勘弁シタル而已ナラス、外ニ酒肴料遣シタルコトモ有之候」(36)と口述していることからも明らかである。

東京裁判所は、借地人の請求する「開発営繕費」請求については「家屋ヲ構成スル為メニ用ヒタルモノ」であり「家屋ノ価位ノ内ニ含蓄」するので、「損害ノ計算高」とすることを認めず、先に述べたように、三菱に対し建物買取とその代金の借地人への交付を言渡した。この第一審判決は、地主による貸地明渡請求が行われた際、地主から借地人へ支払われる費用は、借地人が所有する建物の買取費用であるとした点において画期的であった。その結果、移転費額は近世以来の身分的貸借関係によって支払われるものではなく、借地人の建物に対して支払われるものであると、その性格を規定された。

移転費額について具体的な決定がなされたのは「移轉費額争ノ訴訟」第二審判決[37]においてであった。借地人は移転費として、(1)「現住居ヲ取払ヒ、相当ノ場所ニ運搬シ、再ヒ之ヲ建築スル」費用、(2)「板塀竹垣ニ関スル」費用、(3)家屋取払・地所明渡の為の「休業」による「損金」、(4)借地を「地揚」した「入費金」と「河岸泥溜板」の「構造費金」の四種を請求した。東京上等裁判所は、三菱と借地人の主張金額が一致しない、(1)家屋取払・運搬・再建築費用について、「東京府知事ノ指名シタル大工職ノ者三名ヲシテ其鑑定」をさせ、三名の鑑定額が借地人の請求額を超えていたことから、借地人の請求額は借地人の「望ヲ満スニ足ルヘキ十分ノ費額」と認めた。(2)板塀竹垣費用についても、三菱の費用負担を「当然」であるとし、金額については、大工職三名の鑑定額が借地人の請求額より少ないため、借地人の請求額を「不相當」とし、鑑定額の「中等ノ金高」を「相當ノ費額」とした。(3)休業による損金については、借地人は「永住権アルモノニ非レハ」他に移転する義務を負っているため、「休業ノ損失ヲモ負担」するとし、借地人の請求を認めなかった。(4)地揚入費金と構造費金については、特約がないこと、「借地証」但書に「平坦ニナシ返地スベキ」旨があることから、借地人の「当然ノ義務」であるとした。

この第二審判決は、移転費額は、建物と付属物の取払・運搬・再建築費であると、その種類を決定し、東京府の決めた大工職三名に「住居仕様」と「住居取崩し引建直し」の見積書を作成させ[38]、移転費額の算出方法と金額をも決定した。

三　不動産経営の改革

(1)　不動産買入方法の変更

「貸地明渡ノ訴訟」「貸地明渡ノ裁判執行訴訟」「移轉費額争ノ訴訟」の結果、三菱は裁判所の法的判断として、「借地証」中の地主都合による地所明渡約款は無効であること、「恩恵」に基づく移転費額は認められないこと、借地人へ貸地明渡請求をするためには、借地人の建物に対する移転費額の支払いが必要なこと、移転費額の種類と金額の基準を示されることとなった。三菱は、裁判所の判決により、借地人の建物が貸地明渡請求の阻害要因となることを知ると、その対策として借地人の建物を土地買入後、買入れていくようになった。

明治一八年から二二年にかけて、三菱は、一四年迄に買入れた深川区伊勢崎町・清住町の隣接地を買入れ、所有地の拡大をはかった。表3からは、三菱が土地買入後、順次、建物の買入を行っていることが明らかである。この時期の「地所建物買受根据簿」には、建物売渡証と共に、前家主から三菱へ宛てた「約定証」が度々記録されている。次の史料は「約定証」の一部である。[39]

右家屋拙者所有之処、今般貴殿エ前書代金ヲ以テ売渡候ニ就テハ、該家屋五戸之居住人ハ拙者方ニオイテ、本日ヨリ向壱ヶ月間ニ為立退明渡可申候、若期限ニ至リ居住人立退ザル節ハ、速ニ御取毀チ可被成候、万一彼是申者有之候ハヽ、拙者引請埒明貴殿へ聊御迷惑相掛申間敷候、後日約定書如件[40]

「約定証」から注目されることは、前家主による期限付きの借家人立退引受けと、期限到来後の建物取壊処分の承認である。移転費額が借地人の生活・営業の移転費用ではなく建物の移転費用と決定すると、土地に付属する建物を所有しない借家人には、その建物に居住し続ける権利を主張する根拠がなくなったといえる。表4は、明治二二年か

表3　深川区伊勢崎町・清住町の不動産買入（明治18年～明治22年）

年月日	番地	売主	坪数	棟数	売買金額
伊勢崎町					
明治18年11月26日	21・23	三ツ橋平助	154坪67	*	880円
〃　11月28日	18	岸藤留五郎	89坪	*	350円
〃　11月28日	19	渡辺亀吉	110坪67	*	420円
〃　11月28日	20	内山久右衛門	110坪2	*	440円
〃　11月30日	26	三ツ橋平助	81坪1	*	400円
〃　12月12日	8・9	東治兵衛	114坪6	*	560円
〃　12月12日	11	浅古弥兵衛	57坪	*	300円
〃　12月14日	24・25・27	加藤弥太郎	240坪89	*	1,680円
〃　12月15日	14	井出善明	114坪95		600円
〃　12月16日	15	岸藤留五郎	115坪9	*	750円
〃　12月19日	33	辻市兵衛	980坪43	*	7,000円
〃　12月25日	1・2・3・5	実相寺利氏	1,064坪37	9棟	7,000円
明治19年4月29日	32	花香幹	153坪76		1,600円
〃　6月15日	28・29・36	高橋門兵衛	921坪95	9棟	12,000円
明治20年1月	30・31	堀田正養	526坪38		6,180円
明治21年3月5日	30・31	堀田正養		4棟	3,820円
〃　10月19日	7	石井五郎兵衛		1棟	370円
〃　10月20日	7	東米三郎		1棟	370円
〃　10月22日	6	三橋喜久	700坪59		7,005円90銭
〃　10月22日	4・6・7・10・12・13	三橋松五郎・他2名	456坪	10棟	7,470円
明治22年2月4日	13	杉本勇次郎		2棟	67円12銭2厘
〃　2月9日	10	大滝力太郎		1棟	60円
〃　2月9日	12	松村レイ		1棟	130円
〃　2月21日	6	山崎銀次郎		1棟	42円50銭
〃　2月21日	13	田中芳蔵		1棟	72円50銭
〃　2月28日	12	樋口三郎		2棟	185円
〃　3月4日	13	鈴木鎣吉郎		1棟	100円
〃　3月4日	13	太田きい		1棟	115円
〃　3月28日	13	岡崎セキ		1棟	185円
〃　7月11日	28	木村貞助		1棟	240円
清住町					
明治18年11月16日	4	宇佐美惟新	635坪2		1,270円
〃　11月16日	6	戸叶総吉	224坪91		430円
〃　12月3日	5	野村貞八	318坪2		540円
明治19年5月17日	2	柏原孫左衛門	780坪7	5棟	6,000円
明治20年10月4日	1	西村勝三	1,069坪	10棟	11,000円
明治21年10月7日	2	小堀常次郎		4棟	310円
〃　10月7日	4	倉下竹次郎		2棟	60円
〃　10月22日	2	佐藤権蔵		1棟	170円
〃　10月22日	2	葛野満		1棟	75円
〃　10月31日	4	石渡吉造		1棟	110円
〃　10月31日	4	石川平吉		1棟	340円
〃　11月14日	2	渡辺保太郎		2棟	60円
〃　11月14日	2	小堀常次郎		4棟	480円
〃　11月14日	2	斎藤半右衛門		2棟	150円
〃　12月3日	6	鈴木甚三郎		1棟	35円
〃　12月11日	2	宮本吉五郎		1棟	255円
〃　12月11日	4	石川栄三郎		1棟	72円50銭
〃　12月11日	5	吉田フク		1棟	80円
〃　12月11日	5	中原利八		1棟	35円
〃　12月11日	6	本間欽也		1棟	180円
〃　12月13日	4	橋本城知賀		1棟	114円
〃　12月13日	4・5	小島直七		4棟	400円
明治22年3月25日	4	小島興孝		1棟	46円75銭
〃　3月	2	峰村銀次郎		1棟	230円

・注：棟数欄の*は、建物売渡証は現存しないが、該当番地の明治一九年七月・九月付の深川区長宛「家屋取崩御届写」が三菱史料館にあることから（「各区役所届　控」明治一八年～一九年、MA-4228）、後に建物が買入られ、取壊されたと推定される。坪数・金額の内、誤りと思われるものは訂正した。河岸地の建物は除いた。

表4　深川区伊勢崎町・清住町、建物取壊・新築届（明治22年～明治24年）

年月日	番地	届	棟数
伊勢崎町			
明治22年3月28日	4・6・7・10・12・13	取壊届	20棟
〃　7月16日	28	取壊届	1棟
〃　9月25日	2・6・7・13	取壊届	6棟
〃　11月	34	取壊届	2棟
明治24年3月9日	3	新築届	1棟
〃　3月13日	22・34	取壊届	4棟
〃　3月14日	22	新築届	4棟
清住町			
明治22年3月28日	1－2・2・4・5・6	取壊届	31棟
〃　9月25日	1・2・4・30	取壊届	15棟
明治23年4月23日	8	取壊届	2棟
〃　4月28日	1	新築届	3棟
〃　5月26日	1	取壊届	1棟
〃　5月	6	取壊届	1棟
〃　5月26日	1	新築届	1棟
明治24年3月2日	2・4・5・6	新築届	20棟
〃　3月9日	8・10	新築届	7棟
〃　3月24日	1－2	取壊届	1棟
〃　10月13日	1－2	取壊届	1棟
〃　10月13日	1－2	新築届	2棟

・出典：「各官衙諸願伺届留」（三菱史料館所蔵、MA-2471）。
・注　：河岸地の建物は除いた。

ら二四年までに三菱が東京府へ提出した、深川区伊勢崎町・清住町の建物取壊届・新築届である[41]。「約定証」により建物取壊処分の承認を前家主から得た三菱は、買入れた木造建物を取壊し、建物を新築した。このことは、建物買入が建物使用のための買入ではなく、土地を自由に使用するためであったことを示しているといえる。

(2)　差配人の交代

新規に不動産を買入れた三菱は、不動産を管理する差配人を任命する必要があった。三菱では、「貸地明渡ノ訴訟」において「旧差配人若竹□へ、更ニ該地ノ差配ヲ委任」したと述べており、前差配人を引続き雇用し、近世以来の慣習であった地主交代後も差配業を継続できる差配人の「順役」を継承していた。

「貸地明渡ノ訴訟」第一審において、借地人は前地主からの「返証書」[42]を根拠に「永世借地権アルモノ、如ク」主張した。「民事判決原本」の「貸地明渡ノ訴訟」第一審「裁判言渡書」には、朱で抹消された記載がある[43]。記載部分には、東京裁判所へ召喚された前地主、周旋人[44]、差配人の「返証書」についての陳述が記録されている。前地主と周旋人は「返証書」に全く関与していなかったことを述べた。差配人は「返証書ハ…当時畢竟、土地ノ習慣ニ依リ、差配人タル上ハ総テ事ノ大小軽重ヲ問ハス適宜ノ処分致来タルニヨリ、即チ□（前地主、筆者注）代ト肩書ヲナシ、自分一己ニテ該証ヲ認メ差入置タルハ、素ヨリ不注意ノ致ス所ニシテ…」と、地主の名義を使用し、独自の判断で「返証書」を作成したことを認めた。この「返証書」は前地主の時期に作成されたものであり、裁判に対しては無効であった。しかし、「乙第一号証」として裁判所へ提出され、審理されるほどの証書を、地主の許可なく独断で作成する差配人を「順役」によって任命していたことは、裁判制度が規定する契約に基づく不動産貸借に適合しないものであり、三菱では、このような差配人を排除する必要が生じた。三菱は社員による差配へと移行し、明治二四年には、従来の差配人をすべて解雇し三菱の地所係に差配を行わせた(45)。

おわりに

本稿では、三菱における不動産買入方法と、貸地明渡請求裁判に伴う改革について検討を行った。その結果、三菱における不動産経営について次のことが明らかとなった。

具体的な使用目的を持ち不動産買入を行った三菱は、買入時に売主による借地人の立退引受けの約定を交わし、貸地明渡問題を不動産買入前に可能な限り完了させようとした。しかし、売主との約定だけでは借地人の立退が困難な場合もあり、三菱は貸地明渡問題を裁判で解決しようとした。

「貸地明渡ノ訴訟」「貸地明渡ノ裁判執行訴訟」「移轉費額争ノ訴訟」に対する判決により、三菱は、「借地証」の地主都合による地所明渡約款は無効であること、「恩恵」に基づく移転費額は認められないこと、貸地明渡請求をするためには、借地人の建物に対する移転費額の支払いが必要なこと、移転費額の種類と金額の基準を示されることとなった。その結果、以後の三菱においては、貸地明渡請求の阻害要因となる借地人の所有する建物を予め買入れるという、不動産買入方法の改革を行った。

裁判を通して、不動産貸借関係はその基準を定められた。移転費額は、近世以来の身分的関係に基づく「恩恵」による費用から借地人の所有する建物に対する費用へとその性格を変え、近世期の「地請状」文言を継承する「借地証」約款は承認されなかった。地主は、裁判制度が規定する不動産貸借関係に適合するよう、近世以来の慣習を排除し、不動産経営を改革していった。

（1）三菱は、九十九商会（明治三年閏一〇月）、三ツ川商会（五年一月）、三菱商会（六年三月）、三菱蒸汽船会社（七年七月）、三菱汽船会社（八年五月）、郵便汽船三菱会社（八年九月）、三菱社（一九年三月）、三菱合資会社（二六年一二月）と改称した。本稿では、三菱と統一する。

（2）牛山敬二「明治・大正期における三菱の土地投資」（『農業総合研究』二〇―二、一九六六年四月）一九〜二〇頁。

（3）旗手勲「三菱生成期における資本蓄積と土地所有」上（『歴史学研究』三二五、一九六七年六月。後に『日本の財閥と三菱―財閥企業の日本的風土』楽遊書房、一九七八年、所収）二一〜二二頁。

（4）福島正夫「財産法（法体制準備期）」（鵜飼信成・福島正夫・川島武宜・辻清明編『講座日本近代法発達史』一、勁草書房、一九五八年）六・一七・二一・五三・六五頁。

（5）前掲、牛山敬二「明治・大正期における三菱の土地投資」。

（6）前掲、旗手勲「三菱生成期における資本蓄積と土地所有」上・下（『歴史学研究』三二五・三二六、一九六七年六月・一九六七年七月）。同「三菱生成期における経済活動と土地所有」（『歴史学研究』三一九、一九六六年一二月）。

（7）鈴木禄弥「借地・借家法前史」（一）（二）（三）（四）（『法学』（東北大学法学部）二六―二・三、二七―一・三、一九六二年五月・七月、一九六三年一月・七月。後に『借地・借家法の研究』Ⅰ、創文社、一九八四年、所収）。

（8）瀬川信久『日本の借地』有斐閣、一九九五年。

（9）三菱社誌刊行会『三菱社誌』八、東京大学出版会、一九八〇年、四四・四六頁。

（10）「地所建物買受根据帳」第壱〜第一三（三菱史料館所蔵、MA-2388〜MA-2400）。

（11）明治一〇年八月から一二月までに、三菱は特約輸送一一件を契約した。内、四件の貨主は、一六年以降、深川に東京廻米問屋市場を設立しようとする発起人であった。このような貸主と特約を結んだ三菱は、深川の商取引地としての発展を見込み、不動産を買入れたと推定される（『三菱社史　初代社長時代』中巻（三菱史料館所蔵、MA-6044）九〇一～九〇二頁。東京廻米問屋市場『東京廻米問屋市場沿革』一九一八年、一〇二～一〇三頁）。

(12) 前掲「地所建物買受根据帳」第壱。後、番地変更により一七番地に改正。

(13) 同前。史料中の読点、傍線は筆者が付した。以下同様。

(14) 同様の不動産売買方法は、後に大隈重信邸、フランス公使館となる麹町区飯田町の不動産を、明治一二年一〇月に鍋島藩士が買入れた際にも行われている（『大隈文書』A四七四一、早稲田大学図書館所蔵）。

(15) 正規の裁判に先立ち和解を勧奨する調停制度。明治二三年、民事訴訟法制定によって廃止された。

(16) 「損害要償事件書類ほか土地関係裁判記録等」（三菱史料館所蔵、MA-9607）。

(17) 「売渡証」「地券」上では、明治一一年六月、前地主から周旋人へ不動産が売渡され、八月、周旋人から岩崎弥太郎へ売渡された。だが実際には、六月、周旋人は岩崎弥太郎へ「御都合有之、私名義ヲ以買入相成候義ニ付、地券状建家売渡証文等ノ名義ハ、御沙汰次第、公正之手続ヲ経、御名前ニ附替…」と証書を入れていることから（前掲「地所建物買受根据帳」第壱）、三菱は六月に不動産を買入れたといえる。表1では六月買入とした。

(18) 前掲「損害要償事件書類ほか土地関係裁判記録等」。

(19) 東京裁判所明治一一年第二三四二号『明治十一年民事裁判言渡書編冊』五冊ノ五。「民事判決原本」には「借地明渡ノ訴訟」と記されているが、三菱史料館所蔵の裁許用罫紙に書かれた東京裁判所作成の「裁判言渡書」（以下「裁許状」と記す）では「貸地明渡ノ訴訟」と訂正されていること、以後の判決言渡書において「貸地明渡」と記されているため「貸地明渡」で統一する。

(20) 東京上等裁判所明治一二年受入番号なし『明治十一年民事裁判言渡書編冊』五冊ノ五。

(21) 「深川伊勢崎町賃借人□との訴訟」（三菱史料館所蔵、MA-9997-3）。「貸地明渡ノ裁判執行訴訟」第一審判決、第二審判決は、三菱史料館に「裁許状」が現存する。「民事判決原本」には現段階では確認できなかった。

(22) 東京始審裁判所明治一三年第二二四三号『明治十三年民事裁判言渡書編冊』六冊ノ四。

(23) 東京上等裁判所明治一三年第二〇八六号『明治十三年民事裁判言渡書編冊』六冊ノ四。

(24) 東京始審裁判所明治一三年第一一五一号『明治十三年民事裁判言渡書編冊』六冊ノ二。

(25) 東京始審裁判所明治一六年第一八一六号『明治十六年民事裁判言渡書編冊』四冊ノ四。東京控訴裁判所明治一七年第二九四号、前掲「深川伊勢崎町賃借人□□との訴訟」。「借地料淹滞訴訟」第二審判決は、三菱史料館に「裁許状」が現存する。「民事判決原本」には現段階では確認できなかった。

(26) 前掲「損害要償事件書類ほか土地関係裁判記録等」。

(27) 同前。

(28) 明治七年七月二九日太政官布告第八一号により、書面金高一〇円未満の「借地証文」は界紙を用いるよう規定された。

(29) 前掲、東京裁判所明治一一年第二三四二号。

(30) 前掲、東京上等裁判所明治一二年受入番号なし。裁判所が「速ニ地所明ヶ渡」約款を無効とした、かなり早い時期の判例といえる。

(31) 西村信雄『身元保証の研究』有斐閣、一九六五年、五四〜五七頁。

(32) 桃井欽三「家守杖」文政四（一八二一）年三月（東京都公文書館所蔵）掲載の「店請状」雛形を参照した。

(33) 川島武宜「封建的契約とその解体」下（『思想』三〇三号、一九四九年九月、後に『法社会学における法の存在構造』日本評論社、一九五〇年、所収）四六〜四七頁。

(34) 貸借期限を規定しなければ、貸地の使用が延期されることとなった地主によって、貸借期限を規定した「借地証」が作成されるようになったと推定される。

(35) 明治三〇年の三井地所部による調書は「地主或ハ家主ハ借地借家人ヲ店子若クハ小作人ト呼ヒ、殆ト主従ノ観アリキ、故ニ地主家主ハ小作人若クハ店子ニ恩恵的ニ地所家屋ヲ貸渡スモノトナシ、小作人店子モ亦其恩恵ヲ蒙ムルモノナリトノ思想ヲ懐キタリ」と報告している（「明治二十年ヨリ同二十九年ニ至ル拾ヶ年間ニ於ケル土地ノ價額並ニ借地借家小作料ノ調書」三井地所部、明治三〇年二月四日、三菱史料館所蔵、MA-2369)。

(36) 前掲「損害要償事件書類ほか土地関係裁判記録等」。

(37) 前掲、東京上等裁判所明治一三年二〇八六号。

(38) 前掲、「損害要償事件書類ほか土地関係裁判記録等」。「住居取崩し引き直し」は「新規足シ木材一式」「大工手間」「柿葺」「大小釘」「鳶人足」「取崩シ家建具其外雑品、足シ材木共運送」等からなる。

(39) 「地所建物買受根据帳」第一〇~第一三(MA-2399~MA-2400)、「地所売渡証」明治一八年(MA-9778)、「建物売渡之証」(MA-12070)、「地所建物売渡証」深川区深川清住町ほか(MA-12001-24)(三菱史料館所蔵)。三菱社誌刊行会『三菱社誌』一五、東京大学出版会、一九八〇年、八七頁。同前一六、二八頁。

(40) 前掲「地所建物買受根据簿」第一二。

(41) 明治一九年にも、建物買入後の取壊が行われていたと推定される(表3注)。

(42) 明治期、不動産貸借に関する証書は借地人・借家人が地主・家主へ差入れるものであり、借地人が地主名義の「返証書」をとったことは、異例であった。

(43) 三菱史料館所蔵の「裁許状」には記されておらず、このような記載が残されていることも「民事判決原本」独自の史料価値を示している。

(44) 「裁判言渡書」では周旋人であることが不明だが、七月、三菱はこの周旋人へ買入周旋料として五〇〇円を支払っている(「明治十二年六月前　深川邸入帳証」三菱史料館所蔵、MA-2439)。

(45) 「綱本」明治二八年(三菱史料館所蔵、MA-6030)。差配人解雇は三菱の差配人の人事権掌握を示している。解雇が可能であった理由としては、近世期の「順役」を支えた町や五人組が既に廃止されていたこと、明治一八年六月二七日東京府布達甲第四四号による地租地方税備荒儲蓄金区町村費納付代人届出があげられる。後者により、差配人は、地主によって東京府へ届出されなければ納税の職務を遂行できなくなった。

訴答文例二三条・二五条に関する裁判例

――東京地裁旧蔵判決原本から――

瀧川叡一

はじめに

訴答文例（明治六年七月一七日太政官布告二四七号）がどのように実施、運用されたかを知る最良の史料は、かつて各下級裁判所で永久保存されていた民事判決原本である。本稿は東京地裁旧蔵の判決原本から、訴答文例の解釈上最も問題が多かった同文例二三条、二五条に関する裁判例を選んで紹介するものである。調査不十分であるが、今後の研究の足がかりになれば幸いである。

一　訴答文例二三条

訴答文例二三条は

「債主連名ノ證文ヲ以テ米金等ヲ貸附タル訴状ハ連名ヲ以テ訴フ可シ（後略）。」

と規定し、同文例二一条は

「原被告人共人員多少ニ拘ラズ訴状ハ一事ヲ一冊ニ書スルニ限ルベシ。又原告人一名ニシテ仝時ニ數件ヲ訴フルモ訴状ヲ各冊ニ作ル可シ。」

と規定していた。即ち多数の債権者は、連帯債権の場合を除き各人が各冊の訴状を提出すべきものとされていたのである。

最初に二三条違反により、「本案訴答書却下候也。」とした裁判例を紹介する。

1　東京始審裁判所明治一三年三月二六日言渡貸金催促事件、一三年三三二号（明治一三年民事裁判言渡書仮綴り一

一冊ノ二)

「本訴原告ヨリ呈スル借用證書ノ債主ハ原告田中濱太郎ノ外ニ矢田猪平モ亦債主ノ一人ナレバ、其矢田猪平ヲ擱キ原告一人ヨリ出訴シタルハ訴訟定式ニ違背シタル訴状ナルヲ以テ之ヲ採用スルニ由ナキモノトス。」(被告代人は訴答文例二三条に抵触すると述べていた。)

次は原告一六名が被告四名に対する頼母子講掛金取戻事件の豫審裁判で、「被告代人等ノ妨訴ノ抗弁ハ採用セザルヲ以テ被告代人等ハ速ニ本案ノ答弁ヲ為スベシ。」とした裁判例である。

2　東京地方裁判所明治二三年一二月一三日言渡、民一二五二号

(二〇一〇〇二一八——〇〇〇八六、これは日本文化研究所の民事判決原本データベースのコード番号である。以下同じ。)

「被告清水平七外二名代言人並ニ被告長谷川栄誉代人ハ、本訴證書ハ連名ノ證書ニアラザルハ勿論事実ニ於テモ各人各個ノ権利ニシテ連帯ノ権利ニアラザレバ原告等ガ拾六名合同シテ本訴ヲ提起セルハ訴答文例第二十三条ノ規定ニ違背セル訴ナリト述ブルト雖ドモ、抑々同例第二十三条タルヤ連名ノモノニ非ザレバ合同シテ訴ヲ起スコト能ハズトノ禁制ノ規条ニアラズ、連名ノ債権者ハ各別ニ起訴セズ合同シテ訴ヲ起スベシトノ命令法ニシテ、其精神タル主トシテ各当事者ノ利益ヲ謀リ煩雑ナル手続ト其費用トヲ減少セントスルニ在ルモノナリ。其精神ニシテ既ニ斯クノ如クナラン乎若シ同条ノ適用分明ナラザル場合アラバ須ラク其精神ヲ貫徹スル方針ニ向テ解釈セザルベカラズ。因テ案ズルニ本訴原告等ガ同一ナル事実上ノ原因ニ基キ同種類ノ権利ヲ有スル場合ノ如キハ之ヲ合同シテ起訴スルモ敢テ各当事者ノ不利益ヲ来タスモノニアラズ、却テ各々其利益ヲ享受スルモノナリ。因是観之バ本訴原告等ガ合同シテ起訴セシハ同例第二十三条ノ禁制セザル処ノミナラズ、却テ其精神ニ適合セルモノト云フベシ。尤モ同例第二十一条ニ訴状ハ一事ヲ一冊ニ書スルニ限ル云々トアルニ因リ本件ノ場合ニ於テモ各別ニ起訴スルヲ要スル如キ観

アリト雖ドモ、抑モ同条ノ規定ハ各箇独立シテ全ク其性質ト原因トヲ異ニセル事件ハ各別ニ一冊ノ訴状ニ認ムベシト云フニ在リテ、本訴ノ場合ノ如キ権利者ハ各々異ナルモ其義務者ハ共同ニシテ同一ノ原因ニ基キ同一種類ノ事件モ猶ホ其権利者各々相異ナルトキハ各別ニ訴ヲ提起スベシトノ云ヒニアラザルモノナレバ、本訴原告等ガ合同シテ起訴セシハ又タ敢テ同例第二十一条ノ規定ニ抵触スルモノニアラズ。

被告清水平七外貮名代言人並ニ長谷川栄誉代人ハ原告等ガ合同シテ起訴セシハ印紙貼用法ニモ亦違背セルモノナリト云フト雖ドモ、彼ノ印紙貼用法ナルモノハ訴答文例ノ規定ニ従ヒ訴ヲ提起スルニ際シ貼用スベキ印紙額ヲ定ムルノ法ニシテ数事件ヲ合セテ起訴シ得ベキヤ否ヤヲ定ムルノ法ニアラザルノミナラズ、同法ヲ閲スルモ数事件ヲ合セ訴フベカラザルトノ条文ナキニ付、原告等ハ毫モ同法ニ違背セル点ナキモノトス。」

この種の事件についてはこの判決より前は反対に解され、各人各冊の訴状により出訴すべきであるというのが全国的取扱いであったようである（公刊されたものとしては、前橋始審裁判所明治一六年二月一九日言渡がある。拙著明治初期民事訴訟の研究一九四頁所収。）。前記判示の後段の印紙貼用の件は、判示のとおり理由がない主張であるが、被告等としては最も主張したかった点であろう。明治一七年二月二三日太政官布告五号の民事訴訟用印紙規則二条には、「訴状ニハ正本一通ニ付請求ノ金額若クハ価額ニ応ジ左ノ區別ニ随ヒ其受付ノ時ニ於テ印紙ヲ貼用ス可シ。金額価額五円マデ二十銭（中略）、同五千円マデ二五円、同五千円以上ハ千円マデ毎ニ二円ヲ加フ。」との規定があった。各人各冊の訴状により提訴しなければならないとすると、当然ながら価額は合算されないので、印紙の費用は少額ではすまなかった筈である。被告の立場からすれば、原告がこの負担を免れるのは不当であると言いたかったのであろう。本件判決（裁判長馬渡俊猷*）は明治二三年四月二一日に公布（施行は翌二四年一月一日）された旧民訴法四条、四八条（現行民訴法九条、三八条に相当。）を参酌して従前の取扱いを否定する判断を示したのであろう。

次に前出訴答文例二一条に関する裁判例を紹介する。ただし同二三条には直接の関係はない。

3 東京始審裁判所明治一八年四月（日不明）言渡、損害要償（控訴）事件、民一八号（二〇一〇〇〇八二——〇〇〇一五）

「控訴人ハ損害要償ノ名義ヲ以テ金六十五円廿四戔五厘ノ外ニ二十戔ヲ請求スト雖モ、此内金四十四円五十三戔五厘ハ甲第壱号證ノ如ク身代限処分後ノ不足金ニ依ルモノニシテ損害要償ノ名義ヲ以テスベキモノニ非ズ。乃チ訴答文例第二十一条ノ規則ニ反スルモノナルヲ以テ裁判ニ及バズ。」

4 東京始審裁判所明治一八年一一月三〇日言渡、損料品取戻並ニ損料請求（控訴）事件、民七九号（二〇一〇〇〇八二——〇〇〇七一）

「本訴被控訴人が甲第一号證ト甲第二号證トヲ合セ一ノ訴状ヲ以テ出訴シタルコト始審庁ニ於テ単ニ連借主不在ナリトノ被控訴人ノ申立ヲ採用シテ之レニ同一ノ裁判ヲ下シタルハ訴答文例ノ規則ニ反スルモノト審定ス。」「依テ控訴人ハ被控訴人ヨリ請求スル所ノ甲第一号證ノ損料品並ニ損料銭ヲ弁済ス可シ。但シ甲第二号證即チ控訴人ト外一名ノ連借證ニ就テハ被控訴人ヨリ右両名ニ掛リ更ラニ始審裁判ヲ受ク可キモノトス。」

後段は訴答文例二五条に関係する。

二 訴答文例二五条

訴答文例二五条は

「負債主連名ノ借用證文ヲ以テ貸渡シタル米金等ノ訴状ハ連名ノ人数ヲ盡ク相手取ル可シ。」

と規定していた。これは江戸時代大坂法の連印借に準拠し、連帯債務を総手的共同債務と考えたからである（藤原明久「明治前半期における連帯債務法——フランス民法継受の諸相——」神戸法学雑誌四六巻三号四五六頁以下参照）。連帯債権に関する前記二三条も同様な考えに基づくものであろう。二五条の解釈、適用に関する裁判例は訴答文例に関する裁判例のうち最も多いが、まずこの条文に違背したことによって訴訟手続に違反したから「本訴ヲ棄却ス。」としたものを掲げる。

5　東京始審裁判所明治一九年一二月一四日言渡、貸金催促事件、民九六六号第一五号

（二〇一〇〇〇九二一――〇〇一七九）

「甲第一二号證ハ被告ノ認ムル処ナルヲ以テ該證ニ付被告ハ弁償ノ義務アルモノト断定ス。而シテ甲第三号證ハ被告及ビ松本ツルノ連借證書ナルニ、假ヒ「ツル」ガ被告ノ妻ニシテ被告所有ノ地券ヲ引当トシタルモ被告一人ヲ訴出スルハ明治六年第二百四十七号布告訴答文例第二十五条ニ違背シタルニ付、本訴ニ於テ甲第三号證ノ金員訟求ハ採用セズ。」

6　東京始審裁判所明治一九年一二月二五日言渡、約束手形金（豫審）請求事件、始審八六九号乃至八七九号

（二〇一〇〇〇九二一――〇〇一一〇）

「原告ハ連帯義務者ノ内ニ就キ如何ナル義務者ニ対シ義務ノ執行ヲ催促スルモ権利者ノ勝手ナリト主張スルト雖ドモ凡ク訴訟ヲ起コスニハ必ズ起訴ノ制規ニ拠ラザル可ラズ。而シテ訴答文例ニ従フトキハ連帯義務者ヲ訴フルニハ義務者一同ニ対シ訴ヲ起コス可キ制規ナルニ、原告ニ於テ明治十八年中東北銀行ノ株主ハ単ニ被告而已ニ限ラズ其外尚ホ許多ノ株主有ルヲ知リナガラ独リ被告而已ニ対シ本訴ヲ提起スルハ訴訟手続ニ違反スル者トス。」

この事件の原告は日本銀行総裁で、手形義務者東北銀行に対し既に勝訴の判決を得ている。被告九名は東北銀行の株主、同銀行の手形金支払義務につき無限責任を負っていたらしい。

7　東京始審裁判所明治一九年一二月二七日言渡、貸金催促事件、民一〇四五号第九〇

（二〇一〇〇〇九二一――〇〇二五一）

「本訴ハ先ヅ第一ニ原告ノ起訴ハ不都合ナルヤ否ノコトヲ審明スルヲ必要トス。而シテ本訴證拠物ヲ見ルニ借主中伊藤太郎ナル者アリ。然ルニ原告ガ之ヲ相手取ラザリシハ実ニ訴訟手続ニ違フタルモノト云フベシ。何トナレバ明治六年第二百四十七号布告訴答文例第八章第二十五条ニ、負債主連名ノ借用證文ヲ以テ貸渡シタル米金等ノ訴状ハ連名ノ人数ヲ盡ク相手取ルベシト規定アレバナリ。」

訴答文例二五条は実務上、理論上問題が多く、太政官、司法省の同条の解釈にはいくつかの変遷があったが、その詳細は藤原教授の前掲論文（四六九頁以下）に譲る。以下同論文（四九二頁以下）に依拠して本稿で紹介する裁判例の理解に必要な限度で布告、達、内訓を掲げる。

明治八年四月二〇日太政官布告六三号

「金銀其他借用證書中、借主数名連印ニテ各自分借ノ員数ヲ記載セザル分ハ、右連印中失踪又ハ死亡シテ相続人ナキ者有之トモ、其借用シタル金銀其他ノ総額ヲ其連印中現在ノ者へ償却可申付候条此旨布告候事。但右證書中分借ノ員数無之トモ別ニ分借ノ明證アレバ此限ニアラズ。」（後掲12、19の裁判例参照）

明治一三年二月一二日司法省丁三号達

「連借證書処分ノ義ニ付伺ノ趣、明治八年第六十三号公布ノ主旨ハ借用證書中数名連印各自分借ノ員数ヲ記セザル分ハ右連印中失踪又ハ死亡シテ相続人無キ者有之トキニ限リ現在セル数名ノ者へ償却可申付トノ義ナレバ、独リ一名又ハ二名而已ニ対シ全額ヲ訟求スルコトヲ得ズ、必ズ訴答文例第八章第廿五条ニ照準スベシ。」（後掲14の裁判例参照）

明治一七年五月二〇日長野始審裁判所宛司法省内訓（同年七月二日大審院諸裁判所宛内訓も同趣旨）

「連帯義務者ニ係ル詞訟ハ訴答文例第二十五条及ビ明治十三年当省第三号達ニ拠リ義務者一同ヲ被告トナシ其一同

ニ対シ返済ヲ言渡ス可キモノニテ、仏国民法第千二百三条（注、連帯債務ノ債権者ハ任意ノ債務者ニ履行ヲ請求スルコトヲ得、債務者ハ分割ノ利益ヲ以テ之ニ対抗スルコトヲ得ズ。現代外国法典叢書による。）以下連帯義務者ノ場合ヲ援引シテ論ズ可キモノニ非ズ。乍併義務者ノ内不在ノ者アリテ返期ヲ誤ルコトアルニ於テハ現在ノ者償却ヲ負担ス可キ旨ノ特約ヲ為シタル場合ハ、現在者ノミニ対シ全部ノ弁済ヲ言渡スヲ得ル義ト心得可シ。」

前掲5、6、7の裁判例は特約がない場合であるからこの内訓に反しているわけではない。以下内訓にいう特約を理由として連借の債務者のうち一人又は二人に対する請求を認容した裁判例を紹介する。

8　東京始審裁判所明治一八年五月一二日言渡、貸金催促（控訴）事件、民三二号

（二〇一〇〇〇八二――〇〇〇二七）

「甲号證ヲ審閲スルニ万一連署中不在等ノ者有之モ残ル連署者中ニテ引受返辦可申ト明約アル以上ハ、被控訴人ハ訴答文例第廿五条ノ規則ニ拘ハラズ当時不在ノ者ヲ除キ残ル署名者ニ対シテ起訴スルコトヲ得ルモノトス。」

9　東京始審裁判所明治一八年一〇月三〇日言渡、貸金催促事件、民四二六号

（二〇一〇〇〇八一――〇〇〇五四）

「本訴甲第一号證ニ萬一連借主ノ内旅行又ハ何等ノ事故出来仕候トモ残リ壱名ニテモ速ニ皆済致シ云々連帯借金ノ證如件ト分明ニ斯ク特約シ、而シテ現今ニ至リ其連帯タル他ノ龍二・小介ノ住所ハ被告自カラ之ヲ指示スル能ハズト云フ上ハ、今更原告ガ訴答文例ニ違反シタリ又金額三分ノ一ナラザル等ノ言ヲ以テ本訴抗弁ノ理由ト為スヲ得ズ。」

10　東京始審裁判所明治一八年一二月二八日言渡、貸金催促事件、民六一二号

（二〇一〇〇〇八一――〇〇二三八）

「甲号證ヲ審案スルニ萬一連帯者内差支旅行其他如何様ノ違変出来候共残リ壱名ニテモ日限迄ニ皆済可致云々ノ文

言アリ。而シテ差支旅行其他如何様ノ違変トハ独リ居所不定死亡或ハ失踪而已ヲ謂フニアラズシテ、本件連借者川村久直ノ如ク北海道炭鑛鉄道事務所ニ転勤シテ当地ニ居住セザル場合ヲモ含畜スルモノト認定ス。故ニ被告二名ニ対シテ本訴ヲ起シタルハ敢テ訴等文例ニ違反シタルモノニアラズトス。」

11 東京始審裁判所明治一九年三月三〇日言渡、貸金催促（豫審）事件、民一四九号

（二〇一〇〇〇九〇——〇〇一五〇）

「又本訴證拠ヲ閲スルニ万一連名ノ内意外ノ故障出来致シ返金差支候バ右ニ不拘残リ名前ノ者ニテ立替云々トアリ。此等ノ手続ト文詞トニ依レバ更ニ訴答文例ニ背戻セシ訴状ニアラザレバ、被告等ガ本案ノ答弁ヲ拒ムハ不当ナリ。」

12 東京始審裁判所明治一九年五月三一日言渡、貸金催促事件、民七四号

（二〇一〇〇〇九一——〇〇〇一七）

「甲号證ニ万一連帯者ノ内旅行其他何様ノ義出来候共一人ニテ引請云々ノ特約アリテ、相原貞ガ原籍ナル岡山県下ニ帰住シ居レバ、原告ガ訴答文例第八章第廿五条及明治八年第六十三号公布（注、前出）ニ関セズ相原貞ヲ除キ被告一名ニ対シ本訴ヲ提起スルモ敢テ不当ニアラズトス。故ニ被告ハ甲号證ノ特約ニ依リ先ヅ一名ニテ返弁ノ義務ヲ尽ミサザルヲ得ザルモノトス。」

13 東京始審裁判所明治一九年六月三〇日言渡、貸金催促（控訴）事件、民一〇〇号

（二〇一〇〇〇九三——〇〇〇八二）

「甲第一号證ニ連印ノ中変事出来候節ハ相残一名ヨリ約定期日通リ速ニ皆済可申トアルニ依レバ、元来其性質タル残一名ヨリ期日皆済ト云フヲ主トシ即チ連帯義務ヲ可負契約ノ意思ニ出デタルモノト解釈セザルヲ得ズ。而シテ関文蔵ガ洋行セシコトハ控訴人被控訴人口供ノ符合スル所ナルモ爾後本訴ノ当初以来ノ所在ニ至ツテハ果シテ独乙国在留ナリト可認憑拠ナケレバ、即チ契約上ノ変事ト看做シ、期日以来残ル控訴人等ニ於テ皆済セザルヲ得ザルモノ

ニシテ、敢テ本訴ヲ訴答文例ニ抵触セルモノト為スヲ得ズ。」

14　東京始審裁判所明治一九年一二月三日言渡、貸金催促（豫審）事件、八四〇号

（二〇一〇〇〇九二一――〇〇〇八二）

「原告ノ證書中（萬一連借ノ内旅行亦ハ如何様ノ事故出来候共其儀ニ不係壱人ニテ引続キ返金可致候）トアルニ依レバ、債主ニ於テ現在ノ負債主ニ催促シ旅行者等ハ之レヲ除クヲ得可ク負債主ハ其要求ニ応ゼザルヲ得ザルノ契約ナリト認ムルヲ以テ、被告代言人ガ適用シタル法律（注、前出明治一三年司法省丁三号達）ノ支配外ニ在ル特約ナリトス。」

15　東京始審裁判所明治二〇年一月三一日言渡、貸金催促（控訴）事件、民一七七号

（二〇一〇〇〇九三一――〇〇一四九）

「連借者ノ一人ナル櫻井源次郎ガ起訴ノ当時長野県下ニ居住セシハ甲第一号證記載ノ住居ヨリ他行セシモノト認定スレバ、甲第一号證後段ノ特約（注、内容不明）ニ基キ櫻井源次郎ヲ被告トセザルハ訴答文例ニ背戻セシモノト認定スルヲ得ズ。」

16　東京始審裁判所明治二三年三月二六日言渡、貸金催促事件、三〇二号

（明治二三年民事裁判言渡書仮綴一一冊ノ二）

「被告等ヨリ原告ニ差入レタル借用金證書ニ万一返金ヲ果サズシテ帰省及ビ旅行或ハ他管ヘ転任等致シ候者有之カ又ハ其他如何様ノ事故出来候共残リ貳名又ハ壱名ニテ元利共屹度皆済致シ毫モ貴殿ヘ御迷惑相掛ケ申間敷候トアルヲ以テ、三浦十郎ヲ除キ負債者貳名ヲ被告ト為シ本訴ヲ提起シタルハ訴訟手続ニ違背シタルモノト云フヲ得ズ。」

17　東京始審裁判所明治二三年一〇月二五日言渡

（明治二三年民事裁判言渡書仮綴一一冊ノ七）

「被告ニ於テ連帯者ノ一人ナル渡坂里吉ハ目下浅草区千束村三ッ石アカ方ヘ同居セシヲ原告ハ居所不分明ナリトシ

被告一名ニ係リ出訴セシハ不当ナリト云フト雖モ、被告ガ之ガ證拠ヲ挙示セザル上ハ果シテ渡坂里吉ハ右三ッ石アカ方ヘ同居セシヤ否知ル由ナキノミナラズ、甲号證末文ニ連帯者ノ内旅行並ニ事故有之節ハ残ノ名之者引請済方可仕候トアルニ依リ、原告ハ被告一名ニ係リ出訴セシ者ナレバ決シテ不当ニアラザルベシ。依テ被告ノ陳述ハ採庸セズ。」

18　東京地方裁判所明治二三年一二月二〇日言渡、貸金請求（豫審）事件、一八五二号第一九（一〇一〇〇二二一――〇〇〇六七）

「然ルニ連帯債務者ハ其債務ヲ以テ取立ノ保證ヲ為スモノニシテ其債権者ハ己レノ撰ブ債務者ニ対シ義務全部ノ履行ヲ請求シ得ルモノナレバ原告ガ被告両名ニ対シ訴追シタルハ訴訟手続ニ違背セルモノト云フヲ得ズ。尤モ訴答文例第二十五条ニハ連借ノ負債主アルトキハ其者等ヲ盡ク相手取ルベシトアルモ、個ハ各債務者ノ住所明瞭ナル場合ヲ規定シタルモノニシテ居所不明ナル者モ必ラズ併セテ之ヲ訴追スベシトノ云ヒニアラザルナリ。加之ナラズ被告等ハ甲第一号證ニ於テ連帯義務者中旅行スル乎其他変動杯ヲ生ズルトキハ残名ニテ全義務ヲ悉スベシトノ特約承諾シタルモノナレバ、変動生ジタル節ハ残名ニテ全義務ヲ負担スベキハ豪モ疑フベキナシ。」

前掲8から18までの裁判例は前記明治一七年五月二〇日（及び同年七月二日）の司法省内訓に従って特約の効力を認めたものである。ただし内訓であるから判決文中に引用はない。藤原教授は、このような特約が認められたことは「実質的にフランス民法の連帯債務が採用されたに等しい結果となった。」と述べておられるが（前掲論文五〇八頁）、その徴候がここに現われていると言える。

次に債務者中に失踪したものがあった場合の裁判例を紹介する。

19　東京始審裁判所明治一九年八月一〇日言渡、貸金催促（豫審）事件、民三三七号（一〇一〇〇〇九〇――〇〇三一八）

「甲号證連借人山本節ノ所在及原籍等ハ被告ニ於テモ之レヲ知ラズト云ヒ原告ニ於テモ之レヲ知ラズ。今該證ニ記載シアル京橋区竹川町十九番地ニ山本節ガ居ラザル上ハ即チ失踪者ナリト見做サザルヲ得ズ。然レバ原告ガ明治八年第六十三号公布（注、前出）ニ基キ被告等ニ対シ本訴ヲ起シタルハ敢テ不当ニアラズトス。故ニ被告ハ本案ニ対シ答弁ヲナサザルヲ得ザルモノトス。」

連借の債務者中失踪死亡者がある場合につき、前示明治八年太政官布告六三号は、他の現存の債務者に全額を請求できる旨定めているが、これは失踪死亡者がある場合に関する訴答文例一一六条の規定からはその趣旨が明らかでなかったからである。同条は

「負債主連名中若シ失踪死亡等ニテ相続人ナキ者アラバ連名ノ末ニ其人名ヲ記シ年月日失踪死亡等ノ事ヲ其者ノ管轄戸長某ヨリ承ルト附載スベシ。附録第九号ヲ見合ス可シ。」

と規定し、附録九号には「被告人連名中脱走又ハ病死人アルノ訴状」の雛形が示されている。これは連借の債務者中失踪死亡者があるときはその者をも被告として訴状に記載せよという趣旨で、連帯債務を総手的共同債務とする考えを徹底したものであろう。この規定に反して失踪死亡者の氏名を記載していない訴状の不備を看過した判決は上級審により違法として取消されるであろうか。これを否定した大審院判決がある。即ち、東京地裁の明治一三年民事裁判言渡書仮綴一一冊ノ三に写が綴られている大審院明治一四年六月一〇日の判決がそれである。その内容は次のとおりである。

「上告点ノ趣旨ハ連帯證書ヲ以テ出訴スル中必ズ連名一同ヲ列記シ出訴スベキモノナリ。若シ連帯者中ニ死亡失踪者アレバ其姓名ノ傍ニ其旨ヲ附記スベキコトヲ訴答文例ニ示サレタリ。然ルニ被上告人上告人ニ対シ此文例ニ反シテ起訴シタル故上告者ハ違文例ノ拒弁ヲ為シタルモ原院ガ上告人ノ拒（弁）ヲ斥ケタルハ法律ニ背キタル裁判ナリト云フニ在レドモ

文例中附記ノ事ハ文式ニ止テ本訴ノ場合ニ於テ此欠点アルモ違法ノ裁判ナリト云フヲ得ズ。」

あとがき

本稿は平成元年筆者が東京地裁において判決原本を閲覧した際作成したメモに基づく。その後日本文化研究所の民事判決原本データベースをネット上で探索し、新たに見つけた裁判例を補充したが、メモ記載の裁判例中データベースでは探索できないものもあった。右の判決原本中訴答文例に関するものがまだ他にもある筈であるので、今後更に調査を進めたいと思っている。

＊ 馬渡俊猷、長崎県士族、嘉永三年（一八五〇年）生、明治九年四月広島県中属在任中三級判事補を兼任、明治一〇年神戸裁判所判事補、明治三一年一二月一六日東京控訴院判事で退職。加藤高「明治前期司法官任用制の一断面」修道法学二三巻二号二四四頁、楠精一郎「明治立憲制と司法官」二五九頁による。

ただし、判決原本の訂正印によれば本判決の起案者は右陪席の判事田代律雄である。田代は熊本県士族、司法省法学校正則三期生、明治二一年帝国大学卒業、明治三四年一〇月九日大審院判事。手塚豊「明治法学教育史の研究」八五頁。楠前掲二九一頁による。

判事懲戒法運用の概要

蕪山　嚴

はじめに

判事懲戒法（明治二三年法律第六八号）は、昭和二二年五月三日裁判所法の施行に伴い廃止された旧法であり、その懲戒制度は、裁判所法、最高裁判所裁判官国民審査法、裁判官弾劾法、裁判官分限法、裁判官の分限事件手続規則へと発展的に継承されたが、新制度施行の時まで実に五七年間の長きにわたり裁判官の懲戒事件を規律してきたものであった。そして、判事懲戒法の適用事例が積み重ねられていく過程において、懲戒罰規定の妥当根拠である裁判官倫理が具体的事案に即して表明され、裁判官一般の倫理意識に深く浸透していくというダイナミズムが形作られる。そして、これらの裁判官倫理の多くは普遍性な価値を持つものとして、敗戦による国制の変容によっても動くことなく、戦後に継承された。このように判事懲戒法による懲戒制度は、現時の裁判官倫理に深く連なるものである。本稿は、大審院の懲戒事件裁判書二六件の原本を資料として判事懲戒法運用の一端を追跡整理しようとするものである[1]。運用の実情を考察する（二）に先立ち、判事懲戒法の仕組みを必要な限度で略述する（一）。

大審院裁判例を検討する意義は多く言うまでもあるまい。それは、事件数こそ多くないが、大審院が法令の解釈適用の統一を使命とする最高の裁判所としてなした裁判によって、もっとも端的に、判事懲戒法の解釈適用の実情を示すものだからである。しかし、各個の裁判内容の分析のうち懲戒事例（二**3**第二）については、本書が公刊書であることと事柄の性質にかんがみ、その記述を割愛し又はごく概括的な記述に止めざるを得なかったことをお断りしておきたい。

＊　本稿で判事懲戒法の条文を引用するときは、「法」という。文中【　】付きの数字は、後出の裁判番号である。なお、引用する

資料中の漢字の字体は常用漢字に改めた。

(1) 判事懲戒法の制定の経緯と簡単な比較法的考察を試みたものとして、裁判官弾劾裁判所事務局・裁判官訴追委員会事務局共編・裁判官弾劾制度の五十年(平成九年)八〇頁所収の拙稿「判事懲戒法の制定」がある。

一 判事懲戒法の仕組み

第一 懲戒の事由と方式

判事を懲戒するには、(ア)「職務上ノ義務ニ違背シ又ハ職務ヲ怠リタルトキ」、(イ)「官職上ノ威厳又ハ信用ヲ失フヘキ所為アリタルトキ」に、懲戒裁判所の裁判をもってしなければならない(法一条)。

判事懲戒法制定当時、司法官にも適用があるとされていた官吏服務規律(明治二〇年七月三〇日勅令第三九号)において、官吏は天皇陛下及びその政府に対し忠順勤勉を主とし、法律命令に従ってその職務を尽くすことを規律の根本とするとされ(同令一条)、判事の職務は、裁判所構成法など法令の定めるほか、この官吏服務規律によって律せられていた。法一条の「職務上ノ義務」もこれらの法令に基づく義務をいう趣旨である。ところで、旧憲法下においても、裁判所の判断の終局性が有する権威は、裁判官の独立、中立、公正に対する社会の信頼を基礎とするものであった。判事懲戒法が、職務上の義務違背のほかに、「官職上ノ威厳又ハ信用ヲ失フヘキ所為アリタル」ことを懲戒の事由とした根本の趣旨は、この信頼に背く行為を問責するところにあったとみるべきである。

そして、懲戒が懲戒裁判所の裁判の方式によらなければならないことは、旧憲法(五八条二・三項)の要請であると解され(伊藤博文・憲法義解(岩波文庫版)九五頁)、これが判事懲戒法が制定された理由である。

第二　懲罰の種類

懲罰は譴責、減俸、転所、停職、免職の五種類であり（法二条）、所犯の軽重に従い懲戒裁判所がこれを定める。懲罰の適用を定めるに当たり平生の行状を斟酌することができる（同三条）（有利に斟酌した事例【23】）。なお、減俸の期間・割合（同四条）、転所の態様と減俸の併科（同五条）、停職の期間と俸給の不支給（同六条）、免職と恩給受給権の喪失（同七条）について規定がある。

第三　懲戒手続

一　懲戒裁判所の構成

懲戒裁判所は各控訴院及び大審院に置く（法八条）。前者は、控訴院長とその院の判事五人で構成し、院長を裁判長とし、後者は、大審院長とその院の判事七人で構成し、院長を裁判長とする（同九条）。前者は「東京控訴院における懲戒裁判所」などと呼称し、後者は「大審院における懲戒裁判所」と呼称する。裁判体の構成員数は、後に大正二年四月五日法律第一〇号による一部改正により、控訴院は三名、大審院は五名と改められた。大審院においては、院長が裁判長となる場合には、少なくとも一名の部長判事が陪席を勤める事例が多かった。しかし、部長判事が代理裁判長を勤める場合に必ずしも別の部長判事が陪席の一名となるとは限らなかった。なお、大正期以降の裁判例八例で院長が裁判長を勤めたのは大審院判事五名に対し職権で開始した懲戒裁判【23】のみであり、それ以前の裁判例と傾向を異にする。

懲戒裁判所における検事の職務は、控訴院では検事長、大審院では検事総長がそれぞれこれを行う（同一一条）。

二　管　　轄

控訴院における懲戒裁判所は、院長及び部長を除くその院の判事及び管内下級裁判所の判事の懲戒事件を管轄し

（法一四条）、大審院における懲戒裁判所は、(ア)始審（第一審）かつ終審として、大審院の判事、控訴院長及び控訴院部長に対する懲戒事件、(ロ)控訴院における懲戒裁判所の裁判に対する抗告及び控訴を管轄する（同一五条）。土地管轄は、所犯の地にかかわらず、裁判手続開始の時に判事の奉職する裁判所によって定まる（同一六条）。

三　裁判手続

1　裁判手続の開始

一般文官に対する懲戒手続のように本属長官の要求により開始される（文官懲戒令二九・三〇条）のではなくて、懲戒裁判所が、検事の申立てにより、又は検事の意見を聴き職権をもって、懲戒裁判を開始すべきか否かを決定する（法一七条）。控訴院における懲戒裁判所が裁判手続の開始を拒んだ決定については、検事は七日以内に抗告裁判所（大審院における懲戒裁判所）に抗告することができる（同一八条）。抗告裁判所は検事の意見を聴いた後抗告を裁判する。抗告を正当と認めたときは、裁判手続開始の決定をして、管轄懲戒裁判所をしてその後の手続をさせなければならない（同一九条）。**【5】**は、抗告を正当と認め、裁判手続開始の決定をした事例であるが、被告判事の所為を摘示し、「懲戒裁判手続ノ開始ヲ決定シ〇〇控訴院ニ於ケル懲戒裁判所ヲシテ其後ノ手続ヲ為サシム」とし、証憑を具体的に挙示している。

2　審　理

刑事訴訟における予審に比すべき受命判事による下調べの制度があること（法二二一～二八条）、口頭弁論期日の規定（法二九～三二条）中で手続が非公開とされていることを指摘しておこう。

3　判　決

事件の弁論がすでに充分に尽くされたと認められるときは、懲戒裁判所は、これを終結し、評議判決をする（法三四条）。

判決主文の表現を懲罰の種類に即して例示すると、「被告判事何某を譴責す」「被告判事何某を三箇月間年俸月割額三分の一の減俸に処す」「被告判事何某に転所を命ず」「被告判事何某を免職す」ということきである。大審院の判決に停職の事例はなかった。免訴は、下調べの結果に基づく懲戒裁判所の判決として規定されているが（同二七条一項）、裁判手続開始の後にする本案判決において「被告を免訴する」とした事例がある。

被告判事の所為が懲戒事由に該当しない場合について、【8】は、「被告判事ノ行為ハ懲罰ヲ加フ可キモノニアラス」との理由を付し、「被告判事〇〇〇を無罪とする」旨の判決をしている。

判決の言渡しは即決を原則とする（法三五・三六条）。評議及び言渡しに関しては裁判所構成法の規程に従い、証拠の判断に関しては治罪法の規程に従う（同三七条）。初期においては、懲罰を課する判決の理由として、懲戒事由に当たる事実と証拠の標目を示す様式が一般であったが、やがて、旧旧刑訴法（明治二三年法律第九六号二〇三条）、旧刑訴法（大正一一年法律第七五号三六〇条）におけると同様に、証拠により事実を認めた理由を掲げる事例が現れている。

四　控訴・抗告

控訴院における懲戒裁判所の判決に対して控訴が認められる。検事及び被告は、判決言渡しの日より一四日以内にその申立てをすることができる。ただし、弁論期日に被告が出頭しないときには、控訴期間は判決の送達があった日より起算される（法三八条）。付帯控訴の可否については明文を欠くが、【7】はこれを認めた（ただし、申立期間経過後の理由で棄却した。）。

控訴院における懲戒裁判所が懲戒裁判手続の開始を拒んだ場合、検事は抗告することができることは、前記三1で述べた。

二　判事懲戒法運用の実情

1　大審院の懲戒事件裁判一覧

大審院がした裁判は後掲一覧表記載の二六件である。一覧表中の事件番号と件名は最高裁判所が昭和六〇年三月作成した目録の記載に従ったものであり（右目録の事件番号欄の号数あるいは事件符号は、裁判書の記載によったものと認められる。）、被告判事の官職は裁判原本の記載によった。ただし、【26】は別途の調査によった。

被告判事の氏名は本書では明示しなかった。右二六件の被告判事の人数は四三名である。この人数には共同被告事件四件二一名を含んでいる。

2　計量的考察

第一　裁判の審級別・種類別等件数

一　始審かつ終審事件

この事件（全七件）は、検事の裁判開始の申立てによるもの二件、職権によって開始したもの二件であり、その余の三件はそのいずれかが不明である。そして、判決により終局したもの六件（うち懲罰五件、免訴一件）、決定により終局したもの一件。決定は、控訴院部長につき検事総長がした裁判開始の申立てを退け裁判不開始としたものである。

二　控訴事件

懲戒事件裁判一覧（大審院）

裁判番号	事件番号	事件名	裁判の年月日・種類	被告人官職
【1】	明治25年	官職上ノ威厳信用ヲ失フヘキ行為	明治25・7・12　判決	大審院長同判事（7名）
【2】	同　年	職務上不注意	明治25・11・4　決定	地裁判事
【3】	同26年　1号	同	明治26・2・13　判決	大審院判事
【4】	同　年　2号	○○控訴院ニ於ケル懲戒裁判抗告	明治26・3・30　決定	区裁判事
【5】	同27年	同	明治27・5・29　決定	地裁所長
【6】	同29年　3号	職務ヲ怠リタルモノ	明治29・4・27　判決	区裁判事
【7】	同　年　5号	官職上ノ威厳ヲ失フヘキ行為	明治29・6・29　判決	区裁判事
【8】	同　年　7号	転補ノ命ヲ奉セサルモノ	明治29・10・22　判決	地裁判事
【9】	同31年　1号	予審機密漏洩	明治32・3・15　判決	地裁部長判事
【10】	同33年　3号	職務上威厳ヲ失フヘキ行為	明治34・2・13　判決	区裁判事
【11】	同34年(な)5号	職務ヲ怠リタルモノ	明治35・1・29　判決	区裁判事
【12】	同36年(な)7号	職務上ノ義務ニ違背並ニ怠ルモノ	明治36・12・15　決定	控訴院部長判事
【13】	同37年(な)2号	職務上ノ不注意	明治37・2・12　決定	区裁監督判事
【14】	同　年(な)3号	職務上ノ義務ニ違背	明治37・3・23　判決	区裁監督判事
【15】	同　年(な)4号	職務上ノ不注意	明治37・4・1　決定	区裁判事
【16】	同38年(な)2号	判事懲戒法違反	明治38・4・18　判決	地裁判事
【17】	同40年(な)2号	職務上ノ義務ニ違背	明治40・9・13　判決	控訴院長
【18】	同45年(な)3号	同	明治45・5・21　判決	大審院部長判事同判事（7名）
【19】	大正8年(な)3号	判事懲戒	大正8・12・3　判決	地裁判事
【20】	昭和2年(な)1号	同	昭和2・2・2　判決	地裁所長
【21】	同3年(な)1号	同	昭和3・4・2　判決	区裁地裁判事
【22】	同10年(な)1号	同	昭和10・5・6　判決	控訴院部長判事
【23】	同11年(な)1号	同	昭和11・2・19　判決	大審院部長判事同判事（5名）
【24】	同15年(な)1号	同	昭和15・2・20　判決	区裁判事
【25】	同20年	同	昭和20・11・16　判決	地裁区裁判事
【26】	同　年	同	昭和20・12・6　判決	控訴院判事（2名）

控訴院における懲戒裁判所の判決に対する控訴事件（全一四件）のうち検事の控訴申立てによるもの四件、被告判事の控訴申立てによるもの一〇件である。すべて判決により終局した。取消自判九件、控訴棄却五件（うち一件は付帯控訴も棄却）である。取消率（九／一四＝六四％）がかなり高い。

三　抗告事件

抗告事件（全五件）は、控訴院における懲戒裁判所が検事の裁判開始の申立てを拒んだ決定に対して不服を申し立てたものである。抗告は検事のみが抗告権を有する。これに対する裁判は決定の形式をとる。抗告棄却は四件。抗告を容れて裁判開始を決定したもの一件である。

第二　裁判の内容別人数

裁判の内容を被告判事の人数に即してみてみよう。後記累計にみるとおり、裁判開始の申立てを受け又は職権で裁判が開始された全四三名のうち懲罰に付された人数が最も多く二四名で全員の五五・八％であり、次に人数の多い免訴は一一名、二五・五％である。なお、停職の懲罰事例はなかった。

一　始審かつ終審事件（全二三名）

この事件で判決を受けた二三名のうち懲罰の言渡しを受けたのは一五名（内訳は、譴責一三名【18】【22】【23】、減俸二名【3】【17】）であり、免訴の言渡しを受けたのは七名【1】である。また決定を受けた一名【12】は、前記のとおり裁判不開始となったものである。

二　控訴事件（全一五名）

（1）取消自判判決（全一〇名）をみると、懲罰の言渡しを受けたのは五名（内訳は、譴責三名【11】【16】【19】、減俸一名【6】、転所一名【10】）であるのに対し、不処罰一名【8】である。また、免訴の言渡しを受けたのは四名【24】【25】【26】である。

これらの事件につき、自判により原判決がどのように変更されたかをみると、減俸→譴責【11】【19】、免訴→譴責【16】、免職→減俸【6】、免職→転所【10】、免職→不処罰（「無罪」）【8】、（原判決内容不詳）→免訴【24】【25】【26】となっている。右のうち【16】【26】は検事の控訴申立てに基づく控訴審で取消自判したものである。

（2）控訴棄却により確定した原判決（全五名）の内容は、懲罰を受けたのは四名（内訳は、譴責一名【9】、転所一名【7】、免職二名【21】【14】）であるのに対し、不処罰一名【20】である。

三　抗告事件（全五名）

検事の抗告を容れて懲戒裁判手続開始決定がされたのは一名【5】。これに対し、抗告棄却により裁判不開始とした原決定が維持されたもの四名【2】【4】【13】【15】である。

四　累計（全四三名）

懲罰二四名（譴責一七、減俸三、転所二、免職二）、不処罰二名、免訴一一名、裁判手続開始一名、不開始五名である。

3　裁判内容の分析

第一　懲戒裁判手続の開否に関するもの

大審院における懲戒裁判所が検事の抗告を容れて懲戒裁判を開始した【5】は、甲控訴院管内の乙地方裁判所長に補せられた前大審院判事が長期間を経過しても故なく赴任しなかったとの理由に基づく裁判開始の申立てに対し、甲控訴院における懲戒裁判所が「一件書中徴見スヘキ証憑ナシ」との理由で不開始とした事件で、大審院における懲戒裁判所は、検事の抗告を容れ、審理の不尽があるとして法一九条に基づき裁判の開始を決定し、甲控訴院における懲戒裁判所をしてその後の手続をなさしめるものとした。法一九条適用の唯一の事例である。

これに対し、【2】【4】【13】【15】は、控訴院における懲戒裁判所の不開始決定に対する検事の抗告につき、大審院が原裁判所の不開始決定を相当として抗告を棄却したもの、【12】は、大審院に対する懲戒裁判開始の申立てを退け、裁判を開始せずと決定したものである。

このうち【2】は被告判事が前職（郡長）在職中に部下の非行に気付かなかった不注意を問責する懲戒申立てに係るもの。決定は、「其不注意タルヤ判事ノ懈怠ヲ以テ論ス可キモノニ非ス」ということを理由とする。【4】は、罰金を禁錮に換える換刑（明治一三年刑法二七条二項）の命令書に軽禁錮一〇日と記載すべきところを二〇日と誤記したことを理由とする懲戒申立てに係るもの。決定は、「裁判所構成法第百三十六条第一号ニ依リ注意ヲ促シ又ハ訓令スルハ格別直チニ之ヲ以テ被告カ職務ヲ怠リタルモノトシテ懲戒スヘキモノニアラス」と判示している。【13】は、株式会社の資本増加の登記申請において株金額に対し第一回払込額が四分の一に達せず、商法の規定（明治三二年商法二一九条・一二八条二項・一二九条一項）に適合しないのに、申請を却下することなく登記を完了したことを理由とする懲戒申立てに係るもの。決定は、「判事カ職務上ノ事務ヲ取扱フニ当リ一応ノ調査ヲ遂ケ仍ホ法律ヲ誤解シタル結果違法ニ職務ヲ執行シタル事実アリトスルモ之ヲ以テ判事懲戒法第一条第一号ニ所謂職務上ノ義務ニ違背シ又ハ職務ヲ怠リタルモノト云フコトヲ得ス」と判示した。【15】は、官職詐称被告事件（明治一三年刑法二三二条）につき軽禁錮及び罰金をもって処断すべきところ重禁錮二〇日に処し、かつ罰金を付加しなかったことを理由とする懲戒申立てに係るもの。決定は、「職務ヲ執行スルニ際シテ注意周到ナラサル過失アルニ止マリ」、判事懲戒法第一条第一号所定の行為があったとするに足りないと判示した。【12】は、衆議院議員選挙法違反控訴事件につき裁判長として審理するに当たり、検事正が控訴人なのに被告人が控訴を申し立てたものと誤認し、被告人の不出頭を理由に闕席判決をした（明治二三年刑事訴訟法二六六条）ことに基づく懲戒申立て（大審院始審事件）に対し、不開始を決定したものである。【15】と同様の理由を付している。

裁判手続の開否に関する裁判例は、懲戒裁判権発動の限界を示すものとして重要であり、被告判事にとっても明暗を分かつ意味を有する。以上の裁判例のうち不開始とした【2】はあまりにも当然であり、反面、塡補の辞令を受けながらいわれなく任地に赴任しないことは懲戒の理由となるとの見解を前提とし、原審の審理不尽をいう【5】も首肯し得るところである。その他は、いわば中間に位する事案である。そして、【4】【15】【13】【12】はいずれも不注意により実体法あるいは手続法の適用を誤ったものとして括られる案件であり、大審院がこれらを判事懲戒法第一条第一号所定の懲戒事由に当たらないとしたのは、司法行政上の監督に委ねるものと懲戒裁判に付するものとの振分けの基準を示すものとして重要である。

第二　懲戒事例

控訴審として原審の懲罰判決を支持したもの、原判決を取り消し自判して懲罰を科したもの、初審かつ終審として懲罰を科したものなどがある。懲罰の軽重の順で幾つかの事例を挙げよう。ただし、本稿のはじめに述べた理由により、転所【7】【10】、免職【14】【21】事例は記述を割愛し、その他もきわめて概括的な記述に止めた。

一　譴責に処したもの

【9】は、予審判事の記録保管の不備に関するもの（義務違背）、【11】は、土地登記簿保管手続の懈怠に係るもの（職務懈怠）、【16】は、訴訟代理人たる弁護士との会食（官職上の信用失墜）、事件出張の際、同弁護士から立替支弁を受けた費用を二〇日余り精算しなかったもの（官職上の威厳の失墜）、【18】は、大審院の刑事上告事件の判決中で、上告論旨の一に対する判断を遺脱したもの（職務懈怠）、【19】は、刑事合議事件判決書の判事の署名の仕方に係るもの（職務懈怠）、【22】は、刑事事件記録を紛失したもの（義務違背又は職務懈怠）、【23】は、大審院判事が法律上認められない刑の執行猶予の言渡しをしたもの（職務懈怠）である。

このうち【18】【23】は手続法、実体法適用の誤りである。先にみた不開始事案の【13】【12】【4】【15】もこれと同種の過誤であったが、【18】【23】において、大審院における懲戒裁判所が職権で懲戒手続を開始し、被告判事らを譴責に処したのは、最終審として法の適用を司る同院判事の責任を重視したものであろう。

二　減俸に処したもの

【3】は、前掲【5】の大審院判事と同一人に係るもので、先に地方裁判所長であった当時の歳出支払命令官（所長）としての注意の怠りに関するもの（職務懈怠　年俸月割一箇月額の一〇分の一の減俸　減俸の期間は最短期の一箇月と

した趣旨か。)、【6】は、数日間の任地離脱（職務懈怠　三箇月間年俸月割額三分の一の減俸）、【17】は、控訴院長が区裁判所判事の転補の具申をするに当たり同判事の意見を聴かなかったのに、本人の意見は取り質し済みとの書面を司法大臣に差し出したもの（義務違背　六箇月間年俸月割額三分の一の減俸）である。【17】の減俸の重さは裁判官の任地の保障の重大さを如実に示すものである。

第三　懲戒事由なしとした事例

以上に対し、懲戒裁判手続が開始されたが、懲戒事由なしとされたものが二件ある。

【8】は裁判官の身分の保障に関するものなので、やや詳しく述べよう。被告判事は、甲地方裁判所判事奉職中、司法大臣より所長代理判事を経て、乙地方裁判所管内の離島の丙区裁判所判事に補する旨の辞令書の伝達を受けたところ、該命令は裁判所構成法七三条に違背する不法の命令であるとして、この辞令書を返上した。その後、司法大臣官房職員課長は司法大臣の命により前記所長代理判事に宛てて、「今般乙地方裁判所管内の判事六名が台湾総督府判官に転任し、補闕の必要を生じたが、新任者のみをもって補填しようとすると事務上差支えを生ずるので、経験ある判事として被告判事を選び、裁判所構成法七三条により転補し、相当の手続を経て辞令書を伝達した以上、これを返付すると否とにかかわらず、丙区裁判所判事であることもちろんであるから、二週間以内に赴任すべきである。」旨の通牒を発し、裁判所長も被告判事に諭達し、その後重ねて同様の手続きをもって赴任を促したが、被告判事は、そのつど、司法大臣に対し書面をもって、「補職の命令は違法であって、従う義務がないから、赴任命令には服しない。」旨上申し、その任に就かなかったものである。

原院は、本件は判事懲戒法一条第一号に該当するものであるとして、被告判事を免職に処する旨判決したので、被告判事が控訴。

大審院は、「裁判所構成法第七十三条第一項ノ但書ニ補闕ノ必要ナル場合トアルハ判事ノ闕員ヲ生シタルトキ其原因ノ何タルヲ問ハス此闕位ヲ補フニ際シ成規上補員ニ該当スル地位ニアル判事ニシテ転所ヲ承諾スル者ナク為メニ裁判事務ノ曠廃ヲ来スカ如キ已ムヲ得サル場合ヲ指称シタルモノトス如何トナレハ判事ハ其意ニ反シテ転所セラル、コトナキハ該条本文ノ担保スル所ニシテ此明文ニ由リ推究セハ右説示スル如キ場合ニ於テ始メテ但書補闕ノ必要ヲ生スルモノト解釈ス可キハ自ラ明瞭ナルノミナラス例外法ハ元来狭義ニ解釈ス可キハ当然ナルニ原判旨ノ如クセハ但書ヲ以テ本文担保ノ精神ヲ消滅セシムルニ至ルヘケレハナリ而シテ本訴ノ事実タル被告判事ハ勿論他ノ判事ニ対シ予メ転所ノ承諾ヲ求メタルニアラサルコトハ――司法書記官ノ通牒ニ徴シテ明カナルヲ以テ被告判事ノ転所セラレタルハ同条但書ノ場合ニ該当セス故ニ被告判事ノ行為ハ懲罰ヲ加フ可キモノニアラス」として、原判決を取り消し、「無罪」を言い渡した。

裁判所構成法七三条一項但書の「補闕ノ必要ナル場合」には判事の意に反して転所を命じ得るという規定の趣旨は、「成規上補員ニ該当スル地位ニアル判事ニシテ転所ヲ承諾スル者ナク為メニ裁判事務ノ曠廃ヲ来スカ如キ已ムヲ得サル場合ヲ指称シタルモノトス」とした点が重要である。裁判所構成法の原案作成者であるオットー・ルドルフは、単純に、「定員上の判事は闕位を充たす為に――転所せしめることが出来る」が、ただ、従前の俸給・官等を維持しなければならないと注釈しているが、(2) 大審院は、要件に絞りをかけ、但書により転所を命ずるには、まず、「成規上補員ニ該当スル地位ニアル判事」に転所を打診したが承諾を得られない場合でなければならないとし、「被告判事ハ勿論他ノ判事ニ対シ予メ転所ノ承諾ヲ求メタルニアラサル」本件において、被告判事の転所は但書の場合に該当しないとしたのである。(3) 裁判所構成法七三条一項但書の「補闕ノ必要ナル場合」に特定の裁判官に転所を命じ得る要件としての当局者のとるべき措置がどのようなものであるかは条文上明らかでない。判旨はこれを解明したものであるが、判旨にいう「成規上補員ニ該当スル地位ニアル判事」とはどの範囲の判事をいうのか、当局者はその判事にどの程度のアクションをすべきなのかなど運用上困難な問題が残る。(4) 現行の制度の下では、裁判官の転所はその同意ある場合にのみ許される(裁判所法四八条)。

【20】は、地方裁判所長に対し開始された懲戒事件であり、判決の認定した事実によれば、同裁判所の予審判事某は、爆発物取締罰則違反事件で予審請求されているAと内妻BからAの老母に暗に別れの意を表するためAB二人の並んだ写真を撮って貰いたいと懇請され、他日大逆罪で処断されるべき同人らの衷情を哀れみ予審取調室で撮影を行い、現像焼付をしたものをAに交付したところ、この写真がAの手から外部に渡り、ABの不穏当な態度を撮影した怪写真として世上に散布された。判旨は、予審判事の所為は官職上の威信を傷つけたものといわざるを得ないが、被告判事において監督官たる所長の職務を懈怠したものとはなし難いとした原判決を支持した。(5)

第四　免訴事例

【1】は、大審院長及び大審院判事六名につき、「金銭を賭け博奕をし、官職上の威厳又は信用の失う所為があった。」として、検事総長から懲戒裁判開始の申立てがあったのに対し、受命判事二名による下調べに基づき、申立てに係る事実を認めるべき証憑がないとして免訴を言い渡したもの、【24】は紀元二六〇〇年恩赦、【25】【26】は戦争終局恩赦にそれぞれ伴う各基準日以前の官吏の所為で未だ処分を受けないものに対して懲戒又は懲罰を行わない旨の勅令により、原判決を取り消して、被告免訴の判決をしたものである。大赦を理由とする免訴が、旧刑訴法(大正一一年法律第七五号三一四条三号・三六三条三号・四〇七条・四三九条)に規定されており、前記勅令による不懲戒をこれに準ずるものとして免訴としたものであろう(ただし、【25】【26】が「被告ヲ免訴ス」としたのに対し、【24】は、「判事〇〇〇〇ニ対シ懲戒ヲ行ハス」としている。)。

（2）ルドルフ・裁判所構成法註釈（司法資料第二五九号　昭和一四年）一七八頁
（3）本件については、楠精一郎・明治立憲制と司法官（平成元年）八七頁に詳細な研究がある。
（4）長島敦「裁判所構成法」現代法学全集一二巻（昭和四年）一五四頁は、裁判所構成法七三条一項但書につき、「如何なる場合を想像したるものか甚だ解釈に困しむ所である。只或裁判所に闕員があると云ふ丈で直に或判事に転所を命じ得るの精神でないことは明かである。恐らくは当該闕員を補ふ判事を物色するも遂に適当なるものを得ること能はざるときの如き或は事件急速を要する為め是非とも或判事を其闕位に充てなければならない場合の如きを想像したものであらう。」と述べているが、これとても十全の基準とはなり得なかったであろう。
（5）この大審院判決については、代理裁判長を務めた磯谷幸次郎大審院部長判事が「判事懲戒事件の判決に関する私見」という論考を法曹会雑誌五巻四号二九頁に寄せ、判決の理論的根拠を詳述している。

（平成一二年一二月稿）

近代製糸業における労働市場と司法制度*

中林　真幸

はじめに

製糸業とは、蚕蛾の繭から、絹織物の原料となる生糸を製造する産業である。製糸業には、手動の座繰《ざぐり》器を用いて、主に養蚕農家の家内工業として行われた在来製糸業と、動力源と繰糸器械を装備した工場において生糸を製造する近代製糸業とがあった。これらのうち、近代製糸業の勃興が、日本における近代的な経済発展を先導したことはよく知られている。近世後期の東日本には既に在来製糸業が広範に展開しており、一八五九年に自由貿易が開始されると、まず、この在来糸がヨーロッパ向けに輸出された。しかし、日本の生糸輸出が爆発的と言ってよい増加を示すのは、一八八〇年代半ばに近代製糸業が本格的に勃興し、器械糸の対アメリカ輸出の急増が始まってからであった。この時期には、アメリカの絹織物業において機械化が急速に進展しており、均一な器械糸が旺盛に需要されたのである。

そして、対アメリカ輸出において圧倒的な競争力を確保し、近代製糸業の勃興の中心に位置していたのが、言うまでもなく、長野県諏訪郡の近代製糸業であった。諏訪郡内の繰糸釜設備数の推移を見ると、一八八四年には一、六二四台であったが、一八九〇年に七三三七台、一九〇〇年には一〇九六三台、一九一〇年には一九六〇八台に達する。(1) 一台につき女性労働者（工女）(2) 一人が必要とされたから、諏訪郡における労働需要は一八八〇年代半ばから一九〇〇年代にかけて、年平均一〇％以上の増加を示したことになる。このことは、労働需給の深刻な逼迫をもたらした。

労働需給のギャップはマクロ的、長期的には周辺地域からの人口移動によって解決された。一八八〇年代から一九〇〇年代の間に、諏訪郡は人口流出地域から流入地域に、周辺地域は諏訪郡に対する流出地域へと転換した。(3) しかし、短期的には、労働市場の逼迫は強まり続けた。(4) その結果、労働者の工場間移動や二重雇用契約といった問題が広く生じたのである。したがって、諏訪製糸業の発展には、労働市場における取引制度の効率性もまた重要な意味を持ったと思われる。この、効率的な労働者取引制度の形成過程をマイクロレベルにおいて検討することが、本稿の課題となる。

労働者の工場間移動や、それを含む二重雇用契約に伴う問題を解決する制度として、最初に機能したのは、言うまでもなく司法制度であった。上諏訪区裁判所には、関連する訴訟の判決原本が数多く残されている。しかし、第二節に見るように、公的な司法制度によって、十分に効率的な取引統治を行うことは不可能であった。そこで、労働者の工場間移動や二重雇用契約に伴う問題を解決し、効率的な労働者取引を実現するために重要な役割を果たした制度として、一九〇〇年に設立された製糸家の私的団体である諏訪製糸同盟、そして、諏訪製糸同盟が一九〇三年に創設した労働者登録制度に、本稿は注目する。これらの制度の機能に関しては、既に石井寛治や岩本由輝、東條由紀彦らをはじめとする研究が存在する(5)。それらは、諏訪製糸同盟の主要な目的と効果が労働者の工場移動の抑止にあったとする主張を繰り返してきた。しかし、本稿において検討される諏訪製糸同盟の設立過程と、一九〇〇年代における実効的な機能の分析から、そうした主張は棄却される。諏訪製糸同盟の機能は、むしろ公的な司法制度の限界に注目することによって明らかにされると考えられる。すなわち、公的な司法制度においては直接的に統治されえない製糸家間取引を、直接的に統治する私的な制度の確立によって労働者取引の費用を縮減することに、その目的と効果は求められる。これが、本稿の分析を通じて導かれる結論である(6)。

以下、第1節において、諏訪製糸同盟の設立過程を検討する。大規模製糸家の利益を中心に設立された事実の解釈が要点となる。第2節においては、製糸家間の労働者取引に対する、司法制度による間接的な統治の仕組みとその問題点が分析される。第3節は、諏訪製糸同盟による労働者取引の統治を、公的な司法制度によるそれとの対比を踏まえて、分析する。

ところで、分析に入るに前に、本稿の採る視角に一言しておくことが有益であろう。日本における近代経済史学は、経済発展において制度の効率性が有した意味に対して必ずしも正当な注意を払ってはこなかった。第二次大戦前から一九六〇年代にかけて、法社会学においては取引を効率的に統治する法制度の研究が進められたものの、(7) その成果は伝統的な経済史学に立脚する産業革命研究には生かされなかった。これに対して、一九七〇年代以降において発達を遂げた、新制度派の経済史学は公的な司法制度による所有権と契約の自由の保護が経済発展に与えた影響を考察し、他方、取引費用の経済学や歴史制度分析においては、自生的に形成された制度が経済発展に及ぼす影響を分析する視点が提出されている。(8)

本章の分析もそれらを前提としてなされることになる。具体的に分析の鍵となるのは「労働者の取引費用」である。労働需給の逼迫は、賃金水準の上昇とともに、雇用契約時における前貸金（約定金）の供与、あるいは諏訪製糸家間における激しい女性労働者争奪をもたらした。これに伴って、一人の女性労働者もしくはその戸主が複数の製糸家と雇用契約を結んで前貸金を詐取し、あるいは女性労働者が就業後に工場を移動するという二重雇用問題が広範に発生した。ここに、二重雇用労働者をめぐる製糸家間取引が発生するが、本稿においては、このように労働者の二重雇用に伴って、労働者の移動元の製糸家と移動先の製糸家に生ずる費用を労働者の取引費用と呼ぶ。

一　諏訪製糸同盟の設立

1　諏訪製糸家の労働者獲得競争と「優勝劣敗」の論理

一九〇〇年代に至るまで、農商務省や長野県など、製糸業を管轄する行政機関は競争制限的な政策を採り、逼迫した労働市場における製糸家間の競争に対しては、特に競争抑制的な政策が試みられた。そのため、行政と諏訪製糸家との間には繰り返し衝突が生じている。

一八八五年公布の農商務省達第四一号「蚕糸業組合準則」に対応し、長野県は一八八六年に「蚕糸業組合規則」を布達した。県下の製糸家は、これに基づいて制定された「工女使傭規程」[9]に従うことを義務づけられた。しかし、この規程が、事実上、諏訪製糸家による周辺地域からの労働者吸収を制約したことから、諏訪製糸家は蚕糸業組合規則に抵抗し、一八八九年にはこれを廃止させた。その後、一八九〇年代に入ると諏訪製糸家間の労働者獲得競争は激しさを増し、また、有力製糸家が急激な工場規模拡大を進める一方、弱小製糸家の淘汰が進展した。これに対して、一八九四年、長野県知事の指示により、諏訪郡長坂本俊秀は製糸結社の社長二六名を郡役所に召集し、労働者争奪に関係のある上伊那郡、下伊那郡の製糸業者との製糸家組織の結成（「規約同盟」）、労働者の早期確保を目的としてなされる春挽の廃止、などについて諮問した。しかし、それらの施策への製糸家の反対は強く、実現しなかった。特に大製糸家は、「優勝劣敗」、「干渉無用」、「同盟無用」を主張し、行政による介入に鋭く反発した[10]。大製糸家は高賃金によって他の製糸家の雇用する労働者を引き抜くことができ、そして、そのことこそが経営発展の重要な条件だったからである。この後も、県、郡による製糸家組織設立への働きかけは続いた[11]。一八九〇年代半ば頃には、競争の規制を求める中小製糸家や周辺地域の製糸家、行政と、「優勝劣敗」の論理を主張する有力製糸家とが対立していたのである。

2　諏訪生糸同業組合の成立

一八九七年四月に法律第四七号重要輸出品同業組合法[12]が公布されると、行政はさらに攻勢を強めた。同法は、組合を設置しようとする地区の五分の四以上の同意によって強制加入団体である同業組合が設置されることを定めており、行政による介入の範囲と加盟者に対する組合の拘束力において、一八八五年蚕糸業組合準則よりもはるかに強力な法令であった。長野県は諏訪郡と周辺諸郡を合わせて一指定地区とする方針に固執して働きかけたが、諏訪製糸家はこの方針に強く抵抗した。労働者の雇用や原料繭の購入などにおける周辺諸郡の製糸家との競争について、圧倒的な優位に立つ諏訪製糸家は、雇用規制をはじめとする競争抑制的な協調を迫られることを恐れたのである(13)。実際、当該期に各地に設置された同業組合はしばしば雇用規制の機能を有していた(14)。そうした規制は農商務省の意思を背景としており(15)、諏訪製糸家の警戒は根拠のないものではなかったのである。

しかし、一九〇〇年に入り、県側が諏訪郡を一指定地区とする同業組合の設置方針に転じたことにより、諏訪製糸家も同業組合設置を受け容れることとなった。同年四月一日から重要物産同業組合法が施行されたことから(16)、これに基づいて五月一一日に準備総会が開かれ、一九〇一年五月に農商務省の認可を受けた。この設立の過程においても、大製糸家の議決権を大きくしようとする製糸家側と県とが厳しく対立したが、結局は大製糸家側の方針が容れられた(17)。行政の「干渉」によって諏訪生糸同業組合は設立されたものの、それは諏訪郡を指定地区とし、雇用規制は設けず、大製糸家に有利な議決法を採る組織となった。諏訪郡の大製糸家は、労働者獲得競争に対する行政の介入を防ぐことに成功したのである。

3　諏訪製糸同盟の成立

しかし、行政の介入を排した大製糸家は、労働市場における労働者取引の制度に無関心であったわけではない。諏訪郡の主要製糸家が共同再繰と共同出荷を行うために設立した開明社は、一八八八年に「申合規則」において、加盟製糸家の労働者使用権を相互に保護する規定を設けている(18)。そして、開明社の加盟製糸家に始まった使用権の相互保護の網は、一八九〇年代末には開明社から独立した大規模製糸家を中心に、そのほかの主要製糸家にも広がっていたと考えられる。[19]

そして、一九〇〇年一二月、同業組合とは別個の、当初は存在すら秘密とされた私的組織として諏訪製糸同盟が結成された。[20] 一九〇一年度に施行された「同盟規約書」は、前年に加盟製糸家が雇用した労働者を雇用してはならないことを定めていた。[21] 一九〇二年度施行の「同盟規約書」は、前年使用労働者の排他的使用権をより厳密に定め、これを「権利」と定義している。また、雇用契約について裁判所への提訴を禁ずる条項も加えられた。しかし、一九〇二年度までにおいては、諏訪製糸同盟は加盟工場の労働者を捕捉しておらず、その権利関係を同盟において確定することは不可能であった。同盟による「権利」の実効的な保護は、一九〇三年度における労働者登録制度の発足を待たねばならなかった。[22] この登録制度において、加盟製糸家は労働者と雇用契約を結んだ後、契約書を添えて当該労働者を登録する。労働者は旧権利工女（前年度使用労働者）もしくは新権利労働者（当年度契約工女）として同盟事務所の工男女姓名台帳に登録され、製糸家の排他的使用権が保護されることになった。

さて、既に一八九〇年代には私的な示談組織が形成されていたにもかかわらず、なぜ、一九〇〇年に諏訪製糸同盟が結成されたのであろうか。やはり、直接の契機は諏訪生糸同業組合設立の動きであろう。同業組合定款には具体的な雇用規制機能は含まれなかったものの、同業者間に生じた「紛議」の「仲裁」を行うこと、「他ノ組合ト気脈ヲ通シ便利ヲ図ル事」が業務の概目に含まれていた。しかも、重要物産同業組合法はその施行規則において仲裁もしくは調停組織を設立することを認めていた。[23] 諏訪生糸同業組合に雇用規制機能が付された場合、平野村や川岸村の大製糸家は、諏訪郡の中小製糸家利害の保護を求められ、さらに、周辺諸郡の同業組合との間での規制の相互尊重を求められる恐れすらあった。他方、「優勝劣敗」を唱え、高賃金によって労働者を吸収していた大製糸家に対して、労働者の流出側である中小製糸家は行政主導の雇用規制に好意的であった。それゆえ、大製糸家は、旧来の示談組織に属する中小製糸家が行政主導の同業組合の設立に積極的に関与することを防ぐために、改めて諏訪製糸同盟を設立したものと思われる。同盟の設立当初には、同盟内部において紛争の仲介にあたる委員に小規模製糸家も含まれていたが、これはこうした設立の経緯を反映している。労働者登録制度が成立し、本格的な活動の始まる一九〇三年度には、一一名の委員は全員が大規模製糸家で占められた。諏訪製糸同盟は、諏訪郡の大規模製糸家の主導の下に、その利益を守るために設立された。このことは、その機能を分析するための、重要な出発点となる。

二　司法制度による取引統治

1　労働市場の流動化

既に述べたように、労働需給の逼迫は二重雇用に関わる問題を引き起こした。諏訪製糸同盟によって労働者登録制度がつくられる以前に、二重雇用に伴う製糸家間取引はどのように統治されていたのであろうか。一つには、主要製糸家の間に形成されていた示談組織による統治がありえた。もう一つは、司法制度による統治である。

一八九〇年頃までにおける雇用契約は終業期日を明確には定めておらず、また、労働者の契約不履行に伴う損害賠償についても明確な規定を欠いていた。しかし、一八九〇年代半ばになると、一般に一年以内の雇用契約期間を明記し、また、期間中は他の工場に就業しないこと、契約不履行の場合には一定額の損害を賠償することなどを規定した契約が普及する。(24)雇用契約書における債務の記述がより厳密になされるようになった一つの背景は、一八九〇年民法と一八九〇年民事訴訟法の公布にあろう。(25)法廷闘争への対処の必要への対応という側面が推定されるのである。しかし、同時に、これらの変化は、労働需給の逼迫に伴って雇用契約の履行が動揺しつつあったことをも示している。

2 雇用契約関連訴訟

一八九〇年代半ばにおいて、女性労働者の雇用契約不履行に直面した製糸家が司法制度を通じてとった行動は、(a)雇用契約履行請求訴訟、(b)損害賠償請求訴訟または損害賠償および雇用契約約定（前貸）金返還請求訴訟、に大別される。前者は当該労働者に工場への就業もしくは損害賠償金の支払を請求するもので、後者は当該労働者の雇用契約不履行を所与として損害賠償金（および約定金）の支払を請求するものである。現存する一八九二―一八九六年の上諏訪区裁判所判決原本のうち、労働者側の雇用契約不履行を請求原因とする訴訟は全一三件、そのうち損害賠償請求訴訟が五件、雇用契約履行訴訟が八件である[26]。雇用契約履行請求訴訟については、原告の請求が正当であると見なされれば、請求に従って当該労働者の就業もしくは損害賠償金の支払を命ずる判決が言い渡される。一八九〇年代半ばにおいては、司法制度を通じた雇用契約の履行を求める製糸家も存在したのである。

しかし、一八九九年以降になると状況は変わっている。一八九九年一二月から一九〇〇年一二月において労働者側の雇用契約不履行を請求原因としてなされた訴訟二三件の全てが損害賠償（および約定金返還）請求訴訟であり、約定金および損害賠償金支払命令の仮執行請求訴訟一件と合わせて、雇用契約不履行に関わる事件は全て契約の不履行を所与とした損害賠償請求事件として提起されている。一九〇一年における雇用契約関連訴訟二一件についても、その全てが労働者側の雇用契約不履行に対する損害賠償（および約定金返還）請求訴訟である。契約の履行請求は消滅しており、雇用契約に対する法的保護は契約履行ではなく損害賠償金支払の強制履行によってなされるようになっているのである。

損害賠償請求訴訟においては、平均的な労働者の年間賃金に匹敵する二〇円から五〇円の損害賠償金支払を労働者側に命ずる判決が言い渡されている。労働者に対する巨額の損害賠償金賦課によって移動への誘因を減殺しようとする労働者の移動元（引き抜かれ側）の製糸家の意図は、その意味では司法制度を通じて実現されていることになる。しかし、他方、司法制度による雇用契約の履行が請求さえされなくなることは、既に移動してしまった労働者との雇用契約の履行は放棄されるようになったことを示している。労働市場の流動化に対応して、司法の場における製糸家と労働者の間の取引は変化していたのである。

ところで、興味深い点は、損害賠償請求訴訟において原告（製糸家）の勝敗を分ける条件である。実は、労働者が病気を患って就業できなくなり、かつ当該労働者が他の製糸工場に就業していないことが確認される場合には、病気は雇用契約の即時解除が認められる「已ムコトヲ得サル事由」（民法第六二八条）に該当するとして、法廷は原告敗訴を言い渡している(27)。

また、同一地域から継続的に労働者を確保する製糸家が、破産を招く金額の損害賠償金を実際に労働者の戸主から実際に徴収することは、そもそも考えにくい。ところが損害賠償請求を認める判決も現実に数多くなされている。しかも、一八九九年以降の事例において、原告勝訴の判決が言い渡される際には、多くの場合、被告が欠席している。被告は抗弁せずに敗訴しているのである。この謎に対する解答は一つしかない。すなわち、製糸家Aが雇用していた労働者Bは実際には製糸家Cが引き抜いて雇用しているのであり、労働者Bの移動先（引き抜き側）の製糸家Cが法定外において移動元製糸家Aと交渉しているのである。損害賠償金の全額を移動先製糸家が支払うこともありえたであろうし、移動元製糸家が差し押さえている当該労働者の賃金と相殺する余地もありえたであろう(28)。いずれにせよ、移動先製糸家による交渉がなされなければ、年間賃金に匹敵する損害賠償金を請求される行動を労働者が採ることはありえない。この取引は法廷においては、製糸家と労働者の間の取引の形式をとっているが、その背後には製糸家間取引が存在していたのである。

3　司法制度による製糸家間取引の統治

労働者の雇用契約不履行に関わる訴訟が背後に法廷外の製糸家間取引を伴っていると仮定すると、いくつかの事柄について明瞭な説明が可能になる。

たとえば、雇用契約履行請求事件や損害賠償請求事件の口頭弁論において、原告製糸家が欠席して敗訴（請求却下）となる例が見られる。こうした事例は、提訴の後、移動先製糸家との法廷外交渉において私的な示談が成立したと推定することによって説明が可能である。

他方、雇用契約の不履行を訴えられた労働者側の行動にも注意が必要である。一八九〇年代においては、雇用契約履行請求、雇用契約不履行損害賠償（および約定金返還）請求訴訟一三件のうち、原告の主張に対し被告が認諾して原告が勝訴する例が二件、被告の欠席による原告勝訴は六件に達する。さらに、一八九九年一二月から一九〇〇年一二月においては、雇用契約不履行損害賠償（および約定金返還）請求訴訟二三件のうち、被告の欠席による原告勝訴が一七件に達し、一九〇一年には二一件のうち一五件に達する。

欠席と、原告請求を無条件に認める認諾とのいずれも、法廷外における事前の交渉を推測させるが、法廷外交渉を前提に被告が採る行動として実際に支配的となったのは、おそらくは民事訴訟法の規定に起因して、欠席であった。認諾の場合、その撤回には原告の同意を必要とし、また、出席の上敗訴した場合、諏訪郡から遠く離れた上水内郡長野町にある長野地方裁判所に控訴しなければならないが、欠席判決による敗訴の場合には二週間以内に上諏訪区裁判所に故障申立を行うことができた。故障申立によって訴訟は欠席判決前に復するとされ、再び口頭弁論が行われたのである。(29) 原告敗訴の蓋然性が大きく、かつ、法廷において実質的な交渉がなされる場合には、欠席は被告にとって合理的な戦略ではない。しかし、原告勝訴がほぼ確実であるとともに、実質的な交渉過程が法廷外にあり、法廷における被告の交渉材料が訴訟の引き延ばしに限られる場合、欠席判決後の故障申立は控訴よりも小さい費用によってそれを可能にしたのである。

すなわち、一八九〇年代半ば以降における雇用契約関連訴訟の背後には法廷外における製糸家間の労働者取引の存在が推定されるのであり、契約書に含まれる損害賠償条項の裁判所による強制履行は、事実上、労働者の移動に際して移動先製糸家が負担する費用を決定していたことになる。それは、裁判所が製糸家と労働者の間の取引を統治することを通じて、間接的に製糸家間取引を統治することにほかならない。

三　諏訪製糸同盟による取引統治

1　司法制度による取引統治の問題点

しかし、裁判所が製糸家間取引を間接的に統治しつつあったとはいえ、それは効率的とは言い難いものであった。(30)裁判所による製糸家間取引の間接的統治を、製糸家間交渉の標準的な過程に即して法廷内交渉（c）と法廷外交渉（s）とに分けて整理してみよう。

（s－1）労働者が雇用契約を履行せずに工場を移動した場合、移動元製糸家は移動先製糸家を確認し、移動先製糸家に対して当該労働者の返還または補償を要求する。

この段階で示談が成立すれば交渉は終了するが、成立しない場合には、

（c－1）移動元製糸家は雇用契約に従い、当該労働者（もしくはその戸主）に対する損害賠償金支払命令の発令

を上諏訪区裁判所に申し立て、支払命令が発令される。

これに伴って法廷外交渉も次の段階に移る。

（s－2）　移動元製糸家と移動先製糸家は法廷外において、損害賠償金（および約定金）の全部または一部の支払、または当該労働者の返還などによる示談の交渉を行う。

その際、移動元製糸家に対する当該労働者の既労働分の賃金請求権によって損害賠償金の一部を相殺することは可能であったと思われる。示談が成立すれば交渉は終了するが、不成立の場合には移動元製糸家の手続によって法定内交渉が次の段階に移る。

（c－2）　支払命令後、一四日以内に当該労働者（実質的には移動先製糸家）が裁判所に異議を申し立て、裁判が開始される。

法廷外における交渉も継続され、

（s－3）　法廷外において示談が成立すれば、原告移動元製糸家が口頭弁論期日の申請を行わないことなどによって訴訟取り下げとするか、または、口頭弁論期日に原告移動元製糸家が欠席することにより原告敗訴の判決が言い渡される。

この段階においても示談が成立しない場合、

（c－3）　口頭弁論期日に原告移動元製糸家が出席し、当該労働者の欠席により、被告に損害賠償金支払を命ずる判決が言い渡される。

（s－4）　移動元製糸家と移動先製糸家は法廷外において損害賠償金の全部または一部の支払、または労働者の返還などによる示談を交渉する。

法廷外において示談が成立すれば交渉は終了するが、不成立の場合、

（c－4）当該労働者（実質的には移動先製糸家）による一四日以内の不服申立によって再度口頭弁論期日が決定され、（c－3）がもう一度繰り返される。(31)

（s－5）（c－3）の繰り返しに対応して（s－4）がもう一度繰り返され、交渉は終了する。

この標準的過程を経た場合、片方当事者の弁護士費用を除いた訴訟費用は七円程度になる。当然、弁護士を使用すれば裁判費用はより大きくなる。また、交渉が円滑に進行せず、訴訟が繰り返されれば訴訟費用はさらに大きくなる。しかも、労働者の移動先の製糸家は、裁判所による強制履行の期待される二〇～五〇円の損害賠償金額を最大値とする補償金を移動元製糸家に支払わなければならなかった。一八九〇年代後半における通常の労働者募集費用は労働者一人当たり五〇銭程度であるから、(32)二〇円の損害賠償金および八円の訴訟費用は労働者獲得費用として極めて大きい。他方、移動元製糸家は、雇用契約に基づく債権の保護を得るために、労働者移動先の工場を自己の負担において調査しなければならなかった。

労働市場の流動化に対して、司法制度はその抑制ではなく、むしろ、製糸家間の労働者取引を間接的に統治する機能を有するに至った。こうした変化は諏訪製糸業の発展に適応的であったが、しかし、それは著しく大きな取引費用を製糸家に課していた。移動先製糸家に対しては損害賠償金が課され、司法制度を利用する手続費用は双方の費用となった。そして以下に指摘されるように、移動元製糸家の労働者に対する債権は移動先製糸家の侵害に対して法的には保護されないため、移動元製糸家は移動先製糸家との長期間の交渉によって自己の権利を確定することになった。その交渉費用も双方の費用となったのである。

こうした非効率的な取引は、実は裁判所が製糸家間取引を直接に統治していないことから生じる。裁判所が直接に保護するのは、雇用契約に基づき製糸家が労働者に対して有する債権に限られていた。そして、上諏訪区裁判所においても、移動元製糸家による当該労働者に対する請求権が認められる一方、移動元製糸家による移動先製糸家に対する損害賠償請求訴訟はなされていない。しかし、たとえば、この移動先製糸家に対する移動元製糸家の損害賠償請求権が認められれば、裁判所は製糸家間取引を直接に統治しえたはずである。

そのためには、移動先製糸家の二重雇用（引き抜き）を通じた移動元製糸家の債権侵害が民法七〇九条に言う不法行為を構成する必要があった。しかし、法解釈学においては、民法施行期以降、第三者による債権侵害に不法行為を認めない学説が急速に影響力を有するようになる。[33] それに伴い、Aの雇用する労働者BをCが引き抜いて雇用した結果としてCがAとの雇用契約を履行しなかった場合についても、こうした二重雇用に伴う債務不履行は通常、Bの自由意思に基づいて発生すると見なされうることから、CのAに対する債権侵害は不法行為とはならず、AはBに対してのみ損害賠償を請求しうるとする解釈が通説として確立されたのである。[34] 一九一〇年代後半以降になると、債権侵害に限定的に不法行為の成立を認める解釈が影響力を拡大し、通説となるが、[35] そこにおいても二重雇用については不法行為の成立を認めないとする解釈が通説であり続けた。物権と異なり債権には排他性がないので二重の債権取得は可能であり、二重雇用契約を結んだ労働者がいずれを選択するかは当該労働者の自由意思に依存する以上、労働者の引き抜きは不法行為にはあたらないとされたのである。[36] 実際、一九〇一年までの期間に上諏訪区裁判所が扱った訴訟において移動元製糸家が移動先製糸家に損害賠償を請求する製糸家間取引の事案は皆無であった。司法制度による製糸家間取引の直接的な統治は期待できなかったのである。

そのため、移動元製糸家は、自己の使用権を根拠とする移動先製糸家との交渉を司法制度を通じて行うことはできず、当該労働者に対して巨額の損害賠償金を課すことによって当該労働者と移動先製糸家の誘因を減殺させ、また、損害賠償金を交渉材料として移動先製糸家との長い交渉に臨んで自己の権利を確定しなければならない。このように、司法制度の下において移動元製糸家の移動先製糸家に対する請求権が認められていないことが、損害賠償金支払や交渉の長期化を通じて取引費用を増大させていたのである。

2　労働者使用権の「物権」化

これに対して、仮に、労働者の使用権が排他的な権利として不特定の第三者製糸家に対して確実な効力を有し、したがって製糸家間において取引可能な「物権」類似の権利として保護されれば、移動元製糸家と移動先製糸家は、労働者の返還だけでなく、使用権の貸借や譲渡などを含む選択肢から最適なそれを速やかに選ぶことができよう。企業特殊的な技能を必要としない諏訪製糸業において特定労働者の返還は必ずしも重要ではなく、労働者が一名移動しても一名分の使用権が貸権利として保護されれば移動元製糸家の利益は保護される。したがって、労働者使用権の「物権」化によって製糸家間取引の直接的な統治が可能になれば、移動元製糸家の権利保護そのものを巡る長い交渉は不要となり、また、損害賠償金の移動や労働者の返還といった非効率的な取引も減少することが期待される。

さらに、労働者の帰属を管理する第三者機関が存在せず、移動先の捕捉が個々の移動元製糸家の調査に委ねられていることも、取引を非効率的にしていた。仮に個々の労働者の帰属が登記されていれば、取引費用のうちの調査費用は大幅に減殺されるであろう。また、労働者の使用権を実効的に保護するためにも労働者の登記が有効でなろう。

しかし、公的な司法制度によってこのような製糸家間取引が直接に統治されることはありえなかった。移動先製糸家による移動元製糸家に対する債権侵害を不法行為とする訴訟がなされることはなかったし、また、言うまでもなく、近代法の下において、人間に設定された「物権」の取引を裁判所が直接的に統治することは想定されていない[37]。裁判所は、直接には、製糸家と労働者の間の雇用契約に基づく債権債務関係のみを統治したのである。そして、この債権債務関係における使用者の債権は譲渡性を当然には有さず、使用者が労働者の承諾を得ずにその債権を第三者に譲渡した場合には、その譲渡は法律上、無効とされたから[38]、当該労働者に対する移動元製糸家の債権を流動化させる取引制度の構築も不可能であった。それゆえ、裁判所が、第三者である移動先製糸家に対する移動元製糸家の請求権を認め、移動元製糸家と移動先製糸家との取引を統治し、あるいは使用権の譲渡性を前提とした取引を統治することはありえなかった。したがって、増大する製糸家間取引の効率的な統治が公的な司法制度によって直接に行われることは期待できなかった。

しかし、同時に、現代労働法とは異なり、近代法は、製糸家間において「物権」類似の権利が私的に設定され、取引されることを禁じていない。近代法は労働者と製糸家との関係において労働者に「物権」が設定されることは認めないが、労働者と製糸家との間に成立する債権債務関係を基礎として、製糸家間において当該労働者を当事者とはせずに「物権」類似の権利を取引する制度が成立したとしても、近代法がそれを禁ずる理由はない。

製糸家間取引の効率的な統治には、労働者に「物権」類似の権利を設定することを可能にする私的な取引制度と、取引を保護されるべき全製糸家における労働者の帰属を登記する私的制度の構築が必要とされており、そして、それはすくなくとも違法ではなかった。

3　諏訪製糸同盟による取引統治

ところで、既に述べたように、一九〇二年度以降、諏訪製糸同盟は、その規約において、労働者に対する損害賠償請求訴訟を禁じていた。この条項こそが、諏訪製糸同盟の機能に決定的に関わってくる。すなわち、諏訪製糸同盟が、公的な司法制度によっては実現しえない効率的な取引統治の私的な実現を目的としていたのである。就業前の二重雇用契約の場合も就業後の移動の場合も、労働者の製糸家間取引問題は二重雇用契約を伴うから、移動元製糸家は公的な司法制度によって約定金（前貸金）を回収し、損害賠償金を徴収することができる。しかし、雇用契約不履行に対する損害賠償請求は労働者の移動に伴う取引費用を極端に増大させた。労働者の移動を抑制するためには、それはむしろ望ましいことだったであろう。けれども、労働者の移動の主な部分が、大製糸家間の需給ミスマッチの調整と、効率性の小さい中小製糸家から大製糸家への移動によって構成されていたとすれば、製糸業の発展にとっては移動に伴う取引費用の縮小こそが望ましい。そしてそれは諏訪製糸同盟の委員を独占する大製糸家の利益に一致していた。それを実現するための取引制度が労働者登録制度の下におけるそれにほかならない。

取引を保護されるべき加盟製糸家の労働者（工女）を全て登記し、その使用権を加盟製糸家全てに対して効力を有する「物権」類似の工女権利として保護する。そのことによって、個別取引の特性に応じて当該労働者の返還、工女権利の貸借、譲渡から最適な選択を行うことが可能となる。また、労働者の登記は移動元製糸家の調査費用を大幅に減少させたであろう。すなわち、労働者の使用権を一種の「物権」として保護することを前提として、移動元製糸家を申出人、移動先製糸家を被申出人として相互間の取引を直接に統治すること、そのことによって、公的な司法制度に依拠するならば、損害賠償金および裁判費用、および交渉の長期化に伴う費用増大として生ずる事後的な取引費用を縮小すること、

その目的に沿う加盟製糸家の行動は、以下のように整理されよう。

（1）　自己の使用労働者（工女）を例外なく適正に登記する。

（2－1）　自己の使用工女が他の加盟製糸家との二重雇用契約を有していた場合、登記の順位に従ってその使用権（工女権利）の帰属を決定する。

（2－2）　当該工女の実際の就業先を二重雇用契約先の製糸家と交渉する。その結果、

（a）　工女権利の帰属と実際の就業先が一致した場合には交渉を終了させる。

（b）　自己に工女権利が帰属しないにもかかわらず自己が使用する場合には借権を、その逆の場合には貸権を

保有する。

（3）貸権、借権は第三者の加盟製糸家に対して効力を有するものとして、取引する。

しかし、労働者登録制度が労働者取引制度として安定するには、加盟製糸家がそこから逸脱する誘因を持たないこと、具体的には、移動元製糸家が司法制度による損害賠償請求訴訟による交渉を選択する誘因を持たないことが必要である。同盟規約が訴訟行為を制裁の対象とし続けたのも、そのためである。他方、一九〇三年度以降においても、上諏訪区裁判所に提起される工女雇用契約関連訴訟は増加の一途をたどり、その原告には諏訪製糸同盟の加盟製糸家が数多く含まれている。[39] 諏訪製糸同盟の加盟製糸家は、自己の使用する労働者が同盟外の工場に移動した場合には、躊躇なく損害賠償請求訴訟を提起したのである。[40] 一九〇三年度規約においては、訴訟行為にはまず一〇〇円以下の罰金が科され、さらに訴訟行為を繰り返した製糸家は除名された。こうした規則は各加盟製糸家にどの程度の実効的な制約となりえたのであろうか。整理して考えてみよう。今、単純化のために、二名の製糸家が製糸同盟を構成しており、いずれか一方が訴訟行為を行った場合にはもう一方も訴訟行為を行い、同盟を解消するという規則を仮定する。そこでは、加盟製糸家は各々次のような戦略に従って取引を無限に繰り返していたと考えられよう。

1、最初は訴訟は提起せず、同盟による取引統治に従う。

2、第t段階においては、第$t-1$段階までにおいて他方の加盟製糸家が同盟の取引統治に従っているならば自己も同盟による取引統治に従う。しかし、他方の加盟製糸家が第$t-1$段階において規約に違反して訴訟を提起した場合には、自己も訴訟を提起し、司法制度による統治に移行する。

まず、労働者の流出入が均衡している製糸家相互の関係について考えてみよう。相手が司法に訴えて自己に損害賠償金を請求するときには、自己も同じ行動をとることが最適反応となる。したがって、最初に訴訟を提起した製糸家は、確実に損害賠償請求の報復を受け、双方が著しく大きい取引費用を負担する。そのことは、各製糸家に対して、訴訟を提起し、司法制度による統治に移行することを思いとどまらせるであろう。結局、この戦略から安定的に生まれる結果は、いずれの製糸家も訴訟は提起せず、同盟の取引統治に従うという行動になる。また、その結果をもたらす戦略も均衡戦略となっていると考えられる。

しかし、労働者の流出入が均衡しない関係、すなわち、大製糸家と中小製糸家との関係の場合には、制度に従う主体の期待利得が変わってくる。もとより、労働者の純流出側となる中小製糸家においても、工女権利の貸借が貸権として保存されるならば、諏訪製糸同盟にとどまる方が、流動的な労働市場においては有益である場合があろうが、概して労働者の流出超過が大きい製糸家については、司法制度を利用した方が利得が大きい状況が生じやすかったと思われる。こうした製糸家の逸脱への誘因を減殺するには、訴訟提起に対する制裁を強化するか、あるいは、限定的に労働者の返還を認めるなど、取引結果を調整するという方法が考えられうる。結論としては、諏訪製糸同盟はそのいずれをも行った(41)。そのことによって逸脱への誘因が抑制されていたと思われる。

一九〇四年度における諏訪製糸同盟による製糸家間の事件処理の結果は、こうした解釈に合致する。調停事件総数六七件のうち六六件に示談が確認され、労働者の移動先の製糸家に対する規約違反処分は皆無である。また、とりわけ大製糸家間の交渉において、労働者の返還ではなく、工女権利の貸借、譲渡、従前の貸借の裁定による処理が多く見られ、規約違反に関する事件六四件のうち一七件がこれによって決済されている。また、返還について当該労働者の合意が得られず、引き抜き側が解雇する例も九件に上る。結局、無条件に申出人への返還が認められた事件は決定は一三件、被申出人との利益考量の結果、部分的に認められた事件を含めても一八件である。これらの事件処理の結果は、大製糸家が当事者である場合を主として、当事者が工女権利の最適な決済を選択する行動を採っていたことを示している。約定金（前貸金）および示談金については、雇用契約の約定金額によって決済された一件、少額の示談金の支払によって決済された二件のほかは金銭の移動はなく、取引費用の縮小効果も明らかである。さらに、示談は数日から一ヶ月程度の期間に速やかに成立しており、交渉の短期化に伴う取引費用の縮小も推定される[42]。記録されるのは、二重雇用に際して移動元製糸家と移動先製糸家との間に紛争が生じ、同盟事務所が介入した場合に限られるので、実際には二重雇用に関する取引のうちのはるかに多くが、同盟規約に定められた手続に従って、より短期間により少ない費用によって決済されていたと推測される。すなわち、諏訪製糸同盟の主たる機能は、一九〇三年度の工女登録制度運用によって本格的に活動を開始した当初から、「物権」類似の工女権利の定義と保護によって、公的な司法制度に依拠した場合に生ずる取引費用を縮小することにあったと考えてよい。

一九〇八年度に同盟規約の明文上に工女権利の「譲渡」が定められ、一九〇九年度以降には同盟事務所を介さない工女権利の「貸借」が明文上に認められたことから、従来の研究においても、一九〇九年度以降、諏訪製糸同盟の主要な機能が、労働者の移動の抑止から、移動に関する権利関係の決済へと変質してゆくと考えられてきた[43]。しかし、正確には、大製糸家が関与する取引を中心として、諏訪製糸同盟の主たる目的と効果は、当初より、労働者移動に伴う製糸家間取引の効率的な統治にあったのであり、大製糸家を中心とする組織運営が安定するに伴って、その機能が取引統治に純化していったと考えるべきなのである。

おわりに

司法制度は製糸家間取引の統治において一定の役割を果たしたが、しかし、近代法に基づく公的な司法制度は製糸家間取引を直接には統治せず、形式的には、あくまでも雇用契約当事者である製糸家と労働者との間の取引を統治し、そのことを通じて間接的に製糸家間取引を規律するにとどまった。そのことが労働者の工場移動に伴って生ずる労働者の取引費用を増大させたのである。そうした製糸家間取引の間接的な統治による労働者取引費用の増大に対して、諏訪郡の主要な製糸家は、一八九〇年代から製糸家間の労働者取引を統治する私的な示談組織を形成し、これを基礎として、一九〇〇年一二月、諏訪製糸同盟を設立した。諏訪製糸同盟は労働者の取引制度を確立することを目的として設立された私的団体であり、一九〇三年度以降、加盟製糸家の全使用労働者を正当な使用権を有する製糸家の「権利工女」として登記する労働者登録制度によって、加盟製糸家間の労働者取引を規律してゆくことになる。そこにおいては、労働者の使用権が「物権」類似の権利として保護され、取引された。そのことによって、労働需給の逼迫によって生ずる二重雇用に伴う製糸家間の取引費用は著しく縮小された。こうした効率的な取引制度は、諏訪製糸業の急激な発展の、すくなくとも一つの条件となったと考えられるのである。

＊　本稿の作成にあたっては、岡崎哲二氏をはじめとする「取引制度の経済史」研究会の諸氏、および和仁陽氏に有益な御教示をいただいた。本稿は二〇〇〇年度科学研究費補助金基盤研究(B)〔「生産組織の経済史：工場制の比較制度分析」、代表者：岡崎哲二、課題番号：12430017〕による成果の一部である。

(1)　平野村『平野村誌』下巻、一九三二年、二八五—二八六頁。
(2)　本稿で問題とされる労働者はすべて女性（工女）である。
(3)　斎藤修『賃金と労働と生活水準』、岩波書店、一二一—一三〇頁。
(4)　中林真幸「製糸業における労資関係の形成」、『史学雑誌』第一〇八編六号、一九九九年、九—一五頁。
(5)　石井寛治「日本蚕糸業の発展構造（三・完）」、『経済学論集』〔東京大学〕第三五巻二号、一九六九年。石井寛治『日本蚕糸業史分析』、東京大学出版会、一九七二年。岩本由輝「諏訪製糸業地帯における労働者登録制度」、『研究年報　経済学』〔東北大学〕第三一巻四号、一九七〇年。岩本由輝「明治末年における諏訪製糸同盟の活動」、『研究年報　経済学』〔東北大学〕第三三巻一号、一九七一年。岩本由輝「諏訪製糸同盟の成立期における活動」、高橋幸八郎編『日本近代化の研究　上』、東京大学出版会、一九七二年。東條由紀彦『製糸同盟の女工登録制度』、東京大学出版会、一九九〇年。

（6） 紙幅の制約から、これらの分析を雇用契約書、判決原本、諏訪製糸同盟関係資料などの検討から帰納的に進めることは不可能である。分析の詳細については、中林真幸「製糸業における工女の取引制度」、『歴史学研究』第七三四号、二〇〇〇年、および中林真幸「製糸工女取引における公的統治と私的統治」、岡崎哲二編『取引制度の経済史』、東京大学出版会、二〇〇一年、を参照されたい。

（7） たとえば、温泉を利用収益する権利を取引する法制度の形成過程を分析した川島武宜／潮見俊隆／渡辺洋三編『温泉権の研究』、勁草書房、一九六四年。

（8） 新制度学派の成果については、Douglass C. North, *Institutions, institutional change and economic performance*, New York, Cambridge University Press.1990.（ダグラス・C・ノース著、竹下公視訳、『制度・制度変化・経済成果』、晃洋書房、一九九四年）。取引費用の経済学については、Oliver E. Williamson, *The economic institutions of capitalism*, New York, Free Press, 1985. 歴史制度分析については、Avner Greif, "Microtheory and recent developments in the study of economic institutions through economic history", Kreps, David M. and Wallis, Kenneth F., eds., *Advances in economics and econometrics : theory and applications, seventh world congress, volume 2*, Cambridge, Cambridge University Press, 1997. 岡崎哲二／中林真幸「経済史における制度」、岡崎編『取引制度の経済史』。

（9） 『明治十九年長野県蚕糸業組合取締所年報　第壹回』、一八八七年、四四―四七頁。

（10） 『信濃毎日新聞』一八九四年一〇月二〇日、一〇月二三日、一一月二三日。江口善次／日高八十七『信濃蚕糸業史』下巻、大日本蚕糸会蚕糸買信濃支会、一九三七年、七四二―七五四頁。三～四月に、前年産の原料繭を用いて繰糸することを春挽、六～一二月に当年産の原料繭を用いて繰糸することを夏挽という。夏挽が製糸業の中心である。

（11） 『信濃毎日新聞』一八九五年一一月八日。

（12） 蚕糸業組合準則は一八九八年三月三一日に廃止。農商務省令第五号、一八九七年五月一〇日。

（13） 武田安弘「製糸同盟成立過程の検討」、北島正元編『蚕糸業の展開と構造』、塙書房、一九七〇年、六二九―六五二頁。

（14） 農商工高等会議『第一回　農商工高等会議議事速記録』、一八九六年（復刻：『農商工高等会議議事速記録』（上）、原書房、一九九一年）、二九五―三二〇頁。藤田貞一郎『近代日本同業組合史論』、清文堂、一九九五年、六四―一〇九頁。

（15） 一八九八年の第三回農商工高等会議に諮問された工場法案は、その第二〇―二三条において、農商務大臣は同業組合の申請に基づき、職工登録制度を設置させることができるとしていた。農商工高等会議『第三回　農商工高等会議議事速記録』、一八九八年（復刻：『農商工高等会議議事速記録』（下）、原書房、一九九一年）。『第三回　農商工高等会議議事速記録』、一〇頁。

(16)　法律第三五号、一九〇〇年三月七日公布、四月一日施行。

(17)　「生糸同業組合創立関係書類」、〔作成〕諏訪郡役所、〔年代〕一九〇〇―一九〇一年度、「組合関係記録類」一六九四、岡谷市立岡谷蚕糸博物館所蔵。「信濃国諏訪郡生糸同業組合創立以来業務成績報告書」、〔作成〕信濃国諏訪郡生糸同業組合、〔年代〕一九〇一―一九一四年度、「組合関係記録類」二六四。武田「製糸同盟成立過程の検討」、六三五、六三九―六四〇頁、

(18)　「開明社申合規則」、〔年代〕一八八八年一月、「橋爪家資料」、岡谷蚕糸博物館所蔵。

(19)　平本厚「合資岡谷製糸会社の資本蓄積」、『研究年報　経済学』〔東北大学〕第四七巻三号、一九八五年、三―四頁。

(20)　『平野村誌』下巻、二五〇―二五四頁。江口／日高『信濃蚕糸業史』下巻、一一六六―一一七三頁。石井「日本蚕糸業の発展構造（三・完）」、九〇―九六頁。岩本「諏訪製糸業地帯における労働者登録制度」、一〇六―一一六頁。石井『日本蚕糸業史分析』、二七七―二九〇頁、東條『製糸同盟の女工登録制度』、一二〇―一二三頁。

(21)　以下、一九〇一―一九〇六年度製糸同盟規約は、〔作成〕製糸同盟事務所、「組合関係記録類」一六九五、一九〇七―一九〇九年度規約は同一六九六。

(22)　石井『日本蚕糸業史分析』、九〇―九一頁。

(23)　諏訪郡生糸同業組合定款第五条六項。農商務省令第七号、「重要物産同業組合法施行規則」、一九〇〇年三月三一日、第十五条。

(24)　「製糸工女約定證」、岡谷市立岡谷蚕糸博物館所蔵。

(25)　一八九〇年民法は一八九三年に施行される予定であったが、「民法典論争」によって一八九六年まで施行が延期され、さらに一八九八年に施行されることなく廃止された。

(26)　「民事判決原本綴」、〔作成〕上諏訪区裁判所、長野地方裁判所諏訪支部旧蔵、東京大学法学部保管。簿冊番号一―一〇―三―〇〇〇一～一〇〇三。

(27)　雇用契約不履行損害賠償請求事件、判決年月日：一九〇〇年一一月二一日、事件番号：三三（ハ）一七七、原告：林瀬平、被告：田中増右衛門、判事：河内直哉、結果：原告敗訴、訴訟費用負担：原告、主文：棄却、争点：被告の雇用契約不履行、理由：被告娘きみの病気は已むを得ざる事由。「已ムコトヲ得サル事由」に該当する場合、契約解除によって使用者が損害を受けても労

働者にそれを賠償する義務は生じない。労働者本人もしくはその両親の病気はこの事由に該当するとされていた。梅謙次郎『民法要義　巻之三　債権編』、和仏法律学校（復刻：信山社出版、一九九二年）、一八九七年、六八六―六八七頁。松波仁一郎／仁保亀松／仁井田益太郎『帝国民法正解　債権編』第三版、日本法律学校、一九〇三年、一二一〇―一二一四頁。

(28) 工場を移動する場合、一般に工女は移動元工場に対する賃金請求権を放棄した。そのため、年間操業日数の三分一を超える時期になると移動は激減した。現就業工場における既労働分に対する期待賃金が、移動によって期待される賃金増分を上回るからである。

(29) 民事訴訟法第二五五、二五八、二六〇条。認諾して敗訴した場合に故障を申し立てることはできない。板倉松太郎『民事訴訟法綱要』、巌松堂書店、一九一六年、二九三―三二八頁。

(30) 民事訴訟法第一八八、二四六、二四七、二五五、二五七、二五八、二六〇、二六三、三七七、三八三、三八六、三八八―三九〇、三九三、三九四、五〇二条。板倉『民事訴訟法綱要』、一九三―二〇八頁。

(31) なお、二度目の口頭弁論期日にも被告が欠席した場合には新欠席判決が言い渡されるが、この新欠席判決に被告が故障を申し立てることはできない（板倉『民事訴訟法綱要』、三〇三頁）。したがって、（c―三）の繰り返しは一度だけである。

(32) 中林「製糸業における労資関係の形成」、一六頁。

(33) 石坂音四郎「債権ハ第三者ニ依リテ侵害セラルルヲ得ルヤ」、『法学新報』第一八巻七号、一九〇八年。石坂音四郎「債権ハ第三者ニ依リテ侵害セラルルヲ得ルヤ（承前）」、『法学新報』第一八巻八号、一九〇八年。石坂音四郎「債権ハ第三者ニ依リテ侵害セラルルヲ得ルヤ（承前）」、『法学新報』第一八巻九号、一九〇八年。以下、債権侵害に関する解釈学説史については、吉田邦彦『債権侵害論再考』、有斐閣、一九九一年、七―一五〇頁、による。

(34) 石坂「債権ハ第三者ニ依リテ侵害セラルルヲ得ルヤ（承前）」、『法学新報』第一八巻九号、二二―二六頁。

(35) 末弘厳太郎「第三者ノ債権侵害ハ不法行為ト為ルカ」、『法曹記事』第二四巻三号、一九一四年。末弘厳太郎「第三者ノ債権侵害ハ不法行為ト為ルカ（承前）」、『法曹記事』第二四巻五号、一九一四年。末弘厳太郎『債権各論』、有斐閣、一九一八年、一〇二七―一〇三六頁。我妻栄『債権総論（民法講義Ⅳ）』、岩波書店、一九四〇年、六―一五、七五―八三頁。

(36) 末弘「第三者ノ債権侵害ハ不法行為ト為ルカ（承前）」、『法曹記事』第二四巻五号、四四頁、我妻『債権総論（民法講義Ⅳ）』、一二―一四、七九―八〇頁。これが今日に至る通説である。我妻栄『新訂　債権総論（民法講義Ⅳ）』、岩波書店、一九六四年、七一一〇、七六―八二、五二二頁。内田貴『民法Ⅲ　債権総論・担保物権』、東京大学出版会、一九九六年、一七五―一七八頁。内田貴『民法Ⅱ　債権各論』、東京大学出版会、一九九七年、三三九―三四一頁。第三者による債権侵害が不法行為を構成するのは当該第三者の行為に違法性があるか、公序良俗に反する場合に限られ、「営業の自由」あるいは「自由競争の原理」のような正当な原則に基づいてなされる多くの二重雇用はこれにあたらない。

(37)　我妻　栄著、有泉　亨補訂『新訂　物権法（民法講義Ⅱ）』、岩波書店、一九八三年、一―九頁。そもそも、一八九〇年裁判所構成法は雇用契約関連訴訟に対する区裁判所の裁判権について「雇主ト雇人トノ間ニ雇期限一年以下ノ契約ニ関リ起リタル訴訟」がそれに服すると定め（第一四条）、使用者間取引の統治を想定していない。

(38)　民法第四六六、六二五条。梅『民法要義　巻之三　債権編』、六八〇頁。岡松参太郎『注釈　民法理由』下巻、有斐閣、一八九七年、二三九―二四一頁。

(39)　「民事判決原本綴」、各年。

(40)　諏訪製糸同盟内の工場に移動した場合には、当然、訴訟は提起されない。一九一〇、一九一一年度については、「交渉録」、「取調筆記」に記録された事件と、両年中に上諏訪区裁判所に提起された訴訟とで一致するものは皆無であることが確認されている。神林　龍「等級賃金制度と工女登録制度」、岡崎編『取引制度の経済史』、一八八頁。

(41)　東條『製糸同盟の女工登録制度』、八一頁。岩本「諏訪製糸業地帯における労働者登録制度」、一一二頁。

(42)　諏訪製糸同盟事務所、「明治参拾七稔工男女関係交渉録」、岡谷蚕糸博物館所蔵。

(43)　岩本「諏訪製糸業地帯における労働者登録制度」。岩本「明治末年における諏訪製糸同盟の活動」。石井『日本蚕糸業史分析』、二七七―二九〇頁、東條『製糸同盟の女工登録制度』、一五―一二三頁。

東京地裁判決と「破綻主義」離婚法理

山中　至

一　「已ムヲ得サルノ事故」と「破綻主義」

明治六年五月一五日太政官第一六二号布告[1]は「已ムヲ得サルノ事故」のある場合に妻の離婚請求の訴を認め、約二ヶ月後の太政官第二四七号布告「訴答文例[2]」により夫妻双方からの離婚訴訟手続が規定され、九月一日施行以来裁判離婚が行なわれるようになった。

東京地裁は明治四年一二月に、東京裁判所として司法省内に設置される。『司法沿革誌』の明治四年八月一八日記事[3]に、「東京府所管聴訟、断獄ノ事務ヲ本省ニ属ス、是ニ於テ本省吏員ヲ府庁ニ派シ其事務ヲ執ラシメ、十二月二十七日ニ至リ本省内ニ一局ヲ設ケ東京裁判所ト称シ其事ヲ処理セシム」とある。この東京裁判所の民事判決として、明治民法施行前のものとしては、『自明治五年至明治一七年内外交渉訴訟裁判言渡書編冊』、『明治八年民事裁判言渡書編冊上』以下、明治三一年までに約六三〇冊の民事判決原本が現存する。[4]『民事綜計表』、『民事統計年報[5]』によると、明治九年「夫妻離別」四〇件・「妻取戻」一件、明治一〇年「離婚」一二件、明治一一年「離婚ノ争」三三件・「妻取戻」五件、明治一二年「離婚ノ争」一六件・「妻取戻」三件等とあり、明治九年にも離婚判決があったようであるが、民事判決原本で確認できる最初の離婚判決は明治一〇年一〇月一九日「離婚送籍請求ノ訴訟」（明一〇・三三〇号[6]）である。妻の父と媒酌人から夫に対する請求を認めて、「被告ハ三女せん満五歳ニ至ル迄ハとらノ戸籍送付シ難シト言フト雖トモ、右示談ノ要旨ハ唯養育料給付ニ係ル一点ニアルノミ、其離縁ヲ承諾シタル事ニ至テハ論ヲ俟サルトス、然レハ已ニ離縁ヲ許諾シテ其送籍ヲ拒ム理由無之ニ付、速ニ本規ノ手続ヲ経テ送籍可致事」とある。この判決以後、明治三一年七月二日に、夫から妻に対する「離婚請求ノ訴訟事件」（明三一（タ）一六号[7]）において欠席判決があるまでに、離婚判決一四五件がある。

この離婚判決を類別すれば、①妻（側）からの離婚（送籍）訴訟九三件（妻（側）の勝訴率六七／九三、以下同じ）、②妻からの離婚拒否訴訟一〇件（四／一〇）、③夫死後の離別請求訴訟二件（二／二）、④夫（側）からの離婚（送籍）訴訟一六件（六／一六）、⑤妻取戻訴訟一八件（九／一八）、⑥舅去り・舅去り拒否訴訟六件（六／六）となる。このような明治民法施行前の東京地裁離婚判決の特色は、離婚原因＝「已ムヲ得サルノ事故」としての(1)妻の衣類の無断質入、(2)夫の不貞行為、(3)虐待、(4)「破綻主義」にある。各離婚原因について、特徴的な判決を挙げることにする。

(1) 妻の衣類の無断質入

明治一〇年一一月二二日「妻取戻ノ訴訟」（明一〇・一五四五号）[8]に、夫は二度にわたり妻の衣類を無断で質入して、そのうちの一度は妻所持の箪笥の錠鎖を合鍵で開け衣類五品を持ち出し金五円で質入して遊興に費消した。「良シヤ妻ノ財産ニモセヨ其承諾ヲ経スシテ質入セシハ甚不都合所為ナルニ、剰ヘ合鍵ヲ以テ錠鎖ヲ開ク等ノ如キハ最モ為ス可ラサル不正ノ所業ナルニヨリ、被告（＝妻の父）ノ離縁ヲ要スルハ情理ノ不得止所ニ出ル者ニ付、原告（＝夫）ノ申分ハ相立タス」、「依テ被告請求ノ如ク妻はるヲ離婚シ速ニ成規ニ従ヒ送籍致ス可キ事」とある。明治一一年六月一四日「夫離別ノ訴訟」（明一一・六七六号）[9]では、妻が料理店の奉公人となり給金八円を前借して夫の負債弁済に充てたことを見れば、夫は家業の提灯張り営業に励んでいるとは認定できない。また夫は妻持参の衣類、小道具まで悉皆質入して身代を片付け、住居も引き払っている。「婦ハ婦ノ道ヲ尽シテ夫ノ為ニ他人ノ使役ヲ受ルモ、夫ハ婦ヲ保護持助スルノ事絶テ無之ノミナラス、婦ノ持参セル物品ヲ婦ノ承諾ヲ経スシテ擅ニ典売スル等ハ、条理ニ於テ為スヘカラサルモノニシテ、夫タルノ道ヲ失シタルモノナレハ、原告（＝妻の母）請求ノ通リ引合人ナル妻ぶんヲ離縁スヘシ」とある。これらの判決で想起されるのは江戸幕府の判決の要旨を類集した寛保元年（一七四一）『律令要略』に、「女房得心も不為致、衣類等質物ニ於遣之は、不縁之事、舅之心次第たり[10]」とあることである。「江戸の離婚」との連続性を物語っているようで、甚だ興味深い。

(2)　夫の不貞

明治一六年一二月「妻離別ノ詞訟」（明一六・一五五〇号）[11]は、夫婦別居の原因となった夫の姦通を正当な離婚原因としている。「原告イネ（＝妻）ガ実家ニ立戻リ被告（＝夫）ト別居スルニ至リタルハ、被告ト加藤サヨトノ間ニ夫婦ノ如キ交情顕ハレタル処アルガ故ナレハ、是レ原告ガ離別ヲ求ムヘキ正当ノ原因ニシテ、被告ニ於テ之ヲ拒否スルヲ得サルモノトス」。また明治二六年一〇月一六日「妻復帰請求ノ訴及ヒ離別并ニ復籍請求ノ反訴」（明二六（タ）一五号）[12]には、「原告（＝夫）ハ常々品行不良ニシテ家計ヲ顧ミス、殊ニ他ニ情婦アリ、之レニ好情ヲ移シ、被告なつ（＝妻）ニ対シテハ夫妻ノ愛情ナク、終始苦楽ヲ共ニスルノ意思ナキモノト認定スルヲ得ヘシ、已ニ左ノ事実アル以上ハ離別ノ原因充当ナリ」。裁判所は、夫に情婦があることにより夫婦の愛情は既に破綻しており、婚姻を継続する意思がないものと認定して、夫の妻取戻請求を否定し、妻の離婚請求を認めている。

(3)　虐　待

明治一一年四月三〇日「離縁ノ訴訟」（四八九号）[13]は、妻の兄からの請求に応えて、「被告（＝夫）ニ於テ、一時ノ心得違ヒニモセヨ、現ニ刃物ヲ以テ（註、妻と姑に）疵負ハセシハ、最モ粗暴ノ挙動ニシテ、為スヘカラサル所為ナルニヨリ、今更離縁ヲ抵拒スルノ理由無之」とする。明治一二年五月一〇日「離縁送籍ノ訴訟」（明一二・一八九号）[14]では、原告（＝妻とその弟）は被告（＝夫）の暴行を原由として離婚を訟求するのであるが、「引合人并証拠人等ハ偏頗ナキ誠実ノ陳述ヲ為スモノニシテ、被告ハ原告ニ対シテ苛酷粗暴ノ処遇ノアリシモノト信認」できるとして、被告（＝夫）はその請求を抗拒できないとする。この事件は控訴されるが、東京上等裁は明治一三年二月一九日に第一審を支持して次のように判決する。[15]「原告（＝夫）ハきく（＝妻）へ対シ多少苛酷暴行ノ所業アリシト認定セサルヲ得ス、因テきくカ其苛酷暴行ヲ恐レ離縁ヲ請求スルニ、原告之ヲ相拒ムヘキノ理由無之モノ」である。

このような暴行の苛酷性を離婚原因とする判決とともに、夫の暴力の背景に愛情の破綻がある事を重視し、将来和合の見込みがないと判断して離婚を認める判決がある。明治一四年六月一三日「妻離婚ノ詞訟」（六二〇号）[16]では、夫の平素往々ある殴打について、「到底夫婦ノ情交ヲ継続シ能ハサルモノト認定」している。明治一六年一一月三〇日「離縁送籍請求ノ詞訟」（明一六・一四四七号）[17]は、夫（＝被告）が妻（＝原告）と喧嘩して、暴行を加えたことは、引合人の陳述及び被告の自陳等を対照すれば自然明瞭であるとして、「已ニ夫婦間親睦ノ情誼ハ絶ヘタリモノトス」。明治一六年一二月「離婚并ニ送籍取戻ノ訴訟」（明一六・一七四三号）[18]も、結婚後一箇月も経過しないのに、度々暴力を振るう夫（＝被告）に堪え切れずに妻（＝原告）は実家または近辺に逃行するという状況について、「到底原被告夫婦ハ和合シ得サルモノト断定ス」。明治二〇年二月一四日判決は妻自身から夫に対する「離別復籍請求ノ詞訟」（明一九・一一一二号）[19]であるが、「抑モ夫妻ノ関係ハ一朝其交情和熟セザルノ故ヲ以テ容易ク之ヲ離隔滅絶スルヲ得ザルハ論ヲ俟ズト雖モ、夫タル者其妻ヲ遇スル過酷ニ渉リ、動モスレハ腕力ニ訴エ之ヲ殴打スル等ノ事アリテハ、妻其夫ト同棲スルモ一日モ安堵スル事能ハズ、到底夫妻ノ情誼ヲ全フスルヲ得サルモノト推断スルヲ得ベク、本案事実ノ争点モ被告（＝夫）カ果シテ原告（＝妻）ニ対シ此苛虐ノ所為ヲ施シタル事アリヤ否ノ一点ニ在リ」として、次のように判決する。「其不和ノ原因如何ハ措テ問ハザルモ、被告ハ其性疎暴ニシテ、原告ニ対シ苛酷残忍ノ所行アリタルモノト推知スルニ足レリ、随テ原被告人ハ終始夫妻ノ関係ヲ平穏ニ維持シ能ハサルモノト認定スルニ付、原告ハ被告ニ対シ充分離別ヲ要ムルノ原由アルモノトス」。夫が腕力に訴え妻を殴打する等の苛虐の所為があり、妻が一日たりとも安堵できないとする不和があれば、夫婦の情誼の断絶を推断できるとある。

(4) 破綻主義

さらに「破綻主義」の立場がより顕著な判決を観ていくことにする。明治一一年三月二一日「妻取戻ノ詞訟」(一三七三号)[20]では、要するに、妻(=引合人)においては夫(=原告)の非を挙げて離縁を請求し、夫においては離縁を承諾しない訳ではないが、妻を親類に病人があるという口実で実家に引き取られたままではどうしても納得できないと言う。このことから「到底夫妻ノ間相愛スルノ情実ナク、将来熟和スヘキ目的無之モノト推定スルニヨリ」、夫の妻取戻請求は認められないとする。明治一四年六月「夫妻離別ノ訴訟」(明一四・一四一二号)[21]は、妻の兄からの離別請求を認めて次のようにある。媒酌人や引合人等の供述から、「被告(=夫)ハ『フジ』(=妻)ヲ苛酷ニ遇シタルモノト推定セサルヲ得ス」。夫は「謂レナク妻ヲ打擲」していたのである。しかも結婚三ヶ月以内に不和を生じ、爾来妻は数ヶ月間に四回も実家に逃げ帰り離別を哀願して止まないのである。「如斯不和合ナルヲ視レハ、到底夫婦ノ情誼ヲ全フスル能ハサルモノト認定ス」とある。明治一六年一〇月二二日「離縁及所持品取戻ノ詞訟」(一四四九号)[22]では、妻の懐妊に際し実家に預けたまま一年になろうとするのに、約束の月々の手当料を送付しない。また勧解庭において預け品を返却するときは離縁を認諾するという事実があり、爾来妻を呼び戻して同居しようとする情況の見るべきものもない。これらの事実によれば「夫婦ハ唯其名ノ存スルノミニシテ、被告(=夫)ハ既ニリウ(=妻)ニ対スル愛情ヲ絶チタル者ト認メサルヲ得ス」として、妻の父と祖父からの離婚請求を認めている。

明治二〇年三月三一日「離縁復籍ノ詞訟」(明二〇・一七〇号)[23]では、「原告『イヨ』(=妻)ハ自ラ訟廷ニ立チ再ヒ被告家へ復帰スルヲ肯セサル旨明言スルヲ以テ見レハ、最早被告ト夫婦タルノ情交全ク断絶セシモノト云フヘシ、左スレハ今日『イヨ』ヲシテ強テ被告方ニ至ラシメントスルハ到底為シ能ハサル事ナリ」。故に飽く迄離縁復籍を承諾しないで速やかに夫家へ立ち帰るよう裁判を受けたいという夫(=被告)の答弁は採用し難いとある。また明治二三年六月二五日「離縁請求ノ詞訟」(明二三・七五七号)[24]は、「本訴ハ夫婦ノ情誼ハ未タ拒絶ラレサルモノヤ否ノ一点ヲ審按スルヲ以テ充分ナリトス」。証拠書類によれば、夫は離婚は承諾するもそのためには金銭を要求しているのであり、「此文詞ニ依レハ、全ク夫婦ノ情誼ハ絶タルモノト認定ス」として、被告（＝夫）は今更原告（＝妻）とその父の離縁請求を拒むことは出来ないものとしている。

旧民法は明治民法施行までの時期において、「書かれたる条理」[25]として民事裁判の準拠となったのであるが、有責主義を採用した旧民法公布（明治二三年一〇月六日）後であっても「破綻主義」的な判決は見出すことができる。既述した明治二六年一〇月一六日判決は、「原告（＝夫）ハ常ニ被告なつ（＝妻）ニ対シ暴行虐待セシトノ事ハ推知スルヲ得スト雖トモ、原告ハ常ニ品行不良ニシテ家計ヲ顧ミス、殊ニ他ニ情婦アリ、之レニ好情ヲ移シ、被告なつニ対シテハ夫妻ノ愛情ナク、終始苦楽ヲ共ニスルノ意思ナキモノト認定スルヲ得ヘシ、已ニ左ノ事実アル以上ハ離別ノ原因充当ナリ」として、夫からの「妻復帰請求」を斥けている。

次に挙げる判決には、「夫婦ノ情」、「夫婦ノ情義」、「夫婦ノ情誼」の断絶を離婚原因とする「破綻主義」の考え方がよく窺える。明治二〇年一二月二七日判決は米国人である妻からの「離婚請求ノ訴訟」（明二〇・七二四号）[26]である。「原告（＝妻）ニ於テ、被告（＝夫）カ非理残酷ニシテ打擲スル事アリト申立ルモ、打擲ヲ受ケタリトノ事ハ別ニ見ルヘキノ証憑ヲ挙ケサルヲ以テ、真実ノ事実ト認ムルヲ得ス、然レトモ本訴ヲ起カ如キ事アルト、被告本人カ公廷ニテ数年ノ久シキ或ハ争論シタル事アリトノ申立ニ依テ見レハ、原被告間不和ニシテ夫婦ノ情愛已ニ断絶シタル事ヲ知ルヘシ、……夫レ夫タルモノ其妻ニ適宜ノ生計ヲ為サシムル能ハサルノミナラス、尚ホ一年余リ供給ヲ欠キタル以上ニシテ、夫妻間已ニ情愛断絶シタル以上ハ、妻ニ在テ離婚ヲ求ムルハ其理由アルモノト云フヘシ」。明治二一年一月三〇日「離婚送籍ノ訴訟」（明二〇・一一二二号）[27]には、「原告（＝妻）カ被告（＝夫）ト結婚シタル以来、僅々ノ日数之ト同居シタルノミニシテ、間モナク別居ノ姿トナリタルヲ以テ観レバ、仮リニ被告ハ苛酷ノ取扱ヲ為サヽルモノトスルモ、原被告ハ互ニ相容レサルノ性質ヲ有スルモノニシテ、今後和親ノ目途無キ者ト認定ス可キ者トス」とある。結婚後僅かな日数間で別居したことは、両者間に深刻な性格の不一致があるのであり、将来においても円満な婚姻関係を回復することが期待できない、と認定している。

一定期間の別居を破綻の認定材料とする次の判決は一層興味深い。明治二二年二月一九日判決の原告（＝妻）から被告（＝夫）に対する「夫離別ノ訴訟」（明二一・一四一三号）[28]では、「明治十九年以来原被告互ニ相別居シタルノ事実ハ夙ニ認ムル所ナリトス、斯ク両三年ノ久シキ夫婦別居ヲナシ、其間互ニ相往来スル蘋煩ナリト認ム可キ証拠之ナク、且被告ヨリ提出シタル乙第一第二号証原告ノ手紙ハ十九年以後ニ書タルモノナリト認ム可キ証拠之レナキモノナルニ、被告ヨリ其他ノ手紙ヲ証拠トシテ提出セザルヲ以テ観レバ、原被告間ニハ書簡ノ往復ニ至ルマテ稀有絶無ノモノト認メザル可ラス、凡ソ此事ノ情況ヨリ推スニ、原告ト被告トハ性質上相反シ、既ニ夫婦タルノ情愛ヲ失ヒタルモノナレバ、今後又其情愛ヲ旧態ニ復スルニ由ナキモノトス、仏蘭西其他天主教ヲ奉ズルノ国々ニ於テハ右様ノ事実ハ離婚ノ原由トナラズト雖トモ、是皆宗教上ノ感情ヨリ生ジタルノ規則ニシテ、固ヨリ法理ニ基キタルモノニアラズ、我邦ノ如キニ至テハ人民一般ノ間ニ斯クノ如キ宗教上ノ感情之ナキモノナレバ、右様ノ事実ハ離婚ノ原由トナスニ充分ナリトス」。この判決に拠れば、両三年の別居と音信不通という情況より、原告（＝妻）と被告（＝夫）の間には性格の不一致から、既に夫婦の愛情も喪失しており、将来にその愛情の回復することは期待できない、と推定できる。仏蘭西国やその他天主教の国家ではこのような事実は離婚原因とならないが、わが国においては西欧のような国民感情もないのであるから、離婚原因として充分である、とする。

さらに性格の不一致による判決を例示する。明治二二年四月九日判決は、原告（＝妻とその父）から被告（＝夫）に対する「送籍請求ノ訴訟」（明二二・二八三号）[29]である。ここで被告（＝夫）は妻とは肉体上離別をしているが、天主教は「神の合わせ給いしもの人これを離すべからず」という婚姻非解消主義であり、夫は天主教の信者であるとして、送籍を拒否している。すなわち被告は「原告ケイハ粗暴ノ性質ニテ被告ニ対シ妻タルノ義務ヲ欠キタルニ付、目今肉身ノ離別ヲ為シ居ルモ、被告ハ元来天主教ヲ奉スルモノニシテ、其教ニ従ヘバ、神ノ結ヒタルモノハ人之ヲ解ク事能ハサルヲ以テ、原告請求通送籍ノ手続ヲ尽シ難シ」と陳述する。裁判所は次のように判決する。「被告ハ天主教ノ許可ヲ得テ自今原告ケイト肉体上ノ離別ヲ為スヲ以テ観レバ、原告ト被告トハ氷炭相容レサルノ性質ヲ有スルモノト認ム可キモノニ付、被告ハ法律上離婚送籍ノ手続ヲ為ス可キ義務アルモノトス」。双方に氷炭相容れない程度の性格の不一致があるとして、離婚を認めているのである。

二　明治民法と「破綻主義」

わが国で最初の民法典である明治民法（明治二九年四月法律第八九号、明治三一年六月法律第九号）は明治三一年七月一六日より施行される。東京地裁には明治民法期の人事判決原本として『明治三一年（タ）民事裁判原本（全）自一号至二七八号』から『昭和二一年（タ）民事人事原本綴自一六四号至三六一号』（二冊の二）までの八六冊があり、その中に離婚判決約一三〇〇件がある。この東京地裁の離婚判決について概観すれば、妻よりの提起は九六七件で、夫よりの提起の約三倍であり、妻の勝訴率は八七・七%であった。その離婚原因の中で多いものは、①三年以上の生死不明（第九号）、②悪意の遺棄（第六号）、③「同居ニ堪ヘサル虐待」・「重大ナル侮辱」（第五号）、④処刑（第四号）であった。夫からの提起の場合は、①悪意の遺棄（第六号）、②三年以上の生死不明（第九号）、③姦通（第二号）、④「同居ニ堪ヘサル虐待」・「重大ナル侮辱」（第五号）であった。明治民法は有責主義かつ離婚原因の制限列挙主義を採用したのであるが、東京地裁の判決の中には、これまで全く知られていない「破綻主義」の視点からの注目すべき判決を数多く見出すことができる。それは明治民法第八一三条第五号「配偶者ヨリ同居ニ堪ヘサル虐待又ハ重大ナル侮辱ヲ受ケタルトキ」の解釈をめぐって展開される。以下に、若干の第五号に関する重要判決を取り上げ、戦前の裁判離婚法の特質を析出することにする。

1　「重大ナル侮辱」について

(1)　夫の不貞行為と「重大ナル侮辱」

明治民法第八一三条は、離婚原因として「妻ガ姦通ヲ為シタルトキ」（第二号）、「夫ガ姦淫罪ニ因リテ刑ニ処セラレタルトキ」（第三号）とあり、妻の不貞行為は直ちに離婚原因となるが夫は姦淫罪で処罰された場合に限られると、夫婦間で著しい差別的規定となっていた。また、この差別的規定は反対解釈として、妻には貞操義務があるが夫には貞操義務がないと理解された。この夫婦間の差別規定の撤廃は結局、戦後の現行民法第七七〇条第一項第一号「配偶者に不貞な行為があったとき」を俟たねばならなかった。しかし戦前にあっても、具体的な裁判所による法の運用の中に、離婚原因としての姦通について夫婦不平等規定の緩和と修正が展開されてくる。その中に大審院の所謂「男子貞操義務判決」が現れる。すなわち大審院は大正一五年七月二〇日決定、昭和二年五月一七日判決[30]で、「婚姻は、夫婦の共同生活を目的とするものなれば、配偶者は互いに努力して其共同生活の平和安全及幸福を保持せざるべからず。然り而して、夫婦が相互に誠実を守ることは、其共同生活の平和安全及幸福を保つの必要条件なるを以て、配偶者は婚姻契約に因り互いに誠実を守る義務を負うものと云う可く、配偶者の一方が不誠実なる行為を為し共同生活の平和安全及幸福を害するは即ち婚姻契約に因りて負担したる義務に違背するものにして、他方の権利を侵害するものと云わざるべからず。換言すれば、婦は夫に対し貞操を守る義務あるは勿論、夫も亦婦に対し其の義務を有せざるべからず」と判示した。ここでは夫にも貞操義務があると明言しており、法律上の夫婦不平等主義を修正する画期的な判決であると評価されている。

東京地裁には夫の姦通乃至不貞を理由とする妻からの離婚請求を明治民法第八一三条第五号の「同居ニ堪ヘサル虐待又ハ重大ナル侮辱」と認容する、すなわち夫の貞操義務について明言はないものの、夫の姦通を離婚原因たりうるものとすることにより、実質的に、夫にも貞操義務があるとする判決が夙に明治民法施行直後から見出すことができる。最初の判決は明治三三年九月一九日離婚請求事件（明三三（タ）三八号）[31]であり、この判決は前述の大審院「男子貞操義務判決」よりも約三〇年も早い時期に出されている。夫は「明治三十二年四月十四日、浅草区新吉原龍ヶ崎楼出稼娼妓属籍不詳フサ当年十九歳ナル者ヲ身受ケシテ自宅ニ引入レ原告（＝妻）ト同棲セシムルノミナラズ、原告ニ対シ非常ノ凌辱ヲ加ヘタリ」。その後、夫は情婦と共に所在不明となった。裁判所は、原告（＝妻）が被告（＝夫）より「同居ニ堪ヘサル虐待又ハ重大ナル侮辱」を受けたと認定する。

その後、裁判所は夫が情婦と家出した場合だけでなく、情婦（妾）と同棲するか自宅に引入れた場合、あるいは情婦との関係を継続して妻を顧みない場合も、妻に対する「重大ナル侮辱」と認定する。これは姦通についての民法における夫婦不平等主義の修正であるとともに、夫の不貞によりすでに婚姻関係が破綻しているとして離婚を認めていると考えられる。

具体的な判決例をみると、大正二年六月三〇日離婚請求事件（大二（タ）六八号）[32]は、妾と同棲している夫について、「被告（＝夫）ハ正妻原告アルニ拘ハラズ妾ヲ蓄ヘ、毫モ原告（＝妻）ヲ省ミサル如キハ侮辱スルノ重且ツ大ナルモノト云ハサルベカラズ」とする。また昭和一九年四月六日離婚等請求事件（昭一八（タ）三二八号）[33]においては、夫は自分との姦通で離婚となった婦人を自宅に引入れ、妻を憚らず肉体関係を継続するので、「縁切書」を取り妻は叔母方に身を寄せた。その後、夫は妻が諒解しないのに拘らず、その婦人との間に生まれた子を妻との間の子として虚偽の出生届をなした。この夫の行為は「夫婦ノ社会的地位ノ如何ニ拘ラズ妻ノ人格ヲ蔑視シ夫婦間ノ誠実ニ甚シク背反スルモノニシテ」、正に配偶者に対する「重大ナル侮辱」に該当する、とある。

大正一五年一一月一九日「離婚及ヒ慰謝料請求訴訟事件」（大一四（タ）一一〇三号）[34]では、夫は雇い女と情を通じ、子を儲けた後もその関係を継続しているため、妻は家を出て女中奉公をしている。「被告（＝夫）カ配偶者タル原告（＝妻）ト同棲シナカラ右かねト情ヲ通シ其関係ヲ継続シ原告ヲシテ被告方ヲ立去ルノ余儀無キニ至ラシメタル如キ、原告ニ対シ重大ナル侮辱ヲ加ヘタルモノ」と謂うべきである。昭和一四年一一月二一日「離婚慰謝料請求事件並離婚反訴事件」（昭一三（タ）三三三号、三二〇四号）[35]では、夫は芸妓を落籍して妾となし、私通関係を継続して妻を顧みない。現在、妻は実家にある。「惟フニ夫婦ハ相互ニ誠実ヲ基調トシ共同生活ノ平和ト幸福ニ協力スヘキモノナルヲ以テ、正妻アルニ拘ラス夫カ芸妓ヲ落籍シテ妾ト為シ之ト私通関係ヲ継続シテ妻ヲ顧ミス家庭ニ暗影ヲ投セシムル如キハ、妻ノ名誉ヲ毀損シ之ヲ侮辱スルノ甚シキモノニシテ、民法第八百十三条第五号ニ所謂重大ナル侮辱ニ該当スルモノト認定スルヲ相当トス」。

婚姻関係が完全に破綻したと考えられる別居後の他女との同棲は、婚姻関係を破綻させた原因ではないのであるが、妻に対する「重大ナル侮辱」に該当するとした判決もある。東京控訴院大正一五年七月一二日離婚請求控訴事件（大一四（ネ）一三二八号）[36]であるが、「控訴人（＝妻）ト別居シナカラ其間ニ儲ケタル二人ノ幼児ヲ擁シツツ他家ニ雇ハレノ身トナレル被控訴人ニトリテハ、右きくトノ同棲ハ家庭生活上洵ニ已ヲ得サルニ出テタルモノノ如キモ、苟モ被控訴人ニシテ控訴人ナル正妻アル以上、仮令別居中又ハ家庭生活ノ必要上ヨリトハ云ヘ之ヲ顧ミスシテ他ノ婦女子ト同棲シ、之ニ男子ヲ分娩セシムルカ如キコトハ、少クトモ控訴人ニ対シ重大ナル侮辱ヲ加ヘタルモノト謂フ」とする。ここでは第一審判決（東京地裁大正一三年一一月二四日離婚請求事件（大一三（タ）一九三号）[37]）を破棄して、未だ協議離婚が成立していないに拘らず、別居中の夫が別居後二、三年を経て他女と同棲し、男子が出生するというような事実は、妻に「重大ナル侮辱」を加えたものである、と判示している。

(2) 有責の夫からの離婚請求（有責配偶者の離婚請求拒否の原則）

「破綻主義」を採用した現行民法第七七〇条第一項第五号には「その他婚姻を継続し難い重大な事由があるとき」とあり、ここには有責配偶者の離婚請求を拒否する趣旨は含まれていない。しかし最高裁は昭和二七年二月一九日判決[38]において、「結局上告人（＝夫）が勝手に情婦を持ち、その為め最早被上告人（＝妻）とは同棲できないから、これを追い出すということに帰着するのであって、もしかかる請求が是認されるならば、被上告人は全く俗にいう踏んだり蹴ったりである。法はかくの如き不徳義勝手気儘を許すものではない」とした。その後、最高裁は同趣旨の判例を積み重ね、同裁昭和三八年六月七日判決[39]に「（婚姻関係の）破綻につきもっぱら又は主として原因を与えた当事者は、自ら離婚の請求をなしえないものと解するのを相当とする」とあるように、有責配偶者の離婚請求拒否の原則を確立し、昭和五四年一二月一三日判決[40]まで、この消極的「破綻主義」の原則は維持された。裁判所は、多くは夫である有責配偶者の離婚請求を拒否することによって、無責の妻の保護を図ったと評価されている。

ところが、この原則の内容は、婚姻関係の破綻につきもっぱら、または主として原因を与えた当事者は、みずから離婚の請求をすることはできない、と理解されるが、同様な趣旨の判決は戦前にも存在するのである。

すなわち大正三年九月二一日「離婚請求事件」（大三（タ）四三号）[41]は、「一家内ノ都合上已ムヲ得スシテ合意上別居シタルモノナル事情、及ヒ其後別居ノ必要ナキニ至リテモ住居ニ付キ互ニ我見ヲ固執シテ別居ヲ維持スル中、大正二年二月中原告（＝夫）カ其家ニ一婦人川角ウラノヲ引キ入レ夫婦同様ノ生活ヲ為スニ至リ、被告（＝妻）カ嫉妬ノ情ニ堪ヘスシテ爾来夫婦間ノ反目不和甚タシク屢々喧嘩口論ヲ為シタル事実ヲ認ムルコトヲ得。……又仮ニ被告カ原告ニ向ヒ証人川角ウラノノ証言スルカ如キ暴行悪口ヲ敢テシタリトスルモ、夫カ妻ヲ無視シテ他ノ婦人ト夫婦同様ノ生活ヲ為スカ如キ場合ニ、感情ニ激シ易キ婦女子ノ常トシテ妻カ嫉妬ノ余リ一家内ニ於テ夫ト争論共殴シ這般ノ暴行悪口ニ至リタルカ如キハ、婦道ニ背クノ非行最モ尤ム可キハ勿論ナリト雖モ、未タ之ヲ以テ離婚ノ原因タルヘキ重大ナル侮辱ト謂フ可カラス」。夫が婦人を自宅に引入れ、夫婦同様の生活をしている場合においては、妻が嫉妬の余り、夫と争論、共殴、悪口に至っても、未だ離婚原因としての「重大ナル侮辱」には該らないとして、原告（＝夫）の離婚請求を棄却する。

昭和一八年一〇月三日離婚請求事件（昭一四（タ）三三〇号）[42]によれば、妻にあっては、女中に「金ガナカッタラコンナ親爺ナンカト一緒ニ居ラヌガ、金ガアルカラ一緒ニ居ツテヤル」と口外した、夫の洋服のポケットから金銭を抜き取った、剃刀や薪割斧で夫を脅かした、昼間に飲酒して三味線を弾き放歌した、早稲田警察署人事相談係へ夫と下宿先の婦人との情交関係について口外した、出雲大社牧師へ女封じを依頼した等の事実が認められる。「爾余ノ認定事実ノ何レモ被告（＝妻）カ原告（＝夫）ニ情婦アルコトヲ察知シテ甚シク精神ニ打撃ヲ受ケ、忿懣遣方ナク焦燥ノ余前後ヲ弁ヘスシテ敢テシタル言動ニ係ルヲ以テ、本来一時ノ感情ニ走リ盲目的行動ニ出ツル傾アル婦人トシテ、且尋常小学校ヲ卒業シタル教養程度ノモナルコト、被告本人ノ供述ニ依リ明カナル被告トシテハ、其ノ生来特ニ興奮シ易ク又嫉妬深キ性格ト相俟チテ多少前記認定ノ如キ常軌ヲ逸スル言動ニ出テタリトスルモ、其ノ原因ハ寧ロ原告ノ所行ニ基ツクモノト観ルモ必スシモ不当ニ非サル本件トシテハ、未タ以テ夫タル原告ニ対スル同居ニ堪ヘサル虐待又ハ重大ナル侮辱ト断スルヲ得サルモノト謂ハサルヲ得ス」とある。妻が常軌を逸する言動をしたとしても、それは夫に情婦があることに起因しているのであり、「同居ニ堪ヘサル虐待」、「重大ナル侮辱」と断ずることはできない、とする。

同様な裁判所の態度は控訴院でも見られる。東京控訴院は大正一一年一一月八日離婚請求控訴事件（大九（ネ）二八三号）[43]において、「両余ノ証拠ニ依リテハ只被控訴人（＝夫）ト控訴人（＝妻）トノ間ノ夫婦関係多少円満ヲ欠ケルカ如キ事実ヲ推認シ得ルニ留マリ、控訴人カ被控訴人ニ対シ其主張ノ如キ重大ナル侮辱ヲ加ヘタリトノ事実ヲ肯定スルニ足ラサルノミナラス、当審証人堀池きよ、高橋つや、金子くにノ各証言ヲ対照考覈スレハ、寧口控訴人カ常ニ被控訴人ヨリ虐待セラレ居リ、而カモ右夫婦間ノ不和ハ被控訴人ニ於テ其使用人タリシ他ノ婦人ト事実上ノ夫婦関係ヲ結ヒ毫モ控訴人ヲ省ミサルニ起因セルモノナルコトヲ以テ、被控訴人ノ前示主張ハ之ヲ採用セス」とする。ここでは原審判決（東京地裁大正九年二月九日離婚請求事件（大八（タ）一三三号））を廃棄して、寧ろ妻は夫から虐待されており、夫婦間の不和は、夫が使用人の婦人と事実上の夫婦関係を結び、毫も妻を顧みないことに起因するのであり、夫の「重大ナル侮辱」による離婚請求という主張は採用できない、とする。[44]

このような判例に拠れば、裁判所は有責配偶者である夫の離婚請求を排斥することによって、妻の保護を図っていたと言えるであろう。ここには消極的「破綻主義」の萌芽を見出すことができる。

(3) 一年以上経過の訴権維持

明治民法八一六条には「第八百十三条第一号乃至第八号ノ事由ニ因ル離婚ノ訴権ハ之ヲ提起スル権利ヲ有スル者ガ離婚ノ原因タル事実ヲ知リタル時ヨリ一年ヲ経過シタル後ハ之ヲ提起スルコトヲ得ス、其事実発生ノ時ヨリ十年ヲ経過シタル後亦同シ」とある。しかし昭和一五年一〇月一〇日離婚等請求事件（昭一三（タ）四三四号）には、「原告（＝妻）カ被告（＝夫）ト離婚セサルヲ得サル事由トシテ主張スル事実ノ存スルコトヲ認メ得ヘク、而シテ原告カ(イ)ノ事実ヲ初メテ覚知シテヨリ本訴提起マテノ間既ニ一年以上経過セルコトハ原告本人ノ供述ニ徴シ明白ナルトモ、本訴ノ如ク夫カ他ノ婦人ト同棲シテ妻ヲ顧ミサルカ如キ事実ヲ内容トシ妻ニ対スル間断ナキ侮辱行為ヲ離婚原因ト為スカ如キ案件ニ於テハ、妻ニ於テ該行為ヲ宥恕シタリト認メラルヘキ事実ノ存スル場合ハ格別、該事実ノ認メ得ラレサル本件ノ如キ場合ニ在リタハ、被告ノ同棲事実ノ存スル以上、原告ニ於テ之ヲ知リタルトキヨリ一年以上ヲ経過シタル後ト雖モ、該訴権ヲ維持シ得ヘキモノト謂フヘシ」。なおここにいう(イ)の事実とは、二見テフの没後更に昭和十一年三月頃より訴外丹波ツネを妾と為し、神奈川県高座郡茅ヶ崎町一里塚に一戸を構えさせて日夜之に入浸り、毫も原告[45]

（＝妻）の生活を顧慮せず、依って原告は自活上止むなく二児を抱えて同郡藤沢町羽島石井牧場事石井政次郎方に雇われ僅かに生活を維持していた、ということである。

裁判所は一年の起算点をできる限り広く認定して妻からの離婚の訴えを活かし、妻の救済を行なっているのである。

2　「同居ニ堪ヘサル虐待」について

(1)　夫の暴力と「同居ニ堪ヘサル虐待」

裁判所は多くの事案で、夫の暴行がその行為の苛酷性、違法性ゆえに離婚原因としての「同居ニ堪ヘサル虐待」行為に該当すると判示している。最初の判決である明治三二年六月一三日離婚請求事件（明三二（タ）六二号）[46]では、夫は「大ニ憤リ拳ヲ挙テ原告（＝妻）ノ頭部其他ヲ乱打シ、尚ホ茶壺ヲ抛ケ、衣類ヲ以テ引スル等ノ暴行ヲ加ヘ」、「朝夕詰責シ煙管ヲ以テ何レトナク身体ヲ殴打」する。証人三人の供述に依り妻が夫より「同居ニ堪ヘサル虐待」を受けたと認める。この判決以後、夫の暴力を「同居ニ堪ヘサル虐待」とする判決は戦前の全ての時期を通じて多数存在する。

たとえば明治四一年三月一七日離婚請求事件（明四一（タ）一七三号）[47]は、「被告（＝夫）ハ常ニ相当ノ理由ナクシテ原告（＝妻）ヲ殴打スルノミナラス、明治四十一年十月二十九日ニハ殴打ニ因リ原告ニ負傷セシメタル事実ヲ認ムルニ足ル」。裁判所は被告（＝夫）の原告（＝妻）に対する待遇を以て所謂「同居ニ堪ヘサル虐待」である、と認める。

大正二年二月二六日離婚請求事件（明四五（タ）一〇九号）[48]で、夫は常に微々たる事を呵責し妻を虐待していたが、明治四十五年六月「女ハ三界ニ家ナシ」ということを知らないのかと言って、衣服を引き裂き殴打し、妻の顔面は赤色に腫張した。そこで派出所の巡査に夫の説諭方を願い出たが、帰宅後またも殴打するので妻は夫の家を去った。巡査の証言には、「証人ハ明治四十五年六月十六日浅草区永住町派出所ニ於テ勤務中、同日午前五時半頃原告ハ子供ヲ背負ヒ乱髪跣足ノ儘、夫タル被告ニ殴打セラセラル、ヲ以テ夫ニ対シ説諭方ヲ願出テタルヲ以テ、被告ニ訓戒ヲ加ヘタルトコロ、妻ヲ殴打スルモ可ナリ敢テ指揮ヲ受ケスト放言セリ、其際原告ノ袖ハ破レ顔面ハ赤色ヲ呈シ腫張シ居リタル」とある。この巡査他二人の証人と原告本人の供述を綜合すれば、「明治四十四年十二月以降被告ハ原告ヲ虐待シ継続シテ同居スルニ堪ヘサラシムモノト認ム」。また大正一三年五月一二日離婚請求事件（大一一（タ）一三二号）[49]では、大正十年十二月適当な職業に就き家計を整えるように求めたところ、これまでも屢々妻を殴打していた夫は激怒し日本刀を突き付けて、「おまえの体は俺が貰い受けたものであるから、自分の自由に処分できる」と脅迫した。妻は只管陳謝して辛うじて事なきを得たが、翌朝夫の睡眠中ひそかに姉の縁付き先へ逃れた。右の如く被告（＝夫）が原告（＝妻）に対し白刃を擬して脅迫した行為は「同居ニ堪ヘサル虐待」に該当すること勿論とする。

昭和一四年三月二四日離婚訴訟事件（昭一二（タ）二五号、昭一三（タ）三九〇号）[50]は、「被告（＝夫）ハ同棲後一年許リシテ、原告（＝妻）ヲ遇スルコト甚タ酷クナリ、……昭和十一年二月頃仕事ガ下手ダトテ原告ヲ仰向ケニシテ気絶スル程踏ミツケタルコトアリ、斯クテ同年三月三十一日ニ至ルヤ被告ハ偶家業ノ手伝ヲ為シ至リタル原告ニ対シ、例ノ如ク仕事ガ下手ダトテ激怒シ焼鏝ヲ原告ノ指ニ押当テ、夫レニテ慊ラズ苦痛ニ堪ヘ兼ネ悲鳴ヲ上グル原告ヲ、五月蠅イト怒鳴リツツ下駄ヲ以テ其頭部ヲ殴打シタル為、遂ニ原告ハ到底被告トノ同棲ノ不可能ナルコトヲ念ヒ同日実家ヘ赴キタル儘今日ニ及ビタルモノナルコトヲ認ムルヲ得」。この事実は「同居ニ堪ヘサル虐待」に該当する。また昭和一七年九月七日離婚並慰謝料請求事件（昭一六（タ）六一一号）[51]では、婚姻後約一年を経過した頃より夫は生活費として僅少の金銭しか渡さないので、妻は女工として働き、家計を賄っていた。このような金銭上の問題により漸く夫婦間に感情の融和を欠くようになり、殊に昭和十一年六月養子を迎えてから益々家計困難となり、不平を漏らすとしばしば妻を殴打した。夫婦の不和が益々激しくなってきた折柄、「昭和十六年九月上旬被告（＝夫）ハ朝食ノ際味噌汁ノ加減カ悪シトナシ立腹シテ原告（＝妻）ヲ殴打シタル上、『オ前ハ家風ニ合ハヌカラ出テ行ケ、出テ行カネハ足ヲ一本ヘシ折ツテヤル』ト暴言ヲ吐キタルヲ以テ、原告ハ遂ニ被告トノ同居ニ堪ヘ兼ネ前示森又蔵（媒酌人）方ニ身ヲ避ケタ」。しかし、その後夫は妻を勤務先の工場より誘い出し、付近の路上で顔面を殴打し治療約一週間を要する「歯齦腫張歯牙動揺ノ傷害」を与えた。「右認定ノ被告ノ所為ハ原告ニ対シ同居ニ堪ヘサル虐待ヲ為シタルモノ」とある。

さらに昭和一八年七月六日離婚等請求事件（昭一七（タ）五七一号）(52)においては、同棲半年過ぎた頃より夫は次第に短気、狂暴の性質を露にし、些細な事に激怒して殴り蹴り、頭髪を摑んで引き倒す、顔面を抓るなどの暴行を繰返すので一旦協議離婚したのだが、夫の陳謝もあり、子供の将来の事もあるので再婚した。ところが夫は依然として暴行を繰り返し、全く反省の色がない。「殊ニ昭和十六年九月二十二日原告（＝妻）ガ被告肩書住所ノ居宅勝手口ニテ下駄ノ鼻緒ノ箝ゲ替ヲ為シ居リタルトコロ、折柄外出先ヨリ帰宅シタル被告（＝夫）ハ突如何事ニカ激怒ヲ発シ『此ノ馬鹿野郎、間抜野郎』ト怒号シ、其ノ勢ニ畏怖シテ躊躇シ居リタル原告ノ傍ニ突進シ来リ、矢庭ニ原告ノ頭髪ヲ摑ミテ其ノ場ニ引倒シ、左横腹ヲ蹴リ上ゲ、以テ原告ノ頭髪ヲ多量ニ引キ抜キ、左側第七肋骨骨折ヲ生ゼシメテ、之ガ治療ニ二十数日ヲ要スル傷害ヲ与ヘ、原告ガ其ノ痛ミニ堪ヘ兼ネ悩ミ居ル様ヲ見テ『イイ気味ダ、罰アタリメ、馬鹿、出テ行ケ』等ト罵倒シタルヲ以テ、遂ニ原告ハ被告ト同居ヲ続クルコトノ不可能ナルベキヲ思ヒ定ムルニ至リ、昭和一六年十月六日家出シ肩書住所ニ居住シテ今日ニ及ビタルガ、被告ハ再三右住所ニ来リ原告ニ暴行ヲ加ヘテ撲傷ヲ与へ、又ハ原告ノ衣類ヲ寸断毀損スル等ノ所行ニ出デタル事実ヲ認定シ得」。よって原告（＝妻）が被告（＝夫）と婚姻以来、叙上認定の如き事情の下で傷害を蒙ったのは、「同居ニ堪ヘサル虐待」に該当する、とある。

裁判所はいずれの判決においても夫の虐待行為を「同居ニ堪ヘサル虐待」と認定している。以上の判決例から窺えるように、「同居ニ堪ヘサル虐待」行為に該当すると判示されたのは、その方法において苛酷残忍であり、その程度において傷害（医師の治療を要する場合も多い）を与え、もしくは生命の危険を感じさせるに充分な暴力行為であり、また妻がすでに実家などに逃げ帰っている場合が多かったのである。

(2) 夫の暴力と不貞行為

夫が他に女性関係を持ち、妻を顧みずに暴行した場合、つまり背景に不貞行為がある場合の夫の暴力行為は「同居ニ堪ヘサル虐待」（第五号前段）だけでなく、併せて「重大ナル侮辱」（第五号後段）と認定されている判例が多い。

明治三九年一〇月一二日離婚請求事件（明三八（タ）一二八号）[53]では、夫が情婦を持ち、妻に出金を求めて応じないと打擲し、妻はその暴行の危険を避けるために長男の家に逃れている。証人二人の供述を綜合すれば、「被告（＝夫）ノ虐待タルヤ原告（＝妻）ヲシテ精神上並肉体上ノ痛苦ニ堪ヘサラシメ、同居ニ堪エサル程度ノ虐待ヲ加ヘタ事実ヲ認定スルコトヲ得」。

大正六年三月七日離婚請求事件（大五（タ）一七九号）[54]は、奇術興業の座長である夫は座員の女と通じ、「原告（＝妻）ガ之ヲ諫止スルヤ被告（＝夫）ハ直ニ或時ハ下駄或時ハ火鉢等ヲ以テ原告ヲ殴打シ、又或時ハ鉄瓶ヲ抛ケ付ケ、甚タシキハ汽車中ニテ原告ノ頭髪ヲ握リテ引キ倒シメタル上コレヲ蹴リタルコト、原告ハ其結果顔面其他体ニ負傷」させた。殊に大正五年一月長浜において夫は座員に対し「安江」は自分の妻となす約束にて迎えたものであり妻とは夙に精神上離別していると公言し、鳥羽においても急性胃痙攣で人事不省に陥り、医師の安静休養を要すとの診断にも拘らず、夫は妻に舞台を強いた。「斯クノ如キハ被告（＝夫）カ原告（＝妻）ニ対スル重大ナル侮辱及ヒ同居ニ堪ヘサル虐待ナルコト疑フノ余地」がない。また大正九年一二月二四日離婚等請求事件（大九（タ）一七八号）[55]において、従来、夫は屢々下婢と情交を結び、妻との円満を欠き、度々殴打していた。「就中大正九年二月中被告（＝夫）カ下婢斎藤かねヲ妾ト為サントセシヲ原告（＝妻）カ反対シタルヲ憤慨シ、原告ヲ戸外ニ突出シ雪中ニ於テ殆ント気絶スル迄殴打シ、為ニ原告ハ被告ノ虐待ニ堪ヘス遂ニ実家ニ帰去」した。「然ラハ被告ハ原告ニ同居ニ堪ヘサル虐待ヲ加ヘタルコト明カナルヲ以テ、民法第八百十三条第五号ヲ適用」する。

昭和一四年三月七日離婚慰藉料請求事件（昭一二（タ）四七号）[56]においては、夫は他人の妻と情交関係を生じ、同女が離婚されるや妾として囲い、同人との間に生まれた二子を妻に無断で妻との間の嫡出子として虚偽の出生届をなした。「被告（＝夫）ハ原告（＝妻）ト右ハルトノ許ニ隔日位ニ交互宿泊シ、寧口其生活ノ重心ハハルトノ同棲生活ニ移シ、原告ト感情ノ疎隔ヲ生スルニ至」った。その後、口論の末に夫は煙草盆を投げ付け治療十数日を要する傷害を負わせ、「今直ク出テ行ケ」と罵倒、「遂ニ穏忍シ来レル原告モ茲ニ被告トノ婚姻生活ニ絶望ヲ感シ」、子供連れて夫の家を出た。それから十八日目には、夫は妾を自宅に入れ同棲してた。このような被告（＝夫）の所為は「同居ニ堪ヘサル虐待」、「重大ナル侮辱」と認めるに十分とする。

いずれの事案も夫の暴力はその行為の程度において苛酷であり、妻は傷害を負わせられたり、また夫の虐待を逃れるためにあるいは婚姻生活に絶望して実家に帰去している。裁判所は明治三九年判決と大正九年判決は「同居ニ堪ヘサル虐待」、大正六年判決と昭和一四年判決は「同居ニ堪ヘサル虐待」と「重大ナル侮辱」に該当するとしている。

ところが、背景に情婦がある場合の夫の暴力行為に関して、その行為の程度において苛酷といえなくても、その行為が繰り返される場合は「同居ニ堪ヘサル虐待」に該当するという、暴力行為の反復性を重視する判決がある。「破綻主義」的な判例の萌芽としても注目される。大正三年三月三〇日離婚請求事件（大二（タ）一八二号）[57]であるが、「被告（＝夫）カ原告（＝妻）ニ対シテ加ヘタル殴打暴行ニ付キ案スルニ此点亦原告主張ノ如シトスルモ、其殴打タルヤ何レモ創傷ヲ為ス程度ニ達セルニアラサルカ故ニ、暴行夫自体トシテハ極メテ軽微ノモノト謂ハサルヘカラス、但シ創傷ニ至ラサル暴行ト雖モ其激シク繰リ回サル、ニ当リテハ固ヨリ甚タシキ虐待ト言フヲ妨ケスト雖モ、然ラサル場合ニ於テハ離婚ノ事由トタメスニ足ルヘキ虐待ト言フニ足ラス、原告本人ノ訊問ノ結果タル被告ハ一日一回若シクハ二、三回位宛原告ヲ殴打シタリトノ旨ノ原告ノ陳述ハ此点ニ関シ極メテ重要ナル陳述ナルモ、当裁判所ハ之ヲ信セス」とある。ここでは裁判所は夫が一日数回は殴打するという妻の陳述を斥けているものの、創傷に至らない暴行であっても激しく繰り返される場合は離婚原因としての虐待行為に該る、という判断を示している。

前述の大審院「男子貞操義務判決」直後になると、その大審院判決と同趣旨の注目すべき判決が東京控訴院判決に現れる。東京控訴院は昭和四年一二月二〇日「離婚並ニ慰藉料請求控訴事件」（大一五（ネ）一四八一号、原審東京地裁大正一五年九月一七日「離婚並ニ慰謝料請求事件」（大一三（タ）二八〇号））(58)において、「夫カ正妻アルニ拘ラス屢々他ノ婦女ト情交ヲ交フルノミナラス、之ヲ妾ト為シ一戸ヲ構ヘテ居住セシメ醜交ヲ継続スルカ如キハ、妻ニ対スル信義誠実ノ義務ニ反シ其人格ヲ侮辱スルモノナルコト誠ニ重大ニシテ、斯クノ如キ場合妻カ将来其夫ト円満ナル婚姻関係ヲ維持スルノ望ヲ失フニ至ルカ如キコトハ已ムヲ得サルニ在リト謂フ可ク」、また「控訴人（＝夫）ハ被控訴人（＝妻）カ婚姻後八年以上ニ至ルモ子ナク、従テ控訴人カ他ノ婦女ト性交又ハ蓄妾シタル行為ハ、戸主タル男子ノ血統ヲ断タサラシメントスル古来ノ道徳観念ニ照シテ斟酌セラル可キモノナリト抗弁スレトモ、現今ノ社会ニ於テハ右ノ如キ観念ハ単舊時代ニ於ケル歴史的事実トシテ伝ヘラルルニ過キス、且離婚ヲ以テ一男一女ヨリ成ル夫婦ノ共同生活ヲ為ス為メノ結合ト為シ、必スシモ子ヲ得ルヲ以テ目的ト為ササル我法制ニ於テハ勿論、現時ノ一般社会通念ニ於テモ単ニ夫婦間ニ子ナキノ故ヲ以テ夫婦ノ一方カ其信義誠実ノ義務ニ反シテ他ノ異性ト性交ヲ為スコトヲ許サルヘキニ非ス、或ハ男女道徳観念ノ頽廃シタル一部人士ノ間ニ於テ斯クノ如キ理由ヲ構ヘテ其不当ナル性交上ノ欲求ヲ充サントスルノ徒輩ノ存スルアリトスルモ、之ヲ以テ、健全ナル社会道徳観念ヲ左右スルニ足ラサルハ云フヲ要セサル所ニシテ、控訴人ノ右抗弁ハ失当ノ甚シキモノト認メサルヲ得ス」と判示する。ここでは夫婦の一方が他の異性と関係すること、とくに夫が情婦を持ったり蓄妾をすることは、配偶者に対する信義誠実の義務に違反するものであり、その人格を侮辱する行為であると明言している。

(3) 破綻主義

有責主義を採る明治民法の時代にあっても、かなり「破綻主義」的な立場にたつ判決が見出せる。裁判所は何れの事案も「同居ニ堪ヘサル虐待」、「重大ナル侮辱」に該当すると判示するが、ここにおける虐待行為、侮辱行為は付随的なものであり、むしろ夫婦の婚姻関係がすでに破綻しているということが、裁判官にこの様な判決を下させたものと考えられる。

大正一五年四月七日離婚並慰藉料請求訴訟事件（大一四（タ）四〇七号）(59)に、大正十二、三年中に同棲以来、「被告（＝夫）ハ屢々原告（＝妻）ニ対シ十分ナル米塩カ費ヲ与ヘス、為メニ原告ハ時ニ飲食ヲ節シテ日ヲ過スカ如キコトモアリシ事情ナリシトコロ」、大正十四年九月頃訴外人方において、事実がないのに拘らず、「情夫アリ」、「売笑婦ナリ」と罵り、また同年十月初旬には些細の事より足蹴にして頭部を殴打し、近隣の者が夫を阻止した。これは配偶者に「重大ナル侮辱」、「同居ニ堪ヘサル虐待」を加えたものとする。

昭和二年一月一四日離婚及慰藉料請求事件（大一四（タ）三九〇号）(60)は、資産家であった妻（＝原告）の実家が衰微するにつれて、夫（＝被告）は兎角妻を冷遇するようになり、「大正十四年ニ入リテハ事毎ニ原告ニ対シ出テ行ケト云ヒ」、同年九月には、「原告カ食事ヲ為シ居タルニ被告ハ原告ニ対シ出ル出ルト言ヒナカラ未タ出テ行カヌト詈リタル為メ」、妻は同居に堪えず夫方を出たが、父母に諌められ一旦は夫方に帰ろうとしたが、夫の拒絶にあったために他家の女中奉公に出た。「然ルニ其ノ後同年十一月中被告ハ訴外「とめ」ナル二十一、二歳ノ女ト内縁ヲ結ヒ、事実上夫婦トシテ生活」を始めた。「惟フニ右被告ノ前段ノ行為ハ原告ニ対スル同居ニ堪ヘサル虐待ニシテ、後段ノ行為ハノ之ニ対スル重大ナル侮辱ナリト謂フヘシ」。

昭和一四年一月二五日「離婚事件、離婚並慰藉料請求反訴事件」（昭一二（タ）一七一号、六八五号）(61)では、昭和七年頃妻の実母が夫の金策を断ってから、兎角夫婦の和を欠くようになり、昭和十年四月頃になると、夫は妻を疎外し、家計費も支給しない。「(1)昭和十一年暮ヨリハ反訴被告ハ家庭内ニ於テ反訴原告ヲ呼フニ豚ヲ以テシ、当時居リタル女中増尾作子カ反訴原告ノ食器ヲ家族ノ夫レト共ニ置クノヲ見レハイツモ何故豚ノ食器ト人間ノ食器トヲ一緒ニ置クカト同人ヲ叱責シ、且反訴原告ノ食器ヲ家族ノ夫レヨリ区別除外セシメ、又日常ノ食物ニ付反訴原告ニ対シ自分ノ金テ買入レタモノテアルカラ食ヘテハナラヌト放言スルコト一再ナラス、尚子女ニ対シテハ母（＝反訴原告）ノ側ヘ行クナラ動物園ヘモ連レテ行カヌトカ、母ノ側ヘ行クナラ買ツテヤツタ靴モ取上ルトカ、母ノ側ヘ行クト馬鹿カウツルトカ申告ケテ、反訴原告ノ側ヘ付クコトヲ禁止シ、且食事モ反訴原告ト共ニ為サシメス」、また夫は厘毛の生活費さえ支給しないので、治療費とするために夫の勤務先から百円の前渡を受けると、夫はそれを責め屢々妻の寝具を剝ぎ取り就寝させない、妻は已むなく実母方に帰り、今日に至る。また「(2)反訴原告（＝妻）ノ実母エイハ前記下井草町ニ居住シ嘗テ医学生タル若キ男性ヲ下宿セシメ、昭和一二年当時モ引続キ之ヲ同居セシメ置キタルニ、反訴被告（＝夫）ハエイカ右下宿人ト醜関係アルモノノ如ク曲解シ、反訴原告及其ノ他ノ者ノ面前ニテ屢々右学生ヲエイノ若キ燕ナリ等敢ヘテ放言シ」た。「右(1)ノ事実ハ反訴原告カ配偶者タル反訴被告ヨリ同居ニ堪ヘサル虐待並重大ナル侮辱ヲ受ケタル場合ニ、(2)ノ事実ハ直系尊属カ配偶者タル反訴被告ヨリ重大ナル侮辱ヲ受ケタル場合ニ各該当」する、とある。

同様な判旨は東京控訴院にも見られる。東京控訴院昭和四年四月二四日離婚請求控訴事件（昭二（ネ）一二八号）[62]であるが、東京地裁大正一五年一一月一九日離婚請求事件（大正一四（タ）三五一号）[63]を支持して、妻の離婚請求を認容する。「被控訴人（＝妻）ハ控訴人（＝夫）ト婚姻後、控訴人遊ヒ居ル為生活ニ窮シ、已ムヲ得ス相談ノ上東京市浅草区料理店松喜方ニ女中奉公ヲ為シ、其給料ヲ以テ控訴人ノ生活ヲ維持シ小遣銭ヲモ支給シ、時ニハ基本金五、六百円ヲ与ヘテ瀬戸物商ヲ営マセタルコトアルモ、控訴人ハ怠惰ノ為メ失敗シ、其後控訴人ヲ自動車ノ運転手タラシメント自動車学校ヘ入学セシメタルモ之レ亦目的ヲ達スル能ハサリシカ」、夫は屢々奉公先にやってきて金銭を強要し、また大正一四年十月十七日には無理に屋外に連れ出し、付近の路上で頭部を殴打したため、妻は髪を乱して逃げ帰り、料理店の主人より叱責された。妻は、「同居ニ堪ヘサル虐待」又は「重大ナル侮辱」を受けたとする。

さらに東京地裁の具体的な判例の中には次のような興味深い判決もある。昭和二年一一月三〇日離婚請求事件（大一五（タ）三六二号）(64)であるが、(1)証人の各証言並びに原告本人訊問の結果を綜合すれば、「(イ)被告（＝妻）ハ生来勝気ニシテ原告（＝夫）ニ対シ常ニ倨傲ノ態度アリテ、自己ノ気ニ満タサルコトハ原告之ヲ命スルモ頑トシテ従ハサルカ如キ状態ナルニ加ヘテ、嫉妬心強ク原告カ其実母及実妹ト情交関係アルカ如ク猜疑シテ之ヲ原告ニ責メ、又他ノ婦女カ偶々所用ノ為メ原告家ニ来リコトアレハ、原告カ其婦女ト私通セリトテ原告ヲ責ムルコト屢々ナルノミナラス、大正一四年五月末原告ノ実母カ郷里山形県ニ於テ病気危篤トナリタルニ際シ、被告ハ其際程近キ其実家ニ帰リ居リテ右危篤ノ事実ヲ知レルニ拘ハラス之カ見舞ヲ為サス、更ニ原告母カ死亡スルニ至リテモ会葬セサリシカ如キ我儘ノ振舞ヲ敢テ為シタル事実、(ロ)其後被告ハ再ヒ上京シ原告ト同棲スルニ及ヘテモ、原告ニ対スル我儘ノ態度ハ依然旧ニ異ラス、大正十五年九月初頃以降ハ原告カ朝六時半頃ヨリ出勤セサルハカラサル事情ニ在リタルニ拘ハラス、殊更朝寝シテ原告ノ出勤ノ準備ヲ為ササルノミナラス、原告カ自ラ早起シテ炊事ヲ為セハ、被告ハ其後ニ起キ出テ来リ原告ノ炊キタル飯ノ櫃ヲ押入ニ匿シ其食事ヲ妨害シ、原告ヲシテ余儀ナク外出ノ上朝食ヲ喫セシムルカ如キコト屢々ナリシ事実、(ハ)同年九月二十四日原告亡母ノ位牌及之ニ供ヘ置キタル団子ヲ蹴散ラシ、原告ニ座布団ヲ投ケ付ケル等ノ行為ヲ為シタル事実ヲ認定スルニ足ル、而シテ右認定ノ(ロ)(ハ)ノ事実ハ右(イ)ノ事実ヲ参酌シテ考覈スルトキハ、(ロ)ノ事実ハ原告ニ対スル同居ニ堪ヘサル虐待ニシテ、亦(ハ)ノ事実ハ原告ニ対シ重大ナル侮辱ヲ加ヘタルモノト認ムルヲ得ヘシ」。

また(2)証人の各証言を綜合すれば、「被告ハ大正八年頃ヨリ精神病的障碍ヲ起シ、原告トノ婚姻後次男死亡シ其次ノ胎児ヲ流産シテヨリ、次第ニ其症状増悪シ、大正十五年十一月三日ヨリ四月十四日マテ山形脳病院ニ入院加療スルニ至リタルカ、右入院中ノ症状ハ感情ノ発動不同ニシテ帰一スルコトナク、注意力散漫シテ判断力殊ニ倫理上ノ判断力鈍ク、被害妄想嫉妬妄想アリ、又意思ハ感情ニ連レテ浮動シ易ク、常ニ人格ノ恒動ヲ欠クコト多ク、且ツ入院中興奮スルトキハ発作的ニ心神耗弱ノ状況ヲ呈シ居タルニ過キスシテ、該入院中ト雖モ心神喪失ノ程度ノ精神障碍ニアラサリシ事実ヲ認メ得ルニ止マルヲ以テ、叙上認定ノ事実ヲ以テハ前段(ロ)(ハ)ニ認定シタル被告ノ所為カ其心神喪失ノ状況ニ於テ為シタルモノトハ未夕推断シ難ク」とある。大正十五年九月初旬妻は朝寝して炊事もせず、夫が炊飯した飯の櫃を押入に隠して食事をとらせなかった。また同月下旬には夫の亡母の位牌供物を蹴散らして、夫に座布団を投げ付けた。妻は大正八年頃より精神病的障碍のため、大正十五年十一月から半年間ほど入院加療した。入院中に興奮して発作的に心神耗弱の状況になったこともあったが、心神喪失の程度の精神障碍とは認められない。よって妻のこのような所為は心神喪失の状況でなされたとは推断し難く、夫に対する「同居ニ堪ヘサル虐待」、「重大ナル侮辱」に該る、と判決する。

大正一五年四月二六日「離婚並ニ扶養料請求事件」(大一四(タ)一五一号)[65]では、「原告(=妻)ハ大正一三年六月中旬頃ヨリ気分悪ク同月二十一日野々山医院ニ於テ診察ヲ受ケ足ルトコロ妊娠ノ為メノ悪疽ナル故安静ニ臥床スヘキ旨勧メラレタルニヨリ、一旦被告方ニ帰リタルモ被告(=夫)ノ許ヲ得テ実家ニ至リ養生中、被告ハ同年七月七日使ヲ以テ原告ニ対シ直チニ帰宅スヘキ旨申来リ、次テ原告ヨリ遣シタル雇人ヲシテ原告ニ即刻帰ルヘシ然ラサレハ離婚スヘシト伝ヘシメタルヨリ、原告ハ車ニ寄リテ被告方ニ帰ルノ止ム無キニ至リタリ、然レトモ原告ハ病気ノ為メ床ニ就キ居タルニ被告ハ医師ノ診察ヲ受ケシメサルハ勿論、悪阻ハ薬ヲ飲ムニ及ハストテ薬ヲモ与ヘス、健康者ト同シ食物ヲ与ヘ、且又湯銭等ノ小遣銭ヲサエ与ヘサル為メ、原告ハ同居ニ堪ヘス同月十九日原告実家ニ帰ヘリタリ、其後媒酌人井口某ノ斡旋ニ因リ被告ハ従前ノ行動ヲ改ムヘキコトヲ約シタルヲ以テ原告ハ同月二十二日被告方ニ至リタルニ、被告ハ原告ニ対シ原告ハ実家ニ副食物ヲ運フ、又ハ入費嵩ムナト同夜中言ヒ続ケタル為メ、翌日原告ハ実家ニ帰ルノ止ムナキニ至リタル事実ヲ認ムルニ足ル」、これは「同居ニ堪ヘサル虐待ヲ受ケタルトキニ外ナラ」ない。夫は妊娠のための悪阻に苦しむ妻に医師の診断を受けさせないし、薬も与えない。また健康者と同じ食物を与え、湯銭等の小遣銭さえ与えないので、妻は同居に堪えられず実家に帰った。三日後に媒酌人の斡旋で一旦夫の家に戻ったが、夫の態度は従前と変らないため、翌日已むなく実家に帰った。これらの事実は夫から「同居ニ堪ヘサル虐待」を受けたことに外ならない、とある。

ここでは精神病的な発作に基づくと考えられる暴力行為、相手方配偶者に療養させないような消極的な虐待行為も離婚原因としての虐待行為に該ると判示している。離婚を認めた裁判所の心証を主として形成したのは、婚姻関係の破綻にあったと思われる。民法第八一三条第五号が「同居ニ堪ヘサル虐待」、「重大ナル侮辱」というような漠然たる文言であることを奇貨として、裁判所は自由裁量を活用することにより、有責主義、制限列挙主義ではうまく解決できない現実社会に生起する離婚紛争の解決に「破綻主義」的な解釈を適用したのである。

結語にかえて

本稿では、主として「破綻主義」の視点から、「明治民法施行前」と「明治民法下」に時期区分をして、東京地裁の具体的な判決を分析して、二つの時期において「破綻主義」法理の展開がみられるという結論を得た。「明治民法施行前」においては、「已ムヲ得サルノ事故」という包括的な離婚原因であった。そこには有責主義的離婚原因とともに婚姻の破綻が含まれていることが特徴である。裁判所は、不貞行為や虐待を破綻の徴憑と理解し、また両三年の別居、性格の不一致による離婚を認めている。「明治民法下」においては、第八一三条第五号に関する判決を取り上げた。第一は、夫の姦通に関するものである。同民法は、妻の姦通のみを離婚原因として夫の姦通は規定していないが、裁判所は夫が情婦（妾）と同棲するか自宅に引入れた場合、あるいは情婦と家出した場合だけでなく、情婦との関係を継続して妻を顧みない場合や別居後の他の女性との同棲の場合すら、妻に対する「重大ナル侮辱」と認定する。これは姦通についての民法における夫婦不平等主義の修正であるとともに、夫の不貞によりすでに婚姻関係が破綻しているとして離婚を認めていると考えられる。しかし情婦と夫婦同様の生活を送っている有責の夫からの所謂有責配偶者からの離婚請求は認めていない（消極的「破綻主義」の萌芽）。第二は、夫の暴力に関するものである。裁判所は多くの事案でその行為の苛酷性、反復性ゆえに離婚原因としての「同居ニ堪ヘサル虐待」行為に該当すると判示している。しかし一方で精神病的な発作に基づく無意識的な暴力行為、病気を看護しない消極的な虐待行為、背景に不貞行為がある場合の夫の暴力行為なども第五号の「同居ニ堪ヘサル虐待」としている。暴力行為の主たる原因を形成している婚姻関係の破綻の有無を重視しているのである。

ところで明治民法の立法過程をみると、明治二九年一月八日第一四九回法典調査会において穂積陳重は「自由離婚主義」の立場から離婚原因としての「共同生活ニ堪ヘサル不和」、「同居ニ堪ヘサル夫婦間ノ不和」を内容とする修正案を提出したものの、明治民法は有責主義かつ離婚原因の制限列挙主義を採用した。その後大正八年七月に設置された臨時法制審議会において穂積重遠はいわゆる「相対的離婚原因」を提唱し、この主張は結局大正一四年五月一九日「民法親族編改正ノ要綱」第一六第一項第六号「其他婚姻関係ヲ継続シ難キ重大ナル事情存スルトキ」として成立し、現行民法第七七〇条第一項第五号「その他婚姻を継続し難い重大な事由があるとき」の原型となった。これまでの東京地裁判例の概観によれば、「破綻主義」法理の展開は大正末期頃から顕著になるように窺知できるが、明治民法や民法改正要綱、人事法案の議論も踏まえた東京地裁判決の本格的な解析は、紙幅の都合により、別稿に委ねることにする。

(66) (67) (68)

（1）外岡茂十郎編『明治前期家族法資料一巻一冊』（早稲田大学、一九六七年）一六八頁。堀内節編『明治前期身分法大全二巻』

（中央大学出版部、一九七四年）一二三六頁。
（2）外岡編『前掲資料』一八三頁以下。堀内編『前掲大全』一二三六頁以下。
（3）司法省編纂『司法沿革史（覆刻版）』（原書房、昭和五四年）一四頁。
（4）東京地裁所蔵民事判決原本の中で、平成五年一二月末で保管期間が五〇年を経過する判決原本（昭和一八年末までの原本）は、平成七年に東京大学法学部へ移管された。
（5）司法省編纂『明治九年綜計表』、『明治一〇年綜計表』、『司法省第四民事統計年報明治一一年』、『司法省第五民事統計年報明治一二年』。
（6）東京地裁『明治一〇年民事裁判言渡書編冊三—一』。
（7）東京地裁『自明治二九年至明治三一年民事（タ）裁判原本』。
（8）東京地裁『明治一〇年民事裁判言渡書編冊三—二』。
（9）東京地裁『明治一一年民事裁判言渡書編冊五—二』。
（10）石井良助編『近世法制史料叢書第二（覆刻改定版）』一二一六頁、創文社、昭和五六年。
（11）東京地裁『明治一六年民事裁判言渡書編冊四—三』。
（12）東京地裁『自明治二四年至明治二八年民事（タ）裁判原本全』。
（13）東京地裁『明治一一年民事裁判言渡書編冊五—一』。
（14）東京地裁『明治一二年民事裁判言渡書編冊六—一』。
（15）（14）と同じ。
（16）東京地裁『明治一四年民事裁判言渡書編冊五—一』。
（17）東京地裁『明治一六年民事裁判言渡書編冊四—三』。
（18）東京地裁『明治一六年民事裁判言渡書編冊四—四』。
（19）東京地裁『明治一九年民事裁判言渡書編冊三—下』。
（20）（8）と同じ。
（21）東京地裁『明治一四年民事裁判言渡書編冊五—三』。

(22) (11) と同じ。
(23) 東京地裁『明治二〇年民事裁判言渡書編冊四―一』。
(24) 東京地裁『明治二三年自六〇一号至八〇〇号民事裁判言渡書(仮編冊綴) 一一―四』。
(25) 星野通『民法典論争史』(河出書房版、一九四九年) 一一三頁以下。
(26) 東京地裁『明治二〇年民事裁判言渡書編冊四―三』。
(27) 東京地裁『明治二〇年民事裁判言渡書編冊四―四』。
(28) 東京地裁『明治二一年民事裁判言渡書編冊五―五』。
(29) 東京地裁『明治二二年民事裁判言渡書編冊八―二』。
(30) 『大審院刑事判決集五巻』三二八頁以下。
(31) 東京地裁『明治三三年(タ)民事裁判原本(全)自一号至一九〇号』。
(32) 東京地裁『大正二年(タ)民事裁判原本(全)自一号至二二七号』。
(33) 東京地裁『昭和一八年(タ)民事人事原本綴自二三一号至三九四号』(五冊の二)。
(34) 東京地裁『大正一四年(タ)民事裁判原本綴自一二〇号至二六七号』(三冊の二)。
(35) 東京地裁『昭和一三年(タ)民事裁判原本綴自一号至一五五号』(四冊の一)。
(36) 東京地裁『大正一三年(タ)民事裁判原本綴(第二回)自五七号至二五二号』。
(37) (36) と同じ。東京地裁は大正一三年一二月二四日「離婚請求事件」(大一三(タ)一九二号)で、別居中、全く夫婦の実はなかったのであるから、別居後二、三年を経て被告(=夫)が他の婦女と同棲し男子を挙げた事実があっても、配偶者である原告(=妻)に対し「重大ナル侮辱」を加えたとは言えないとして、妻からの離婚請求を棄却する。
(38) 最高裁民事判決集六巻二号一一〇頁以下。
(39) 家裁月報一五巻八号五五頁以下。
(40) 判例時報九五六号四九頁以下。
(41) 東京地裁『大正三年(タ)民事裁判原本自一号至一五七号』(二冊の一)。
(42) 東京地裁『昭和一四年(タ)人事事件原本自三〇一号至四五〇号』。

(43) 東京地裁『大正九年(タ)民事裁判原本綴自八九号至一八六号』(三の二)。
(44) 東京地裁『大正九年(タ)民事裁判原本綴自八九号至一八六号』(三の二)。東京地裁は大正九年二月九日離婚請求事件(大八(タ)一三三号)において、妻は雇人や客の前で「夫のような者は死んだ方がよい」、「夫は大泥棒だ」と放言し、また夫を度外視して自己随意に生活をしている。このことは夫に対して「重大ナル侮辱」を形成する、とする。
(45) 東京地裁『昭和一三年(タ)民事裁判原本綴自三〇六号至四六二号』(四冊の三)。
(46) 東京地裁『明治三一年(タ)民事裁判原本(全)自一号至二七八号』。
(47) 東京地裁『明治四一年(タ)民事裁判原本自一号至一七五号』。
(48) 東京地裁『明治四五年大正元年(タ)民事裁判原本自三号至二一一号』。
(49) 東京地裁『大正一一年(タ)民事裁判原本綴自一号至一九〇号』(二冊の一)。
(50) 東京地裁『昭和一二年(タ)民事原本綴自一号至一七〇号』(四冊の一)。
(51) 東京地裁『昭和一六年(タ)人事事件判決原本自六〇二号至七三〇号』(六冊の五)。
(52) 東京地裁『昭和一七年(タ)民事人事原本綴自三〇一号至四五〇号』(六冊の三)。
(53) 東京地裁『明治三八年(タ)民事裁判原本(全)自四号至一六四号』。
(54) 東京地裁『大正五年(タ)民事裁判原本自一七四号至三一〇号』(二冊の二)。
(55) 東京地裁『大正九年(タ)民事裁判原本綴自八九号至一八六号』(三の二)。
(56) 東京地裁『昭和一二年(タ)民事原本綴自一号至一七〇号』(四冊の一)。
(57) 東京地裁『大正二年(タ)民事裁判原本(全)自一号至二二七号』。なお東京控訴審では虐待行為があったとして、妻の逆転勝訴になっている。大正四年四月一五日離婚請求控訴事件(大三(ネ)四六二号)に、「控訴代理人ノ主張スル如ク、被控訴人(＝夫)カ大正二年四月頃ヨリ東京市神田区松富町三番地和洋砂糖商小野ゆきナル者ト私通シ、控訴人(＝妻)ニ於テ屢々之ヲ諫止セントスルヤ其度毎ニ控訴人ヲ罵詈打擲シ、殊ニ甚シキハ同年四月上旬被控訴人カ右小野ゆき方へ砂糖ヲ持チ運ヒタル際控訴人之ヲ制止セントシタルニ、被控訴人ハ夫ニ対シ侮辱ヲ加ヘタルモノトシ、居宅二階ニ於テ控訴人ヲ四、五回殴打シタル上更ニ二階ヨリ突キ落サントシ、被控訴人ノ実母ノ駆ケ付ケ来リタル為纔ニ事ナキヲ得タルコト、其他被控訴人ハ前記小野ゆきト通シテヨリ以来微細ノコトニ立腹シテ、営業用ノ菓子箱ニテ控訴人ヲ殴打シタルコト、又拳ヲ振テ激シク控訴人ノ頭部ヲ打擲シテ髪飾ノ中挿及ヒ櫛ヲ折リタルコト及控訴人カ大正二年七月中旬ヨリ実家ニ立戻リ居リテ被控訴人家ニ復帰セサルコトノ、事実ハ、原審証人古澤萬吉、武井勘吉、当審証人武井あきノ各証言ニ徴シ之ヲ認定スルニ充分ニシテ……而シテ前段認定ノ事実ハ民法第八百十三条第五号ノ所謂配偶者ヨリ同居ニ堪ヘサル虐待ヲ受ケタルトキト謂フニ該当スル」とある。

(58) 東京地裁『大正一三年（タ）民事裁判原本綴（第二回）自五七号至三五二号』。

(59) 東京地裁『大正一四年（タ）民事裁判原本綴自二七〇号至四一二号』（三冊の三）。

(60) 東京地裁『大正一四年（タ）民事裁判原本綴自二四号至三九八号』。

(61) 東京地裁『昭和一二年（タ）民事原本綴自一七一号至三四〇号』（四冊の二）。

(62) 東京地裁『大正一四年（タ）民事裁判原本綴自二四号至三九八号』。

(63) (62) と同じ。当該判決に、「証人戸木しんノ証言ニヨレハ、原告（＝妻）ハ料理店松喜方ニ奉公シ居ル内、被告（＝夫）ハ数々原告ニ面会ヲ求メ、原告ニ金銭ヲ強請シ、原告之ニ応セサレハ被告ハ原告ニ対シ乱暴ヲ為スコト一再ナラサリシカ、大正十四年九月頃被告ハ原告ヲ右松喜方ヨリ呼ヒ出シテ、道路上ニ於テ原告ノ頭部ヲ殴打シタル事実ヲ認定スルニ足ル……右ノ如キ被告ノ所為ヲ原因トシテ、原告カ被告トノ離婚ヲ求ムルハ民法第八百十三条第五号ニ照シ相当ナリ」とある。

(64) 東京地裁『大正一五年（タ）民事裁判原本仮綴（全）自一七二号至四四五号』。

(65) 東京地裁『大正一四年（タ）民事裁判原本綴自二四号至三九八号』。

(66) 法務大臣官房司法法制調査部監修『日本近代立法資料叢書六・法典調査会民法議事速記録六』（商事法務研究会、一九八四年）三八二頁以下。

(67) 堀内節『家事審判制度の研究』（中央大学出版部、一九七〇年）五六六頁。

(68) 堀内『前掲研究』八〇七頁。

第三部　資料紹介

東京名所之内 新橋ステーション蒸汽車鉄道図　神奈川県立歴史博物館所蔵
（明治６年、三代歌川広重）

明治初年の渉外裁判三例

藤原 明久

はじめに

幕末の開国によって欧米列強と相次いで締結された通商条約は、日本に領事裁判権を承認させた不平等条約であり、ことに領事裁判権の撤廃は明治政府が担わせられた大きな課題であった。領事裁判の管轄権は、原則として被告の本国に帰属し、そこで適用されるのは被告の国の法律である。この裁判管轄権の分配にしたがい、外国人が被告、日本人が原告のときは、当該外国人の駐日領事がその国の法律を適用して裁判し、逆に外国人が原告、日本人が被告のときは、日本裁判所が日本の法律を適用して裁判する。本稿では、東京、大阪両地方裁判所が所蔵してきた民事判決原本の中から明治初年における外国人の日本人に対する訴訟の裁判例を、筆者の関心からではあるが、紙幅の都合上、三つを選んで紹介、検討するものである。当時、外国人と日本人との間にどのような紛争がおこり、外国人が日本人を日本裁判所に訴えでたのか、そして、日本裁判所がこれをどのように裁判したのか、その一端を明らかにしたい(1)。

(1)　明治初年から昭和十八年までの民事判決原本は、最高裁の決定により廃棄される運命にあったが、平成七年七月までに、高裁管内の国立十大学法学部に緊急避難的に移管された。その経緯と判決原本の現状については、林屋礼二・石井紫郎・青山善充編『図説　判決原本の遺産』信山社、一九九八年に詳しい。本稿で取り上げる裁判例は、右移管の数年前に筆者が閲覧して書き写しておいたものである。閲覧にあたって御世話いただいた東京地裁・高裁、大阪地裁・高裁の関係の方々に心より感謝する。とくに、東京地裁・高裁については、瀧川叡一先生の御高配にあずかった。記して深甚の謝意を表する。

一　国際仲裁事件に関する訴訟

明治八年八月、神戸居留地の英国人エドハルド、エッチ、ハンタル（以下ハンターと表記）（Edward Haslette Hunter）が東京府平民木村万平に貸金の弁済を請求して東京裁判所に訴えでた。神戸開港時からの貿易商であったハンターは、日立造船所の前身となった大阪鉄工所を明治十二年に創設し、実業家として成功を収めたことでも知られている。(1) 原告ハンターの代言人は横浜居留地の英国人カビン、ヒー、ネス（Gavin Parker Ness）(2)、被告木村の代人は東京府在住山形県士族浦壁正華であった。東京裁判所（所長池田弥一）は、外国掛七等判事小杉直吉・一級判事補山本正己の両名を担当裁判官とし、明治十年五月十九日、判決を下した。裁判言渡書を左に掲げる。

違約ノ訴訟遂審理処

原告ハ西暦千八百七十五［明治八］年八月中被告ヨリ払入可相成金額ノ済方ヲ請ヘク当裁判所へ出訴シ審判中、西暦千八百七十六［明治九］年六月一日付約条書ヲ以テ右引負金并争訟ノ件々在横浜法司「セラム、ショウ、ウエルキンソン」氏ノ中裁ニ任セ中裁人ニ於テハ西暦千八百七十六［明治九］年七月一日或ハ中裁人ノ取極ムル其他ノ日限ニ書面ヲ以テ判決ヲナス、原被告ハ其判決ノ條々確ト相守可申旨約条書取結タリ、此ニ於テ中裁人「ヒラム、ショウ、ウエルキンソン」氏ハ西暦千八百七十六［明治九］年十一月二十日ヲ以テ判決ヲナセリ、右判文ニ因レハ原告人ハ金三千五百弗程ノブリック船ヲ所有スヘキコト或ハ外ニ金三千弐百拾四弗九拾弐銭ノ金額ハ被告人ヨリ原告人へ払入ルヘキ引負金ニ相違ナキ旨相決セリ、被告人ハ右金額千八百七拾六［明治九］年十一月三十日ニ原告代言人へ相払可申、中裁人入費ハ原被告ノ内ニテ半額宛相払、原被告自身ノ入費ハ双方トモ自費払ニ可致旨之ヲ申聞セラレタリ、依テ被告人ヨリ右金額即金三千弐百拾四弗九拾弐銭ニ千八百七拾六年十一月三十日ヨリ払入相成日限迄壱割弐分ノ利子ヲ相添原告ヘ相払并ニ委任料入費金弐百弗ノ半額ヲ中裁人ヘ相払可申旨請求セリ、被告於テハ我明治八年八月中原告ヨリ貸金催促一件当裁判所ヘ被告セラレ審理中原告ヨリ和解申入タルヲ以テ即チ我明治九年六月一日済口書ヲ呈スル為メ中裁人ヲ立テ、中裁約条ヲ取結タリ、其後中裁人於テ双方ノ算計書ニ云々アルヲ以テ、時日遷延シ我明治九年十一月二十日ヲ以テ判決シタリ、然レトモ右裁決ハ被告於テ到底承服致シ難ク、如何ントナレハ被告カ差出セシ処ノ算計書ハ中裁人於テ之ヲ採用不致、独リ原告ノ算計ニ因リ将テ之レカ決断ヲナセシモノナリ、若シ中裁人於テ被告カ算計ニ因リ公然之ヲ決断セシナラハ、被告ハ毫モ原告ニ可払金額ハ無之筋ナリ、是被告ノ該判決ニ承服シカタキ所以ナリ、故ニ原告請求スル処ノ金額ハ総テ償却致シ難キ旨相答ヘタリ因テ判決スル左ノ如シ

被告ハ己レ差出セシ処ノ算計書採用セラレサリシト云ヲ以テ、中裁人ノ判決ハ不服ナル旨主張スト雖トモ、夫レ中裁人於テ算計書ノ採不採ハ固ヨリ其権内ニアルコトニシテ喙ヲ容ルル儀相成ラス、而シテ我明治九年六月一日付ノ約条書ニ双方ノ間ニアル争論ノ事件ハ一切「ウルキンソン」氏ノ中裁終審ノ判決ニ相任セ且同人ノ判決ハ双方ノ者ニ於テ堅ク之ヲ相守可申事ト掲載シアリ、然レハ右中裁別ニ其不法ノ廉アルニ非レハ当然之ヲ履行セサルヘカラサルモノトス

仍テ原告請求スル処ノ金三千弐百拾四弗九拾弐銭ニ我明治九年十一月三十日ヨリ法律上一ケ年百分六ノ利子ヲ相加ヘ之ヲ原告ヘ償却可致外ニ委任料入費金ノ半額約条ノ通リ中裁人ヘ相払可申事（［　］は筆者の補足または注記。読点は筆者が付した。以下同）

ハンターの木村に対する貸金弁済請求の訴えが審理中の明治九年六月一日に、当事者間で仲裁契約が結ばれた。約

定された事項は、①横浜英国領事裁判所裁判官ウエルキンソン（以下ウィルキンソンと表記）（Hiram Shaw Wilkinson）[3]を仲裁人に選定する、②仲裁人は、明治九年七月一日またはかれの取り決める他の日に書面で判断する、③原被告はその判断を順守する、というものであった。十一月二十日、ウィルキンソンの仲裁判断がつぎのとおりあった。①ハンターは約三、五〇〇ドルのブリック（brig）船（二本マスト帆船）を所有する。②木村はハンターに、明治九年十一月三十日に三、二一四ドル九二セントを支払う。③仲裁人費用は原被告で折半する。④原被告自身の費用は自弁とする。この仲裁判断により、ハンターは木村に上記の金額に利子を含めて弁済するよう請求した。しかし、木村は、仲裁人の判断には「到底承服致シ難ク」、ハンターに請求の金額を弁済できないと東京裁判所に返答したのである。その理由は、仲裁人ウィルキンソンが木村の提出した計算書を採用せず、ハンターの計算書のみにより判断したことにあった。

東京裁判所は、明治十年五月十九日、木村の主張を退け、仲裁判断のごとく履行すべしと判決した。原被告いずれの計算書を採用するかの判断は、仲裁人の権限であることが明らかにされた。仲裁契約に原被告が仲裁人の判断に従うと明記している以上、それは履行されなければならないのである。

木村は、東京裁判所の判決を不服として、東京上等裁判所（所長心得西成度）に控訴した。明治十年十月五日に下された東京上等裁判所の裁判言渡書はつぎのとおりである。

違約裁判不服ノ訴訟東京裁判所ノ裁判不服及控訴ニ付審理判決スル左ノ如シ

原告ニ於テ明治十［九年の誤り］年六月一日附原被連印ノ仲裁委任状ハ当時横文ニテ原告之レヲ読得サル侭調印シタルモノニテ、原告ハ仲裁法ノ何物タルヲ明知セサレトモ、抑仲裁人「ウヰルキンソン」ヘ仲裁ヲ任シタルハ、原被ノ間実地計算ヲ為ス事ヨリ起リタルモノナリ、然ルヲ仲裁人タル「ウヰルキンソン」ハ計算上実地ニ適当セサル判決ヲ与ヘタレハ、仮令仲裁委任状ニ原告カ調印アルトモ、右委任状ニ原告ノ調印セシハ仲裁判決ニ不相当ナル事アレハ之レヲ再ヒ裁判所ヘ申立得ルノ心得ニテ委任ヲ与ヘタレハ、原告ハ「ウヰルキンソン」ノ仲裁判決ハ実地不適当ナルニ付、之レヲ取消シ更ニ原被ノ間実地適当ノ計算相当至当ノ裁判ヲ乞フノ権有之旨種々申立ルト雖トモ、原告ト被告トノ間ニ起ル計算上ノ事ハ原告被告ヨリ「ウヰルキンソン」ヘ仲裁ヲ委任シタルハ明治十年［九年の誤り］六月一日附仲裁委任状ニ原告自筆ノ記名捺印アレハ、右委任状ハ横文ニテ読ミ得サル等ノ事ヲ以テ之レヲ取消サントノ原告申立ハ不相立、而シテ右仲裁委任状ニハ一切ノ勘定請求争論ノ事件済方致ス為メニ右双方ノ間ニアル争論事件ハ一切横浜法司「ヒラム、ショー、ウヰルキンソン」氏ノ仲裁終審ノ判決ニ相任セ可申云々、又仲裁人ノ判決ニ服シ相守可申事ト明記アレハ該件計算上ノ事ハ原告被告ニ於テ「ウヰルキンソン」ニ仲裁ヲ委任シタルモノナレハ、其委任アル仲裁人タル「ウヰルキンソン」ノ与ヘタル計算上ノ判決ヲ委任シタル原告ニ於テ今更取消シ更ニ相当ノ裁判ヲ乞ヒ度トノ原告申立ハ不相立、初審裁判ノ通リ可相心得候事

但訴訟入費ハ規則ノ通リ控訴原告ヨリ被告ヘ償却可及儀ト可相心得候事

木村は、仲裁契約書は横文字（英文であろう）で判読できず、仲裁法とは如何なるものか知らずに、調印したのであるが、仲裁判断に不相当な点があれば、裁判所に訴えるつもりであったと主張した。そして、ウィルキンソンの仲裁判断は、実地不適当であるから、これを取り消して、さらに「原被ノ間実地適当ノ計算相当至当ノ裁判ヲ乞フノ権」があるという。東京上等裁判所は、初審東京裁判所の判決を支持し、ウィルキンソンに仲裁を委任した木村が仲裁判断を取り消し、さらに相当の裁判を求めることはできないとした。仲裁契約書に争論事件を解決するための仲裁判断をウィルキンソンに委任し、仲裁判断を原被告が順守すると明記されているからである。木村自筆の記名、捺印

がある以上、横文字で判読できなかったから、これを取り消すとの木村の抗弁は否認された。本件での仲裁の手続・効力は、イギリスの仲裁法[4]に準拠していたと想定されるが、東京裁判所および東京上等裁判所は、仲裁を委任された仲裁人の判断を尊重したのである[5]。

（1）『兵庫県大百科事典』下、神戸新聞出版センター、一九八三年、六一九頁、『神戸外国人居留地』神戸新聞出版センター、一九八〇年、一六三頁。旧ハンター邸は、神戸市王子動物園内に移築され、国の重要文化財となっている。

（2）ネスは、明治九年三月十日より翌年四月三十日まで工部省法律顧問であった（ユネスコ東アジア文化研究センター編『資料御雇外国人』小学館、一九七五年、三四四頁参照）。

（3）ウィルキンソン。一八六四年来日。英国兵庫、大阪領事館をへて、横浜領事館勤務となり、ついで在横浜英国領事裁判所のActing Law Secretaryに就任。一八七九—八〇年には、日本・中国の英国領事裁判所の上訴裁判所である上海高等法院代理判事補であった（Who's Who, 1925, pp. 3057-58 ; F. O. 46（日本関係英国外務省文書。Public Record Office蔵）, Foreign Consular, no. 44, Robertson to Parkes, Des. 26, 1875）。

（4）イギリス仲裁法の概観については、谷口安平「イギリスにおける仲裁」法律時報五四巻八号、一九八二年を参照。

（5）菊井維大「明治期仲裁管見」法律時報五四巻八号、一九八二年は、我が国最古の仲裁判断は、東京地方裁判所に委託されていた錨爪乗場に対する損害金事件の明治二十六年十二月十八日の裁定であろうとしている。しかし、本稿で紹介したように、早くも明治九年に国際仲裁がなされていたことは注目される。なお、明治初年の英国商人の旧藩に対する訴訟での仲裁については、岩村等「イギリス商人カベルデューが旧岩崎藩などを相手にした訴訟——明治初年のいわゆる「七件」訴訟の一つ——」阪大法学四二巻二・三号、一九九二年を参照。

二 「コンサイメント」（委託販売契約）に関する訴訟

横浜居留地のオランダ商会（Netherlands Trading Society）支配人エム、ダームス（M. Dames）は、東京府石川松兵衛雇人増江治郎兵衛を相手取って委託販売精算金弁済請求の訴えを東京裁判所（所長池田弥一）に起こした。裁判を担当したのは、判事山本正己、判事補児玉武寛であった。明治十年十二月十七日、東京裁判所が判決した裁判言渡書は左のとおりである。

貸金請求ノ訴訟遂審理処

原告ハ西暦一千八百七十年四月中被告人ヨリ生糸廿五箇ヲ和蘭国へ廻送シ売捌方ノ委託ヲ受ケ、即西暦一千八百七十年四月廿二日拾六箇ヲ請取、而シテ洋銀八千五百七十弗ヲ貸渡シ又西暦一千八百七十年四月廿七日九箇ヲ請取、其代価ノ前渡トシテ西暦一千八百七十年四月廿二日ニ八千五百七十弗、西暦一千八百七十年四月廿七日ニ四千六百五十弗、合金壱万三千弐百弐拾弗貸渡シタリ、右委託ヲ受ケシ次第ハ欧洲ノ所謂「コンサイメント」ニテ之レカ委託ヲ受ケタルモノナリ、此「コンサイメント」ノ法ハ譬ヘハ増江屋治郎兵衛於テ生糸ヲ和蘭国へ廻シ売捌カント欲スルモ、元来日本一商人ノ名前ニテハ之ヲ為ス能ハス、故ニ其生糸ヲ和蘭商会へ渡シ其売捌ヲ托ス、和蘭商会ハ其生糸ヲ預カル際、当時ノ相場ニ比較シ大凡一割引ノ金額ヲ計リ之ヲ前渡ニ貸渡シ置、其生糸ハ本国ニ輸送シ本国商会ニ於テ之ヲ売捌キタル上其差引勘定ヲ為スナリ、此時商会於テハ其損益ニ拘ラス委托ノ口銭トシテ売揚高ノ弐分ヲ取且前渡ノ金ニ五分ノ利子ヲ取ルナリ、又其売捌方ニ付テノ一切ノ諸入費モ皆売揚金ノ内ニテ之ヲ差引ナリ、而シテ右差引ノ上利徳アレハ之ヲ委托者ニ渡シ損アレハ之ヲ委托者ヨリ償ナフナリ、之レ「コンサイメント」ノ通法ナリ、原告ハ右ノ方法ニテ生糸廿六固（ママ）ヲ被告ヨリ預リ即西暦一千八百七十年五月十四日出ノ郵船ニテ本国へ輸送セシ処、該生糸着荷ノ頃、恰モ孛佛両国ノ戦争相起リ、生糸相場格外下落、啻ニ下落セシノミナラス商賈ハ皆其買入ヲ見合セタリ、漸ク西暦一千八百七十二年五月頃ニ至リ相場少々上リ口ト相成タルヲ以テ十六箇ヲ売捌キ残リ九箇ハ猶其騰貴モアラン歟ト之ヲ待チシニ又下落ニ相向、然レトモ復タ上リ口モアルヘキ歟ト思准シ已ニ西暦一千八百七十四年十月迄見合居タレトモ、爾来唯増々下落スルノミニテ復タ上リ口ノ目途無之、此侭所持シ居ルトキハ、日一日ト損ヲ重ル訳ニ付、不得止英国倫敦へ廻シ西暦一千八百七十四年十月八日遂ニ之ヲ競売ニ掛ケ売捌タリ、右ノ情況ニテ意外ノ損耗ト相成リタルモノナリ

被告ハ斯ノ如ク相場下落相成リタルナラハ之ヲ報知シ其承諾ヲ得テ可売払筈ナリト申立ルト雖トモ、固ヨリ右ノ如キノ約定無之、抑委托ヲ受ケシ上ハ荷主ノ為メニ利益相成様注意シ之レガ売捌ヲナス勿論ナリト雖トモ、此般ノ如キハ実ニ非常ノ災難ト謂ツヘシ、孛佛開戦ニ付テハ実ニ全欧ノ商人皆非常ノ損耗ヲ被リタリ、「コンサイメント」ノ法ニテ被告ヨリ生糸売捌委托ヲ受ケシハ独リ今度ノミナラス是迄度々同断ノ委托ヲ受タルコトナリ、已ニ西暦一千八百六十九年中委托ノ生糸売捌ノ上、現ニ西暦一千八百七十年一月八日壱万弐千六十九弗九十七銭ノ利益金ヲ被告人ニ相渡シタルナリ、然ルニ被告ハ其後不幸ト相成タルヲ以テ該計算ヲ相拒ムト雖トモ、到底之レガ計算ヲ為サルヲ得ザルモノナリ、右ノ次第ニ付計算書ノ通リ洋銀三千六百九十壱枚弐十六銭ノ金額被告人ヨリ速ニ償却受度旨申立

被告於テハ西暦一千八百七十年四月即我明治三年三月中原告ハ生糸廿五箇ヲ売捌方委托シ、前渡金壱万三千弐百弐十弗受取タルコト又是ヨリ前即西暦一千八百七十年一月中原告商会ヨリ壱万弐千弗余請取タルコト等モ原告申立ル通リ相違ナシト雖トモ、其損分計算ニ至テハ之ヲ算還シカタシ、何トナレハ該生糸和蘭国へ着荷セシ上、直チニ之ヲ不売払、荏苒三ケ年ヲ推移シ、其低価極ツテ之ヲ売払タルトハ被告ノ最トモ信シカタキ処、若原告云ヘル如ク当時孛佛ノ交戦ニ会シ生糸相場非常ノ下落ニ相成タルナレハ一応之ヲ被告ニ報知スヘキ筈ナリ、然ルニ其コトナク原告随意ニ之ヲ売払ヒ今日ニ至リ其損耗相掛リタルト云ヲ以テ之ヲ請求ストモ被告ハ之レニ応スル義務無之旨申立タリ

因テ裁決ヲナス左ノ如シ

第壱條

被告ハ委托ノ生糸原告於テ着荷ノ上直チニ不売捌低価ニ至ツテ之ヲ売払タルト云ヲ以テ其請求ヲ抵拒スト雖トモ、抑該生糸売捌方ヲ委托スル始メニ於テ別ニ其売捌方法ヲ結約セス、総テ之ヲ原告所置ニ委子置キ、偶生糸価位非常ノ下落ニ会シ被告ノ損耗ニ帰スルトテ毫モ其苦情ヲ述ルコトヲ得ス、何トナレハ該生糸和蘭国へ着船ノ頃、既ニ孛佛相戦争ヲ起シ之カ為メニ全欧商業上ニ多少ノ影響ヲ免カル能ハサルコト論ヲ待タス、然レハ原告於テ該生糸売捌遷延セシモ又勢ノ止ムヘカラサルモノトス

第弐條

右ノ理由ニ付原告請求スル金額、即洋銀三千六百九拾壱弗弐拾六銭被告人ヨリ返償スベシ

オランダ商会支配人ダームスは、明治三年三月［旧暦］（一八七〇年四月）、増江より生糸一五個（一、八八〇斤七八）を、「コンサイメント」（consignment）によってオランダに輸送し販売する委託を受け、生糸代金の前渡として一三、二二〇ドルを増江に貸渡した。増江は、居留地貿易制度のもとで、これまで度々、オランダ商会に生糸販売を委託し、巨額の利益を得ていた。ダームスのいう「コンサイメント」の法は以下のごとくである。日本の一商人がオランダで生糸を販売するのは実際上不可能であるので、オランダ商会にその販売を委託した。受託者たるオランダ商会は、生糸を預かるさい、当時の生糸相場の約九割の金額を委託者たる増江に前渡に貸渡しておき、オランダに生糸を送って販売して精算する。オランダ商会は、損益に関係なく、販売高二％の委託手数料、貸渡金五％の利子を取る。生糸これらを精算して利益があれば、これを委託者に渡し、損失があれば、これを委託者から徴収するとしていた。生糸の船荷がオランダに到着した時に、あたかもプロイセンとフランスの戦争、すなわち普仏戦争が勃発し（一八七〇年

七月十九日）、ヨーロッパでは生糸相場が下落し買手がつかなかった。オランダ商会は、やむなくロンドンへ生糸を回送し、一八七四年になって、ようやく競売にかけ売り払うことができたが、予想外の損失を被った。そこで、オランダ商会は増江に損金の洋銀三、六九一ドル二六セントを弁済するよう請求した。増江は、普仏戦争のため生糸相場が下落したのであれば、オランダ商会はこれを増江に報知して、その承諾を得てから販売すべきであるにもかかわらず、それをしなかったからオランダ商会の請求に応ずる義務はないと反論した。しかし、オランダ商会は、このような契約を増江と結んでおらず、普仏戦争で全ヨーロッパ商人が損失を受けており、「非常ノ災難」といわなければならないと答えた。

東京裁判所は、オランダ商会の訴えを認め、増江に支払を言い渡した。委託にあたって、販売方法は、約定されておらず、オランダ商会に委ねられている。増江は、ヨーロッパ生糸相場の非常な下落により損失を受けても異議の申立をできない。全ヨーロッパ商業が普仏戦争の影響を受けて生糸販売が遅滞しているのでやむを得ないとしたのである。

東京裁判所の判決を不服とした増江は、東京上等裁判所に控訴した。増江の代言人に東京府寄留長野県平民皆川四郎がなり、ダームスの代言人に辣腕の横浜居留地英国人フレデリック、ウィ、テッキンス（以下ディキンズと表記）(Frederick Victor Dickins) がなった。ディキンズは、明治五年のペルー船マリア・ルーズ (Maria Luz) 号事件で、ペルー側弁護士として、日本の遊女奉公を人身売買であると攻撃したことで著名である。(1) 東京上等裁判所（所長心得西成度）は、明治十一年十一月十五日、左の裁判言渡書でもって判決した。

貸金ノ訴訟東京裁判所ノ裁判不服及控訴ニ付審理判決スル如左

第一條

原告ニ於テ被告へ売捌キヲ委托シタル生糸千八百八十斤七分八厘ハ百斤ニ付平均七百八十弗ヲ差シ直トシ、生糸代金壱万四千六百七拾弗ノ内十分九ヲ原告へ受取リ、残十分ノ一ハ売払ノ後勘定可致ノ契約ナレハ、該生糸ヲ被告カ売捌クニアタリ原告ノ差シ直ヨリ低価ナル時ハ原告へ報知シ其差図ヲ受クヘキヲ、無其儀原告ノ差シ直ヨリ低価ニ競売シタルハ不当ナル旨申立レトモ、原告カ被告へ売捌キヲ委托シタル生糸ハ百斤ニ付七百八拾弗ヨリ低価ナル時ハ、原告ノ差図ヲ得サレハ被告カ売捌キ相成ラサルモノナリト見認ムベキノ証ナク、而シテ該生糸売捌キノ入費ハ総テ原告カ負担スルヲ以テ視レハ、被告ハ原告ヨリ生糸売捌キノ任ヲ受ケタル迄ニシテ原告カ被告へ売捌キヲ委托シタル生糸ハ売払ノ後損益共ニ原告ノ負担スヘキモノト見認タリ

第二條

原告ニ於テ被告ノ競売シタル生糸代価ハ不当ナル旨ヲ以、原告第二号横浜新聞ノ相場ヲ以生糸代ヲ計算イタシタク旨種々申立レトモ、原告第二号横浜新聞ニ記載アル生糸相場ハ横浜ノ生糸相場ヲ記載シタルモノニ付、之レヲ以欧羅巴ノ相場モ同一ナリトハ為シカタク、又原告ニ於テ被告カ欧羅巴ニテ該生糸ヲ売捌キタルハ高価ナルベシトノ事ハ原告ノ想像ニ止リ、被告提供スル生糸競売精算書ハ真正ノモノニ非ラストスルノ証明無之、被告カ競売シタル生糸ノ価格ハ不当ナリト見認ムヘキノ証無之上ハ、被告カ欧羅巴ニ於テ競売シタル生糸ノ価格ヲ横浜ノ相場ニ比シ不当ナリトスルノ原告申分ハ不相立

第三條

前條々ノ理由ナルニ付原告申分難及採用、初審裁判ノ通可相心得候事

但訴訟入費ハ明治十一年司法省丁第二号達ニ因リ訴訟入費規則ノ通控訴原告人ヨリ控訴被告人江可及償却候事

東京上等裁判所は、増江の控訴を棄却し、東京裁判所の判決を支持した。判決理由は左の二つである。

① 増江は、生糸売値が委託者の指定価格よりも低価であるとき、オランダ商会はこれを増江に報告してその指示をえなければならないのに、これをなさず指定価格より低価で販売したのは不当であると申し立てた。しかし、オランダ商会は、増江より生糸販売を委託されただけであり、報告して指示を受けなければならないとする証拠はない。したがって、生糸販売後の損益は増江の負担とすべきである。

② 増江は、横浜新聞記載の生糸相場によって計算すべきであり、ヨーロッパで競売した生糸価格が横浜の相場と比べて不当であると主張した。しかし、横浜新聞記載の生糸相場は横浜の相場であってヨーロッパの相場と同一であるとはいえない。オランダ商会が競売した生糸価格が不当であるとする証拠はないとした。

東京裁判所および東京上等裁判所は、「コンサイメント」(2)の契約内容にしたがっただけでなく、普仏戦争のヨーロッパ生糸相場への過度の影響に配慮している。生糸は、当時の日本の主要輸出品であったが(3)、普仏戦争がヨーロッパへの生糸貿易に大打撃を与えたのである。

(1) ディキンズ(一八三八―一九一五)の略歴については、F・V・ディキンズ(高梨健吉訳)『パークス伝』(東洋文庫四二九)、平凡社、一九八四年、三六六頁を参照。ディキンズは、明治四(一八七一)年横浜で弁護士を開業し、その後七年間活躍した(秋山勇造『日本学者フレデリック・V・ディキンズ』神奈川大学評論ブックレット8、御茶ノ水書房、二〇〇〇年、八頁)。

(2) 当時の一イギリス法事典によれば、「コンサイメント」について、財貨を販売するために他者に送ることであり、財貨を委託する者は委託者、委託される者は受託者と呼ばれるとある(Wharton's Law-Lexicon, 6ed. 1876, p. 215.)。

(3) 一八六八(明治元)年から一八七〇年の輸出総額約一、四三三万円のうち、生糸は三八%を占める最大の輸出品であった(杉山伸也「国際環境と外国貿易」梅村又次・山本有造編集『日本経済史3開港と維新』岩波書店、一九八九年、一九六―一九七頁)。

三　日本人が雇用する外国人の給料に関する訴訟

大阪居留地のイタリア人ギヲワニ、キネラート(1)から大阪府平民雑業吉住助三郎に対して「給料請求及ヒ馬並ニ諸道具取戻ノ訴」が大阪裁判所（所長清岡公張）にあり、清岡と判事補筒井定久が裁判を担当した。明治十一年十月二十三日、大阪裁判所の判決があった。裁判言渡書を左に掲げる。

其方共詞訟遂審理処

原告ニ於テハ明治十一年五月九日被告ノ要メニ応シ越前国福井ニ於テ曲馬興行ノ為メ雇入ラレ、先ツ右興行ニ用ユル馬并ニ諸道具等ヲ被告ニ相渡タリ、而シテ豫テ自国公使ヨリ受取アリシ東海道旅行免状ヲ被告ニ示シ通行差支ノ有無尋タル節、被告ハ充分ナル効用アリト答出タリ、故ニ被告ト共ニ越前福井ニ到リシニ旅行免状不充分ニ付興行相成サル趣キニ付テハ、馬及ヒ諸道具等ハ速ニ原告エ可受取筈ナルニ、被告ハ更ニ旅行免状願出ル旨申聞タルヲ以、右馬及ヒ諸道具等ハ該地ニ於テ被告へ渡置タリ、然レトモ今日ニ及フモ其免状受取得サルニ付キ最早馬及諸道具ヲ取戻度、就テハ最初一ケ月ノ約定ヲ以雇入レラレシト雖モ、今般該諸道具及ヒ馬等取戻ス日迄ヲ計へ一ケ月ノ給料百円ノ割ヲ以既ニ受取リシ金五拾円ヲ差引キ残金悉皆受取度旨陳述ス

被告ニ於テハ明治十一年五月九日原告ヲ雇入レ越前国福井ニ於テ曲馬興行致スヘキ旨約定シ、而シテ原告ハ其レカ為メ旅行免状ヲ伊国公使へ願出受領シタリ、然ニ被告ハ右契約取結シ後興行ニ用ユル馬及諸道具等ヲ受取リ福井ニ携行シ而シテ該地ニ預置キ一旦帰阪ノ上原告其他ノ者同行シ終ニ福井ニ到リシニ、彼等所持スル所ノ旅行免状ハ東海道ヨリ長崎ニ至ルマテノ効用アルノミニ付、該地ニ於テ興行ハ勿論滞留セシムルコト能ハサル

旨石川県庁ヨリ厳命ヲ受ケタリ、故ニ一時滋賀県下塩津マテ退去シ猶ホ興行ノ許可ヲ石川県庁ヘ出願シタリ、尤モ右外国人雇入ノ義ニ付テハ被告ハ表面ノ雇主ナレハ嘗テ其届書等差出ササリシ、而シテ到底興行許可相成ラサリシヨリ原告ハ大阪ニ立帰タリ、必竟右ノ如ク原告ニ於テ不充分ノ旅行免状ヲ所持シタルカ為メ双方均ク損害ヲ被タルニ付テハ、原告ヨリ給料請求スヘキ謂レ之レナキ者ト信ス、然ヲ其請求ヲ受タリ、故ニ被告モ亦原告ニ対シ馬及諸道具ヲ差返シ難ク、且ツ原告ハ旅行免状ヲ被告ニ示タル節、被告ニ於テ充分ナル効用アリト答出タリト申立ルト雖モ、右等ノ義覚エ無之旨陳述ス

仍テ判決スルコト如左

第一条

原告ニ於テ東海道旅行免状ヲ被告ニ示タル節、被告ハ充分ナル効用アリト答出タル旨申立ルト雖、被告ハ右等ノ義覚無之旨申立ル上ハ無証迹ノ陳述ニ付採用致シ難キ者トス

第二条

原告ニ於テ被告ハ更ニ該興行ノ許可ヲ受ケス且馬及諸道具等差戻ササルニ付、該馬及該諸道具取戻ス日迄ニ給料百円ノ割ヲ以既ニ受取リシ金五拾円ヲ差引残金受取度旨申立ト雖、抑モ外国人内地旅行ハ其適当ナル旅行免状ヲ所持セサルヘカラスノ規則ナルニ、原告人ニ於テハ其規則ニ依ラス猥ニ免状外ノ地ニ入、自己ノ職業ヲ為サント約セシモノナレハ素ヨリ其事ノ行フヘカラサルハ当然ノコトナリトス、然ラハ原告ハ該約定ノ如ク履行セサルヲ以テ直チニ被告ノ違約ナリトシ本訴ノ給料ヲ請求スルノ権利ナシトス

第三条

被告ニ於テハ原告ヨリ給料請求スルニ依リ馬及諸道具等難差返旨申立ルト雖、馬及諸道具ハ素ヨリ原告ノ所有物ヲ預リタルモノナレハ、被告ニ於テ返却ヲ拒ムヘキ者ニアラストス

第四条

右ノ理由ナルヲ以原告ハ被告ニ対シ本訴ノ金額ヲ請求スルノ権利ナク又被告ハ馬及諸道具ノ返却ヲ拒ムヘキ権利ナシトス

明治十一年五月九日、吉住は、越前福井で曲馬興行のために、イタリア人キネラートと一ケ月の雇用契約を給料百円で結び、キネラートの馬・諸道具を福井へ搬送した。キネラートはイタリア公使フェ（Alessandro Fe d'Ostiani）より受領した東海道旅行免状を吉住に呈示して、これに通行の支障があるかと質したところ、吉住は十分有効であると答えた。両人は福井へ赴いたが、当地を管下とする石川県庁は、この旅行免状が東海道から長崎まで有効であるが、この免状で福井での興行、滞在をなしえないと厳命した。吉住は興行許可を石川県に出願し、キネラートは旅行免状を再申請したが不首尾であった。結局、福井での曲馬興行は開催できなかった。そこで、キネラートは、給料支払と馬・諸道具返還を吉住に請求して大阪裁判所に訴えでたのである。吉住は、キネラートが有効でない旅行免状を所持したため、原被告が等しく損害を被ったので、給料支払請求には理由がなく、また馬・諸道具の返還に応じられないと抗弁した。

大阪裁判所は、キネラートに吉住に対する給料支払請求権はなく、吉住にキネラートに対する馬・諸道具返還拒否権はないと判決した。その理由はつぎの三つである。

① キネラートは、吉住が旅行免状の有効性を保証したと主張したが、吉住はその覚えがないと申し立てた以上、キネラートの陳述には証拠がなく、これを採用できない。

② 日本国内を旅行する外国人が適当な旅行免状を所持しなければならないとする規則が存在するが、キネラートはこの規則に従わず、みだりに免状外の地に入り、自己の職業をなす契約を締結したのであるから、この職業を

なしえないのは当然であり、給料の支払を請求できない。

③　吉住は、キネラートが給料支払を請求したので、馬・諸道具を返還できないと申し立てたが、キネラートの所有物たる馬・諸道具を預かったのであるから、その返還を拒否できない。

外国人を雇入れる日本人は、明治十年三月六日太政官第二七号布告にしたがい、その管轄庁を経由して外国人の「国所、姓名、業務、給料、住所、期限及継雇、解雇」を外務省に届けなければならなかった。同布告の趣旨は、日本「人民於テハ未タ彼我至当ノ条約取締候域ニモ至リ兼且ツ外国人ノ履歴等不案内ニテ自由ニ雇入候ヘハ自然交際上不都合ヲ生シ又ハ御国人民ノ権利ヲ失ヒ候モ難計」ことにあった。(2)

外国人は、商業を目的とする国内旅行を禁止されていただけでなく、保養、学術研究等のための旅行も厳しく規制されていた。(3)条約で定められた開港場十里（約四〇キロメートル）四方の遊歩区域（treaty limits）を越えて旅行する外国人は、日本政府発行の旅行免状を携行しなければならなかった。内地旅行する外国人は、その国の駐日公使の保証をえて旅行を申請し、日本政府がこれを許可して旅行免状を発行した。明治八年六月十二日、外務省は駐日各国公使に外国人旅行免状の改正を通告した。免状改正の必要、免状発行手続を外務省は各国公使に説明している。すなわち、外国人「多人数ノ内ニハ本人願意不明了且行先道筋等不詳細」のものがあり、「旅行先ノ目的トナス所并通行道筋等詳細」に申告されたい。これまで、出願者は「出立日限切迫」しているから「即日ニモ免状請取」たいと申し立てるものがあった。それでは「諸手数ニ差支」えるので、今後は出願者が出発予定日より遅くとも三日前に外務省に通知されたいという。(4)ちなみに改正旅行免状の様式は左のごとくである。

第　　号

外国人旅行免状

国籍
姓名
身分
寄留地名
旅行趣意
旅行先及路筋
旅行期限
右ハ　　ノ保証ヲ以前書掲載ノ場所ヘ旅行致シ度旨申立差許候条道筋無故障相通可申事
明治年月日
外務省印(5)

この旅行免状の裏面に、内地旅行外国人心得が一一ケ条にわたって記載されていた。その主要な条項を挙げておこう。

一　内地ヲ旅行スル外国人ハ総テ各地方ノ規則ニ遵依スヘシ
一　此免状ノ日付ヨリ三十日間ニ必ス出立スヘシ
一　此免状返納期限ハ帰著ノ日ヨリ五日以内タルヘシ（後略）
一　旅行中止宿所ニ於テ必ス其宿主ニ此免状ヲ示シ止宿ヲ請フヘシ、尤途中ト雖邏卒又ハ区戸長ヨリ免状ノ検査ヲ請フ時ハ必ス此免状ヲ示スヘシ、如何ナル事故ヲ以辞柄トナストモ之ヲ示サヽル外国人ハ差押ノ処分ヲ

受クヘシ
一　此免状ハ一人一己ノ用ヲナシ他人ヘ貸与フルヲ許サス
一　此免状ヲ受テ内地ヲ旅行スル外国人ト雖、各地方ニテ日本人民ト売買取引及ヒ諸約定ヲ為スヲ許サス
一　此免状ニヨツテ旅行スル外国人内地ニテ日本人民ノ屋宅ヲ賃借シ又ハ寄留スルヲ許サス
一　本文并ニ此示令中掲載セル条例ヲ犯シタル外国人ハ外務省ヨリ一々其保証シタル公使ヘ告訴スヘシ(6)

日本政府は、不平等条約の下で外国人の旅行地、旅行の趣意等を詳細に掌握して規制しようとした。キネラートは、旅行免状の「旅行先及路筋」を外れて曲馬興行をすることを許されなかったのである。

(1)　前掲『資料御雇外国人』二五二頁参照。
(2)　『法規分類大全』第二五巻、外交門［4］（原書房復刻版）、六三一―六三二頁。
(3)　広瀬靖子「明治初年の対欧米関係と外国人内地旅行問題」（一・二）史学雑誌八三編一一、一二号、一九七四年、石井　孝『明治初期の国際関係』（第二章「外国人の内地旅行問題」）吉川弘文館、一九七七年を参照。
(4)　『法規分類大全』第二五巻、外交門［4］、五六一―五六二頁。
(5)　『法規分類大全』第二五巻、外交門［4］、五六〇―五六一頁。
(6)　『法規分類大全』第二五巻、外交門［4］、五六三―五六四頁。

むすび

本稿で紹介、検討したのは、明治十、十一年の渉外裁判のわずか三例にすぎないが、外国人が日本人に対してどの

ような訴訟をなし、そして日本裁判所がどのように裁判したか、その一端が具体的に明らかになったであろう。外国貿易に関して、「コンサイメント」（委託販売契約）、仲裁など西欧の法制度が積極的に利用され、それらが日本裁判所によって認められたことが知られる。また、外国人内地旅行免状の効力、外国人雇用契約の実態が裁判例において浮き彫りにされている。高裁管内国立十大学法学部に緊急避難的に保管されていた、明治初年から昭和十八年までの民事判決原本が、平成十二年、国立公文書館つくば分館に順次移管されることに決まった。今後、不平等条約下の渉外裁判例をさらに数多く発掘して検討を加えることによって、その全体像を解明することが強く望まれるところである。

明治初期の裁判・四国高松編

――高松地方裁判所保存にかかる最古の民事判決原本簿冊による検証――

松本 タミ

はじめに

香川大学に四国の民事判決原本が移管されてから、これらの判決原本簿冊の判例をデータ化する試みが始められた。保管中の簿冊は四国全域のもので、その冊数は一九〇〇冊余あり、その一簿冊の丁数は数百にのぼる。各簿冊の厚さは平均五センチを超える。これらの簿冊は四国の司法、裁判を直接に示す歴史の生きた資料として興味深く、今後の研究利用が大いに期待される。

本稿は、全ての簿冊を整理して紹介することは現時点ではとうてい困難なことなので、データ化作業の中で明らかになったことや、原本簿冊綴りのそのものの形而的なことから判明することを中心にして、データ化された資料の一部を紹介することにしたい。とりあえず、最も古いものと目される簿冊を取り上げ、その簿冊から判ることを示し、今後の研究素材を提供することに努める。

一　高松地方裁判所保存にかかる最古の民事判決原本簿冊について

この簿冊は表紙に「訴訟類聚記録　名称　判決原本第一巻　年度自明治五年至明治八年　高松地方裁判所　保存永久」、背表紙に「自明治五年至明治八年　判決原本第一巻」と朱書きした黒表紙で製本されたものである。(1)四国・高松の明治初期の民事裁判を直接語る史的資料で、この簿冊には明治五年からのいわゆる判決が綴じられていることを表している。(2)

目次に使用されている用紙は、その中央上段に「判決原本目録紙」、下段に「高松地方裁判所」と印刷されている。

目次項目として記載されている事項は、「順次番号」、「〇記号」、「判決年月日」、「判決確定年月日」、「当事者氏名」、「丁数」、の各項目で、一面にはこれらの項目と一二列、二面には一三列の記入欄がある。(3)

目次によると五年分と朱書きし、順次番号の欄に一、同様に六年分、二、同様に七年分、一—三三、同様に八年分、二、同様に九年分、一—二二、同様に一〇年分二三—二六と番号が付されている。各判決年月日の欄には記載されているもの、未記入のものがみられる。また当事者氏名の欄には、一名ずつ記入されている。

(1) 黒表紙の製本については、保管中の全簿冊に同様な処置がされているのではない。保管裁判所によって異なる。製本作業がいつ頃されたかは現時点では不明である。

(2) 外形については黒のハードの製本が施されている。いつ頃されたかについては判らない。

(3) 「高松地方裁判所」と印刷されていることから、かなり後の時代になって整理され、製本されたものと推測される。

二　明治初期の裁判所——高松にあった

明治五年から一〇年頃のこれらの事件を取り扱った裁判所がどのような状況にあったか、まず司法沿革誌、香川県史からみてみよう。

1　司法沿革誌によれば、

(1)　明治五年八月三日

司法省職制章程（後に職務定制と称する）、各裁判所章程などを仮定し、裁判所を区別する。司法省臨時裁判所、司法省裁判所、出張裁判所、府県裁判所、各区裁判所と五種類の裁判所を設置する。司法省裁判所は聴訟、断獄の二課と医局を置く。府県裁判所・各区裁判所に聴訟、断獄、庶務、出納四課を置く。府県裁判所と各区裁判所は下級裁判所と位置づけられ、各区裁判所からの上告は府県裁判所へ、府県裁判所の裁判に対する上告は司法省裁判所へすることになっていた。

(2)　明治五年一一月二〇日

各裁判所の支庁を置く。区裁判所と称し、設置する所の地名を冠せる。

(3)　明治七年五月一九日

民事控訴略則を定める。

府県裁判所から司法裁判所への控訴が認められる。

(4)　明治八年四月一四日

大審院設置する。

上告を受ける。

(5)　明治八年五月四日

司法裁判所を廃止して、東京・大阪・長崎・福島の四カ所に上等裁判所を設置する。

同二四日　各上等裁判所の管轄を定め、名東、愛媛、高知の各県は大阪の管轄に入る。

(6)　明治八年一二月一三日

高知裁判所を置き、その県内を管轄する。（他に山口・鹿児島）

明治九年五月六日　高知県裁判事務を高知裁判所へ移す。

(7)　明治九年九月一三日

府県裁判所を廃止して、松山・高知など二三の地方裁判所を置く。

松山裁判所は愛媛県を、高知裁判所は高知県を管轄する。

(8) 同年一〇月三日　高知裁判所管内に徳島支庁を置く。
同年同月二八日　松山裁判所管内に高松支庁を置き、松山・高松に二つの区裁判所を置く。
同年一一月三〇日　愛媛県の民刑両事を松山裁判所へ移す。
同年一二月八日　旧名東県の民刑両事を高知裁判所徳島支庁へ移す。高知裁判所管内に高知、徳島、中村、脇町の四区裁判所を置く。

(9) 明治一〇年一月三一日　松山裁判所管内に多度津、西條、宇和島、大洲の四区裁判所を置く。

(10) 明治一一年一月二五日　松山裁判所管内宇和島区裁判所を改めて、宇和島支庁とする。
同年一二月二五日　松山裁判所管内多度津区裁判所を丸亀に移し、丸亀区裁判所とする。

2　香川県史によると、

香川県は、明治四年一一月一五日に誕生し、明治四年一一月に県治条例により、庶務、出納、租税、聴訟の四課が定められた（香川地方史研究会編・讃岐の歴史〔一九七五年九月一〇日、講談社〕二七四頁では、明治四年一二月に定められた、とある）。そして、香川県庁の開庁は、明治四年一二月九日である。

明治六年二月二〇日には、香川県を名東県に併合する達がだされ、香川県庁は、高松出張所になる。

明治八年九月五日には、香川県を再置する布告案がだされた。

しかし、明治九年八月二一日には、今度は、香川県を愛媛県に併合する達がだされ、県庁は松山で、高松は支庁（のちに出張所）となる。

第三次香川県が成立するのは、明治二一年一二月三日である。

裁判所としては、明治一〇年一月二五日に、松山裁判所高松支庁が開庁されている。なお、讃岐国多度津区裁判所が丸亀に移転し、明治一二年五月一三日に丸亀区裁判所が開庁されている。

以上は、香川県編集・香川県史第十一巻資料編近代・現代資料・（一九八六年二月二八日、四国新聞社）による。

3　高松地方裁判所前史として

したがって、明治五年から一〇年頃の裁判所は以下のようになっていたと考えられる。

(1)　第一次香川県の府県裁判所の時代
　明治四年一一月一五日～同六年二月二〇日

(2)　名東県との合併による名東県の府県裁判所の時代
　明治六年二月二〇日～同八年九月五日

(3)　第二次香川県の府県裁判所の時代
　明治八年九月五日～同九年八月二一日

(4)　愛媛県との合併による愛媛県高松支庁の一つの組織替えの結果、愛媛県府県裁判所高松支庁の時代
　明治九年八月二一日～同九年九月一三日

(5)　松山裁判所高松支庁の時代
　府県裁判所の廃止による松山裁判所誕生　同九年九月一三日
　松山裁判所高松支庁、同高松区裁判所　九年一〇月二八日以降

に整理されよう。

（4） 平九年度・同一〇年度教育研究特別経費「本学に一時保管する戦前の民事判決のデータ化研究」報告書　参照。

三　高松最古の簿冊に使用された判決書き用紙

最古の簿冊綴りの判決裁判所と前記裁判所名を照らし合わせてみよう。以下に掲げる表はこの簿冊に収録される判決原本用紙についての資料である。

目次は目次項目として記載されており番号をそのまま使用している。整理番号はデータ化作業の中で便宜的に付された番号で、簿冊に収録する判決を一つずつ取下げ綴られている順に並べている。

目次	整理番号	判決裁判所名（用紙）
明治5年1	高松001―001	記載無（『聴訟課』の用紙）
明治6年1	高松001―002	記載無（『香川県』の用紙）
明治6年2	高松001―003	記載無
明治7年1	高松001―004	名東県高松支廳（『聴訟課』の用紙）
明治7年2	高松001―005	名東県高松支廳（『聴訟課』の用紙）
明治7年3	高松001―006	名東県高松支廳（『聴訟課』の用紙）
明治7年4	高松001―007	記載無
明治7年5	高松001―008	名東県高松支廳（『聴訟課』の用紙）
明治7年6	高松001―009	記載無
明治7年7	高松001―010	名東県高松支廳（『聴訟課』の用紙）

明治7年8	高松001—011	聴訟課
明治7年9	高松001—012	記載無（『名東県』の用紙）
明治7年10	高松001—013	記載無（『香川県』の用紙）
明治7年11	高松001—014	記載無（『名東県』の用紙）
明治7年12	高松001—015	記載無（『名東県』の用紙）
明治7年13	高松001—016	記載無（『名東県』の用紙）
明治7年14	高松001—017	記載無（『名東県』の用紙）
明治7年15	高松001—018	記載無（名東県）
明治7年16	高松001—019	記載無（『名東県』の用紙）
明治7年17	高松001—020	記載無（『香川県』の用紙）
明治7年18	高松001—021	記載無（『名東県』の用紙）
明治7年19	高松001—022	記載無（『名東県』の用紙）
明治7年20	高松001—023	記載無（『名東県』の用紙）
明治7年21	高松001—024	記載無（『香川県』の用紙）
明治7年22	高松001—025	名東県高松支廳（『名東県』の用紙）
明治7年23	高松001—026	記載無（『香川県』の用紙）
明治7年24	高松001—027	名東県高松支廳（『名東県』の用紙）
明治7年25	高松001—028	記載無（『香川県』の用紙）
明治7年26	高松001—029	記載無（『香川県』の用紙）
明治7年27	高松001—030	記載無（『香川県』の用紙）

明治7年28	高松001―031	記載無（『香川県』の用紙）
明治7年29	高松001―032	記載無（『香川県』の用紙）
明治7年30	高松001―033	記載無（『名東県』の用紙）
明治7年31	高松001―034	記載無（『名東県』の用紙）
明治7年32	高松001―035	記載無（『香川県』の用紙）
明治7年33	高松001―036	名東県高松支廳（『名東県』の用紙）
明治8年1	高松001―037	香川県（『香川県』の用紙）
明治8年2	高松001―038	記載無（『香川県』の用紙）
明治9年1	高松001―039	記載無（『香川県』の用紙）
明治9年2	高松001―040	記載無（『香川県』の用紙）
明治9年3	高松001―041	聴訟課（『香川県』の用紙）
明治9年4	高松001―042	香川県（『香川県』の用紙）
明治9年5	高松001―043	名東県高松支廳（『名東県』の用紙）
明治9年6	高松001―044	大坂上等裁判所（『大坂上等裁判所』の用紙）
明治9年7	高松001―045	記載無（『名東県』の用紙）
明治9年8	高松001―046	記載無（『香川県』の用紙）
明治9年9	高松001―047	名東県高松支廳（『名東県』の用紙）
明治9年10	高松001―048	名東県（『名東県』の用紙）
明治9年11	高松001―049	聴訟課（『香川県』の用紙）
明治9年12	高松001―050	香川県（『香川県』の用紙）

明治9年13	高松001—051	記載無（『名東県』の用紙）
明治9年14	高松001—052	記載無（『名東県』の用紙）
明治9年15	高松001—053	記載無（『名東県』の用紙）
明治9年16	高松001—054	記載無（『名東県』の用紙）
明治9年17	高松001—055	名東県高松支廳（『名東県』の用紙）
明治9年18	高松001—056	香川県（『香川県』の用紙）
明治9年19	高松001—057	香川県（『香川県』の用紙）
明治9年20	高松001—058	香川県（『香川県』の用紙）
明治9年21	高松001—059	香川県（『香川県』の用紙）
明治10年22	高松001—060	記載無（『松山裁判所高松支廳』の用紙）
明治10年23	高松001—061	記載無（『松山裁判所高松支廳』の用紙）
明治10年24	高松001—062	記載無（用紙にも記載無）
明治10年25	高松001—063	記載無（用紙にも記載無）
明治10年26	高松001—064	記載無（『香川県』の用紙）
	高松001—065	香川県（『香川県』の用紙）

判決原本が判決言渡日あるいは確定順に綴られているとすれば、先述の裁判所の変遷も用紙の記載から読みとれることになろう。

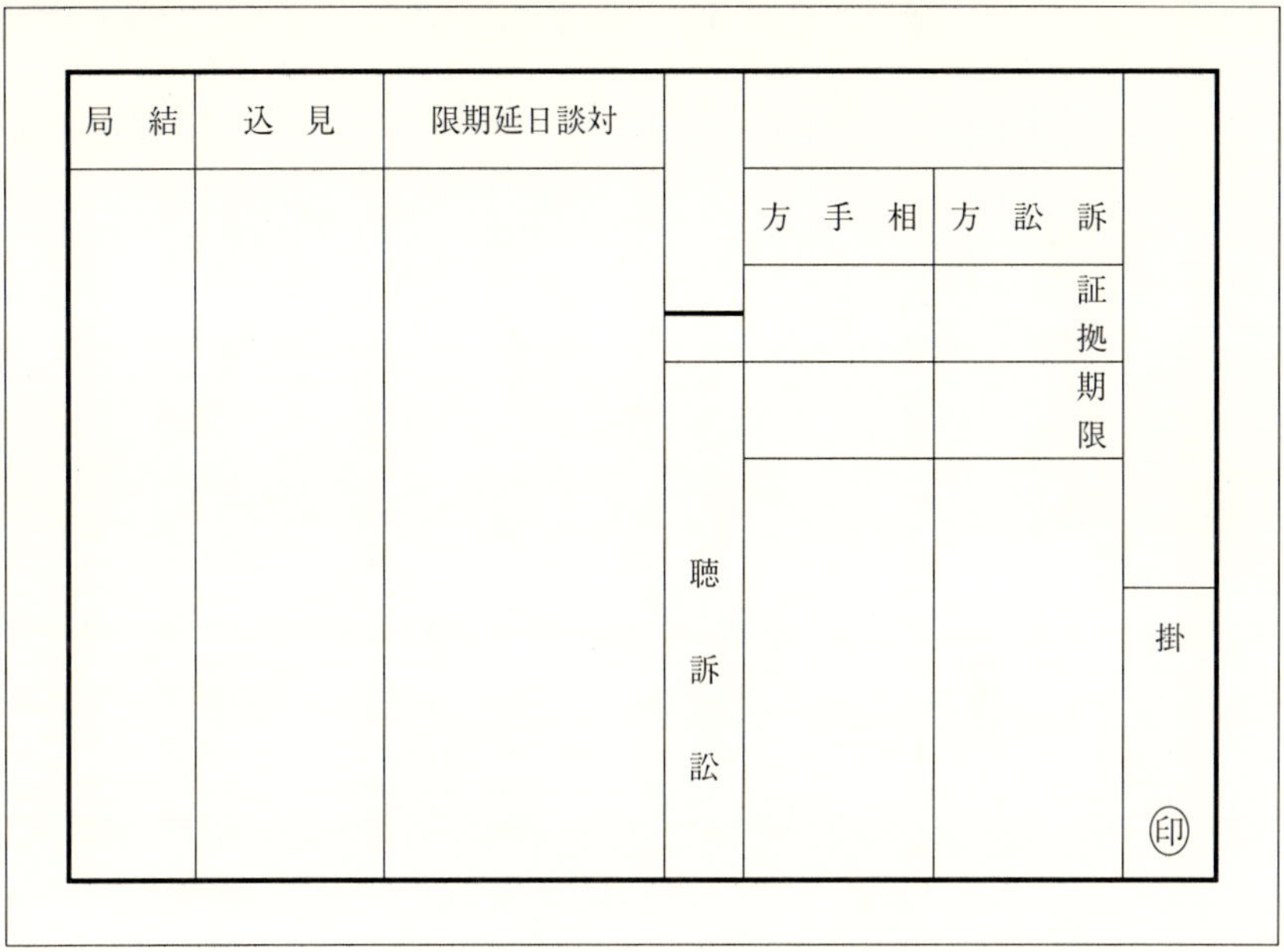

四　いわゆる判決の形式・態様

この簿冊に綴られているいわゆる判決書きの書式の態様をみよう。

綴じられた書類の形式的分類は、一応定形用紙といえるもの、当事者の提出した訴状・口上といったもの、掛から出された伺い・稟議・申渡案、申渡書あるいは決・覚書といったものなどがみられる。

したがって、いわゆる判決裁判所名、判事・裁判官名が明確に書かれ、読みとれるような書式・形式が整のうようになるにはかなり時間を要していることが読みとれる。なお、簿冊中には絵図面などの境界紛争にまつわる書面も多く綴じられている。

最初に綴じられている明治五年の裁判例についてみよう。以下は用紙の原型である。

この判決用紙には県名が記載されおらず、「聴訟課」と丁の中央に刻印された用紙を使用している。しかもその用紙は一定の形式が定められている。

この判決書用紙から判ることは、丁の一面からは、いつ、どのような形式で、掛かりは誰で、当事者はどこのどのような身分の者で、証拠、期限につい記入する枠が準備されていることがわかり、二面からは、前述の事項が記入されるようになっている。

この用紙の形式と同様の用紙を使用したものは七年までみられ、以後みられない。本簿冊中、形式の定まった用紙はこれだけで、記載形式の統一的な状況がみられるわけではない。

このことから府県裁判所での処理は司法的紛争処理というよりも行政的紛争処理手続という形態をとっていたといえる。

下掲写真１は本簿冊最初のいわゆる判決に付票としてつけられていたものである。（付された時期不明）

五　最古の判例紹介

最初に綴られている明治五年の裁判例の紹介しよう。

〔写真１〕

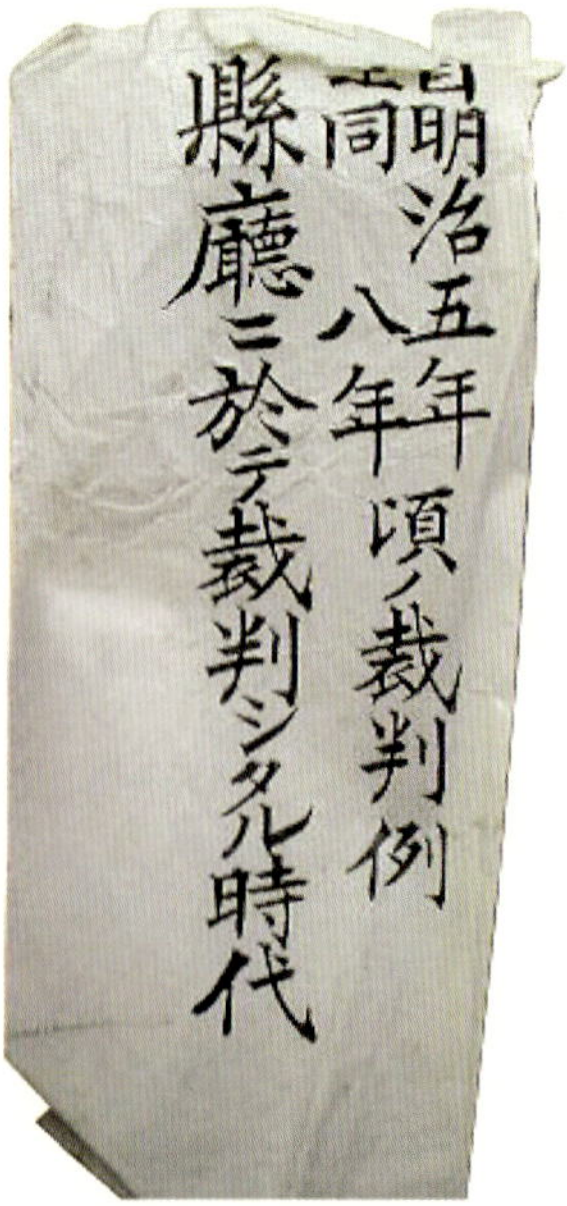

〔写真２〕

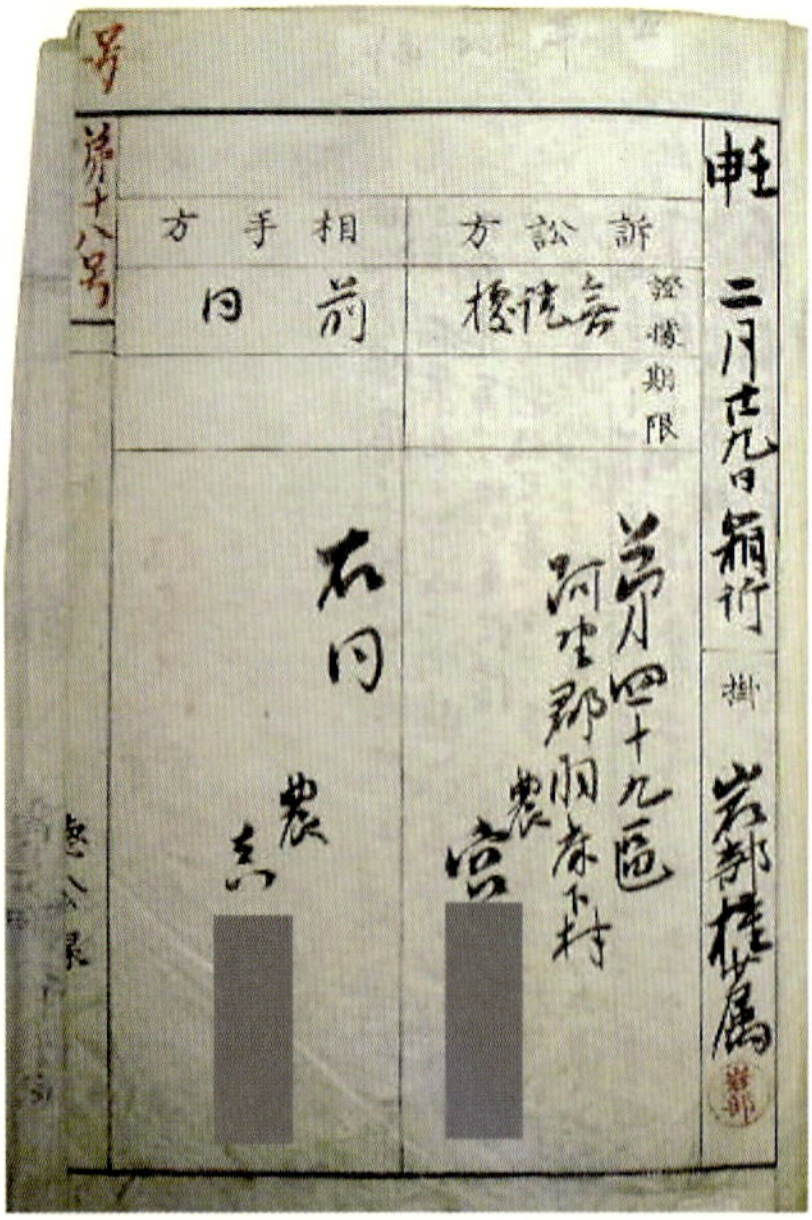

壬申二月廿九日箱訴
掛　岩部権少属　岩部印
訴訟方　証拠　無証拠
第四十九区阿野郡羽床下村
農　宮△△
相手方
証拠　前　同
右同
農　真△△
号　第一八号
対談日廷期限
双方請書別冊ノ内第八号ヲ
可見
見込
田地境界澄スルト雖モ荘平彼ノ田地買求シ三ケ年前
不届ノ所業在シ讃岐一国追放去ル戊辰放免凡
弐拾有余年ヲ隔証拠無ヲ以出訴シ且売買ノ
立合セシ村役及売渡セシ平○後家ナド於ケル持地

〔写真3〕

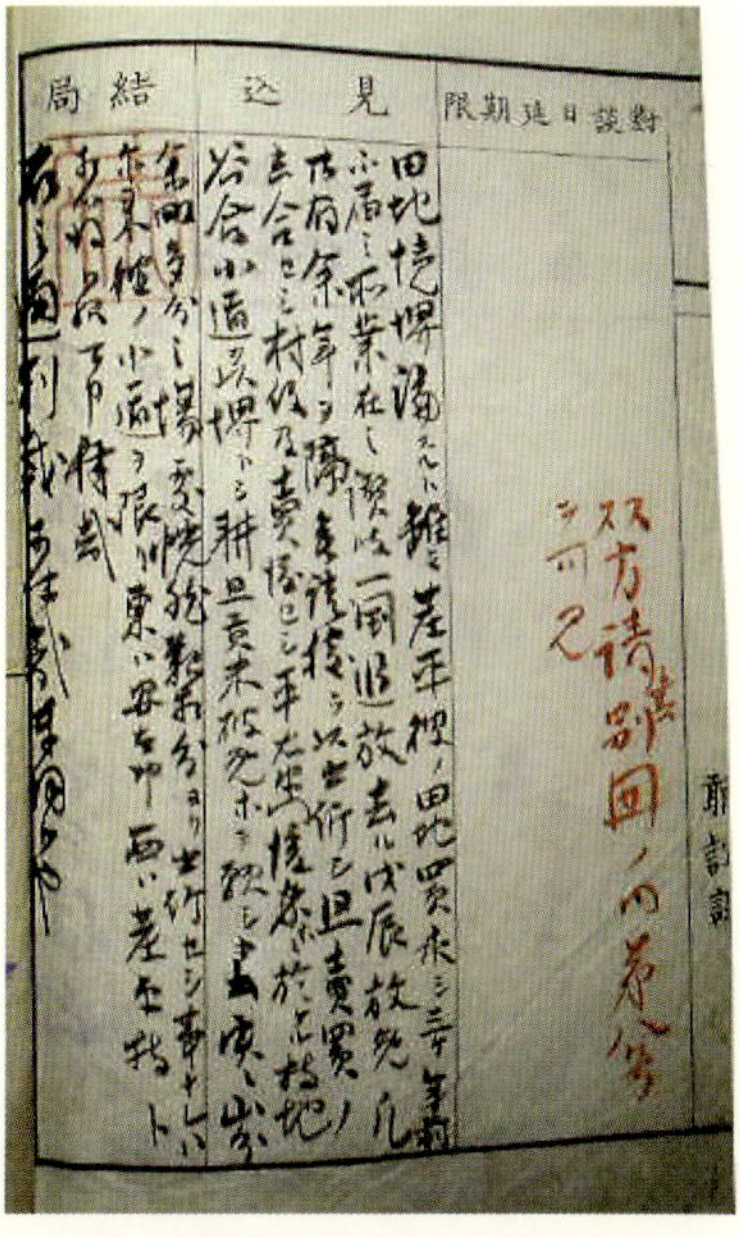

谷合小道ヲ以境トシ耕旦貢米被免ナド願シト由実ニ山分
余畛多分之場處○然親相分ヨリ出訴セシ事ナレバ
爾来彼ノ小道ヲ限リ東ハ安太郎西ハ荘平持ト
相心得候称可申付哉
右ノ通利載判可仕哉奉伺候也

結局
公印印影

六　本簿冊登載判例事件名について

以下の表は本簿冊に綴られているいわゆる判決に事件名を付して一覧表にしたものである。表題として文書内に明示され、あるいは文書中読みとれるものから仮にふしたものもある。具体的なこれらの判決の研究は今後開始されることになる[5]。

整理番号	事件名	判決言渡年月日
高松００１—００１	田地境界	明治5年10月13日（壬申）
高松００１—００２	地所引渡	明治6年12月7日
高松００１—００３	山林境争論ノ訴	明治6年12月21日（訴状の日付は25日）
高松００１—００４	分水争論訴	明治7年7月15日

高松００１―００５	廃寺附田行纏之訴	明治7年4月29日（許可日）、（解訟申出日は28日）
高松００１―００６	溜池水論之訴	明治7年4月20日（許可日）、（解訟申出日は20日）
高松００１―００７	埋葬地経界争ノ訴	明治7年9月9日
高松００１―００８	田地買戻事件	明治7年12月13日
高松００１―００９	田地買取畝違引纏訴	明治7年3月19日
高松００１―０１０	敷地経界争論	明治7年8月28日
高松００１―０１１	乍恐奉歎願候口上「土地引渡」	記載無
高松００１―０１２	合田文平分出訴事件「印の日延べ申し出」	明治7年8月9日
高松００１―０１３	失踪「」踪者の身代書付	明治7年5月15日
高松００１―０１４	作徳米金不納ノ廉	明治7年8月4日
高松００１―０１５	訴状取下件「限経過差戻」	明治7年8月3日
高松００１―０１６	当事者病気等差戻	明治7年7月5日
高松００１―０１７	米代金違約「不条理裁戻」	明治7年7月4日
高松００１―０１８	大借金ニ付奉歎上口上	明治7年5月15日
高松００１―０１９	貸金出訴事件	記載無
高松００１―０２０	底土、天土の争い	記載無
高松００１―０２１	地券状申請ハ有名ノ者へ居ルカ無名ノ者へ居ルカノ争	明治7年9月30日
高松００１―０２２	貸金催促ノ訴訟	明治7年8月27日
高松００１―０２３	借用金	明治7年8月23日
高松００１―０２４	寄付田之有無争訟	明治7年5月8日

高松001—025	前に同じ	明治7年3月14日
高松001—026	前に同じ	明治7年2月28日
高松001—027	土地の争い	記載無
高松001—028	質物田地行纏訴	記載無
高松001—029	売預ヶ之レアル田地ノ請戻	記載無
高松001—030	貸金催促ノ訴	記載無
高松001—031	離別ノ趣	記載無
高松001—032	預ヶ金ノ趣	記載無
高松001—033	貸金	記載無
高松001—034	前に同じ	明治8年2月（不明）日
高松001—035	土地争い	明治6年2月19日
高松001—036	品物代償金	明治7年8月（不明）日
高松001—037	貸金掲縺一件	明治8年11月28日
高松001—038	貸金掲縺一件	明治9年6月19日
高松001—039	貸金一件	明治9年7月6日
高松001—040	山林境界争論詞訟	記載無
高松001—041	氏神旧社僧へ係リ寺院名受之田地取戻之請求	明治8年11月4日
高松001—042	訴答差し戻し	明治8年11月18日
高松001—043	耕地券状引渡滝滞一件	明治8年7月17日
高松001—044	地券引渡淹滞催促之控訴	明治9年7月21日

高松001—045	地券受取ノ手続	明治9年6月16日
高松001—046	貸金掲縺一件	明治8年2月27日
高松001—047	貸金催促一件	明治8年8月19日（11月5日解訟との記載有）
高松001—048	貸金催促一件	明治8年10月10日
高松001—049	田地山林売買の争い	明治8年11月30日
高松001—050	前に同じ	明治8年11月30日
高松001—051	別紙訴状ノ趣「代金未払い取り戻し」	明治8年2月5日
高松001—052	家出失踪	明治8年1月24日
高松001—053	許答不都合之申立	明治8年3月15日
高松001—054	預ヶ金催促一件	明治8年3月25日（但し伺いの日、申渡案の日付無）
高松001—055	貸金一件	明治8年2月14日
高松001—056	船並船具共代金	明治9年3月7日
高松001—057	山林地所譲渡違約訴	明治9年1月29日
高松001—058	今水違約訴	明治9年3月20日
高松001—059	買取田地引渡催促之訴	明治9年2月12日
高松001—060	所持之別宅取除ニ付被妨難渋ノ訴訟	明治10年7月2日
高松001—061	塩田所有差縺ノ訴訟	明治10年6月15日
高松001—062	田地係リ池水抜取難澁之訴	明治8年6月30日
高松001—063	畑方経界争論之訴	明治8年11月10日
高松001—064	製塩営業被妨難澁之訴	明治9年2月14日

高松001―065	前に同じ	明治9年2月14日

（5）　整理番号については三参照。

〔付　記〕

高松〇〇一―〇六四「製塩営業被妨難澁之訴」（明治九年二月一四日）の判例については、「明治初期の損害賠償事例―高松地方裁判所保存の民事判決原本を手がかりに―」（現代民事法学の理論　上巻（信山社）一八一頁以下）に一部を紹介した。

香川大学で行っている民事判決原本のデータ化研究に関して左報告書を参照されたい。

香川法学一九巻三・四号、二〇巻三・四号、二一巻三・四号

香川民事判決原本研究会（幹事松本タミ稿）「民事判決原本の保管とデータ化研究」(1)(2)(3)。

明治前期相撲興行をめぐる訴訟一件

新田一郎

東京地裁から東京大学法学部に移管された明治初期の民事判決原本の中には、当時の相撲界に関係したものが散見される。国際日本文化研究センターで作成中の民事判決データベースに拠って、「全人名項目」について「相撲」「角力」「角觝」などをキイワードとして検索をかけると、十数件の判決が検出される。その多くは相撲年寄が関係した金銭貸借に関わるものだが、当時の相撲会所（現在の日本相撲協会の前身）の運営や内情に関係するのも幾つか発見した。そのうちの一件を、若干のコメントを付してここに紹介する。

〔明治十一年十一月十五日東京裁判所判決〕（一〇一〇〇〇一五／〇〇六三）

（朱）「十一年千五百六十六号」

所長（印）　判事　飯田恒男（印）

同補　田内収太郎（印）

裁判言渡書

原告東京府下本所区（住所略）相撲年寄藤島甚助代人（住所略）東京府士族　木村禍次郎

被告同本所区（住所略）相撲年寄玉垣額之助同大区（住所略）相撲年寄伊勢海五太夫右両人代言人　田村成義

被告同神田区（住所略）相撲年寄被告根岸治右ヱ門代人浅草区（住所略）高知縣平民　龍野友一郎

共同相撲興行金員精算要求之訴訟審理スル處

原告訴フル旨趣ハ、元来一ヶ年両次勧進大相撲ニ付テハ、一興行揚リ高ノ内ヨリ行司角觝取ノ給料其他ノ入費ヲ差引、利益金ノ分ハ、近年ニ至リ全益ノ十分ノ一ヲ勧進元差添ニ於テ占収シ、残リ九分ハ分持年寄ノ内夫々差等アルモ一同配賦シ、該興行ニ付若シ損失ヲ致スノ場合ニ於テハ、前記ノ割合ニ従ヒ各自其責ニ任スルノ例規ニシテ、毎興行ノ際之レカ出納ヲ詳細ニシ帳簿ヲ明瞭ニシ以分持年寄一同ノ者へ明示スルハ即チ被告三名ノ擔任ニシテ、若シ其帳簿不分明ノ廉ヲ質問セラル、トキハ逐一之ヲ弁明シ、以テ其疑ヲ解釈スル即チ被告等ノ本分ナリ。然ルニ、昨明治十年冬興行ノ後、伊勢海五太夫ヨリ待乳山楯之丞へ差廻シタル計算帳ヲ一閲セルニ、土間桟敷其外損料等ノ点ニ於テ費消ノ道ナキ金員ヲ引去、或ハ費途不明了ノ廉数条アルニヨリ、被告へ對シ前年ノコト共併セテ其明解ヲ乞フモ不應ニヨリ、這般ノ詞訟ニ及ヒタルニテ、被告ハ従来抑圧ヲ擅ニシ、時ニ興行ノ計算帳ヲ分持年寄共へ一見ヲ許サス、強テ之ヲ求ムルトキハ営業等ニ妨害ヲナシ、不得止荏苒今日ニ至リシモノニテ、果シテ前年ノ勘定ニ於ケルモ昨年ト同一ナルトキハ、原告損益上頗ル関係アルニヨリ、慶應三年ヨリ昨明治十年冬興行マテ二十二回ノ決算ヲ受度旨請求シタリ。

被告答フル要旨ハ、抑相撲ノ儀ハ、年寄ヲ分テ六組トナシ、衆議ノ上毎一組一員ノ組頭ヲ定メ置、毎年春冬二次大相撲興行ノ精算等ハ勿論、同社會ニ関スル事件ハ総テ組頭年寄ニ於テ商議ノ上、其部属ノ年寄ニ通達スルノ例規ニシテ、数十年間現行シ今日ニ至ル猶昔日ノ如シ。然シテ右年寄中、被告玉垣ヲ筆頭伊勢海ヲ筆脇根岸ヲ帳元ト唱ヘ、毎興行ニ係ル経費ハ前以テ玉垣伊勢海ニテ出金シ、僅カニ晴天十日間ヲ限リ結了スル日ヲ待テ、興行中収入物額ノ中ヨリ、往キニ両名カ繰替置タル入費及ヒ行司角觝取ノ給金ヲ引去リ、全ク利益ノ内十分一ヲ勧進元ニ渡シ、其餘九分ヲ席順及ヒ分持年寄新旧等ノ区別ヲ立配当スルコトナレハ、若シ事故アリテ損失ヲ来スコトアレハ、益金配当ノ差等ニヨリ、各自出金之レカ補償ヲナシ、得益損敗トモ一興行限リ衆議ノ上現行決了セシモノナレハ、該精算帳ハ其興行限リノモノニシテ、被告ハ之レカ帳簿ヲ擔任スルモ将来永ク之ヲ保存スルノ責ナキナリ。且ツ原告ニ於テ昨明治十年冬興行ノ帳簿上桟敷土間損料等不審ノ事項云々申立ルモ、元来筆頭筆脇始終擔当スルモ別ニ給料之レナキタメ、旧来桟敷土間ニ各五十銭ツ、仲買人ヨリ領納スル慣例ニテ、仲間ノ通言ニ角或ハ鑑札料ト唱フルモノニ有之。又損料ノ如キモ、家賃其外興行ヲ終フルノ日、弓取ノ式ヲ行フニ付、大弓ヲ用フル損料等ニテ、分持年寄共ノ素ヨリ了知スル所ニシテ、原告ニ於ルモ年寄藤島ノ名脈ヲ嗣キ分持ノ列ニ入テヨリ爰ニ十三年ノ歳月ヲ経タレハ、同社會百般ノ事件ハ総テ熟知シナカラ、今更紛争ヲ好ムハ尤不条理ナルニヨリ、請求ニ應シ難ク、現今年寄中組頭ト称スル者ハ桐山・大嶽・楯山・追手風・振分・中立ノ六名ナルニ、何レモ旅行中ニテ、桐山権平獨リ在京ナル旨答弁シタリ。

引合人桐山権平申立ル旨意ハ、角觝ニシテ年齢ヲ重ネ、其業ヲナス能ハサルヨリ年寄ニ加入シ、之レカ仕来リヲ見習ヒ、而シテ分持年寄トナルモノナレハ、自分ノ姓名ヲ記スルコト能ハサルモノ之アルモ、元来角觝取ヨリ成立シモノナレハ、決シテ興行中ノ習慣ヲ熟知セサルモノナシ。然シテ興行中ノ精算ニ付テハ、被告共ヨリ申述セシ如ク、十日限リノ興行ヲ終ヘ精算ノトキハ、自分等ニ於テモ會所ヘ出張シ、損益ノ計算ヲ認メ其ノ出納帳簿ヲ一見ノ上、配当金ヲ領収シ組下ヘモ通知スルモノニシテ、外組モ同一ナレハ、是迄一人トシテ苦情ヲ唱ヘタルコトナシ。然則、該帳簿ハ興行一度限リノモノニシテ、現場精算済ノ上ハ当時ノ勧進元ニ於テ携帰スルコトアリ、又被告三名ノ所持スルコトアリ、孰レカ之ヲ預リ置クノ約定モナケレハ、其時ノ適宜ニ任セ相撲會社ニ捨置コトモ間々之アルナレハ、被告等ニ於テ後年モテ備置クヘキ責ナシトノ申立ハ、尤至当ノコトナルヘキナリ。然ルヲ今度ノ訴求ニ付テハ、曩日原告ニ両度ノ不都合アリテ年寄ノ席順ヲ下ケタルニヨリ、己レカ失錯ヲ不顧シテ深ク私心ヲ挟ミシヨリ起因セシモノト思慮スルナリ。加之、過般本件出訴ノ後、楯山藤蔵旅行ニ際シ、別紙ノ依頼証ヲ記シ振分忠蔵ヘ托シタルニ、忠蔵旅行ニ付、委任状ヲ添藤蔵カ依頼証ヘ割印シ以テ中立庄太郎ヘ送付シタリトモ、後庄太郎亦旅行スルニ付、更ニ委任状ヲ添附シ同シク割印ヲナシ自分ヘ寄送セラレタレハ、以上三名ノ異見ニ於ハ自分ト同意ナルヘキモ、獨リ大嶽門左ヱ門ニ至テハ、曩ニ原告カ不都合ヲ醸シタル事、門左ヱ門妻ニ於テ管係セシコトアルノミナラス、門左ヱ門旅行中ナレハ、同人ノ心底ノ如何ハ知リ得難ク、又追手風喜太郎ハ、該件未発前ニ旅行セシ旨申立タリ。

依テ判決スル左ノ如シ。

原告ニ於テ、勧進角觝興行ニ付被告カ擔当スル精算帳簿上不審ノ条款アルニヨリ、従前ニ遡リ二十二回分ノ精算ヲ要求セルニ、被告ハ該興行ノ都度々々旧来ノ慣習ニ基キ衆議ノ上決了セシモノナレハ、其時限リノ帳簿ニシテ将来ニ保存スヘキ義務ナキ旨申立、引合人ノ供状ト符合スルノミナラス、当時ノ形迹ニ就テ見ルモ、該帳簿ハ其時限リノモノト認定スルニヨリ、若シ果シテ被告カ出納ノ所為ニ於テ不正ノ条件ヲ認メ、以之レカ決算ヲ要スルハ格別、往年ニ係ル帳簿ヲ精算セントノ原告請求相立タス。

明治十一年十一月十五日

東京裁判所

引用に際しては、句読点等は引用者が補い、朱筆で訂正された個所についてはいちいち注記することなく訂正後のものを載せている。

この訴訟は、当時年二度開催されていた大相撲本場所興行の利益の分配をめぐって、年寄の一人藤島が、相撲会所の筆頭（年寄筆頭の意。総責任者）玉垣・筆脇（筆頭の補佐役）伊勢海・番付版元（帳元ともいう）根岸の三人を相手どり、慶応三年に遡った都合二十二回の興行について、帳簿の公開と決算の確認を求めたものである。これまで相撲史研究者の間でもその存在を知られていなかった訴訟だが、明治前期の相撲興行の体制とその改革の経緯を窺う素材となろう。関連する事項について、以下に若干の説明を加える。

(1) 原告・被告

原告の年寄藤島は、現役時代の四股名を龍ヶ鼻といった力士で、最高位二段目（幕下）で終わったが、万延二（一八六一）年に現役を引退して年寄専務となってからは、「学問があり、能筆家であったところから、幕末から明治初期にかけて活躍。明治一〇年（一八七七）一二月に年寄総代に選出され、一七年三月に芝延遼館で行われた天覧相撲で、角力副長を務め、組長（現・理事）、勝負検査役（現・審判委員）の要職も務めた」人物であるという（小池謙一「年寄名跡の代々6　藤島代々の巻」『相撲』平成二年二月号）。

被告の三人は当時の相撲会所の実権を掌握していた顔触れである。玉垣と伊勢海は現在も年寄名跡として用いられている。

この時の玉垣は、本所中ノ郷原庭町の旧平戸松浦家下屋敷を拝領したというその居住地から通称を「原庭玉垣」といった人で、力士としての土俵歴はなかったようだが、父（養父？）が先代玉垣という縁からであろう、天保八（一八三七）年頃、二十そこそこの若年ながら常盤山の名で年寄となって相撲興行に関与するようになり、天保十三年に父が死去すると玉垣を襲名し、文久三（一八六三）年に筆脇、慶応元（一八六五）年に筆頭の役職に就き、幕末から明治初期にかけて江戸・東京の相撲会所の中枢に在って権勢をふるったという（小池謙一「年寄名跡の代々79　玉垣代々の巻(3)」『相撲』平成八年四月号）。

伊勢海は現役名を狭布里といった幕内力士で、現役晩年に師匠・先代伊勢海が死去すると柏戸宗五郎を襲名して年寄兼務となり（このころ「柏戸」は年寄名としての扱いを受けていた）、現役引退後伊勢海の名跡を継いだ。慶応三年に筆脇の役職に就き、筆頭の玉垣を補佐して幕末維新期の相撲会所を切り盛りしていたという（小池謙一「年寄名跡の代々91　伊勢ノ海代々の巻下ノ(1)」『相撲』平成十年四月号）。

残る一人の根岸は力士あがりではなく、江戸後期以来「三河屋」の屋号をもって江戸・東京の相撲番付の版元を代々務めた世襲年寄である（第二次大戦後に年寄名跡を返上、現在は廃家となっている）。

(2) 当時の相撲興行の形態

本件訴訟の理解を助けるため、幕末から明治初期にかけての相撲興行の形態について、その概略を述べておく。なお、相撲の歴史の概要については拙著『相撲の歴史』(山川出版社 一九九四年)を、明治期の相撲興行に関する基本的な資料については酒井忠正『日本相撲史・中』(ベースボールマガジン社 一九六四年)を参照されたい。

「勧進相撲」の名目のもと、京・大坂・江戸の「三都」において定期的に大相撲興行が開催されるようになったのは、十八世紀後半のことである。年に都合四回(江戸で二回、京・大坂で各一回)開催される大相撲興行は「四季勧進大相撲」と呼ばれたが、現在のように統一した相撲集団が形成されたわけではない。江戸には江戸に本拠を置いた相撲取たちが在ったが、他にも各地に独立の相撲集団が存在して日常的にはそれぞれが独立の興行を打っていた。各地の相撲集団の中には、雲州松平家や阿波蜂須賀家など相撲好きの大名の「お抱え」の者たちもおり、彼らは相撲を大名の観覧に供することによって報酬を得るかたわら、興行の相撲にも従事していた。年二回の江戸本場所は、津軽・仙台・大坂・阿波・雲州や九州各地など諸方の有力な相撲取たちを、江戸の相撲年寄が身元引受人となって招き開催する、オールスター興行だったのである(年各一回の京・大坂も同様)。

オールスター興行に招かれる顔触れは、その時々の各地の相撲集団の(とりわけ抱え主の大名の)都合や、興行主の交渉能力などによって左右され、その都度集まった相撲取たちの実績や格に応じ、また興行上の判断を交えて、番付が作成された。興行と興行の間には、現在の大相撲におけるような連続性は必ずしもなく、本場所で勝ち越せば番付が上がる、負け越せば下がる、というものではそもそもなかった。

こうして、江戸では、資格を持った相撲年寄たちが輪番で「勧進元」(寺社奉行に興行許可を申請する責任者)と「差添」(勧進元の補佐役)を務め、年二回の本場所を開催する体制がその都度整えられるようになった(このことが、被告側が主張する「得益損敗トモ一興行限り」の背景をなしている)。さらに十九世紀に入ると、一部の有力な年寄の主導のもとに、本場所興行を組織的に主催する「会所」が成立し、勧進元・差添は名目上のものになり、実質的な興行主となった筆頭・筆脇及び番付版元の差配のもとに、相撲年寄たちはそれぞれの分に応じて分け前に与るようになる。判決文中に「分持」という表現が見えるが、これは「歩持」ともいい、興行収益の分配に与る（損失があればその責を分かつ）資格として、序列に応じた歩合高を持つことを指した語である。

さて、以上のような構造を持っていた江戸時代の相撲興行体制は、明治維新の後、有力相撲取を支えてきた大名の庇護が失われたことによって解体し、各地に散在した相撲集団は、本場所興行の場である東京・京都・大阪を中心とした三つの興行集団へと再編され、それぞれに専属する相撲取を主体として独立の興行を打つようになる。パトロンを失った相撲取や年寄たちにとって、定期的な本場所興行から得られる収入の重要性が従来に比べ格段に増したことは、想像に難くない。いきおい、相撲会所の組織や利益配分の方法に対する彼らの関心の持ち方は、従来と異なったものになり、一部の幹部を中心とした興行のありように、他の年寄たちが疑問と不満の声をあげるようになる。早くも明治六（一八七三）年には、幕内力士高砂浦五郎が改革を求めて玉垣・伊勢海と衝突し、会所を脱退して「高砂改正組」と称する一団を率いて独自の興行を打つに至っている。相撲界を取り囲む新しい環境条件の中で、興業と利益配分の新しい体制の必要が意識されはじめていた、そういう時期に起こされたのが、この訴訟である。

(3)　訴訟の主旨と判決の要旨

原告の年寄藤島は、本場所興行の利益配分が被告らによって擅断され、経理記録も分持年寄に示されることなく不明瞭であり、明治十年冬興行の「計算帳」にも不要不明の支出がありながら、被告らに説明を求めてもその経緯が明らかにされない、として、過去の興行にまで遡った経理の公開を求めた（請求の起点とされた慶応三年は、伊勢海が筆脇に就任して玉垣・伊勢海体制が成立した年である）。

ところで、藤島の提訴の直接の契機となった明治十年冬興行の「計算帳」は、当該興行の「願人」（江戸時代の「勧進元」にあたる。名目上の興行許可申請者）を務めた年寄待乳山に示されたものであった。これを藤島が「一閲」したことは、「自分ノ姓名ヲ記スルコト能ハサルモノ之アル」年寄中にあって、「学問があり、能筆家であった」藤島が、やや特異な位置を占めていたことを推測させる。この場所の番付には、藤島の他に桐山・振分（この両人は年寄組頭でもある）の都合三人が、「年寄総代」として名を載せており、この役職が会所においてどのような位置づけを持ったのかは必ずしも明らかではないが、待乳山に提示された「計算帳」の閲覧とそれに基づく提訴は、「年寄総代」としての藤島の立場と、何らか関係するところがあったかもしれない（なお、「年寄総代」の役職名が番付面に見えるのはこの場所だけのようである）。

原告の請求に対して、被告は、本場所興行の経理はその時々限りのものであり、年寄中から選出された六人の組頭の了解のもとにその都度の精算を了えた後は、帳簿等の保存の義務を負わないと陳弁し、また、興行の準備段階から雑事万端を担当するにも関わらず筆頭・筆脇には別に給料もなく、そのために慣例として桟敷・土間の仲買人から一定の「鑑札料」を領納することは年寄中周知のことであり、損料として支出されたものにもそれぞれ相応の理由があるとして、原告の請求の棄却を求めた。「引合人」として喚問された年寄組頭桐山も、被告側の主張を支持している。

これらを承けて、裁判所は被告の主張を容れ、原告の請求を退ける判決を下した。

(4) その後の経緯など

この訴訟を見た限りでは、藤島の主張は退けられ、会所の体制が温存された如くだが、話はそう単純ではない。実は、この訴訟が提起された明治十一年には、相撲会所のありかたをめぐって大きな動きがあった。二月に警視庁が『角觝及行司取締規則並興行場所取締規則』を発し、「角觝及行司」に警視庁発行の鑑札の所持を求め、相撲興行を行う組合は東京府下に一組だけ認可するとし、組合中で「年番ヲ定メ組合取締ヲナス」ことを求めている。これを承けて五月には、かねてより組織改革を求めて会所を離れていた「高砂改正組」との和解・合同が成り、高砂らの主張を大幅に採り入れて、本場所興行の精算方法に始まり、帳簿の作成保管、利益配分の準則、さらには会所幹部の選出方法に及ぶ『角觝営業内規則』が制定されている。従来の会所首脳のうち玉垣は明治十二年限りで筆頭の職を退き、代わって筆頭となった伊勢海も十六年限りで辞任しており、その後「筆頭」に代えて新設された「取締」の職に選任された高砂は、名実ともに会所のトップとして改革を推進し、藤島は高砂のもとで前記の如き会所の要職を歴任することになるのである。

残念なことに、会所改革をめぐるこうした動きと藤島の提訴との間の、因果関係は無論のこと、時間的な前後関係も精確には判らない。尤も、「十一月十五日」という判決月日や「十一年千五百六十六号」という事件番号から推して、訴訟が受理されたのは明治十一年の半ばを遡ることはなさそうである。その理由として、①事件番号の年度の切れ目などによって概観したところでは、この当時、訴訟の受理から判決まで概ね一～三か月程度を要していると見られ、前後の事件番号を持つ訴訟と比較する限り、藤島訴訟の処理が特に早いことも特に遅いこともなさそうであること、②確認できた範囲では、明治十一年に東京裁判所で受理された訴訟の事件番号は、年末までに「二千四百四十五号」までを数えており、藤島訴訟に与えられた「千五百六十六号」は全体のおよそ六十四％程度のところに位置すること、に加えて、③年寄組頭の一人追手風が「該件未発前ニ旅行」に出、楯山・振分・中立らは「本件出訴ノ後」に順次委任状を託して「旅行」に出たとする桐山の申し立てによれば、ここでいう「旅行」は本場所の合間に相撲取たちを伴ってする地方巡業を意味するであろうから、藤島の提訴時期は六月に開催された本場所が終了してやや後のことと考えるのが自然であること、が挙げられる。右の推定が正しければ、「被告ハ従来抑圧ヲ擅ニシ、時ニ興行ノ計算帳ヲ分持年寄共へ一見ヲ許サス、強テ之ヲ求ムルトキハ営業等ニ妨害ヲナシ、不得止荏苒今日ニ至」った原告藤島は、「高砂改正組」との合同などによって旧来の体制が大きく動揺した機会を捉えて、訴訟を提起したということになるのだろう。訴訟が明治十年冬興行までを問題にし、『角觝営業内規則』制定後の明治十一年六月に開催された夏興行のことに触れていないのは、この興行については既に帳簿管理の新しい体制が採られていたためかもしれない。

いずれにせよ、この訴訟をめぐっては、さらに関連資料の精査が必要とされよう。

＊ 本稿の作成にあたっては、国際日本文化研究センター「民事判決原本データベース」を利用した。

仙台高等裁判所所蔵明治初年刑事裁判関係史料の一斑

吉田正志

1

一九九三年（平成五）に、筆者は、宮城教育大学・近藤佳代子氏とともに、仙台高等裁判所より同裁判所が所蔵する明治初年の裁判関係史料の調査を依頼され、その報告書を提出した。本小論は、その報告書中筆者が担当した刑事裁判関係史料の部分に若干の加筆修正を加えたものである。

民事判決原本研究会のメンバーを中心として編まれた本書の性格上、収録論文のほとんどは民事関係のテーマを扱うものであり、その中にあって刑事裁判関係史料の紹介を旨とする本小論はまったく異質なものではある。しかし、民事裁判記録とまったく同様に、明治期の刑事裁判記録も史料として重要な存在であることを思うならば、この小論を本書に収録することもなにがしかの意味をもつことと考え、編者の許可を得た次第である。

なお、仙台高等裁判所は、同裁判所に提出した報告書の一部を本書に転載することを許可された。それのみならず、読者の便宜を考えて今回新たに関係史料の写真撮影を行い、それを本書に掲載することについても快諾された。同裁判所及び具体的な労をとって下さった同裁判所資料課長・三條桂一氏に厚くお礼申し上げる。また、写真撮影には仙台市博物館仙台市史編さん室主事・菅野正道氏のお手を煩わせた。ご多忙の中、鮮明な写真を撮影いただいた同氏にも深く感謝したい。

2

(1) 明治八年　懲役終身罪案（写真1）

本記録簿は、明治八年中に東北各県から福島（のち宮城）上等裁判所に提出された懲役終身となすべき事件に関する伺い、及びこれに対する上等裁判所の指令を収録したものである。収録された記録は全二三件を数え、明治八年七月一三日伺い、同年八月二七日指令に始まり、同年一二月一三日伺い、同年一二月二二日指令に終わる。いかなる内容が記録されているかを第一の事件によって例示すれば、およそ以下の通りである。

明治八年七月一三日の伺いは、青森県より福島上等裁判所宛に提出されたもので、用紙は青森県名の罫紙が使われている。内容は、明治七年七月一一日に窃盗の疑いで捕縛した平民・工藤某（三四歳一〇月）を懲役終身に処してよいかとの問い合わせである。これに対し福島上等裁判所は、同裁判所名の罫紙を使い、明治八年八月二七日付でもって、改定律例七二条により懲役終身に処すべき旨を指令している。

記録の多くは伺いをそのまま承認しているものの、疑義がある場合には上等裁判所より県に対し事件の詳細を照会し、その回答を得たうえで指令を出している記録もあり（第五号・明治八年八月五日若松県伺いの事件など）、懲役終身なる刑罰がいかなる犯罪に対しどの改定律例の条文を根拠に、またどのような情状が酌量されつつ科せられたかを知るのによい記録簿である。

なお、明治九年分の懲役終身罪案には、明治二四年の大津事件の際に大審院長として活躍した児島惟謙が、判事として関与した事件の記録もみられる。

(2)　明治八年第一号　磐前県下磐城国形見村根本某其外同村農三森兼吉ヲ謀殺及ヒ候一件（写真2）

本記録簿は、表記事件の一件記録簿であるが、ここでも児島惟謙が関与していることが注目される（写真3）。

事件は、明治三年一月二七日、三森某が、かねて不仲であった三森兼吉を「仙台ノ勇助」に依頼して殺させたことに端を発する。同犯行は同年四月中に発覚し、一〇月には白河県で事件の関係者に判決が下った模様である。ところが、この判決に対し被害者の長男・長女が異議を申し立て、宮城上等裁判所で覆審が行われた。この関係記録を綴じたのが本記録簿である。ここには、磐前県への連絡書簡、関係者の取調べ記録、供述書、判決文その他、当時の刑事裁判の実態をよく示す記録が収められている。

なかでも、三森某の弟が、一度は兄の企てを黙認しながら、のちにその実行を止めさせようとしたことなどを、従犯としていかに酌量するかといった法理上の問題に関する記録や、関係者拘禁中に獄卒がその便宜を図ったことに対する処分記録など、興味深いものがある。

さらに、被害者と加害者が不仲になった原因の一つとして、戊辰戦争の際、会津藩に与する義勇隊と名乗る一団が、徳川家再興のための軍資金と称して農民から醵金を強要し、そのとき、加害者の家は鉄砲売買で多くの利益を得ているなどといって、被害者が義勇隊に内通したことがあげられているなど、地方史研究のうえでも興味をそそる記録がみられる。

(3)　明治八年九月起　明治十六年十二月迄　断刑録（写真4）

本記録簿の表紙には「福島上等裁判所」の記載がみられるが、おそらく「福島」の上に「宮城」の貼り紙がしてあったものの、それが剝脱したものであろう。明治八年五月二四日太政官第九一号布告「大審院諸裁判所職制章程」は、上等裁判所の一つを福島におくとしていた（同年七月二日開庁、司法省甲第一〇号布達）が、それが四カ月後に仙台に移されて同年一一月二日に宮城上等裁判所が開庁した（司法省甲第一三号布達）。その際、本記録簿は福島時代のものがそのまま利用されたため、貼り紙をしたものと思われる。

内容は、若干の例外を除き、表紙記載の期間になされた裁判所への不出頭に対する処分記録を綴じたものである。たとえば、その第一は、福島平民・阿部某に対し、裁判所不参を違式重に問い、懲役二〇日の贖罪金一円五〇銭を科すとした明治八年九月二五日申し渡しの記録である。

写真１『懲役終身罪案』表紙

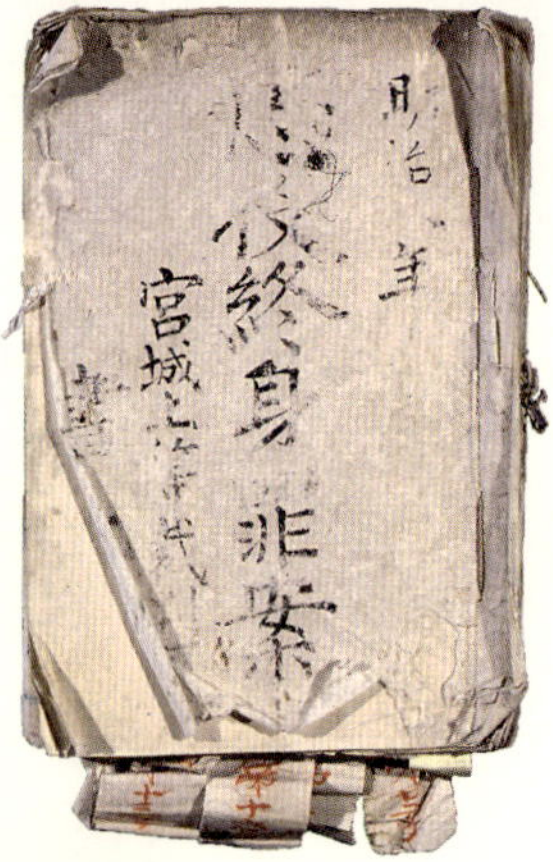

写真２『磐前県下…』表紙

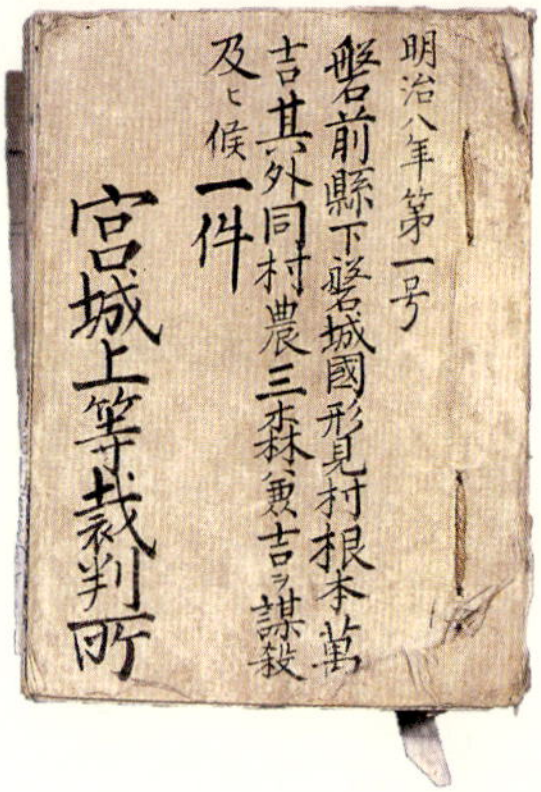

写真３「児島惟謙」名

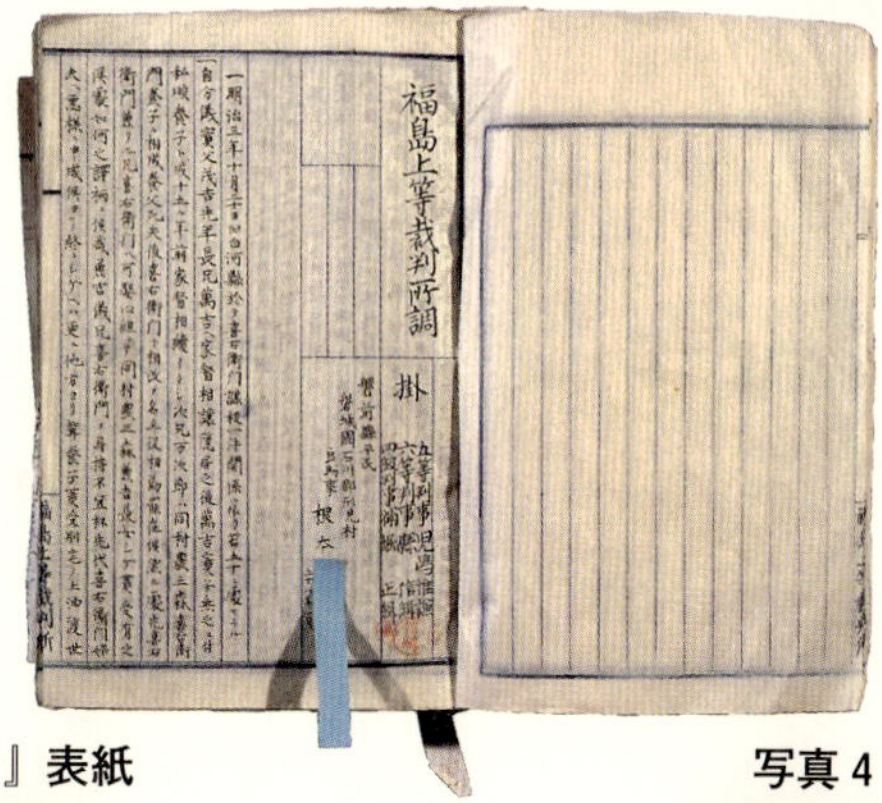

写真４『断刑録』表紙

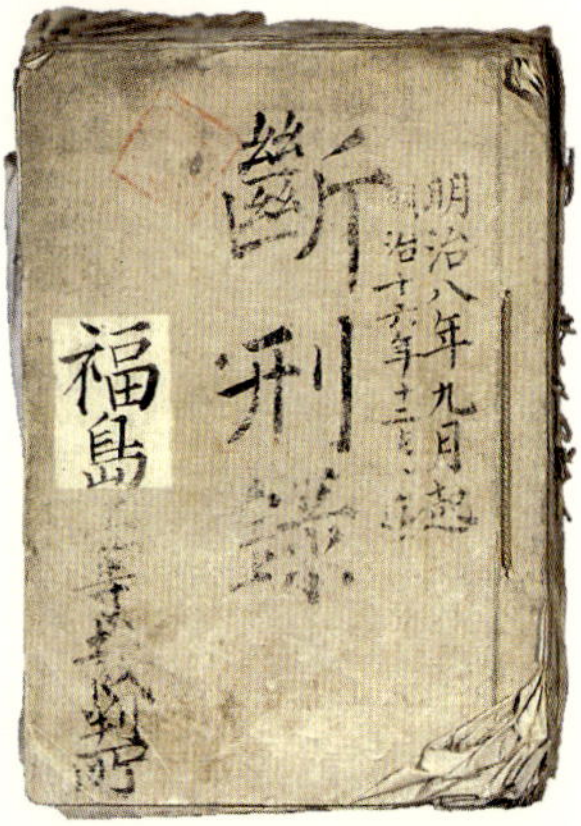

写真５『森脇正明…』表紙

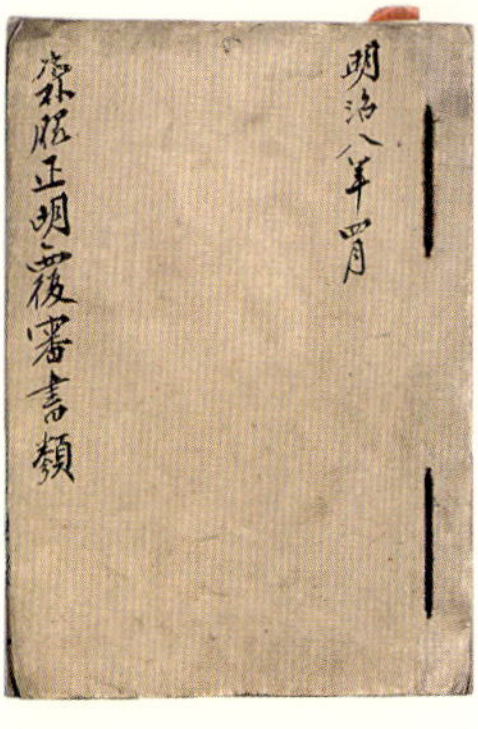

本記録簿には同様の事例が一五〇件余収録されており、その内容にさほど特記すべきものはないが、被処分者の提出した始末書の綴じられたケースも多く、詳細に検討することにより、訴訟当事者や関係者、代言人等不出頭の実態や、これに対する処分の変遷などを知ることができるであろう。

(4)　明治八年四月　森脇正明覆審書類（写真5）

本記録簿は、伊予国喜多郡愛媛県貫属士族・一柳宣弘が、同士族・二宮某及びその妻を明治五年に殺害したとされる事件に関し、その犯行をそそのかしたとして主犯と認定され、斬に擬せられた同県大属・森脇正明につき、その再議が要求され、最終的にそれが冤罪であることが確定した事件の一件記録である。

本記録簿は司法省の罫紙に書かれており、司法省所蔵原本を何らかの必要性により筆写し、仙台上等裁判所に架蔵されるに至ったものと思われる。

内容的には、犯行をそそのかしたことで主犯とされた森脇が、主犯はおろか従犯でもなく、官憲の拷問により偽りの自白を強要されたことが明らかとなり無罪とされる過程、及びそもそもこの殺人事件が一柳によってなされたことさえ疑わしいとされ、一柳がすでに死亡していることで「覆審スルニ道ナク、他ニ明証ヲ得ルニ由ナキヲ以テ、今其罪ヲ論セス」とされたことまでを記録している。

以上のごとく、本記録簿は明治初年の一冤罪事件の一件書類として興味深い内容を有し、それゆえにこそ書写のうえ宮城上等裁判所にも備えられたものと推測される。現今の冤罪問題を考えるうえでも貴重な史料といえよう。

(5)　明治十三年　第七号　第八号　第九号　死罪　刑事書類（写真6）

本記録簿には、下記三件の殺人事件に関する記録が収められている。

写真 7　現場検証図

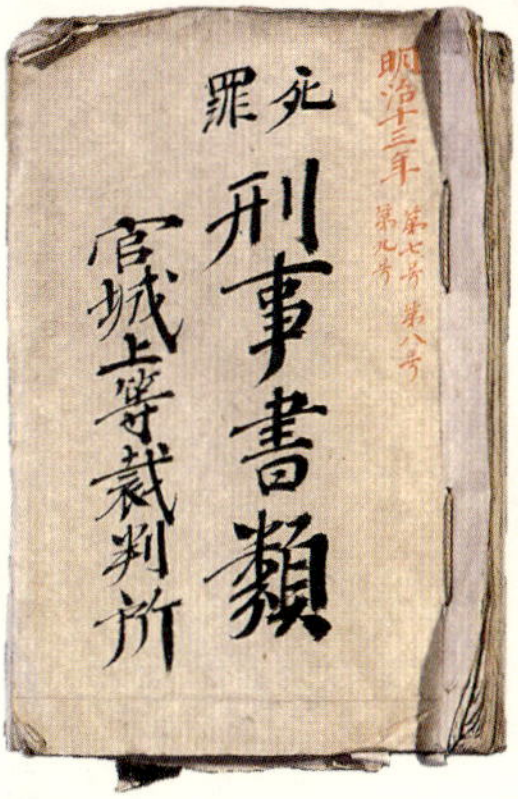

写真 6 『死罪刑事書類』表紙

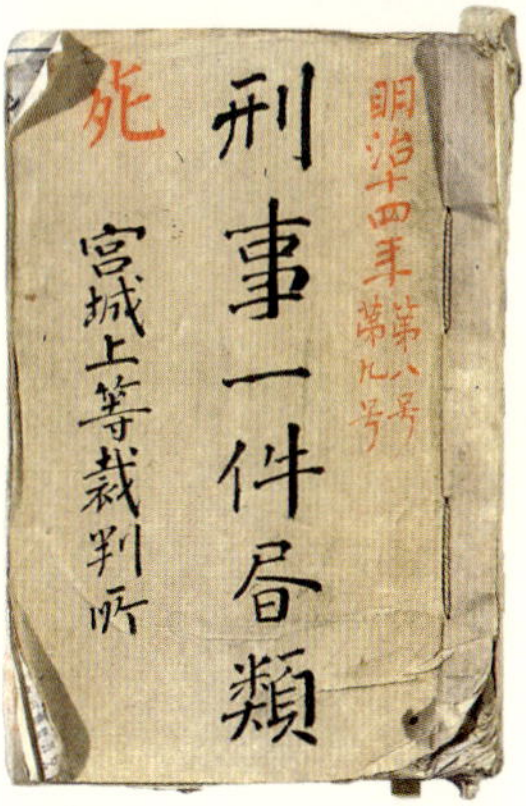

写真 9 『刑事一件書類』表紙

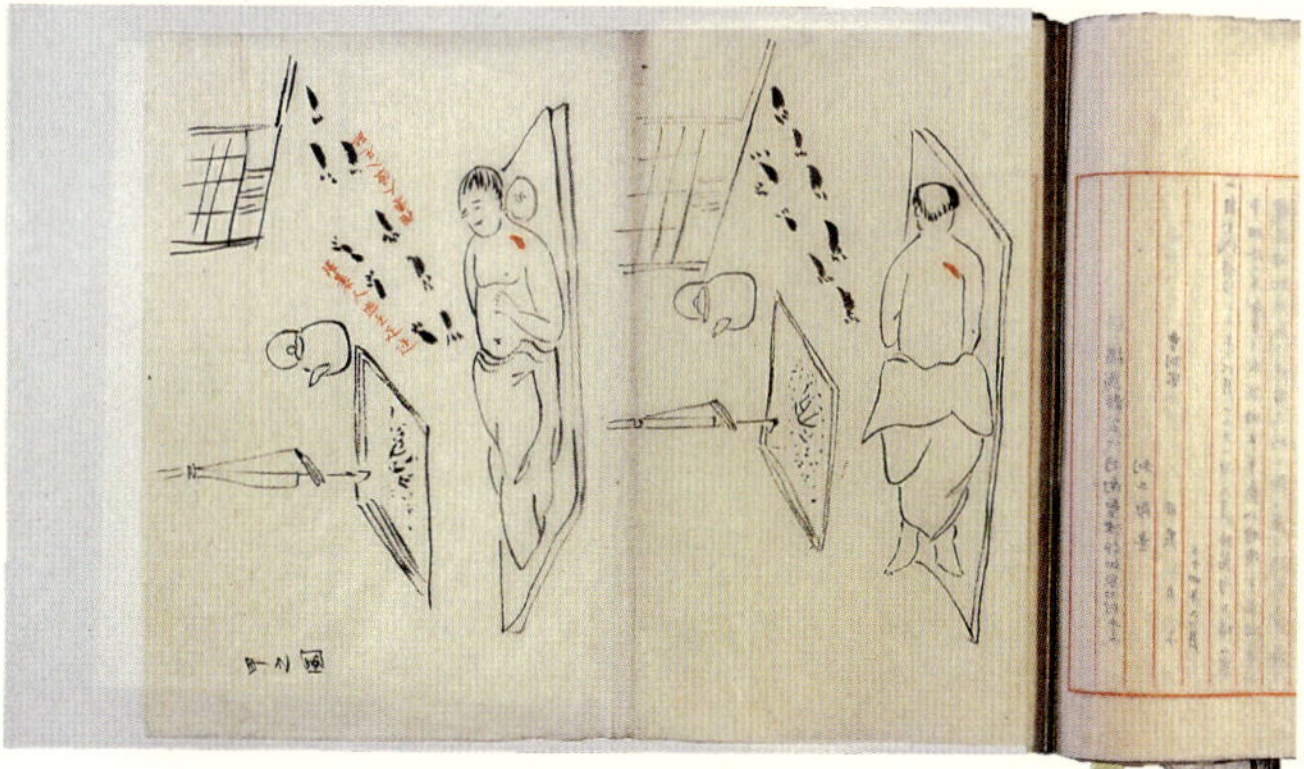
写真 8　現場検証図

写真10　現場検証図

①　明治一三年七月一六日に秋田県下仙北郡花館村で生じた故殺事件
被告人は栃木県下野国都賀郡の日蓮宗妙唱寺住職・志賀某（二七歳一〇月）で、諸国同宗寺院回歴中、途中より同行した者を殺害。弘前裁判所よりの伺いに対し、仙台上等裁判所が懲役終身を指令。

②　同年八月一八日に宮城県仙台区二十人町で生じた謀殺事件
被告人は陸中国西和賀郡の高橋某（二三歳六月）で、生活苦のため妻とともに逃亡を計画（形式上は妻と離婚）、妻を誘い出そうとするが失敗し、妻の母及び母の後見人と称する男が逃亡を妨げていると考え、その二名と弟の計三名を殺害。斬の判決。

③　同年六月一四日に福島県南会津郡和泉田村で生じた謀殺事件
被告人は同村平民・目黒某（二七歳六月）で、隣家との境界に関する争いがあり、隣家の父子を殺害しようと斧をもって隣家に侵入し、隣家長男の肩などを傷つける。懲役終身の判決。

本記録簿で注目すべきは、三件とも関係書類が添付されており（検事公訴書はじめ本犯口供、証憑書類など）、その中に手書き彩色現場検証図も含まれていることである（写真7、8）。当時の犯罪捜査の手法などが偲ばれる貴重な記録簿である。

なお、明治一四年分の記録簿（写真9）も残されており、同じく手書き彩色現場検証図がみられる（写真10）。

3

以上、仙台高等裁判所に提出した報告書を転載したが、これらの刑事裁判関係史料は、現在仙台高等裁判所の展示室に展示され、容易に目にすることができる。報告書の転載に当たっては被告人の名を伏せたが、これは同展示室の展示において名の上に付箋を貼る措置をとっていることに倣ったものである。

写真11　仙台高等裁判所展示室

仙台高等裁判所は、司法史料の保存にひときわ意を用い、民事判決原本の東北大学への移管に際しては、判決原本のみならず明治二三年までの訴訟関係絵図面二八一点をも移管してくれた。しかもそれら原本・絵図面の保存状態はほとんど完璧であり、そのうちの一枚の絵図面が、『図説　判決原本の遺産』の表紙カヴァーを飾っていることにお気づきの方もおられよう。

同裁判所は、文書史料のみならず、判事・検事・弁護士制服などの裁判関係諸史料を広く収集し、展示室を設けて一般市民が容易にそれらを見学できるよう配慮している（写真11）。とくに春秋二回それぞれ一週間ほどは展示室を市民に開放しているとのことである。こうした同裁判所の努力は貴重なものである。

こうした展示室がどれほどの裁判所に設置されているのか筆者は知らないが、こうした試みが多くの裁判所でなされるならば、それは司法史料の保存にとってまことに好ましいことであるとともに、いっそう市民に開かれた裁判所になるための一助ともなろう。さらに、これら裁判所展示室を全国的規模で統合するような構想、たとえば司法博物館とでもいうような施設——望むらくは判決原本の保存をも任務とする——の設置が実現するならば、文化としての司法を担う裁判所としての面目躍如たるものがあろう。

「明治九年松江裁判所へ事務引渡書」について

加藤　高
紺谷浩司

〔解　題〕

一　筆者が本資料に接したのは、実は最近のことではない。筆者は先に、「島根縣裁判所民事課事務節目」なる資料を紹介したことがあった（『修道法学』第一〇巻一号一八三頁以下、昭和六二年、以下「事務節目」と略する）。この資料の成立年月日は不詳であるが、明治九（一八七六）年代のものと考えてよい。何故ならば、島根縣裁判所とは同県聴訟課の単なる名称変更にすぎず、実態は依然として同県七等出仕兼七等判事星野輝賢を頂点とする同課配置の職員により構成されていた。そのうえ、この名称の裁判所は、同年九月、全国統一的な国の司法機関である地方裁判所制度への改置により、司法権が県から国に引き渡される形で消滅するにいたるからである。

「事務節目」は、この短期間ではあるが、島根縣裁判所の時期における、いわば民事執務要領として、従来の民事事件の取扱い手続きを整理・集大成したものと考えられたので、この時期の地方における民事裁判取扱いの一端を窺い知る有益な資料と見て紹介しておいた（原本は現在松江地方裁判所が保管している）。なお、以下に紹介する本資料の中に「島根縣裁判所刑事課事務節目」（〔一一七B前半〕参照）という名称の文書が見られるが、筆者はその存在を知らない。

当時の民事裁判への関心から、筆者は島根県庁や島根県立図書館などの資料調査も試みていたが、その際、同県庁で見つけたのがこれから紹介する本資料であり、その存在はすでに「事務節目」のなかで指摘しておいた（一八九頁）。筆者は、本資料が、明治五（一八七二）年八月の司法職務定制に基づき、徐々に全国府県に開設されていった府県裁判所制度――それは明治八年五月、大審院設置のときにも引き続き府県裁判所として開設されていく――の時代、いわばわが国の裁判所制度草創の時代に位置していること、しかもこの時期に国の裁判所さえ設置されていない県の裁判機関（聴訟課、そして後に某県裁判所と改称する）による民（刑）事裁判の取扱いの実情がどのようなものであったかを探るうえで、本資料は有益な手がかりを提供してくれるものと考えその紹介を思い立った次第である。

明治初年代、具体的には明治一〇年位まで、民事法令はせいぜい太政官布告等の断片的・散発的な性質の単行法令が見られるにすぎなかったし、国の裁判所もきわめて僅かに関東および近畿周辺の諸府県等に開設されていたにとどまる。まして、当時は、欧米の近代的な法学教育を授ける専門的研究教育機関は未だほとんど見あたらず、専門的な司法官の養成は緒についたばかりであった。しかし、それでも民（刑）事の裁判活動は止むことなく営まれていた。筆者らがとくに注目するのは、現在から見れば、このような一切が不備な時代に、裁判を取り扱った人びとは、何を裁判の法源としていたのか、単行法令がなければ何を参考にして裁判をしていたのかなどといった点であった。

周知のように、明治八年六月八日、裁判事務心得（太政官布告第一〇三号）の第三条は、「民事ノ裁判ニ成文ノ法律ナキモノハ習慣ニ依リ習慣ナキモノハ条理ヲ推考シテ裁判スヘシ」と定めている。明治九年代までの島根県等における民事裁判の担当職員たちは、何を参考にして条理を推考していたのか、といった点を考えるうえで、本資料中に収められている和漢洋の法律書などは多くの示唆を与えてくれるように思われる。「事務節目」後の調査には、「明治初期の『法』と『裁判』の近代化過程の研究」（代表　青山善充教授（当時東京大学））グループに参加を呼びかけて下さった広島大学法学部の紺谷浩司教授（民事訴訟法）に加わってもらうことができた。以来、再三の資料調査にとともに現地に赴き、写真撮影や資料の読み合わせ等のため何度かの会合を開いて現在にいたっている。平成一一（二〇〇〇）年夏の現地調査に当たっては、島根県総務課文書係の板垣伸係長ほか多くの関係各位のご理解とご協力を得たことを謝意を込めて付記しておく。

二

本資料の紹介に先立ち、本資料に見える明治九（一八七六）年における地方制度と裁判所制度それぞれの改革に触れ、あわせて島根縣裁判所という呼称にまつわる一連の事情を簡単に述べておきたい。本資料の理解に多少とも資するところがあると考えるからである。

まず、地方制度改革について見ると、明治四（一八七一）年七月の廃藩置県後、府県の統廃合の結果、いったん三府七二県に整理統合されたが、その後さらに府県の統廃合が推し進められ、同九年の四月と八月には府県の再統廃合と管轄更替が行われた。これにより、例えば、中国地方の諸県では、同年四月に、北条県が岡山県に、同じく四月に濱田県が、そして同年八月に鳥取県がそれぞれ島根県に合併吸収されている。この統廃合の歴史的要因にはここでは触れない。そのうえで、従来の府県裁判所が地方裁判所に改置されている。つまり、府県ごとに一裁判所を設置するのではなく、地方諸県のいずれかに裁判所本庁を設置し、隣接県にその裁判支庁を設置するという方針に転換したといえる。このようにして、一挙に全国の府県に国の裁判所網が布かれたと見てよい。

次に島根県裁判所についてであるが、簡単にいえば、明治四年一一月の県治条例で、全国諸県の県治組織中に聴訟課という広義の司法担当課（警察事務を含む）が置かれ、地方行政官が当然に司法権をも担うことになった。しかし、その後、三権分立思想の普及・定着にともない、明治八（一八七五）年四月、元老院（立法権）、大審院、地方官会議設置の詔勅が出され、同年五月、大審院以下諸裁判所の職制章程が定められた。そして同年一一月、県治条例の廃止、府県職制事務章程が制定された結果、県治機構から聴訟課は消滅し、その課名は使用されなくなった。それにもかかわらず、府県裁判所を全国的に一挙に開設することができないという当時の中央政府の財政事情等から、裁判所未設の県に、従来どおり裁判事務を取り扱わせざるを得なかった（地方官の判事兼任制）。そしてその命を受けた裁判所未設の県からの伺いに対し、司法省が苦肉の策として当該裁判所未設の諸県に「某県裁判所」と公称することを逐一指令の形で承認したのである。ところで、従来、国の設置した府県裁判所は、例えば、東京府裁判所といわず、東京裁判所、神奈川県裁判所ではなく、神奈川裁判所が正式名称とされていた（これらの事情については、拙稿「明治前期・司法官任用制の一断面――明治十年・広島裁判所の場合――」『修道法学』第二三巻二号一一頁以下（平成一三年二月）を参照されたい）。したがって、本資料においても裁判事務の受渡しの際、島根県裁判所、松江裁判所の名称が用いられているが、その場合、前者はいわば島根県が設置した裁判所、後者は国（司法省）が設置した地方裁判所である。当時は地方裁判所に改置されても松江地方裁判所ではなく、単に松江裁判所と呼んでいた。両者は設置主体を異にしており、この点区別しておく必要がある。

三　本資料の表紙には「明治九年　松江裁判所へ事務引渡書」と記載されている。一見すると、その内容は島根県（裁判所）から松江裁判所に対する事務引渡しにかかわる一件書類の如くに思われるが、実はそうではない。松江裁判所長・六等判事河口定義から島根県七等出仕兼七等判事（各種受取文書の中には、島根県裁判所七等判事の肩書を使用している場合もある）星野輝賢宛に送付した受取文書がその全容である。

これらの文書はすべて一葉二六行の、中央部分に、赤茶色で「松江裁判所」の印刷が施されている。丁数が付けられていないため、われわれが調査したところ、全部で一四四葉（枚）であった。

内容を概観すると、島根県裁判所本庁所蔵の諸簿冊目録をはじめ、書籍目録が編綴されており、以下、松江裁判支庁の前述諸目録、鳥取裁判支庁の同様の諸目録が多少混在した形で編まれている。浜田裁判支庁の諸目録については、それ自体明記されていないため、特定は困難である。以上の如き諸目録に載せられた諸物品の受取証の年月日は一様ではなく、明治九年一一月二七日付のものに始まり、明治一〇（一八七七）年一月一九日で終わっている。しかし同九年一二月二二日付のものが最も多い。約一ヶ月半の間に引渡しがなされたことが分かる。

これらの文書の全体を紹介するには紙数の制約があり、刑事事件に関する諸簿冊類は原則として省略することにした。大方のご諒承を得たい。ただし、書籍に関しては和漢洋の法律書等は民刑事を問わずすべてそのまま紹介することにした。法律書については、特に島根・鳥取を問わず、当時の英・仏等の翻訳書、例えば、箕作麟祥の『佛蘭西法律書』などは盛んに参考にされていたと推測することができそうである。なお、明治年間の法律書については、とり

あえず、尾佐竹猛「法律学文献年表」（吉野作造編輯『明治文化全集第八巻・法律編』日本評論社刊（昭和四年）五八七頁以下）、西村捨也編著『明治時代法律書解題』酒井書店刊（一九六八年）が参考になる。

〔文責〕加藤　高

〔凡　例〕

（1）本資料は、現在、島根県総務部総務課において保管されている。

（2）本資料は、明治九年十一月二十七日から翌十年一月十九日にわたり、前島根縣裁判所、前同松江裁判支廳、前同濱田裁判支廳、前同所鳥取裁判支廳より松江裁判所へ引き渡された文書や図書、備品などのリストである。引継ぎを受けた松江裁判所長・六等判事河口定義から引渡しをした島根縣裁判所長・七等判事星野輝賢などに宛てた受取文書が添付されている。日付からみると、二ヶ月近い日数をかけて引渡しが行われたようである。十二月二十二日付のものがいちばん多い。備品のリストは詳細で、例えば、罫紙の色別の枚数のように細かな品目も丹念に記されている。

（3）本資料は、和紙袋綴じ、全体で百四十四葉より成っている。厚紙の表紙をあてがい、表題が書かれている。本文の用紙中央の折返し部分に、「松江裁判所」と印刷されている。用紙は毎半葉十二行の縦書き用の罫紙である。

（4）紙数の関係から、原則として民事関係のものに限定し、刑事関係のものは省略した。ただし、書籍はすべて掲載した。これは、まだ制定法が不十分なこの時期に、裁判官が裁判に際し参考にした図書と推測され、この時代の法源を知る手がかりになることが期待されるからである。

（5）本文にしたがい、旧漢字が用いられている箇所は、できるだけそれに従った。文字もできるだけ本文の配置に近いところに置くようにした。文字の大きさも、本文の感じに似るように努めた。

（6）本資料の一用紙中、本文の前または後に二行以上明けられているときは、一行を明け、本文が一行おきに書かれている箇所は、行を詰めた。

(7) 葉数を行頭の〔 〕内の漢数字で示し、便宜上、各葉の前半部分はA、後半をBとした。

(8) 紹介者が附した注記を〔 〕で示した。例、〔表紙〕、〔刑事関係につき省略〕など。

(9) 本文は墨書きである。判読困難な箇所は一字ごとに□で示した。

(10) 人名、地名などは、「某男」、「某村」などと表記し、字数分を同数の□で示した。

(11) 図書につき、解題中の尾佐竹猛「法律学文献年表」と照合できたものには、「尾佐竹」を付し、西村捨也編著『明治時代法律書解題』と照合できたものは「西村」を付して、注に記した。多方面の分野にわたっていること、フランス法関係の図書が多いこと、実務書が多いこと、明律、清律など中国法制の書籍が含まれていることなどが目につく。

(12) 松江地方裁判所に保管されていることを確認したものに、※をつけた。

〔表紙〕　十一月二十七日〔欄外に記入〕

明治九年

松江裁判所へ事務引渡書

第壱種　秘書科

記

一　島根縣裁判所演説《ママ》書　二冊

一　松江裁判支廳演説《ママ》書　壱冊

右正ニ受取申候也

明治九年　松江裁判所長

十一月廿七日　六等判事　河口定義(1)　印

〔一A〕

嶌根縣七等出仕兼七等判事
星野　輝賢(2)　殿

〔一B〕白紙

〔二A〕～〔三B〕は刑事関係につき省略

〔四A〕〔3〕

目　録

〔四B〕白紙

〔五A〕

諸簿冊目録島根縣裁判所本廳分

一　太政官公布　三冊
一　内務省布達　一冊
一　司法省布達　二冊
一　文部省布達　一冊
一　工部省布達　一冊
一　大蔵省布達　一冊
一　教部省
海軍省
陸軍省
開拓使　布達　合壱冊

刑事ノ部

一　繋累留　一冊

以下、〔五B〕～〔八A前半〕は刑事関係につき省略

〆右箪笥一棹入

〔八A後半〕

民事ノ部

一　訴訟事件明細録※　五冊
一　訴訟済口証文　拾壱冊
一　訴訟申稟録　七冊

〔八B〕

一　聴訟件数書并聴訟日々表扣　壱冊
一　聴訟表※　拾七冊
　但明治七年中訴訟明細表ト唱フ
一　訴状却下留　壱冊
一　雑申稟※　貳冊
一　訴訟件名簿　拾四冊
一　聴訟日々表　拾冊
一　裁許状綴込※　壱冊
一　府県来書綴込※　壱冊
一　府縣掛合申稟※　壱冊
一　代言人表　壱冊
一　官省進達申稟録　壱冊
一　控訴届綴込　壱冊

〔九A〕

一 管内布告按稟議留　壱冊
一 遅参不参其他第四課へ交付録　壱冊
一 身代限分配金計算書　四冊
一 願伺届綴込　壱冊
一 受書綴込　壱冊
一 身代限人名簿※　壱冊
一 島根縣裁判所民事課事務節目※　壱冊(3)
〆 右簞笥一棹入

本廳受付係之部

一 聽訟受付係仮章程　壱冊
一 民刑事受付簿　四冊
一 訴状受付簿　貳冊
〔九B〕
一 贓贖金納収簿　三冊
一 尋常喚起状發書賃金簿　四冊
一 郵便公翰下付簿　三冊
一 郵便飛脚賃金下渡簿　壱冊
一 飛脚心得要領并人名簿　壱冊
〆

書籍目録

一 新律綱領(4)　二部内壱本欠
一 改定律例(5)　二部
一 新律付例解(6)　壱部
一 聽訟指令(7)　壱部
一 擬律必携(8)　壱部
〔一〇A〕
一 規則全書　三冊
一 公布全書　二冊
一 改正條例　壱冊
一 康煕字典　壱部
一 佛蘭西法律書(9)　弐冊
一 類聚佛國刑法(10)　四冊
一 佛国商法講義(11)　四冊
一 佛国民法契約篇講義(12)　弐冊
一 治罪法備孜上篇(13)　六冊
一 明律　壱部
一 明律国字解　壱部
一 清律彙纂(14)　壱部
〆 右簞笥壱棹入
〔一〇B〕
一 民事控訴中件数　四件

一　民事現在件数　　　五百十二件
一　上等裁判所江回答モノ　　壱袋
一　某　男　外壱名□□庫裁判所身代限
　　處分一件　　壱袋
〆
〔以下、六行は刑事関係につき省略〕
〔一一A〕
一　民事落着一件袋　　五拾弐括
　　内　明治五年　壱括
　　同　六年　四括
　　同　七年　六括
　　同　八年　拾八括
　　同　九年　九括
一　刑事落着一件袋　　拾弐括
〔以下、五行は刑事関係につき省略〕
〔一一B〕～〔一二B〕〔刑事関係につき省略〕
〔一三A〕（表紙）

目　録

〔一四A〕
松江支廰民事諸帳簿目録

第一号(15)　一　府縣掛合申稟※　一冊
第二号　一　請書綴込　一冊
第三号　一　府縣来書綴込※　一冊
第四号　一　管内布達甲号　一冊
第五号　一　管内布達乙号　一冊
第六号　一　管内布達雜類　一冊
第七号　一　訴訟明細表※　拾冊
第八号　一　訴訟済口書　拾冊
第九号　一　訴訟件名簿※　八冊
第十号　一　勧解済口書　一冊
第十一号　一　勧解件名簿　四冊
第十二号　一　勧解表　拾冊
〔一四B〕
第十三号　一　身代限人名簿　一冊
第十四号　一　管内区割帳　一冊
第十五号　一　裁許一件袋　一括
　　　　　　但件数七件内壱件控訴
第十六号　一　島根縣旬報　一冊
第十七号　一　内務省達　一冊
第十八号　一　太政官布告 司法省達 合綴　一冊
第十九号　一　勧解日々表　一冊
第二十号　一　裁許状綴込　一冊

第二十一号一　民事現在件数　七百拾件六括ヲ以
　但箪笥壱棹
一　民事落着一件袋　拾四括
一　勧解落着一件袋　壱括
〔一五Ａ〕～〔一六Ａ〕は刑事関係につき省略
〔一七Ａ〕
　松江支廳受付係帳簿
第一号(16)　一　訴訟件名簿※　三冊
第二号　一　勧解件名簿　三冊
第三号　一　諸願伺届受付簿　四冊
第四号　一　喚起状発送賃金簿　二冊
第五号　一　公翰郵便下付簿　三冊
第六号　一　諸縣来状留　一冊
第七号　一　郵便差押賃金下付簿　二冊
　但證書扣共
第八号　一　賍贖金納収簿　一冊
　但箪笥一棹
右之通御引渡有之正ニ受取候
也
〔一七Ｂ〕
　松江裁判所長
明治九年十一月廿七日　六等判事河口定義　印
島根縣裁判所
　七等判事星野輝賢殿
〔一八Ａ〕～〔二一Ｂ〕は刑事関係につき省略
〔二二Ａ〕〔表紙〕
引継書簿目録
〔二三Ａ〕
目　録
一　民事裁判表綴込　壱冊
一　裁許用罫紙受払簿　壱冊
一　裁許用訴訟用罫紙見本　壱冊
一　聴訟日々表　弐冊
一　官省進達申稟　壱冊
一　訴訟文通用罫紙売払日々表　壱冊
一　訴訟裁許文通用罫紙取扱順序　壱冊
一　訴訟裁許用文通用罫紙税収領簿　弐冊
一　訴訟文通用罫紙元受簿　壱冊
一　訴訟文通用罫紙下付簿　三冊
一　身代限計算書綴込　壱冊
一　裁許并訴訟用罫紙元払計算表綴込　壱冊

〔二三B〕

一　本年十月一日ヨリ至十一月二十六日民事落着一件

袋　弐括

訴訟用界紙

一　黄色　百七拾枚

一　橙黄色　千九拾壱枚

一　緑色　千弐拾七枚

一　黒色　千五拾枚

一　青色　七百七拾弐枚

一　紫色　三拾七枚

一　紅色　七枚

一　赭色　千四百七拾八枚

〆右訴訟用罫紙入箪笥壱棹ヲ添フ

元松江裁判支廳ノ部

〔二四A〕

一　訴訟裁許用文通用罫紙税収領簿　弐冊

一　訴訟裁許用文通用罫紙下付簿　弐冊

一　身代限分配計算書　壱冊

一　訴訟文通用罫紙売払日々表　弐冊

一　訴訟日々表　壱冊

一　裁許用罫紙元拂簿　壱冊

一　濱田支廳来書綴込　壱冊

一　民事裁判表　壱冊

一　本年従十月一日至十一月二十六日民事落着一件

囊　四括

訴訟用罫紙

一　茶色　二拾五枚

一　黄緑色　弐百八拾枚

〔二四B〕

一　紅色　五拾枚

一　赭色　百四拾枚

〆

旧鳥取縣ヨリ引継書類目録

一　裁許用罫紙規則　壱冊

一　裁許并呼出用界紙受取帳　壱冊

一　裁許用界紙税司法省へ上納簿　壱冊

一　裁許并呼出用罫紙税金日計簿　壱冊

一　裁判所隠岐支廳　裁許并呼出用罫紙　貸下證書　壱冊

一　裁許并呼出用界紙元拂収納金計算表　壱冊

一　司法省進達同省来翰簿　壱冊

一　演舌書々抜　壱冊

〔二五A〕

外ニ第三課書面一通　壱通

一　旧鳥取縣ヨリ引継タル裁許并呼出用罫紙

ノ第三課副書　壱通
但新界紙ハ本廳ノ元受□□□別ニ分ケス
一　裁許用界紙代價収入簿　壱冊
一　裁許用文通用罫紙代價収入簿　壱冊
右帳簿目録第三課書面　壱通
一　裁許用罫紙税金引渡目録　壱括
右税金弐圓拾五戔
右ニ副□翰書翰　壱通
外ニ第三課副書　壱通
一　金弐圓弐拾八戔大坂出納寮千六百九十七号乙
号證書　壱通
〔一一五B〕
一　金四圓五拾三戔五厘同寮三千弐百十号乙
号證書　壱通
右二口ハ第三課添書ニ炳焉ナリ
一　文通用罫紙代價訴訟嚢ノ成直ヲ以一件
落着ノ上可取立云々書翰　壱通
一　元□税係へ罫紙数ノ精算相関云々ノ書翰
壱括
一　司法省達ヲ誤解シ収入帳受拂帳二冊ヲ
製シ云々書翰　壱通
〆

一　金五銭五厘
是ハ訴訟文通用罫紙旧濱田縣ニ於テ係用
ノ分本廳ニテ代價取立候分
〔一一六A〕
一　金拾弐圓弐拾五銭弐厘
是ハ本廳及ヒ松江裁判支廳ニ於テ
取立ノ罫紙代別冊本年従七月十一月
二十六日ニ到ルノ界紙元払収納金計算表ニ
炳焉ナリ
一　訴訟文通用罫紙元受簿　壱冊
一　本年従七月至十一月二十六日罫紙元払
収納金計算表本廳及ヒ松江裁判
支廳分共　弐冊
但司法省へ進達スヘキ分
一　同上扣書　弐葉
右正ニ受取候也
明治九年十二月七日
松江裁判所長
六等判事河口定義　印
〔一一六B〕
島根県元裁判所

七等判事　星野輝賢殿

〔二七A〕〔表紙〕

引継　書籍
帳簿　目録

〔二八A〕

引継諸簿冊目録

一　太政官布告　三冊
一　内務省布達　一冊
一　司法省布達　二冊
一　文部省布達　一冊
一　工部省布達　一冊
一　大蔵省布達　一冊
教部省
海軍省
陸軍省　布達合　一冊
開拓使

刑事ノ部

〔二行省略〕

〔二八B〕～〔三一A前半〕まで刑事関係につき省略

〔三一A後半〕

民事之部

一　訴訟事件明細録※　五冊
一　訴訟済口証文　拾壱冊
一　訴訟申稟録　七冊
一　聴訟件数書并聴訟日々表扣　壱冊

〔三一B〕

一　聴訟表※　拾七冊
但明治七年中訴訟明細表ト唱フ
一　訴訟却下留　壱冊
一　雑申稟　弐冊
一　訴訟件名簿※　拾四冊
一　聴訟日々表　拾冊
一　裁許状綴込　壱冊
一　府縣来書綴込　壱冊
一　府縣掛合申稟※　壱冊
一　代言人表　壱冊
一　官省進達申稟録　壱冊
一　控訴届綴込　壱冊
一　管内布告按稟議留　壱冊

〔三二A〕

一　遅参不参其他第四課江交付録　壱冊

一 身代限分配金計算書 四冊
一 願伺届綴込 壱冊
一 受書綴込 壱冊
一 身代限人名簿 壱冊
一 島根縣裁判所民事課事務節目 壱冊
〆 右簿冊壱棹入
一 本廳受付係之部
一 聴訟受付係仮章程 壱冊
一 民刑事受付簿 四冊
一 訴状受付簿 弐冊
一 賍贖金納収簿 四冊
一 尋常喚起状發送賃金簿 四冊
〔三一B〕
一 郵便公翰下附簿 三冊
一 郵便飛脚賃金下渡簿 壱冊
一 飛脚心得要領并人名簿 一冊
〆 書籍目録(17)
一 新律綱領 弐部内壱本欠
一 改定律例 弐部
一 新律付例解 壱部
一 聴訟指令 壱部
一 擬律必携 壱部
一 規則全書 三冊
一 公布全書 弐冊
一 改正條例 壱冊
〔三三A〕
一 康熙字典 壱部
一 佛蘭西法律書 弐冊
一 類聚佛国刑法 四冊
一 佛国商法講義 四冊
一 佛国民法契約篇講義 弐冊
一 治罪法備攷上篇 六冊
一 明律 壱部
一 明律國字解 壱部
一 清律彙纂 壱部
〆右簞笥壱棹入
一 民事控訴中件数 四件
一 民事現在件数 五百十二件七括
〔三三B〕
一 上等裁判處ヨリ回答モノ 壱袋
一 某 男 外壱名於兵庫裁判所身代限處分一件 壱袋

〆
〔刑事関係につき六行分を省略〕
一　民事落着一件袋　　五拾貳括
　　内　明治五年　　　壱括
　　　　同　六年　　　四括
　　　　同　七年　　　六括
　　　　同　八年　　拾八括
　　　　同　九年　　　九括
一　刑事落着一件袋　　拾貳括
〔以下、〔三四B〕まで刑事関係につき省略〕

〔三四A〕

官へ引渡相済候ニ付別紙領収証
十通相添此段及上申候也
明治十年一月八日
　　　　四級判事補山縣真幸　印
星野七等判事殿

〔三五A〕

受取目録
一　民事千八拾九件
一　刑事六拾六件
一　勧解願六百七拾八件
右正ニ受取候也
　　　　松江裁判所長
明治九年十一月廿七日　六等判事河口定義　印
島根縣七等出仕兼七等判事
　　星野輝賢殿

〔三七A〕

右正ニ受取候也
　　　　松江裁判所長
明治九年十二月　　六等判事河口定義　印

〔三六A〕

上申書
鳥取裁判支廳事務出張裁判

〔三七B〕

嶌根縣元裁判所
七等判事星野輝賢殿

松江裁判所長
明治九年十二月廿二日　六等判事河口定義　印
嶌根縣元裁判所
七等判事星野輝賢殿

〔四〇Ａ〕
証
一　塗　板　拾八枚
一　罫犯表其外版木　貳拾貳枚
一　書籍簞笥　五ツ
一　小簞笥　貳ツ
一　戸　棚　五ツ
右正ニ受取候也
松江裁判所長
明治九年十二月廿二日　六等判事河口定義　印
嶌根縣元裁判所
七等判事星野輝賢殿

〔四一Ａ〕〔表紙〕
明治九年十二月廿二日

〔三八Ａ〕
記
一　訴訟用罫紙　黄色　六百拾六枚
一　同　黄緑色　四百九拾九枚
一　同　紫色　六百四拾九枚
一　同　紅色　六百拾八枚
一　同　赭色　七百弐拾五枚
右正ニ受取候也
松江裁判所長
明治九年十二月廿二日　六等判事河口定義　印
嶌根縣元裁判所
七等判事星野輝賢殿

〔三九Ａ〕
〔欄外〕
記
乙裁一　一　官省告達　拾九冊
同　二　一　本縣布達　壱　冊
同　三　一　呼出用罫紙遣拂日々表　四　冊
同　四　一　雑書　三　括
右正ニ受取候也

書籍并諸帳簿受取目録

〔四一A〕

一　日誌内 太政官二十五鎮定府三公議所一 集議院一東巡一巡幸一東京域二　三拾四冊
一　同　官布達　拾五冊
一　内務省布達　八冊
一　宮内省布達　一冊
一　大蔵省布達(18)　七冊
一　司法省日誌　廿一冊
一　同省布達　八冊
一　文部省布達　六冊
一　教部省布達　四冊
一　工部省布達　四冊
一　開拓使布達　三冊
一　海陸軍両省布達　拾冊

〔四一B〕

一　地租改正事務局御達　一冊
一　租税寮布達　五冊
一　郵便規則　五冊
一　縣廳布告　十七冊
一　官省諸規則類　一括
一　裁判議案(19)　三冊
一　擬律必携(20)　拾冊 内乾ノ分冊 欠本
一　新律附例解(21)　六冊
一　新律綱領注釋(22)　四冊内一冊欠本
一　類聚佛国刑法(23)　四冊
一　令義解　拾冊
一　皇佛民事雜纂　五冊
一　改正増補訴訟便覧　四冊

〔四三A〕

一　佛国政典(24)　拾二冊
一　聴訟指令(25)　拾四冊
一　訴訟提綱(26)　七冊
一　内外法制沿革略(27)　四冊
一　貸借必携(28)　五冊
一　訴訟必携(29)　拾六冊
一　英國刑律摘要(30)　三冊
一　同國法家必携(31)　二冊
一　貨幣條例備考(32)　一冊
一　訴訟提要(33)　九冊
一　讀律必携(34)　二冊
一　新律綱領(35)　五冊

一　改定律例(36)　六冊
〔四三Ｂ〕
一　監獄則(37)　二冊
一　法例彙纂(38)　一冊
一　唐律疏議　拾五冊
一　皇朝律例彙纂(39)　一冊
一　日本訴訟法(40)　一冊
一　民事要録(41)　二冊
一　司法省日誌索引　六冊
一　治罪法(42)　五冊
一　佛蘭西刑法　五冊
一　同　憲法(43)　一冊
一　同　民法　拾六冊
一　律書訓解　一冊
一　司法省職制法　一冊
〔四四Ａ〕
一　佛蘭西商法(44)　五冊
一　同訴訟法(45)　八冊
一　海陸軍刑律　一冊
一　明律　九冊
一　断獄事務章程　一冊
一　聴訟事務章程　一冊

一　鳥取縣職制事務章程　一冊
一　罪案書式(46)　二冊
一　絞罪器械書　一冊
一　服忌明細帳　一冊
一　新律府藩質疑　九冊
一　聴訟類集　六冊
一　國郡全圖　二冊
〔四四Ｂ〕
一　國立銀行條例　一冊
一　諸表式雛形　三冊
一　各區物代所事務章程　一冊
一　新聞　一括
一　断獄則例　一冊
〔四五Ａ〕
一　訴訟済口願下ケ　六十八冊
一　聴訟件銘録　九冊
一　指令下渡　一冊
一　遅不参始末書　一冊
一　裁判言渡　二冊
一　聴訟口供編冊　二冊

一　裁許状并文通用罫紙代金納証書　二冊
一　訴状添翰并奥書留　一冊
一　評議留　二冊
一　訴状却下編冊　一冊
一　身代限糶賣金収納帳　一冊
一　同掲示伺留　一冊
〔四五B〕
一　身代限入札拂掲示伺留　一冊
一　同分散配当金受書留　一冊
一　同家財付立伺留　一冊
一　諸受書留　四冊
一　裏書按伺留　一冊
一　民事裁判表進達扣　一冊
一　身代限并控訴件数書進達扣　一綴
一　訴訟一件袋明治五年分　一括
一　同　六年分　一括
一　同　七年分　一括
一　同　八年分　二括
一　同　九年分　二括
一　争論裁許留　六冊
〔四六A〕～〔四九B〕は刑事関係につき省略
〔五〇A〕
一　島根縣裁判所民事課假章程　一冊
一　同　裁判支廳假章程　一冊
一　訴訟裁許文通用罫紙取扱順序　一冊
一　聴訟日々表　一冊
一　聴訟日々表綴込　一冊
一　勧解日々表　一冊
一　勧解日々表綴込　一冊
一　勧解班数表　一冊
一　訴訟班数表　一冊
一　身代限分配金受書留　一冊
一　身代限配當計算記及証書稟書按綴込　一冊
〔五〇B〕
一　身代限糶賣金納證書留　一冊
一　控訴件数書進達扣　一冊
一　下訴状綴込　一冊
一　本廳来書綴込　一冊
一　裁許用罫紙受拂帳　一冊
一　原被告連印計算書留　一冊
一　訴訟件銘簿　七冊
一　申稟番号録　一冊
一　申稟録　一冊

一 雑書留 一冊
一 裁許用罫紙減損簿 一冊
一 民事裁判表進達扣 一冊
一 求刑書類交付録 一冊
〔五一A〕
一 諸課回書留 一冊
一 願下訴状等交付録 一冊
一 伺願指令留 一冊
一 裁許一件書 一括
一 聴訟表 一冊
一 済口證書 四冊
一 勧解件名簿 四冊
一 勧解喚起簿 一冊
一 延期願 二冊
一 願下ケ訴状 三冊
一 諸受書留 一冊
一 勧解代理人願 二冊
一 巳決勧解表 四冊
〔五一B〕
一 巳決一件袋 七袋
一 身代限掲示并財産付立人名簿 一冊
一 勧解未決一件袋 一括

一 同 巳決一件袋 一括
一 鳥取縣事務受書類 一冊
〔五二A〕～〔五二B前半〕は刑事関係につき省略
〔五二B後半〕
右之通正ニ請取候也
明治九年十二月廿二日
松江裁判所長
〔五三A〕
六等判事河口定義 印
島根縣元裁判所
七等判事星野輝賢殿
〔五四A〕～〔八九A〕は刑事関係につき省略
〔九〇A〕
証
九年十二月十九日
一 新訴 拾四件 壱括
一 勧解新願 貳拾九件 壱括
同 十二月廿日
一 新訴 拾五件 壱括

一　勧解新願　　三拾八件　　　　　　　　壱括
　　外ニ金壱円添
同　十二月廿一日
一　勧解新願　　新訴三件追訴壱件　　　　壱括
一　勧解新願　　三件　　　　　　　　　　壱括
　右正ニ受取候也
　明治九年十二月廿七日
　　　　　　　　松江裁判所鳥取支廳詰
同　十二月廿二日
一　新訴　　　　拾件　　　　　　　　　　壱括
　　　　　　　　松江裁判所長代理
一　勧解新願　　七件　　　　　　　　　　壱括
　　　　　　　　　二級判事補針生知及　印
〔九〇B〕
同　十二月廿三日
　島根縣元裁判所
一　新訴　　　　七件　　　　　　　　　　壱括
　　七等判事星野輝賢殿
一　勧解新願　　七件　　　　　　　　　　壱括
〔九二A〕
一　勧解日延代理願書　　　　　　　　　　壱括
一　民事済口　　貳件　　　　　　　　　　壱括
　　　　　記
一　民事代理願書　　　　　　　　　　　　壱括
一　民事裁判表　　自十月至十二月　各壱通ツヽ
一　民事日延願書　　　　　　　　　　　　壱括
一　身代限件数書　　右同　　　　　　　　壱通
一　某　町　某　男　後見人之義ニ付第壱大区小二区
一　控訴件数書　　右同　　　　　　　　　壱通
　戸長ヨリ之書面　　　　　　　　　　　　壱通
〔以下、刑事関係につき八行分を省略〕
一　某　町　某　男　實印之義ニ付第一大区小拾壱
〆
　区戸長ヨリ之書面　　　　　　　　　　　壱通
〔九二B〕
一　某　村　某　男　資力限調書面　　　　壱通
　右明治九年十二月分元鳥取裁判支廳民
〔九一A〕
　刑事諸取調書誌悉尤御引渡ニ相成正ニ
一　某　村　某　男　追徴金書面　　　　　壱括
　請取候也

松江裁判所鳥取支廳詰

明治九年十二月廿八日　松江裁判所長代理

二級判事補針生知及　印

島根縣元裁判所

七等判事星野輝賢殿

〔九三A〕

目録

一　民事裁判表　八通四括ヲ以テ

一　身代限件数書　四冊

一　控訴件数書　四冊

右ハ本年従十月至十一月二十六日本廳及ヒ松江裁判支廳取調四通貳冊ツ、尽之事

但清扣共

右正ニ受取候也

明治九年十二月七日

松江裁判所長

六等判事河口定義　印

〔九三B〕

島根縣元裁判所

七等判事星野輝賢殿

〔九四A〕

民事ニ係ル取調

一　明治九年自三月至十一月廿六日勧解件数取調書　九冊

右松江裁判支廳取調ノ分

一　同年自五月至十二月　勧解件数取調書　八冊

一　同十年一月自一日至十一日　勧解件数取調書　壱冊

一　同九年自十月至十二月　民事裁判表　三葉

一　同控訴件数書　壱葉

一　同身代限件数書　壱葉

一　同十年一月自一日至十一日　民事裁判表　壱葉

右六口濱田裁判支廳取調ノ分

一　明治九年自十月至十二月　民事裁判表　三葉

一　同控訴件数書　壱冊

一　同身代限件数書　壱冊

〔九四B〕

右三口鳥取裁判支廳取調ノ分

右之通本省江可進達分正領収候也

松江裁判所長
六等判事河口定義代理
明治十年一月十九日　七等判事川村應心　印
島根縣元裁判所
七等判事星野輝賢　殿

〔九五A〕～〔九九A〕は刑事関係につき省略
〔一〇〇A〕〔民刑いずれか不明〕

証
一　圖面　一括
一　御回答　一枚
右正ニ請取候也
明治九年
十一月廿八日　松江裁判所　印
島根縣廳
御中

〔一〇一A〕〔刑事関係につき省略〕

〔一〇二A〕
記
一　黄色罫紙　貳百枚
一　橙黄色罫紙　貳百枚
一　緑色罫紙　貳百枚
一　墨色罫紙　貳百枚
一　青色罫紙　貳百枚
一　紫色罫紙　貳百枚
一　紅色罫紙　貳百枚
一　赭色罫紙　貳千枚
右正ニ受取候也
松江裁判所
明治九年十一月廿七日　六等判事河口定義　印

〔一〇二B〕
島根縣裁判所
七等判事星野輝賢殿

〔一〇三A〕〔刑事関係につき省略〕
〔一〇四A〕〔民刑いずれか不明〕
御届
當支廳裁判事務本日引渡済ニ候

留残収領証并ニ目録写送達仕候也
明治十年一月十二日
中属兼三級判事補
塚本近義　印

縣　令　佐藤信寛殿(47)
七等判事星野輝賢殿

〔一〇五A〕（表紙）

受取総目録

〔一〇六A〕

記

一　民事現在　四拾貳件
是レハ別冊件名録ノ通
一　刑事現在　九件
是レハ別冊件名録ノ通
一　勧解現在　三拾八件
是レハ別冊勧解表之通
一　書籍
是レハ別冊目録之通
一　諸帳簿
是レハ同断
一　官省縣公布達

〔一〇六B〕

是レハ同断
一　当坐《ママ》不用帳簿
是レハ同断
一　元裁判支廳置付品
是レハ同断
一　訟庭置付品
是レハ同断
一　裁許并ニ文通用罫紙
是レハ同断

〆

右之通受取候也

〔一〇七A〕

明治十年一月十二日
松江裁判所長
六等判事河口定義　印

島根縣元裁判所
七等判事星野輝賢殿

〔一〇八A〕〔表紙〕

書籍目録

〔一〇九A〕
記(48)

一 新律綱領 改定律例 合巻　壱本
一 同　注釋(49)　壱部五本
一 改正条例　壱本
一 擬律必携自一編至四編(50)　壱部十本
一 新律附例解(51)　壱部六本
一 罰則大成　壱部四本

〔一〇九B〕

一 罰則一覧表(52)　壱本一折
一 律例要条(53)　壱本
一 訴訟提要　壱部九本
一 訴訟法仮規則　壱本
一 訴訟必携(54)　壱部二本
一 聴訟提要　壱部十六本
一 聴訟指令類集　壱部五本

〔一一〇A〕

一 民事要録(55)　壱部壱本
一 憲法類篇　初篇(56)　壱部廿八冊
一 同　二篇(57)　壱部廿七冊
一 指令彙纂　壱本
一 官途必携　但附録法(58)　壱部十六冊
一 辛未布告全書　壱部十二冊

〔一一〇B〕

一 壬申布告全書　壱部十三冊
一 癸酉公布全書　壱部二帙
一 規則全書自一編至廿篇　壱部四帙
一 司法省布達全書自明治四年至七年(59)　壱部二本
一 国邦全圖　壱部二本
一 国邦便覧　壱帙
一 改置府縣概表(60)　壱本

〔一一一A〕

一 康煕字典　壱部四十一本
一 福恵全書　壱部十八本
一 仏国法律書(61)　壱部二本
一 仏国訴訟法(62)　壱部八本
一 同　講義　端　二本

一　同　民法(63)　壱部十六本
〔一一一B〕
一　同治罪法(64)　壱部五本
一　同備考(65)上篇　壱部六本
一　同類聚刑法(66)　壱部四本
一　仏国政典(67)　壱部十二本
一　英国法律全書(68)　三冊　但首巻一本　一篇ノ内二本
一　同刑法摭要《ママ》(69)　壱部三本
一　唐律疏義　壱部十五本
〔一一二A〕
一　明律　壱部九本
一　同国字解　壱部八本
一　大清律(70)　壱部廿四冊
一　清律彙纂(71)　壱部十本
一　法曹至要抄　壱部三本
一　律書訓解　壱部三本
〔一一二B〕
一　全体新論解説　壱部四本
一　貨幣條例　但備考𪜈(72)　二本
一　陰陽両暦對照表　壱本

一　日本戸籍表　壱本
一　大東寶鑑　壱本
一　司法職務定則(73)　壱本
一　東京裁判所断獄課事務節目　壱本
〔一一三A〕
一　大審院判決録　壱本
一　明治六年司法省日誌(74)　三本
一　同　七年　仝　六本
一　同　八年　仝　三本
一　同　九年　仝　三本
一　司法省日誌索引　壱本
〔一一三B〕
一　明治八九年内務省日誌　二本
一　民法假法則(75)　壱本
一　諸規則并罰則抜抄　壱本
一　英国海軍律例全書(76)　壱部二本
一　司法省日誌摘録　四冊
一　訴訟係要布告達按綴　壱本
一　刑事取調諸表雛形　壱本
〔一一四A〕
一　明治十年太陽暦　壱本

以上
外ニ箱七箇添

〔一一五A〕〔表紙〕

帳簿目

〔一一六A〕

記(77)

一　済口証文綴込　七冊
一　下渡状綴込　五冊
一　民事口書　壱冊
一　刑事廻シ訴状綴込　壱冊
一　訴状綴込　三冊
一　民事裁判表綴込　二冊

〔一一六B〕

一　聴訟件数日記并日々表　一冊
一　聴訟表　四冊
一　聴訟件名簿　五冊
一　訴訟審判録　二冊
一　官省伺　拾壱冊
一　諸布告留　五冊

〔一一七A〕

一　府縣往復留　拾八冊
一　官省并□裁判所来翰　壱冊
一　刑文　拾五冊
一　待罪書　七冊
一　罪案　拾九冊
一　聴訟廻リ取糾書類　壱冊
一　吟味願　壱冊

〔一一七B前半〕

（以上、刑事関係につき三項を省略）

一　元濱田縣聴訟規則　壱本
一　島根縣裁判所刑事課事務節目　壱本
一　同縣民事課事務順序　壱本

〔一一八A〕

一　訴訟罫帋取扱順序　壱本
一　裁判支廳事務節目　壱本

（以下、刑事関係につき五項目を省略）

〔一一八B〕

〔刑事関係につき六項目を省略〕

一　裁判本支廳往復留　二冊

〔一一九A〕〔民刑混在〕

一　諸達留　壱冊
一　司法省并□裁判所進達物扣　壱冊
一　贓贖諸罰金収領簿　壱冊
一　民刑事并勧解日々表　三冊
一　訴状願下ケ留　二冊
一　罫紙日々受拂表　壱冊

〔一一九B〕

一　裁許用罫帋元拂収納金計算表　壱冊
一　勧解件名簿　二冊
一　罫紙遣拂代金上納扣　壱冊
一　勧解表編冊　壱冊
一　文通用罫紙遣拂簿　壱冊
一　勧解月表綴込　壱冊

以上

〔一二〇A〕〔表紙〕

布告布達目

〔一二一A〕

記(78)

一　太政官布告達扣　七本
一　太政官日誌　六本
一　内務省布達達　五本
一　司法省　仝　三本
一　大蔵省　仝　三本

〔一二一B〕

一　陸軍省布達達　弐本
一　海軍省　仝　弐本
一　工部省　仝　弐本
一　文部省　仝　弐本
一　教部省　仝　弐本
一　各省　仝　壱本
一　諸寮布達簿　弐本

〔一二二A〕

一　戸籍寮布達簿　壱本
一　改正事務局布達簿　壱本
一　開拓使布達簿　壱本
一　明治八九両年分布告簿別綴　壱本
一　明治八九年人相書　弐本
一　新律綱領(79)　壱部五本

〔一二二B〕

一　改定律例(80)　壱部三本
一　監獄則　圖式共(81)　壱部二本

一 明治八九年郵便規則及罰則[82]　三本
一 罪案凡例及書式[83]　壱綴
一 新律改正　壱本
一 官省布達　壱本
一 地方官會議日誌　壱本
〔一二三A〕
一 文部省報告　壱本
一 同省雑纂　壱本
一 海陸軍刑律　壱本
一 表綴込　壱本
一 版権書目　壱本
一 森林報告　壱本
〔一二三B〕
一 内務省衛生局雑誌　壱本
一 牛病可治　壱本
一 宮内省布達　壱本
一 海陸軍抜制　弐本
一 元濱田縣管内布達　九本
一 明治九年島根縣管内布達　弐本
一 明治七八年元濱田縣旬報　壱本
〔一二四A〕
一 島根縣旬報　壱本

以上

〔一二五A〕〔表紙〕

諸帳簿ノ内当坐不用ノ分目録

〔一二六A〕～〔一二六B〕は主に刑事関係につき省略

〔一二七A〕〔表紙〕

裁判所置附品目

〔一二八A〕

記

一 テーフル　廿五脚
一 卓覆　三枚
一 椅子　十五箇
一 箪笥　六個
一 鍵箱　鍵三箇添　壱箇
一 時計　壱個

一　算盤　壱面
一　硯箱　硯水入添　四個
一　火鉢　六個
一　アンカ　六個
一　水瓶　二箇
〔一二八B〕
一　茶釜　壱箇
一　ゴトク　壱個
一　火箸　四前
一　茶碗　六ツ
一　土瓶　五個
一　十能　壱箇
一　箒　壱本
一　炭斗　壱ツ
一　民事裁判表版木　壱枚
一　聴訟表　同上　壱枚
一　民事一件袋同上　壱枚
以上
〔一三〇A〕〔表紙〕
白洲付品目録

〔一三一A〕
記
一　卓子　但卓氈付　五ツ
一　椅子　十個
一　長椅子　二ケ
一　幕　二張
一　硯箱　硯水入二ツ　五ツ
一　□掛　三ツ
一　小卓　三ツ
一　黒肉池　壱ツ
一　箒　壱本
一　上草履　二足
一　足高坐□　二ツ
以上
〔一三二A〕〔表紙〕
裁許用罫帋目録
〔一三三A〕
記

一　黄色　弐百十四枚
一　黄緑色　百七拾八枚
一　青色　百五拾枚
一　紫色　九拾三枚
一　紅色　百六枚
一　赭色　千七百七拾枚
以上

〔一三四A〕〔表紙〕

刑事諸表用紙目録

〔一三五A〕〔刑事関係につき省略〕

〔一三六A〕〔表紙〕

受付係取扱帳簿目録

〔一三七A〕

記

一　民刑進達簿　三冊
一　勧解進達簿　二冊
一　訴状渡印簿　三冊
一　金上納帳　一冊
一　金請取渡印簿　一冊
一　勧解名刺綴　二冊
一　訴訟人止宿綴　三冊
一　喚起出假原簿　一冊
一　勧解呼出状渡印簿　一冊
以上

〔一三八A〕

十二月廿八日到来第一課〔欄外〕

鳥取裁判支廳民刑事
訟庭并事務ニ関スル當職
御引渡済之義過般不
取敢及御届候處本日別
紙目録之通引渡被取計
則受領證取之進達仕候也
明治九年十二月廿五日
権中属山縣眞幸　印

〔一三八B〕

中属鶴岡判事補

島根縣令佐藤信寛殿

〔一三九A〕〔表紙〕

受取目録

〔一四〇A〕

記

一　民事訟庭　壱棟　図面壱葉
一　刑事訟庭　壱棟　同　壱葉
　但　勧解所付
　右二項ハ假受取
民事訟庭附属
一　幕　壱張
同
一　卓　貳脚
同
一　卓布　貳枚

〔一四〇B〕

同
一　椅子　四箇
同
一　硯箱　貳面
同　但　石共
一　黒肉　壱池
同
一　肉置臺　壱脚
同
一　腰掛　大六脚
同
一　同　小四脚

〔一四一A〕

一　火鉢　貳箇
同
一　火鉢臺　貳脚
刑事訟庭附属
一　幕　壱張
同
一　卓　三脚
同
一　卓布　三枚
同
一　椅子　六箇

同
一　硯箱　貳面
〔二四一B〕
但石共
同
一　黒肉　壱池
同
一　朱肉　同
同
一　腰掛　大壱脚
同
一　同　小貳脚
同
一　火鉢　壱箇
同
一　火鉢臺　壱脚
〔二四二A〕
同
一　責石　六箇
同
一　責臺　壱面
同
一　責縄　三筋
同
一　責板　壱枚
同
一　杖　八本
勧解所附属
一　幕　壱張
同
〔二四二B〕
一　卓　貳脚
同
一　卓布　貳枚
同
一　椅子　四箇
同
一　硯箱　貳面
同　但石共
一　黒肉　壱池
同
一　火鉢　壱箇
同
一　火鉢臺　壱脚

〔一四三A〕
一　腰　掛　　小三脚
同
一　同　　大八脚
裁判所ノ分
一　椅　子　　拾
同
一　卓　　拾脚
同
一　火　鉢　　六ツ
同
一　火鉢臺　　六脚
同
一　硯　箱　但石共　　拾面
〔一四三B〕
受附懸詰所之分
一　卓　　貳脚
一　椅　子　　貳ツ
一　火　鉢　　壱ツ
一　火鉢臺　　壱脚
一　硯　箱　　貳面
但　石共
〔一四四A〕
右正ニ受取候也
松江裁判所長
六等判事河口定義　印
明治九年一二月廿二日
嶌根縣令佐藤信寛殿

(1) 河口定義の旧称・生没年等不詳だが　長野県士族で明治五年一〇月新治県七等仕から司法省に転任。後年大審院判事（明一三年一〇月より同二六年一一月）となる。

(2) 星野輝賢　新潟県平民　天保一三年一一月生れ　明治五年七尾県から島根県、九等出仕で転任。後年島根県大書記官となる。

(3) 本書の紹介について、加藤　高「『島根縣裁判所民事課事務節目』について」『修道法学』一〇巻一号一八三―二〇三頁（昭和六二年）。なお、解題一参照。

(4) 西村・一六五頁。同書には、新律綱領首巻、五巻　司法省　官版　明三　美濃判大型　五冊と、新律綱領上、下　明三・一二　一冊　半紙判　との二項目がある。
(5) 西村・一六五頁参照。同書には、改定律例増加条例註釈　近藤圭造訓点　明八・一二　一九丁　半紙判　木版と、改定律例追輯巻一　須川準太郎輯・出版　明八・二　二六丁　木版　半紙半截判　との二点が記載されている。
(6) 西村・一六五頁、新律附例解六巻、高橋秀好輯録、萩原裕鑑定　太田金右衛門発行　明治八・三　半紙判　六冊。
(7) 西村・一五二頁　聴訟指令貸借之部　近藤圭造編輯　観蛮堂蔵版　坂上半七発兌　明八　判　半紙判　一一冊　と同じか。
(8) 西村・一六五頁、横山成教、渡辺義雄、小川重喬共著　依田薫校閲　袋屋亀太郎発行　明八・七　半紙判　五冊。
(9) 尾佐竹・明治三年　刑法五　箕作麟祥訳
尾佐竹・明治四年　民法一六　箕作麟祥訳
尾佐竹・明治六年　憲法、訴訟法　箕作麟祥訳
尾佐竹・明治七年　治罪法、商法一〇　箕作麟祥訳
七冊を以て終る
『仏蘭法律書』として、西村・二三頁　箕作麟祥口訳　辻士革校正　文部省蔵版　須原茂兵衛等発兌　明三〜七　木版　美濃判三二冊。
なお、西村・二四頁　翻訳局（箕作麟祥）訳　印書館　明八・四　B六　二冊　前項〔仏蘭法律書を指す〕の和装本が便覧に不便なため正院で活版刷りとし洋装に組替え上下二冊としたもの。上巻　憲法、民法　一、〇五八頁　下巻　訴訟法　一、〇四二条、商法、治罪法、刑法とある。
(10) 尾佐竹・明治八年　明法寮編纂。西村・一八九頁、明法寮編輯・蔵版　近藤圭造、坂上半七発売　明八・一　木版　半紙判四冊。
(11) 尾佐竹・明治八年二　ジュブスケ講述。西村・一四七頁、ヂョルジュ・ブスケ　黒川誠一郎訳　司法省蔵版　畏三堂（須原鉄二）、律書房（須原量平）　明八・一一　八五六頁　木版　半紙判　四冊。
(12) 西村・一二一頁　ボアソナード　名村泰蔵口訳　司法省〔明一一〜一二〕　B六　二冊　の元のものか。
(13) 尾佐竹・治罪法備攷　明治七年　上編九　井上毅纂　須原鐵二と同じか。西村・一九八頁　治罪法備考二輯一四巻　井上毅

（一八四四—九五・三・一八）纂訳　司法省検事局編　警視局蔵版　須原鉄二発兌　明七～一一　木版　半紙判　一四冊と同じか。
(14) 西村・五〇頁には、増補訓点清律彙纂一〇巻　沈書城　明法寮　明一二　半紙判　一〇冊とあるが、その初版か。
(15) 番号は欄外、朱書。
(16) 番号は欄外、朱書。
(17) 注4～14を参照。
(18) 西村・七一頁、司法省　明六～九　明六・七～一二月　一一七〇号　明七　一～二二五号　明八　一～二二〇号　明九・一～五月　一一六六号。
(19) 西村・七一頁、裁判議案初編三巻　と同じか。鈴木真年編　和泉屋半兵衛発兌　明八・三上梓　通して一二五丁　木版　三冊。
(20) 注8参照。
(21) 注6参照。
(22) 西村・一六五頁参照。新律綱領改定律例合巻註釈五巻　近藤圭造訓註　司法省　明七・四　半紙判　木版　五冊と同じか。
(23) 注10参照。
(24) 尾佐竹・明治六年　ドラクールシー著大井憲太郎訳箕作麟祥校閲　司法省。西村・四三・八六頁、一二巻　ドラクルチー著大井憲太郎訳　箕作麟祥（権大内史）校閲　司法省　明六・一〇　木版　半紙判　一二冊　鷲津宣光の序（明六・二）。
(25) 注7参照。
(26) 西村・一五〇頁、七巻　土居徹、林松茂、山口長信共編　大阪・鹿田静七発兌　明八・七　木版　半紙判　七冊。
(27) 西村・四八頁、内編四巻　中金正衡編輯（明八）　半紙判　木版。
(28) 西村・一五〇頁、御布達規則抄貸借必携五巻と同じか。内沢畏三編　須原屋鉄二発行　明一一　木版　半紙判　五冊。
(29) 尾佐竹・明治七年　根岸錦重著。西村・一五二頁、根岸錦重編纂　玉養堂蔵版　若林喜兵衛発兌　明七～九・一　木版　半紙判　九冊。
(30) 尾佐竹・明治七年　村田保譯　村上勘兵衛。西村・一八九頁、村田保（立斎）訳・蔵版　村上勘兵衛　明七・九　木版　半紙判　三冊。
(31) 西村・七五頁、村田保訳　有隣堂（穴山篤太郎）明八・七　木版　半紙判　二冊。

(32) 西村・二〇七頁、貨幣条例・新貨条例改正　大阪・貨幣寮　蔵版〔明八〕　三八丁　木版　半紙判　と、貨幣条例備考　大阪造幣寮〔明八〕　七一町　木版　半紙判　が記載されている。

(33) 西村・一五一頁、類例対比訴訟提要　山内豁朗編輯　須原量坪発行　明八〜九　木版　半紙半截判　九冊　と同じか。

(34) 尾佐竹・明治八年　讀律必携二　近藤圭造。西村・二六六頁、近藤圭造　明八。

(35) 注4参照。

(36) 注5参照。

(37) 西村・二〇〇頁参照。監獄則及図式　半紙倍判　銅版　序跋なし　本則は三四丁、図式は精刻である。明六・一一・二九頒布されたもの、とある。

(38) 西村・一九頁、史官編纂　博聞本社　明八〜九　B六版。

(39) 西村・一六六頁、六巻　近藤圭造編著　坂上半七発行　明九・二　B六。

(40) 西村・一五二頁。新井陸存編　大阪積玉圃（柳原喜兵衛）発兌　明九・七　四五五頁。

(41) 甲編および乙編　東京裁判所編纂　明八・一二　印行　甲編は全一二六丁　乙編は一三六四丁、丙編　東京裁判所編纂　明九・八　印行　八三五丁、因みに、丁編　神戸裁判所編纂　明一一・三　印行　一二四七丁　がある。発行時期からみて、甲乙丙編のいずれかであろう。

(42) 西村・一九一頁以下には、治罪法審査修正をはじめ、『治罪法〇〇』と題する多くの関連図書が掲載されているが、本書に該当するものは見あたらない。

(43) 尾佐竹・明治九年　ジブスケ口訳　生田精筆録　博聞。西村・六八頁、第一回〔Du Bousquet〕（ジ　ブスケ）口訳　生田精筆録　博聞社発兌　明九・四　木版　二五丁　半紙判。

(44) 西村・一四七頁参照。仏国商法講義　ヂョルジュ・ブスケ　黒川誠一郎訳　司法省蔵版　畏三堂（須原鉄二）、律書房（須原量平）明八・一一　八五六頁　木版　半紙判　四冊と同じか、または、同書一三頁にある、佛蘭法律書　箕作麟祥口訳　辻士革校正　文部省蔵版　須原屋茂兵衛等発兌　明三〜七　木版　美濃版　三一冊のうち、商法　一八六九・九・一〇―一二　公布　六四八条　文部省　明七・三　五冊のことか。

(45) 西村・一二三頁参照。佛蘭法律書　箕作麟祥口訳　辻士革校正　須原屋茂兵衛等発兌の中の、訴訟法　一〇四二条　一八〇七・

七・一実施のことか。
(46)西村・一六六頁、司法省　七丁　木版　美濃版　刊記なし。
(47)佐藤寛作のち信寛。山口県士族、文化一二年一一月生れ。藩政時代より民政方諸役を経て、浜田県令・島根県令となる。
(48)本文は一行おきに記載されている。
(49)尾佐竹・明治七年合巻註釈　五　近藤圭造訓點。西村・一六五頁、司法省　明治七・四　半紙判　木版　五冊。
(50)注8参照。
(51)注6参照。西村・一六五頁、高橋秀好輯録、萩原裕鑑定　太田金右衛門発行　明八・三　半紙判　六冊。
(52)西村・二六六頁、人民心得律例要条　尾崎班象　横田国臣共編　有隣堂　明七・五　美濃半截判。
(53)注33参照。
(54)注29参照。
(55)注41参照。
(56)西村・一八頁、明法寮編　村上勘兵衛、小川半七発兌　明六　半紙判　二八冊。
(57)西村・一八頁、第二憲法類編　明法寮編　明七　二七冊　と同じか。
(58)西村・一七頁、一〇巻　附録五巻　外史局　明四～五　木版　半紙判　一五冊。
(59)西村・七一頁、司法省　明四～一七。明四～七　木版　半紙截判、明八以降　活版洋装。
(60)西村・八〇頁、大蔵省編　明五・八改正　二〇丁　木版　巻頭に大日本全国之図（銅版）あり。
(61)注9参照。同所記載のものと同一か。
(62)注9参照。
(63)注9参照。
(64)注9参照。
(65)尾佐竹・明治七年　上編九　井上毅纂　須原鐵二。西村・一九八頁、二編一四巻　井上毅（一八四四―九五・三・一八）纂訳
司法省検事局編警視局蔵版　須原鉄二発兌　明七～一一　木版　半紙版　一四冊。
(66)注10参照。

(67)　注24参照。
(68)　西村・三六頁、貌刺屈斯的（ブラックストーン）翁編輯　星亨訳　明六　大阪・松村九兵衛等発売。
(69)　尾佐竹・明治七年　英国刑律摘要　三　村田　保譯　村上勘兵衛と同じか。西村・一八九頁、英国刑律摘要三巻　村田　保（立斎）訳・蔵版　村上勘兵衛　明七・九　木版　半紙判　三冊。
(70)　西村・二四三頁参照。東亜同文会纂訳　同会編纂局（根津一）。但し、同書には初版は明治三七・三、とあるのは、復刻の意か。
(71)　注14参照。
(72)　注33参照。
(73)　司法職務定制の誤りか。
(74)　注18参照。
(75)　西村・一〇三頁、〔明六〕　三九頁　A五　本文だけで刊記なし。
(76)　尾佐竹・明治三年　子安宗峻・柴田昌吉訳　松陰山房　参照。西村・九一頁参照。英国海軍軍令全書　子安宗峻、柴田昌吉共訳　松陰山房　明三　と同じか。
(77)　以下の本文は、一行おきに記載されている。
(78)　以下の本文は、一行おきに記入されている。
(79)　注4参照。
(80)　注5参照。
(81)　注37参照。
(82)　西村・二七三頁、日本帝国郵便規則及罰則　駅逓局編刊　明一一　一九六頁　活版　半紙判　とあるものの本則（一六条二三四節、罰則二九条、明六・五・一制定）か。
(83)　西村・一六六頁、同書には、罪案書式　司法省　七丁　木版　美濃判　刊記なし、と、罪案凡例　司法省（明五・一一）一〇丁　美濃判　木版が記載されている。

旧台湾総督府法院司法文書の保存と利用

王　泰　升
松平徳仁訳

一　文書の由来と意義

一八九五（明治二八）年、台湾は日本が植民地支配することとなり、植民地当局にあたる台湾総督府は同年六月一七日、台北で始政式を催した。しかし住民の蜂起が鎮まらず、八月六日になって、総督府は軍政を宣言せざるをえなかった。戦乱のさなかで、裁判所制度の本格的導入は困難と思われた。そこで総督府は、まず「日令」（法律的効力を有する軍事命令）で「台湾総督府法院職制」を発布し「台湾総督府法院」の設置を決め、同年一一月二〇日同法院が事務を開始した。当時の日本政府は、軍法会議として発足したこの機関をすぐに日本法上の「裁判所」に改めるのは時期尚早と考えていたが、軍法会議的性格をそのまま維持するのも妥当でない、との判断から、斬新な呼称である「法院」を採用することにした。一八九六（明治二九）年四月一日、台湾における軍政が終結したのを受けて、総督府は、ただちに同年五月、律令第一号で「台湾総督府法院条例」を発布し、同条例により一般的司法審判事務をつかさどる総督府法院および地方法院を各地に設置し、同年七月一五日から事務を開始した。これで、裁判所の呼称として「法院」という言葉が定着したのである。五〇年後の一九四五（昭和二〇）年、日本は二次大戦に敗北し、ポツダム宣言を受諾して無条件降伏した。同年一〇月二五日、日本政府は、台湾における施政権を国民党政権の中国政府（中華民国）に移譲した。ここに、台湾総督府法院の約半世紀の歴史は終焉を迎えたのである(1)。

日本統治時期（以下「日治時期」、一八九五―一九四五）の全期を通して裁判所構成法が台湾に施行されなかったことから、台湾総督府法院は明治憲法六〇条にいう特別裁判所と解されていた。しかし、法院の構成と運営は、基本的に日本（内地）の裁判所制度を模範としていた。とりわけ審級については、一九二七（昭和二）年以降、内地と同じ四級三審制が採用され、朝鮮総督府法院にくらべて内地司法への接近ぶりが際立っていた。一八九六年の時点で、総督府法院はすでに三級三審制をとっていたが、一八九八（明治三一）年以後、いったん二級二審制に改められた。一九一九（大正八）年には、三審制の施行にともなって、第二審裁判所たる「高等法院」内に「覆審部」と「上告部」が設けられ、それぞれ控訴審と上告審を担当することになった。一九二七年、四級三審制に対応すべく、一審裁判所たる地方法院内に「単独部」と「合議部」が設けられ、特定の事件につき一審と控訴審を担当することになった。そして、総督府法院の「判官」には、一八九八（明治三一）年いらい、裁判所構成法上の判事の有資格者であることが要求されていた。「検察官」についても、一八九九（明治三二）年以降、地方法院検察局の検察官については当分の間、警部長又は警部が代理するものとするという例外を除き、裁判所構成法上の検事の資格が要求されるようになった。弁護士については、一九〇〇（明治三三）年から弁護士法が準用されることとなり、一九三五（昭和一〇）年にはついに、弁護士法上の弁護士資格が要求されるにいたった。(2)法院が審理のさいに依拠する民事および刑事訴訟法規は、(3)内地の裁判所が依拠するそれとは若干異なったものの、いずれも近代的＝ヨーロッパ大陸的訴訟手続に属するものであった。本稿は、この台湾初の近代的裁判所である総督府法院が作成した各種の司法文書、とくに判決原本について述べることとする。

国民党統治期（以下「国治時期」、一九四五—二〇〇〇）に台湾の現行法制として定着した中華民国法制のもと、旧総督府法院司法文書（以下「旧法院文書」）は取るに足らないものであった。一九四五年国民党政権が台湾を接収した後、当時の中国法、すなわち中華民国法を全面的に台湾に施行した。一九四九年一二月、大陸から台湾に移転してきた国民党政権は台北で新政府を樹立したが、この期におよんでなお、自らがいぜんとして中国を代表する唯一の政府であるとの建前を維持せんとする政権の思惑から、中華民国法は国法として存続することになった。二〇〇〇年、国民党の野党転落をうけて誕生した民進党政権も、従来の法制度に手を加えていない。(4)中華民国法制の見地からは、台湾総督府法院の判決は「外国裁判所の判決」であり、そしてそれが現行の外国法によりなされた判決でないため、中華民

旧法院文書の保存状況　（2003年１月現在）

保管裁判所名（引継ぎ時の旧法院名）	簿冊数（内　訳）
台湾高等裁判所（旧高等法院）	総計**4**冊 （民事判決原本　4）
台北地方裁判所（旧台北地方法院）	総計**953**冊 （公正証書原本　953）
新竹地方裁判所・竹東簡易法廷（旧台北地方法院新竹支部）	総計**301**冊 （民事判決原本　109） （刑事判決原本　7） （公正証書原本　62） （登記簿　整理中）
台中地方裁判所（旧台中地方法院）	総計**1,723**冊 （民事判決原本　379） （刑事判決原本　整理中） （公正証書原本　266） （事件簿　256） （登記簿　整理中） （庶務記録その他　整理中） （民事手続関係　整理中）
嘉義地方裁判所（旧台南地方法院嘉義支部）	総計約**953**冊（**382**匣） （民事判決原本　221匣） （公正証書原本　90匣） （人事記録その他　整理中）

＊　松平徳仁作成。

国＝台湾の裁判所はこれを先例として参照することは許されない(5)。台湾の裁判所が興味を示すのは、中華民国法史上最初の一般裁判所と行政裁判所、すなわち「大理院」と「平政院」（一九一二―一九二七）の古い判決、およびその後の「最高法院」と「行政法院」の判例である(6)。これらの古い判例が、一九四五年一〇月二五日以降言い渡されたものを除き、台湾社会とは何の関係もないにもかかわらず、である。

法社会史的に見れば、旧法院文書は、台湾住民と近代法および近代的裁判所制度との出会いを記録したものである。

訴訟の当事者も、法院での公証と登記といった法制度の利用者も、台湾在住の日本人はもちろん含まれていたけれども、その大多数は台湾人であった。そのため、文書に記録された旧法院による国家行為は当然、当時の台湾人の生活に深く影響をあたえていた。明治初期から昭和一八年までの民事判決原本が日本に関してそうであったように[7]、台湾における旧法院判決原本は、近代化が推し進められた日治時期の台湾の、経済・社会・文化各方面における変遷を知る最良の史料である。また、この史料は日本史の研究にも大いに役立つと考えられる。なぜなら、台湾における日本の植民地法制とその実況は日本近代法史の一部であり、同時に植民地に定住した日本人の歴史の一部でもあるからである。

二　判決原本の発見

旧法院文書は、もはや存在しないものと思われていた。一九五〇年代いらい、台湾法学界は「中国法制史」しか知らず、植民地時代の台湾法制史には無関心な状況が続いていた。しかし、一九九〇年代に入ると、台湾と中国（中華人民共和国）との間に学術交流が始まり、交流が進むにつれて、台湾の法学者は台湾独自の法史観を提示する必要性に迫られた。そこで、日治時期の台湾法史に目が向けられるようになったのである。一九九八年五月、「海峡両岸現存司法文書の保存、整理と研究」というテーマのシンポジウムで、司法権の最高機関である司法院の担当官の説明によると、一九四五年当時、旧法院から引継ぎを受けたのは未決事件だけであり、それ以前の記録は「行方不明」となっているが、わずかに民事判決原本の簿冊四冊が、台北郊外にある台湾高等裁判所の記録庫に保管されているにすぎない、ということであった[8]。この話にはしかし、中国法制史の研究者は興味を示さず、台湾法史の研究者である筆者だけが、台湾人民の法生活に深くかかわる資料としてつよい関心を抱いた。これは自慢話でなく、長期にわたって台湾の法学者が台湾法史をいかにおろそかにしてきたかの、証左である。

一九九八年七月から一二月まで、台湾高裁の委託をうけて筆者は、旧法院の蔵書九千冊余を整理し目録を作成する作業にとりかかっていた。[9] その間数回記録庫に赴き、司法院が現存を確認した旧法院民事判決原本の調査をも行なった。その結果、四冊に編綴されているこれらの原本が、一九四三（昭和一八）年から一九四五（昭和二〇）年までの民事判決原本であることが判明した。また、一九四五年から一九四九年までの台湾高裁民事判決原本（編綴済で計五六冊）のなかに、訴訟事実ないし訴訟手続が日治時期と国治時期両方にまたがっているものがあったことを発見した。さらに、旧法院から現台湾高裁への引継ぎに関する記録簿（三〇冊）を見つけたのである。この発見を公知のものにすべく、植民地時期の台湾法制史を研究している東洋大学の後藤武秀教授を記録庫に案内し、原本の閲覧と複写に協力した。二〇〇〇年六月、東京大学法学部在学中にゼミで明治期判決原本に接したことがあり、台湾とも縁の深い松平徳仁君も台北滞在中、筆者の案内で旧法院判決原本を閲覧した。松平君がその後、当時日本で判決原本保存の運動をしていた青山善充東大副学長（当時）に状況を知らせた。これで、台湾でも日本の判決原本が保存されているとの消息が、日本の法学界にも伝わったのである。

二〇〇〇年七月、台湾の裁判所がいっせいに日治時期の判決原本の所在調査を開始した。その一カ月前、筆者と後藤教授が、旧法院蔵書の整理を筆者に委託した当時の台湾高裁長官で、その後司法院事務総長に転じた楊仁寿さんに、各地の裁判所内に旧法院文書が残っていたかどうかについての調査をしてほしいと要請したが、それが容れられたのである。司法院の指示をうけた呉啓賓台湾高裁長官は、日治時期の地方法院の後身となる台北・新竹・台中・台南・嘉義・高雄・花蓮・宜蘭などの地裁に通達で、「関係する裁判資料の有無」についての調査を命じた。[10] その結果、台中と嘉義の両地裁から文書を発見したとの報告があったが、[11] その他の場合は「発見なし」か、音沙汰なしであった。同年七月一七日、筆者は再度台湾高裁長官に書簡を送り、新竹、台南、高雄の三つの地裁については、引継ぎが旧地方法院の日本人裁判官と同僚の台湾人裁判官との間で行なわれたことから、文書が残っている蓋然性は高いと指摘した。まもなく台南地裁から、事務引継ぎに関する文書を見つけたとの回答がよせられたが[12]、高雄地裁からは、調査の結果、見つからなかったとの回答があったのみであった[13]。そんななかで、新竹地裁から、管内の竹東簡易法廷で旧法院の判決原本が見つかったとの報せに接したのが、望外の倖せであった[14]。台北、花蓮の両地裁からは終始回答がなかったが、すくなくとも右の三地裁で旧法院文書が保管されていることは確認できたのである。

初歩的な調査結果であったが、三地裁で保管されている旧法院文書は、種類がすこぶる雑多で、量も膨大であることが判明した。問題はといえば、保存状態がよくないことであった。二〇〇〇年八月、筆者と後藤教授は、台大大学院法律学研究科博士課程学生の劉恆妏さん、宮畑加奈子さんを帯同し、旧法院文書が保管されている三つの地方裁判所を訪れて更なる調査を行なった[15]。以下は、その調査結果である[16]。

1　新竹地裁保管の旧法院文書

新竹地裁及び竹東簡易法廷保管分の旧法院文書は、全部で三〇一冊と数えられる。一番多いのは、民事判決原本（一〇九冊）で、台北地方法院新竹支部が設置された一九一九年から一九四一（昭和一六）年の分まである。刑事判決原本は、法制転換期にあたる一九四五–四六年、つまり中華民国の裁判所に変身してまもない時期の刑事判決原本（七冊）を除き、欠落している。そのなかには、もともと旧法院に係属していた事件で、途中から引継ぎを受けた中華民国の裁判所によって訴訟追行が続けられ、判決がなされた事件も多く含まれている。二番目に多いのは公正証書原本（六二冊）で、一九〇四（明治三七）年分からあるが、それは台湾における公証規則の公布が一九〇三（明治三六）年一二月だったという事実を反映したものであろう。それから、量的にはそれほど多くないが、法人・株式会社・合資会社・商業会・農業会・工場財団、および各種の組合等の登記簿が残っている。文書の保存状態は悪くない。

2　台中地裁保管の旧法院文書

台中地裁保管分の旧法院文書は、合計一、二九七冊と数は膨大だが、保存状態はやや不良である。一番多いのはやはり民事判決原本（三七九冊）で、それもなんと一八九五年から一九四五年までの日治時期全期分、つまり五一年分の原本すべてがそろっているのである。二番目は公正証書原本（二六六冊）で、一九〇五（明治三八）年度からのものは残っている。三番目は民事・刑事事件の「事件簿」（二五六冊）であり、こちらも一八九五年からの五一年分すべてがそろっている。さらに、民事手続に関する原本、たとえば非訟事件の決定、支払命令、仮差押、仮処分、執行命令などの原本の残存が確認された。ほかにも、登記簿や、法院の庶務に関する記録が見つかっている。散逸したと思料されていた刑事判決原本は、それが台北の司法官訓練所内に保管されているらしいことを、院生の劉さんが偶然に聞きつけ、二〇〇二年四月、同所で一八九五―一九四五年の五一年分におよぶ原本の存在が確認された。旧法院刑事判決原本がこれだけまとまった数で出てきたのは初めてだが、保存状態は良好である。ただし、その内訳についてはさらなる検証を要する。現段階では、この台中地裁保管分は、民刑事両方を包含している意味で、もっとも完全な旧法院文書である。なお、統計には、一九四五―四六年の法制転換期の訴訟記録が含まれていない。

3　嘉義地裁保管の旧法院文書

嘉義地裁保管分の旧法院文書は、木の箱（匣）に収納されていて、全部で三八二匣あるが、一つの匣に簿冊が二冊か三冊収まっているという計算で、約九五三冊と推計されている。残念なことに、一部の保存状態は劣化している。一番多いのは民事判決原本（二二一匣）で、台南地方法院嘉義支部が設置された一九一九年から一九四五年までの全期分が残っている。二番目は公正証書原本（九〇匣）であるが、こちらも新竹と同じく一九〇四年度以後の分しかない。もっとも注目すべきは、院内行政に関する公文書であり、その中には一八九九（明治三二）年以降の法院人事記録、そして法院の建築と内部配置に関する絵図面が含まれている。法制転換期に当たる一九四五―四六年間の訴訟記録については、まだ調査中である。

4 その後

本稿が執筆された二〇〇二年一一月、台北地裁で大量の公正証書原本（九五三冊）が発見された。裁判所側は、これを研究に供することに前向きの意向を示している。[17] だが、なにより気がかりなのは、旧台北地方法院判決原本がいまだ見つかっていないことである。今後も、どこかで眠っている旧法院文書が発見されるよう祈るのみである。

さて、本稿はこれまで、もっとも早い段階で見つかった旧台湾総督府高等法院の民事判決原本、その下級裁判所たる旧地方法院の文書、そして法制過渡期の判決原本について述べてきた。台湾法史の主体性を重視する立場から、これらの司法文書を、日治時期の裁判制度の実態に関する記録という独立した史料として扱い、かつ、同じ時期の植民地行政に関する記録である「台湾総督府文書」と区別する意味で、[18] 日治時代の旧法院文書とよぶことにする。

三　文書の公開と保存

旧法院文書の発見直後から、筆者はこの大発見を台湾の学界に知らせようと努め、文書の保存と整理を呼びかけてきた。[19] 二〇〇〇年九月二七日、筆者は台湾大学法律学部で「日治時期の旧法院文書」をテーマに講演し、文書の存在を初めて台湾の学界に紹介した。そして、歴史資料として重要な文書の保存について専門的知識と技術を有する国史館に、同館へ旧法院文書を集中的に収納し管理することの可能性を打診し、張炎憲館長から協力の約束をとりつけた。しかし、旧法院文書の管理権者が司法院であることから、移管には司法院の同意を得る必要があった。そこで筆者は、同年一〇月一一日に翁岳生司法院長に面会して協力を要請したが、司法院は旧法院文書の国史館移管に前向きであるとの感触を得た。その後、国史館と司法院の事務当局の間で協議が始められ、国史館の担当官も裁判所に出向き文書の実況見分をしたが、結論はなかなか出なかった。二〇〇一年三月二一日、旧法院文書の保存状況に深い関心を持つ青山善充教授は、東大大学院法学政治学研究科のポール・チェン（陳恆昭）教授とともに台大法律学部を訪問した。司法院関係者との懇談で、青山教授は、日本側として協力する用意があることを表明した。

膠着状態を打開するため、二〇〇一年五月九日、筆者は国史館の関係者に、旧法院文書の学術的使途を中心にブリーフィングした。同年五月二九日、司法院はようやく動き出し、関係する政府機関の代表者を集めて「旧法院文書の整理に関する連絡会議」を主催した。この会議で国史館側は、これ以上の損傷を防ぐために、整理を終えた文書は国史館の保存庫に収納することとし、司法院において閲覧や対外的展示の必要があると認められるときに限り、司法院に回送するという方式を提案した。ところが、設立準備中の档案管理局（国立公文書館に相当）の代表は、一九九九年一二月二五日に公布され、二〇〇二年一月一日に施行されることになっていた「档案法」（公文書法）の規定によれば、司法院を含む国の機関が保管する公文書の保存は档案管理局の所掌事務である、として、旧法院文書の国史館移管につよく反対した。档案法の立法過程において、国史館と档案管理局の間の権限配分が考慮されなかったために、歴史的価値が高い公文書の適切な保存及び利用を目的とするこの良法は、かえって、旧法院文書の適切な保存および利用の実現を妨害する元凶になってしまった。他方、司法院の事務当局は本務の司法制度改革で手一杯であり、旧法院文書の取扱に積極的にとりくむことができなかった。右の事情で、筆者が在外研究のため渡米した二〇〇一年七月からの半年間は、みるべき進展はなかった。

二〇〇二年の初めに筆者は帰国したが、議論が遅々として進まないのを見て、それではとりあえず、学界だけでもこの文書を利用できるようにしようと、戦術転換を試みた。まず、二〇〇二年一月一七日に、台湾の学士院に当たる中央研究院（Academia Sinica）の台湾史研究所で、それから一月二一日、台大経済学科で報告会を開き、旧法院文書の学術的価値を積極的にアピールした。その後すぐに、台大法律学部の筆者を含む教官四人に加えて、台大経済学科の経済史分野の教官三人、そして中央研究院台湾史研究所の歴史研究者三人と共同で、「日治時期における台湾社会の近代国家制度への順応」をテーマとする三年計画の科研費助成研究を、行政院（内閣）の国家科学委員会に申請したのである。本研究の目的は、テーマへの共通の関心から、旧法院文書を用いて、共同研究者各自の専門分野で問題となる事象を研究し、もって台湾の社会変遷の全貌を明らかにすることにある。一年目は、旧法院文書のデータベース化の一環として、筆者が原本の一部の複製と書誌データの作成を担当し、他の共同研究者がこれを参考に研究計画を立てる。二年目と三年目は、すべての原本の複製と書誌の編纂を完成し、台湾法史研究における旧法院文書の意義と価値を解説する書物の公刊を予定している。

研究計画は、国家科学委員会の科研費プロジェクトで法律学部門主査をつとめる蘇永欽教授の協力をえて提出され、二〇〇二年七月に認可された。その後、翁岳生院長と楊仁寿事務総長の支持のもと、司法院からの通達で、各裁判所で保管されている旧法院文書の撮影が許可された[20]。いま、台大大学院法学研究科の学生たちで構成される作業チームは、台中地裁保管分から順次に、原本を傷つけない作業方法で、画像情報を入力し、インデックスを付け、さらにこれらを光ディスクに転写するという大作業にとりかかっている。このプロジェクトの最大の意義は、原本の複製により、研究者は旧法院文書の内容を見ることができるだけでなく、目録で検索することもある程度可能になる、ということにある（時間の関係上、詳細な書誌の作成は困難だが）。損傷がはげしい一部の原本の修復、そして原本全部の保存、保存機関の帰属などの問題については、関係諸機関の実務者協議による解決が望まれている。

旧法院文書に、日本の学術機構も興味を示している。たとえば岡松参太郎文書を所蔵している早稲田大学は、台湾旧慣調査における岡松の業績を探究するために、岡松が当時台湾植民地の司法実務に与えた影響をも研究対象としているが、この研究を進めるうえでも旧法院判決原本の利用が必要である。二〇〇二年九月一六日、早大東アジア法研究所長の浅古弘教授が率いる視察団は、台中地裁保管の旧法院文書を見学した。また筆者自身も、二〇〇二年一〇月二六日、中京大学で行なわれた国際シンポジウムで、直接日本の研究者に旧法院文書を紹介し、その重要性を説明する機会を得た。

四　文書の学術的価値(21)

旧法院文書は、法制史のみならず、社会史、経済史領域の研究にとっても貴重な史料である。この文書を利用して、研究者たちは、日本の裁判所がいかに判決を通じて清朝統治時期（一六八三―一八九五）の台湾民間旧慣を近代的国法規範に転換したかを窺い知ることができる。また、訴訟制度利用者の身分、性別、訴訟代理人の有無、紛争の類型などを調べることで、当時における一般民衆と裁判所の関係は明らかにされる。と同時に、訴訟事件と執行手続の記録の中から、当時の社会生活に関する事実、たとえば当時台湾人が一般に使っていた家具の種類と値段が浮かび上がってくる。数多の公正証書に添付されている契約書の内容から、経済的取引の類型と方法を知ることができる。土地・不動産と商業登記簿に記載されている諸事項が、台湾経済史の研究にとり絶好の材料であることはいうまでもない。裁判官の人事記録は、当時台湾で活躍した法曹人たちの伝記資料として有用であるし、庁舎の建築と配置に関する絵図面は建築史の貴重な資料である。異なる学問分野の研究者たちはみな、この驚異的というべき文書の中から研究に資する材料を見いだすことができる。

旧法院文書を、ほかの司法資料や先行研究の成果と比較して研究するアプローチも考えられる。旧法院文書より古いものとして、一九世紀に台湾北部で行なわれていた司法実務の記録である「淡新档案」があり(22)、より新しいものとして、一九四五年以後に中華民国の裁判所によって累積されてきた司法文書がある。これらの実証的資料や研究成果を整合的に用いれば、この二百年間の台湾司法実務、ことに二度にわたる政権交替期の司法実務を探究すること（刑事判決原本の中から、日本の検察官によって起訴され、中華民国の裁判官によって審理・処断された事案も発見されている）、そして旧法院時代に展開された法の近代化・西欧化（台湾における近代法の継受）のプロセスを探究することが可能となるのだ。今日の台湾人民の法生活はいかに形づくられていったかについて、そのもっとも有力な解釈を、旧法院文書が提供することになるであろう。

このように、旧法院文書は台湾研究（「台湾学」）へのインパクトが期待されているが、じつは中国研究（「漢学」）の助けにもなるかもしれない。旧法院文書とほぼ同時期の司法文書として、二〇世紀前半の中国大陸で作成された裁判記録である「大理院档案」[23]や、満鉄の委託をうけた日本の法学者が行なった華北農村慣行調査[24]はあげられるが、これら中国の司法資料とリンクして比較法的考察をすることで、華人社会の法文化に関する、さまざまな角度からの研究は可能になるのである。

日本研究への応用についていえば、政治史・経済史・社会史などの視点から、旧法院文書を用いて日本の植民地支配を再検証することができるばかりでなく、明治期の日本法制史研究と結合して、相互の歴史を読みなおす契機にもなりうる。明治維新直後に展開された法制の近代化＝西欧化は、裁判所が個々の事件で示した判断を通じてでなければ達成しえなかった。その実際状況を知るためには、やはり明治期判決原本の解読が必要不可欠である。近代法の継受をおしすすめて二十数年後、日本は台湾を植民地支配するようになったのだが、植民地法（外地法）という限られた枠組のなかで、日本の裁判所はどのようにして台湾における法の近代化を推進していたのか。またこの作業は、日本内地における近代法の継受との異同はどうか。天皇制国家の司法活動は実際、どのような相貌を呈していたのか。――これらの疑問点は、旧法院文書を掘り下げて研究することで、ある程度の解明は期待できるであろう。これに関連して、日本で民事判決原本を研究している法学者との人的交流と意見交換が、新たな検討課題となりえよう[25]。

旧台湾総督府法院司法文書の持つもっとも重要な意義は、この文書が、かつて台湾人と日本人が共有していた歴史

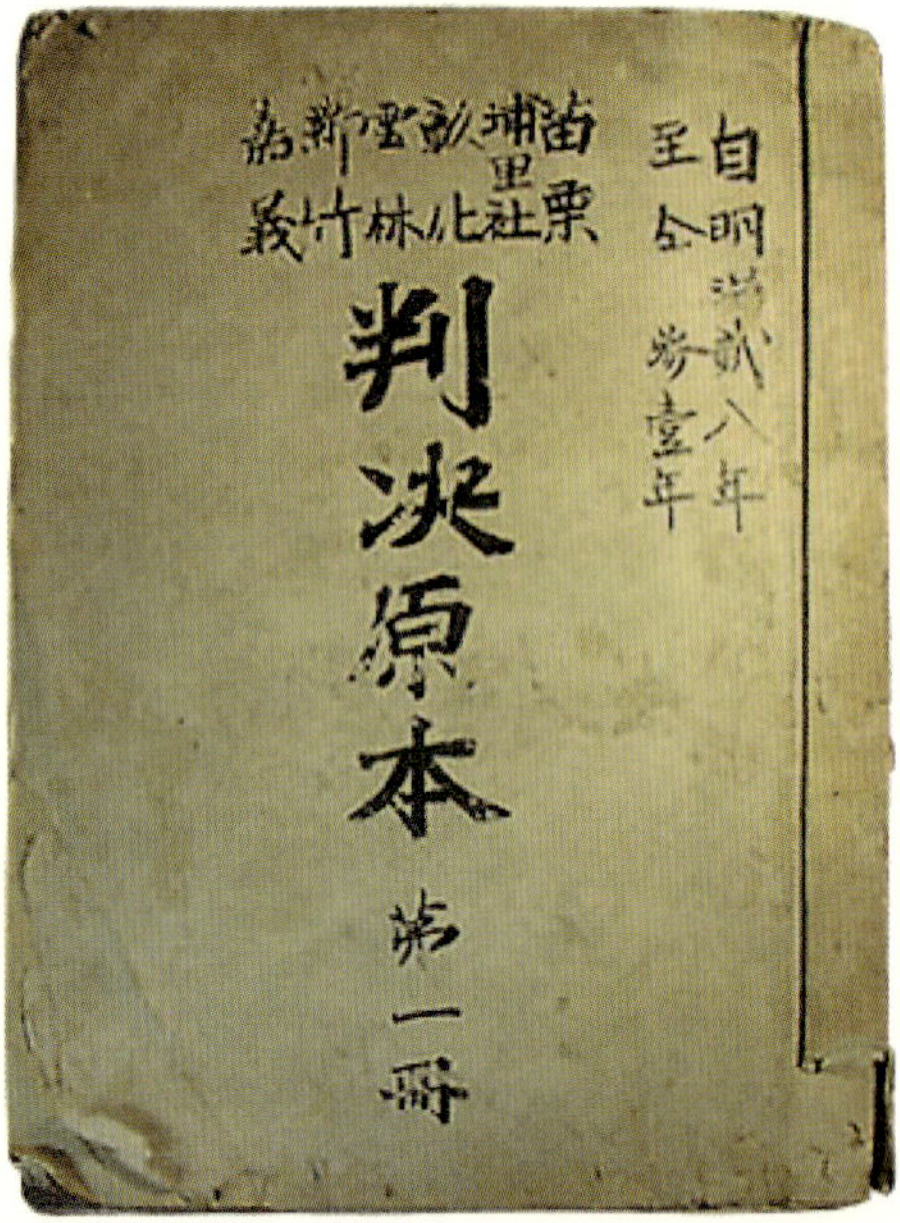

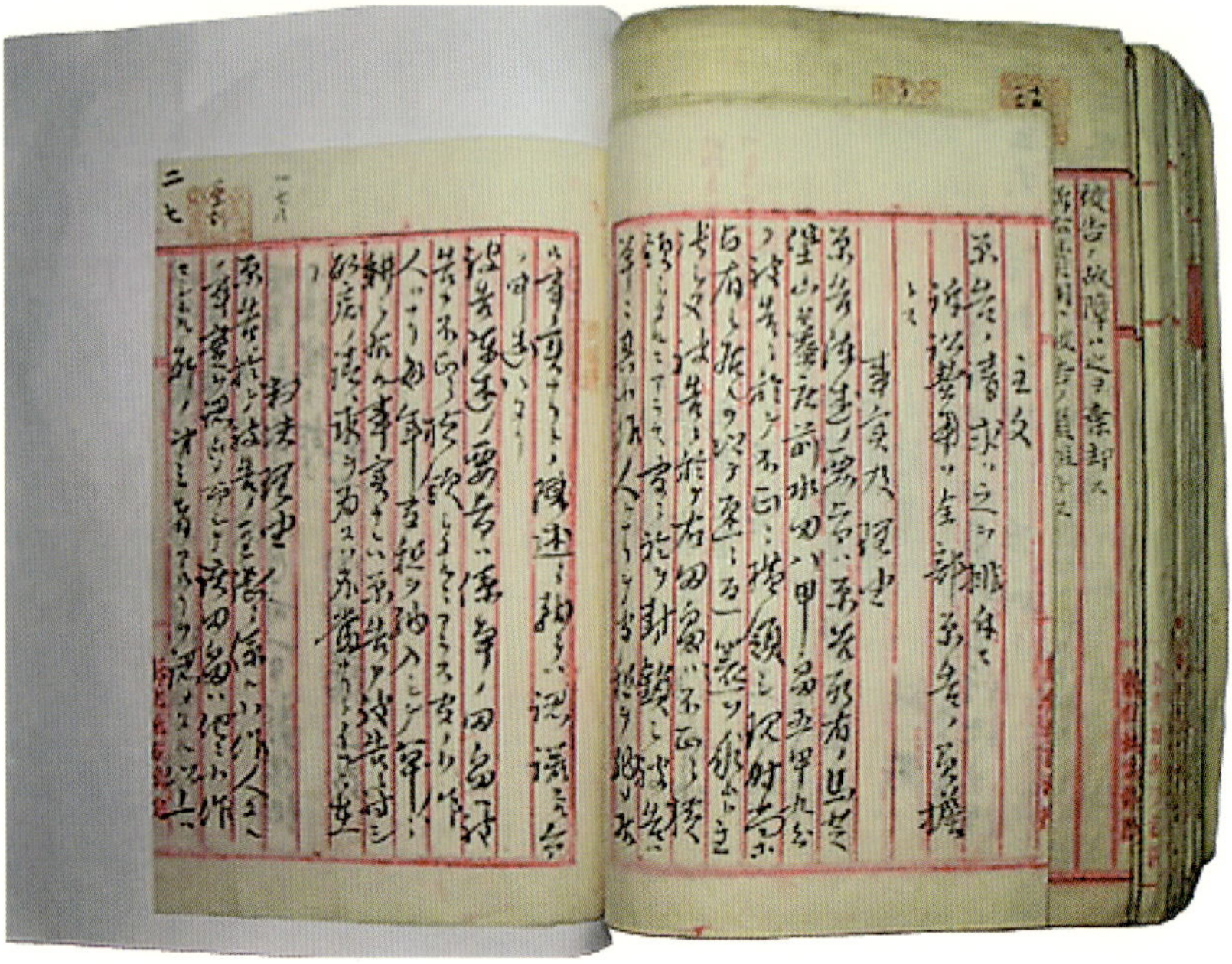

台中地方裁判所保管分の判決原本
［台大法律学部提供］

左は、簿冊の表紙（領台初期、台湾中部に設置されていた各地方法院の判決原本を一冊に綴じあわせたもの）。下は、彰化地方法院明治三〇（一八九七）年三月三一日判決（田畠取戻請求事件）。

的経験の記録であるとの一点につきる。二〇世紀の前半、日本が台湾を統治していたという客観的な歴史的事実は、戦後の日本では中国を侵略したことへの負い目から、そして戦後の台湾では国民党政権の反日感情と台湾蔑視から、どちらでも黙殺され、無視されてきた。しかし、旧法院文書は、植民地支配とはいえ、当時の台湾人民は日本がもたらした近代国家の統治下にあったことを鮮やかに感じさせる第一級の史料である。過去に共同生活の経験があったからこそ、こんにち、台湾人は過去の怨念にとらわれることなく、そしてさしたる抵抗を感ずることなく、逆に日本人を理解しようとし、対等の立場から日本人に接しようとしてきたのである。日本人も、同じ相互尊重の態度で、台湾人との友好関係を築くことを欲しないだろうか。手はじめは、日本が台湾に遺したこの貴重な司法史料の共同研究である。すくなくとも、筆者はそう考える。

[補　記] その後、台中地裁において、データベース化作業のため旧法院文書を移動したところ、もとの保管場所から判決原本等の簿冊四二六冊が新たに発見された、とのことである。（二〇〇三年一月）

（1） 参照、拙著『台湾日治時期的法律改革』（聯経出版、一九九九年）一一九―一三一頁。英訳は Tay-sheng Wang, *Legal Reform in Taiwan under Japanese Colonial Rule, 1895-1945 : The Reception of Western Law* (Seattle : University of Washington Press, 2000) pp. 63-64.

（2） 参照、『日治時期的法律改革』一三四―一四三頁。司法書士と公証人については拙著『台湾法律史概論』（元照出版、二〇〇一年）二六九―二七一頁。

（3） その内容の概要は参照、『台湾法律史概論』二八九―二九二、三五五―三五六頁。

（4） 同上一三二―一三三頁、一三八―一三九頁。

（5） このことに対する筆者の批判は、参照、拙稿「論台湾法律史在司法実務上的運用」（『台湾法的断裂與連続』［元照出版、二〇〇二年］所収）二二〇―二二三、二二八―二二九、二五八―二六〇頁。

（6）参照、展恆舉『中国近代法制史』（台湾商務印書館、民国六二［一九七三］年）二三三―二三五頁。そもそも大理院が民事判決の際に依拠する「法律」とは、大清律例のなかの民事に関する部分をいうのであって、一九二九―三〇年公布・施行された現行の中華民国民法典ではない。すでに骨董品と化している旧法規を裁判所が援用することじたい、誤りといわなければならない。

（7）参照、青山善充「判決原本の永久保存――廃棄からの蘇生」（青山ほか編『新堂幸司先生古稀祝賀　民事訴訟法理論の新たな構築（上）』［有斐閣、二〇〇一年］所収）六頁（本書七頁）。

（8）参照、郭瑞蘭「一九四五年以来台湾司法档案之保存與整理之研究」（中国法制史学会編『両岸現存司法档案之保存整理及研究学術研討会論文集』［政治大学法学院基礎法学研究中心、民国八七（一九九八）年］所収）一七八頁。

（9）参照、拙稿「重現台湾第一座法学専業図書館：台湾高等法院旧蔵法律資料簡介」（『台湾法的断裂與連続』所収）二九三―三〇四頁。

（10）台湾高等法院民国八九［二〇〇〇］年七月三日（八九）院賓集字第八七六三号通達。

（11）台中地方法院民国八九年七月一〇日（八九）中院洋資料字第一四五九号函、嘉義地方法院民国八九年七月一三日嘉院昭文字第一一一二三号函。

（12）台南地方法院民国八九年七月二一日（八九）南院鵬文字第五八六〇九号函。

（13）高雄地方法院民国八九年七月二八日（八九）高貴文字第三〇七五六号函。

（14）新竹地方法院民国八九年八月二日（八九）新院錦文字第二八六三三号函。

（15）劉さんによる詳細な調査記録がある。参照、後藤武秀「台湾に現存する日本統治時代の裁判所資料」（東洋法学四四巻二号、二〇〇一年三月）一二七―一六九頁。

（16）これについては、二〇〇二年一〇月二六―二七日に中京大学（名古屋）で開かれた国際シンポジウム「台湾の近代と日本」（同大社会科学研究所主催）における筆者の発表「台湾総督府法院文書目録編纂について」のなかで触れている。

（17）参照、台北地方法院民国九一［二〇〇二］年一一月二五日（九一）北院錦料字第五〇二五七号函。

（18）台湾総督府文書については、前述の国際シンポジウムにおける東山京子の発表「台湾総督府文書目録編纂について」に詳しい。

（19）たとえば後藤武秀教授は、専門である台湾の祭祀公業の研究に旧法院判決原本を利用した。

（20）司法院民国九一年八月二九日（九一）秘台処五字第二一六九五号通達。

(21) 以下の部分は、すでに前出国際シンポジウムで発表済みのものである。
(22) これについての日本語の紹介は、参照、滋賀秀三「淡新档案の初歩的知識――訴訟案件に現われる文書の類型」(『東洋法史の探究』[汲古書院、昭和六二(一九八七)年] 所収) 二五三―二八六頁。
(23) 一九四五年以降台湾で施行されている中華民国法は、法規範の上では大理院判決を含む民国期の中国法と連結しており、ゆえに「大理院档案」も台湾法史を研究するさいに必要な史料である。すなわち、この史料は、当時の中国人民の裁判制度利用行為に深くコミットしており、その意味で、こんにち台湾という共同体の一部分を構成している「外省人」というエスニック・グループの歴史経験であり、したがって台湾史の一部分であるといえる。参照、黄源盛『民初法律変遷與裁判』(著者 [私家版]、民国八九 [二〇〇〇] 年) 八三―一二四頁。
(24) この史料を使った中国側の研究は、たとえば、黄宗智『民事審判与民事調解・清代的表達与実践』(中国社会科学出版社、一九九八年) 五頁参照。
(25) 日本の判決原本については、参照、林屋礼二=石井紫郎=青山善充『図説 判決原本の遺産』(信山社、一九九八年)。

編者・執筆者紹介

林屋礼二　東北大学名誉教授
石井紫郎　東京大学名誉教授
青山善充　成蹊大学教授

新田一郎　東京大学助教授
伊藤孝夫　京都大学教授
浅古　弘　早稲田大学教授
瀬川信久　北海道大学教授
宇野文重　九州大学助手
森田貴子　東京大学大学院博士課程
瀧川叡一　弁 護 士
蕪山　嚴　弁 護 士
中林真幸　大阪大学助教授
山中　至　熊本大学教授
藤原明久　神戸大学教授
松本タミ　香川大学教授
吉田正志　東北大学教授
加藤　高　広島修道大学教授
紺谷浩司　西南学院大学教授
王 泰 升　国立台湾大学法律学部教授

明治前期の法と裁判

2003年３月20日　初版第１刷発行

編　者
林屋礼二　石井紫郎　青山善充

発行者
袖山貴＝村岡侖衛

発行所
信山社出版株式会社
113-0033　東京都文京区本郷６－２－９－102
TEL 03-3818-1019　FAX 03-3818-0344

印刷・松澤印刷　製本・渋谷文泉閣

ISBN4-7972-5223-5 C3032